Helmut Trotnow:
Karl Liebknecht
Eine politische Biographie

Mit 27 Abbildungen

Deutscher
Taschenbuch
Verlag

dtv

Ungekürzte Ausgabe
April 1982
Deutscher Taschenbuch Verlag GmbH & Co. KG, München

ISBN 3-462-01387-4
Umschlaggestaltung: Celestino Piatti
Umschlagfoto: Archiv der sozialen Demokratie (Friedrich Ebert Stiftung), Bonn
Gesamtherstellung: C. H. Beck'sche Buchdruckerei, Nördlingen
Printed in Germany · ISBN 3-423-01776-7

Das Buch

Der Name Karl Liebknecht ruft auch heute noch Emotionen wach. Als negative wie als positive Symbolfigur revolutionärer Politik gehört der Mitgründer und Führer des Spartakusbundes und der KPD zu den umstrittensten Persönlichkeiten der deutschen Geschichte. Umso verwunderlicher ist, daß sein Leben und Werk in der Bundesrepublik bisher noch keine grundsätzliche Analyse, geschweige denn eine allgemeinverständliche Darstellung gefunden haben. Dabei hat gerade in jüngster Zeit die Beschäftigung mit seinen historischen Verdiensten im Kampf gegen Militarismus und Krieg vor und nach 1914 eine neue, beunruhigende Aktualität gewonnen.
Diese Biographie beruht auf langjährigen intensiven Quellenstudien und insbesondere auf einer eingehenden Untersuchung von Liebknechts theoretischem Hauptwerk, den 1922 posthum veröffentlichten ›Studien über die Bewegungsgesetze der gesellschaftlichen Entwicklung‹. Zentraler Bezugspunkt von Helmut Trotnows Neuinterpretation ist die These, Liebknecht sei keineswegs in erster Linie revolutionärer Agitator gewesen, sondern eher ein radikaler Reformpolitiker mit durchaus bürgerlich-humanitären Zielsetzungen. Trotnow bezieht damit eine interessante Gegenposition zur marxistischen Liebknecht-Forschung. Sein Buch bietet zugleich einen Überblick über die Geschichte der deutschen Arbeiterbewegung von 1871, dem Geburtsjahr Liebknechts, bis zu seinem Tod am 15. Januar 1919.

Der Autor

Helmut Trotnow, Jahrgang 1946, studierte Anglistik und Geschichte in Kiel, Stuttgart und Cambridge und promovierte 1974 bei James Joll an der London School of Economics and Political Science. Seit 1977 ist er Referent im Wissenschaftszentrum Bonn.

Inhalt

Für
Bärbel, Sonja
und Stephanie

Vorbemerkung

Die im folgenden vorgelegte Arbeit zur politischen Biographie von Karl Liebknecht zeichnet sich nicht durch einen besonders voluminösen Umfang aus. Dennoch kann sie auf eine verhältnismäßig lange Entstehungszeit zurückblicken. Begonnen wurde sie im Sommersemester 1969 an der Universität Stuttgart als Seminararbeit unter der Leitung von Prof. Dr. Eberhard Jäckel und Dr. Eberhard Pikart; fortgeführt wurde sie von 1972 bis 1974 als Promotionsvorhaben an der Universität London und fand 1978 ihre endgültige Ausformulierung als deutsches Manuskript.

Abgesehen von einem dreimonatigen Stipendium des Deutschen Akademischen Austauschdienstes, Bonn-Bad Godesberg, das der Quellensuche in deutschen und ausländischen Archiven zur Geschichte der deutschen und internationalen Arbeiterbewegung diente, habe ich keinerlei finanzielle Förderung zur Fertigstellung der Arbeit in Anspruch genommen. Dies heißt jedoch nicht, daß die Arbeit ohne jede Hilfe von außen zustande gekommen wäre. Das Gegenteil ist der Fall, und ich möchte mich daher an dieser Stelle für die mir zuteil gewordene Hilfe bedanken. Mein Dank gilt all jenen Archiven und Bibliotheken, ohne deren aktive Unterstützung die Arbeit niemals hätte geschrieben werden können. Danken möchte ich auch meinem Doktorvater Professor James Joll, London School of Economics and Political Science, der mir weit über den üblichen Rahmen hinaus jederzeit mit Rat und Tat zur Seite stand. Und schließlich gebührt meiner Familie Dank, die über Jahre hinweg viel Verständnis und Toleranz einem faszinierenden, zuweilen aber auch sehr anstrengenden »Gast« gegenüber aufbrachte.

Bonn, im Juli 1979 Helmut Trotnow

Einleitung

Karl Liebknecht. Der Name ruft Emotionen wach. Auch heute noch. Begriffe wie »sozialistischer Märtyrer« oder »politischer Fanatiker«, »Kämpfer gegen Militarismus und Imperialismus« oder »Prototyp des deutschen Bolschewisten« sind an der Tagesordnung, wenn es darum geht, die historische Einordnung des revolutionären Sozialdemokraten und späteren Mitbegründers der KPD vorzunehmen. Die in diesen Begriffen mitschwingende Anerkennung beziehungsweise Ablehnung findet ihre offizielle Scheidelinie mehr oder weniger auf der Grenze zwischen den beiden deutschen Staaten. Während die DDR Karl Liebknecht als Nationalhelden feiert und ihm zu Ehren öffentliche Einrichtungen benennt, tut die Bundesrepublik so gut wie gar nichts, um das Ansehen des ehemaligen Sozialdemokraten zu wahren. 1962 bezeichnete die Bundesregierung Liebknechts Ermordung sogar als »standrechtliche Erschießung«. Doch auch hier begeistern sich vor allem junge Menschen für den revolutionären Politiker. Als die Studenten Ende der 60er Jahre auf die Straße gingen, um gegen den »Muff unter den Talaren« zu protestieren, führten sie in den Demonstrationszügen auch immer das Bild von Karl Liebknecht mit. Die Bewegung der sogenannten »Neuen Linken« erhob ihn sogar neben Rosa Luxemburg zu ihrer Leitfigur.

Das politische Gedankengut von Karl Liebknecht ist jedoch bis heute bestenfalls bruchstückhaft bekannt. Gewiß, man kennt seine Agitation gegen den preußisch-deutschen Klassenstaat, gegen das despotische Zarenreich und den imperialistischen Krieg genauso wie seinen Einsatz für eine sozialdemokratische Jugendbewegung und den Kampf für die sozialistische Revolution. Doch was waren die Motive und Ziele seines Handelns? Von welchen politisch-theoretischen und politisch-taktischen Überlegungen wurden seine Aktionen bestimmt? Hatte der vorwiegend agitatorisch tätige Politiker überhaupt eigenständige Grundvorstellungen oder übernahm er die Auffassungen seiner Mitstreiterin Rosa Luxemburg, die als marxistische Theoretikerin unbestritten ist?

Diese und ähnliche Fragen will die hier vorliegende Arbeit beantworten. Anhand ausgedehnter Untersuchungen bekannter und unbekannter Quellen wird dabei zum erstenmal aus nicht-kommunistischer Sicht der gesamte politische Werdegang des ersten deutschen Kommunistenführers analysiert und kommentiert. Der Untertitel »Eine politische Biographie« wurde gewählt, um deutlich zu machen, daß es sich hier nicht um den Versuch einer biographischen Gesamtdarstellung handelt. Ein solcher Versuch dürfte aller Wahrscheinlichkeit nach nicht mehr möglich sein, denn der Großteil des Nachlasses von Karl Liebknecht ist als verlorengegangen anzusehen.

Die Ergebnisse der Untersuchung sind für die historische Forschung alles andere als schmeichelhaft. Entgegen der bisherigen Meinung ist Karl Liebknecht weitaus mehr als nur ein Agitator gewesen. Sein politisches Handeln beruhte auf durchaus eigenständigen Vorstellungen, die allerdings wenig mit der marxistischen und schon gar nichts mit der marxistisch-leninistischen Theorie gemein haben. Im Grunde genommen war Karl Liebknecht ein radikaler Reformpolitiker, der mit seinem uneingeschränkten Bekenntnis zu den Idealen von Menschlichkeit und Gerechtigkeit der heutigen SPD, die ihn entschieden von sich weist, näher steht als der SED, die ihn als geistigen Vorfahren reklamiert. Wenn auch im Mittelpunkt der »politischen Biographie« zwangsläufig der Werdegang des zu beschreibenden »Helden« steht und damit der Ablauf der geschichtlichen Ereignisse vornehmlich aus »seiner« Sicht kommentiert wird, ergeben sich wichtige Erkenntnisse auch für die Bewertung der allgemeinen Geschichte der Sozialdemokratie im wilhelminischen Zeitalter. Am Beispiel von Karl Liebknecht, der die politische Bewegung des Proletariats als Aktionsverband im Interesse einer bestimmten Weltanschauung verstanden hat, lassen sich gleichsam im Negativverfahren die Auswirkungen des Umwandlungsprozesses der SPD zu einer rein politischen Partei ablesen, die sich überdies auch noch ohne Gegenleistungen positiv in den gesellschaftlichen Kontext Preußen-Deutschlands integrieren ließ. Die SPD hat diesen Umwandlungsprozeß mit einem teilweisen Verlust ihrer politischen Ideale bezahlen müssen und leidet noch heute unter den Folgen, wie die zahlreichen Grundsatzdiskussionen etwa zum Thema Kernenergie, Umweltschutz, humanitäre Arbeitswelt oder Verbesserung der Lebensqualität beweisen. Das Thema »Karl Liebknecht« ist nicht zuletzt deshalb »aktuell«, weil bis heute die Frage, ob und wie konsequente Reformpolitik in einem gegebenen gesellschaftlichen Kontext gewaltlos verwirklicht werden kann oder zwangsläufig zur Revolution führen muß, immer noch einer schlüssigen Antwort harrt. Karl Liebknecht hat diese Frage im Kontext der preußisch-deutschen Gesellschaft zu lösen versucht. Er ist, zugegebenermaßen, dabei gescheitert. Dennoch ist seine politisch-taktische Forderung nach einer »aktiven Oppositionspolitik«, die die SPD zu einem aktiven Faktor in der preußisch-deutschen Politik machen sollte, als echte Alternative zur attentistischen Politik der SPD-Führung zu verstehen. Die SPD wurde in der Novemberrevolution 1918 nicht zuletzt deshalb überrascht, weil sie für den »Tag X« keinerlei konkrete Vorstellungen entwickelt hatte. Genau solche Vorstellungen aber hatte Liebknecht erarbeitet, als er sich für eine sozialdemokratische Jugendbewegung einsetzte, gegen den Militarismus und den preußisch-deutschen Klassenstaat agitierte. Der Reiz, der von dem Politiker Liebknecht ausgeht, läßt sich vor allem darauf zurückführen, daß er im Gegensatz zu den führenden Politikern der Novemberrevolution langfristige Perspektiven der gesellschaftlichen Entwicklung aufzeigte. Gewiß, die Perspektiven waren in mancher Hinsicht utopisch, aber sie gingen in die richtige Richtung. Man denke beispielsweise nur an Liebknechts Warnung vor der weiteren politischen Entwicklung Europas im Falle eines »kapitalistischen Friedens«. Auch wenn man die Novemberrevolution von 1918 nicht allein aus der Retrospektive des Jahres 1933 betrachten sollte, so bleibt doch die Tatsache bestehen, daß beide Markierungspunkte der deutschen Geschichte unmittelbar zusammengehören.

Das Thema »Karl Liebknecht« wird darüber hinaus aber auch so lange »aktuell« sein, wie sich mit der DDR einer der beiden heutigen deutschen Staaten auf diesen Politiker beruft. Dabei wird häufig übersehen, vor allem auf nicht-kommunistischer Seite, daß Karl Liebknecht aus der SPD hervorgegangen ist; eine Partei, die ja auch heute noch zumindest in der Bundesrepublik existiert. Die historische Einschätzung des Mitbegründers der KPD ist somit auch ein gesamtdeutsches Phänomen, wobei sich sowohl die Bundesrepublik als auch die DDR um eine wirkliche Auseinandersetzung mit dieser historischen Figur herumgedrückt haben. Gewiß, Karl Liebknecht würde sich heute mit keinem der beiden deutschen Staaten identifizieren; er hätte sich nie mit einem existierenden Staat identifiziert, da er mehr Utopist als Politiker gewesen ist. Für den heutigen Betrachter ist dies allerdings gar nicht so wichtig. Viel wichtiger ist, daß wir heute unseren Standpunkt zur historischen Figur von Karl Liebknecht finden.

I. Der familiäre Hintergrund

Der Politiker Karl Liebknecht hat in seinen Reden häufig auf Erlebnisse der Kindheit, Jugend- und Ausbildungszeit hingewiesen, um seine Argumentation illustrativ zu untermauern. »Ich bin ja sozusagen im Parteileben aufgewachsen«, erklärte er beispielsweise auf dem Magdeburger Parteitag von 1910 in der großen Debatte um die Frage der Parteidisziplin, »ich habe sie [die Disziplin] mit der Muttermilch eingesogen, und aus frühester Kindheit klingt es mir in den Ohren aus dem Munde meines Vaters: Eins ist Not: Disziplin[1].« Wie also sah der familiäre Hintergrund konkret aus und welchen Einfluß hat er auf die spätere politische Entwicklung ausgeübt?

Die »politische Familie«

Karl Paul Friedrich August Liebknecht wurde am 13. August 1871 in eine Umgebung hineingeboren, die ihn für die spätere Politikerlaufbahn geradezu prädestinierte. Die Liebknechts, so urteilte ihr langjähriger Freund August Bebel rückblickend, waren eine »politische Familie«[2]. Der Vater, Wilhelm Liebknecht[3], gehörte zu den führenden Vertretern der 1869 in Eisenach gegründeten Sozialdemokratischen Arbeiterpartei (SDAP), die 1875 den Hauptbestandteil der Sozialistischen Arbeiterpartei, der späteren SPD, stellte. Fast genau ein Jahr vor der Geburt seines zweiten Sohnes – der erste Sohn Theodor wurde am 19. April 1870 geboren – hatte Wilhelm Liebknecht den ersten Höhepunkt seiner politischen Karriere erreicht, als er sich bei Ausbruch des Deutsch-Französischen Krieges gemeinsam mit August Bebel im Norddeutschen Reichstag der Stimme enthielt, als über die Kriegskredite der preußisch-norddeutschen Regierung abgestimmt wurde. »Als prinzipielle Gegner des dynastischen Krieges«, hieß es in der Abstimmungsbegründung, »können wir uns weder direkt noch indirekt für den Krieg entscheiden[4].« Als der Krieg nach der Proklamierung der französischen Republik deutscherseits weitergeführt wurde, lehnten die beiden SDAP-Führer sogar den Krieg entschieden ab. Als Chefredakteur des Parteiorgans, *Der Volksstaat*, erklärte Liebknecht am 11. September 1871: »*Wird der Krieg fortgesetzt, . . . so ist es . . .* ein Krieg der Monarchie gegen die Republik, der Konterrevolution gegen die Revolution[5].«

Auch die Mutter, Natalie Liebknecht, geborene Reh, kam aus einer Familie mit starken politischen Interessen[6], denn ihr Vater, Carl Reh, war Mitglied des Frankfurter Parlaments von 1848 gewesen und hatte zeitweilig sogar die Funktion des Vizepräsidenten innegehabt. Die Politik hatte gewissermaßen »Pate« gestanden, als sich Karls Eltern im Jahre 1868 kennenlernten[7]. Wie August Bebel berichtet, trafen sich Wilhelm Liebknecht und Natalie Reh während einer von Liebknecht gemeinsam mit Bebel unternommenen Wahlagitationstour zum ersten deutschen Zollparlament in Darmstadt. Der »politische Freund« Bebel übernahm nach seinem eigenen Bericht die Rolle des »postillion d'amour«, und die Hochzeit fand noch im gleichen Jahr, am 30. Juni, statt. Liebknechts Eile, in den Stand der Ehe zu treten, war nicht unbegründet, denn als er Natalie Reh kennenlernte, war er schon knapp ein Jahr Witwer und hatte zwei kleine Töchter – Alice (1857) und Gertrud (1863) – aus der ersten Ehe zu versorgen. Liebknechts erste Frau Ernestine, geborene Landolt[8], die der »Soldat der Revolution« 1849 während der Verfassungskämpfe in Baden als Gefängnishäftling kennengelernt und 1854 im Exil in London geheiratet hatte, war nach der Rückkehr nach Deutschland am 29. März 1867 an den Folgen einer Lungenentzündung gestorben. Die Eltern von Karl Liebknecht waren weitläufig miteinander verwandt; die Großmutter von Natalie Reh war eine Schwester des Großvaters von Wilhelm Liebknecht[9].

Karl Liebknechts Lebensweg wurde von Anfang an durch die politische Tätigkeit des Vaters geprägt. Als SDAP- und später als SPD-Führer zählte Wilhelm Liebknecht zu den »oppositionellen Elementen« des neu gegründeten Deutschen Reiches und wurde dementsprechend von den staatlichen Instanzen in seinem Wirkungskreis eingeengt. Da die herrschenden Kreise die Opposition der noch jungen Arbeiterbewegung schon im Keim ersticken wollten, ließen sie vor allem deren Presseorgane auf polizeilich-juristischem Wege bekämpfen. Dies wiederum traf in erster Linie Wilhelm Liebknecht, der seine Einkünfte für den Lebensunterhalt ausschließlich aus der journalistischen Arbeit für die Partei bezog. Als verantwortlicher Chefredakteur des Parteiblattes wurde er darüber hinaus geradezu »Dauergast« im Gefängnis, denn die noch junge Partei war weder gewillt noch in der Lage, die beinahe zahllosen Geldstrafen, die von den Gerichten wegen irgendwelcher »Pressvergehen« ausgesprochen wurden, zu bezahlen. Am 16. Januar 1872 teilte er dem in London wohnenden Friedrich Engels mit: »Den 29. habe ich einen Haufen Pressprozesse, die mir eine Geldstrafe von mindestens 100 rh einbringen werden. Wenn möglich, werde ich sie in Haft umwandeln lassen (5 rh pro Tag)[10].« Zwei Monate später kam es dann zum großen Schauprozeß vor dem Reichsgericht in Leipzig, dem sogenannten »Leipziger Hochverratsprozeß«[11]. Angeklagt waren neben Wilhelm Liebknecht August Bebel und Adolph Heppner, denen vorgeworfen wurde, mit ihrer oppositionellen Agitation während des Deutsch-Französischen Krieges »Hochverrat« begangen zu haben. Im Grunde genommen verfolgten allerdings die staatlichen Instanzen mit dem Prozeß die Absicht, die Arbeiterpartei als anarcho-syndikalistische Bewegung zu brandmarken, um sie damit politisch auszuschalten. Dies mißlang jedoch gründlich, denn dank der überlegten und schlagfertigen Verhandlungsführung von Wilhelm Liebknecht nutzten die SDAP-Führer das Forum des Reichsgerichtes, um die Ziele und Vorstellungen der Arbeiterpartei vor aller Öffentlichkeit darzulegen und dabei die politische Integrität der Partei nachzuweisen. Der »Leipziger Hochverratsprozeß« endete mit einem großen moralischen Erfolg für die Arbeiterführer. Das direkte Ergebnis war allerdings weniger erfreulich; Wilhelm Liebknecht und auch August Bebel wurden zu je zwei Jahren Festungshaft verurteilt. Der dritte Angeklagte, Adolph Heppner, erhielt Freispruch.

Die staatlichen Unterdrückungsmaßnahmen hatten zur Folge, daß die Familie Liebknecht häufig ohne den Vater auskommen mußte. Darüber hinaus versiegten mit der Inhaftierung des »Brotverdieners« die Einnahmen, so daß der Lebensstandard zwangsläufig schwankte. Während Wilhelm Liebknecht diese Beschwernisse mit der ihm eigenen »Sonnennatur«[12] überwand – die zweijährige

Festungshaft hatte für den Arbeiterführer übrigens auch positive Seiten, denn hier konnte er endlich einmal wieder politisch-wissenschaftlichen Arbeiten nachgehen[13] –, hatte es Natalie Liebknecht anfangs schwer, sich mit diesen für sie neuen Lebensumständen abzufinden. Hatte sie vor der Ehe in der Geborgenheit einer gut situierten Bürgerfamilie gelebt, so fand sie sich knapp drei Jahre später vor die Aufgabe gestellt, vier Kinder allein ernähren und erziehen zu müssen. Bedrückt durch die Last der neuen Verantwortung schrieb sie an Marx und Engels: »Daß bei diesem unruhigen, aufregenden Leben meines Mannes unser Familienleben nach keiner Richtung gedeihen kann, ist selbstverständlich[14].« Dennoch lernte sie ihre Rolle als Frau des staatlich verfolgten Arbeiterführers recht schnell und entwickelte sich im Laufe der Zeit zu einer durchaus ebenbürtigen Partnerin ihres berühmten Mannes. Befand sich Wilhelm Liebknecht in Haft, so führte sie seine politische Korrespondenz fort und begann sogar selbst Feuilletonbeiträge für Parteizeitungen und -zeitschriften zu schreiben. In den 80er Jahren schließlich erschienen, von ihr übersetzt, eine Reihe englischer und amerikanischer Romane sozialkritischen Inhalts[15]. Verblüfft fragte Elise Schweichel, eine alte Bekannte der Liebknechts, wie denn Natalie Liebknecht die Zeit habe, um solche »kühne Unternehmen« zu bewältigen[16].

Karl Liebknecht hat die Auswirkungen dieser ersten Verfolgungen seines Vaters bewußt noch nicht miterleben können. Die zweite Welle der staatlichen Verfolgungen, die 1878 mit der Verabschiedung des Gesetzes zur »Bekämpfung der gemeingefährlichen Bestrebungen der Sozialdemokratie« – dem sogenannten »Sozialistengesetz« – begann, dürfte der Heranwachsende schon bewußter erfahren haben. Er war zehn Jahre alt, als 1881 der »Kleine Belagerungszustand« über Leipzig verhängt wurde und der Vater das gemeinsame Heim in der Braustraße Nr. 11[17] verlassen mußte, wollte er sich weiterhin politisch betätigen. Wilhelm Liebknecht fand zwar im nahegelegenen Borsdorf einen Unterschlupf, doch lebte er von nun an praktisch von der Familie getrennt; wegen der Schule konnten ihn Frau und Kinder nur an den Wochenenden und in den Ferien besuchen[18]. Vor allem die Besuche in Borsdorf dürften Karl die Armut seiner Eltern bewußt gemacht haben, denn sein Vater lebte dort in zwei gemieteten Zimmern eines arg zerfallenen Landhauses, das von den Freunden spöttisch die »Villa Liebknecht« genannt wurde. Waren Frau und Kinder (neben Theodor und Karl waren noch drei weitere Söhne Otto [1876], Wilhelm [1877] und Curt [1879] hinzugekommen) zu Gast, so dienten die beiden Räume, wie Harry Schumann berichtet, als »Arbeitsstube und Boudoir, Küche und Speisekammer, Empfangssalon und Wohnstube«[19]. Trotzdem konnten gerade die Kinder diesen Besuchen auch positive Seiten abgewinnen. Einmal waren sie endlich mit dem lang entbehrten Vater zusammen und zum anderen konnten sie, befreit von der Enge der Stadt, nach Herzenslust herumtollen. Noch dreißig Jahre später erinnerte sich Karl Liebknecht voller Begeisterung an diese Zeit. »Wir in Wind und Wetter drauß«, schrieb er seiner Frau Sophie am 11. Mai 1918 aus dem Zuchthaus, »aber Wind und Wetter auch bei uns drin; und neben Wind und Wetter Sonnenschein die Fülle; geturnt, geprügelt, Schmetterlinge gezüchtet, gewandert in Wald, Wiesen

Die »politische Familie« von Wilhelm Liebknecht. Von links nach rechts. Untere Reihe: Kurt und Wilhelm; obere Reihe: Karl, Natalie, Wilhelm, Theodor und Otto.

und Getreidefeldern, verkrochen mit den herrlichsten Büchern und allen Musen im Leibe. Kuhstall, Obstgarten, Erntearbeit mit den Knechten, Jauchefässer geritten – honni soit qui mal y pense[20].«

Die fast permanente Abwesenheit des Vaters hatte zur Folge, daß die Mutter für die Kinder zur zentralen Figur wurde. Sie besorgte nicht nur die Erziehung, sondern stellte vor allem in emotionaler Hinsicht die direkte Bezugsperson dar. Wie eng die Beziehungen zwischen Karl Liebknecht und seiner Mutter gewesen sein müssen, verdeutlicht ein Gedicht, das der Sohn anläßlich des Todes der Mutter am 1. Februar 1909 verfaßte[21]. Es beginnt mit den Zeilen:

»So hab ich die verloren,
die ich nicht missen kann«.

Und in der Schlußstrophe heißt es:

»Die Fackel ist verglommen,
wer führt jetzt meinen Arm?
Der Mantel mir genommen,
er hegte mich so warm.
Mich friert; meine Brust ist zerrissen,
die niemand heilen kann.
Die Zähne zusammengebissen!
Wander! Voran! Voran!«

Auch später blieb bei Karl Liebknecht die Erinnerung an die Mutter lebendig. Dies gilt vor allem für die Zeit nach Ausbruch des Ersten Weltkrieges, als die staatlichen Unterdrückungsmaßnahmen den Antikriegskämpfer zwangsläufig an die Erlebnisse der Kindheit und Jugendzeit erinnerten. »Heute nacht träumte ich von meiner Mutter«, berichtete der Zuchthaushäftling seiner Frau Sophie am 21. Januar 1917, »und sonderbar – obwohl Du sie nicht kanntest – sie war mit Dir und den Kindern. Wie ich, wie wir alle mit unseren Eltern, mit unserer Mutter waren, kann nicht mit Worten beschrieben werden[22].«

Im Gegensatz zur Mutter gewann der Vater erst verhältnismäßig spät an Bedeutung im Leben des heranwachsenden Karl. Dabei ist zu berücksichtigen, daß der Arbeiterführer seiner Familie nicht nur in physischer, sondern auch in psychischer Hinsicht entzogen war, denn die Führung der durch das »Sozialistengesetz« bedrängten Arbeiterpartei erforderte den Einsatz auch aller vorhandenen geistigen Kräfte. Sorgenvoll bemerkte Julie Bebel, die Frau August

Bebels, am 29. Dezember 1889 in einem Brief an ihre »Leidensgenossin« Natalie Liebknecht: »Unsere Männer sind ja so gut . . . und haben ihre Familien sehr lieb, aber durch die ununterbrochene Hetzerei und Überbürdung im Arbeiten und im fortgesetzten Kampfe mit ihren Ansichten werden sie uns immer mehr entzogen und der wichtige Sinn für die Familie geht ihnen immer mehr verloren. Rücksichten uns gegenüber gibt es nicht[23].« Interessant ist in diesem Zusammenhang der Hinweis, daß das Thema Politik, insbesondere Parteipolitik im Hause Liebknecht als Gesprächsthema zumindest für die Zeit des »Sozialistengesetzes« tabu gewesen zu sein scheint. Traurig gestand Natalie Liebknecht am 3. August 1887 in einem Brief an Engels: »Mein Mann spricht sich bei mir sehr wenig aus, er ist im allgemeinen schweigsam, hat immer sehr viel zu tun und ist infolge davon auch in Gedanken stets sehr geocupieret[24].« Liebknechts Verschlossenheit war allerdings nicht unbegründet. Auf der einen Seite standen beim Zusammensein der Familie zwangsläufig andere Dinge im Mittelpunkt, zum anderen wollte Wilhelm Liebknecht seine Frau nicht unnötig der Gefahr staatlicher Verfolgungen aussetzen, indem er über parteiinterne Angelegenheiten sprach. Julie Bebel, die von ihrem Mann anscheinend besser informiert wurde, empfand jedoch dieses Verhalten als Mißtrauen und war darüber sehr empört. Aufgebracht schrieb sie am 12. September 1887 an Natalie Liebknecht: »Daß Ihnen Herr Liebknecht so wenig anvertraut finde ich auch nicht in der Ordnung. Das habe ich ihm selbst gesagt, als er mir mein (vielleicht zuviel) Wissen in Parteiangelegenheiten zum Vorwurf machte. Das ist die falsche Ansicht Herrn Liebknechts, daß damit die Frauen beunruhigt würden; das kann doch nur bei denen sein, die absichtlich nichts davon wissen wollen und auch kein Verständnis für die Sache sich aneignen. Wenn man aber die Hälfte seines Lebens an dieser Tätigkeit direkt oder indirekt teilgenommen hat, verdient man das volle Vertrauen der Männer[25].«

Der heranwachsende Karl erlebte seinen Vater in erster Linie als eine »übergeordnete Instanz«, die das gesamte Familienleben bestimmte und für die »großen Fragen« des Lebens zuständig war. Obwohl sich Wilhelm Liebknecht nur wenig um die tägliche Erziehung seiner Kinder kümmern konnte, achtete er doch peinlich darauf, daß sie eine fundierte Ausbildung erhielten. Aus eigener Erfahrung wußte er, wie schmerzhaft es war, außer einem abgebrochenen Studium nichts vorweisen zu können und in finanzieller Hinsicht vollkommen abhängig von der Partei zu sein. 1878 wurde Karl in die Bürgerschule zu Leipzig eingeschult und wechselte drei Jahre später, nach erfolgreicher Aufnahmeprüfung, an das dortige Nicolai-Gymnasium, wo ihm 1890 das »Zeugnis der Reife« zuerkannt wurde. Inwieweit Wilhelm Liebknecht seinen zweiten Sohn bei der Wahl der Studienfächer Jura und Nationalökonomie beeinflußte, die Karl zunächst in Leipzig zu studieren begann und 1893 in Berlin mit Erfolg beendete, läßt sich quellenmäßig nicht mehr belegen; fest steht jedoch, daß die Promotion auf Drängen des Vaters zustande kam. Nachdem Karl Liebknecht am 30. September 1897 an der Universität Würzburg die Würde eines »Dr. jur. et rer. pol.« verliehen worden war, bestätigte Wilhelm Liebknecht in einem Schreiben an Max Baruch: »Ja, es hat mir viel Freude gemacht, daß Karl meinem Wunsch entsprechend, sich den Doktorgrad erworben hat[26].« Der väterliche Einfluß erstreckte sich übrigens auch noch auf einen anderen wichtigen Punkt in Karls frühem Werdegang; seine erste Ehe mit Julia Paradies kam nicht zuletzt durch eine Freundschaft Wilhelm Liebknechts zustande. Wie Harry Schumann aufgrund der Erinnerungen der Liebknechtbrüder berichtet, war Julia Paradies die Tochter eines wohlhabenden Kaufmannes in Leipzig, der mit dem SPD-Führer eng befreundet war[27]. Schon als Kind hatte Julia mit den Liebknecht-Söhnen gespielt und später Karl als ihren zukünftigen Ehemann gewählt. Als Karl Liebknecht 1899 seine Rechtsanwaltsausbildung abschloß und gemeinsam mit seinem älteren Bruder Theodor eine Anwaltspraxis in Berlin eröffnete, verlobten sich die beiden und heirateten ein Jahr später am 8. Mai 1900. Aus der Ehe gingen drei Kinder hervor: Wilhelm (1901), Robert (1903) und Vera (1906).

Die politische Betätigung Wilhelm Liebknechts hat von Anfang an den Werdegang von Karl Liebknecht geprägt. Der Sohn des staatlich verfolgten Arbeiterführers wurde schon früh wegen der politischen Ansichten seines Vaters angefeindet. Als seine eigenen Kinder während des Ersten Weltkrieges ähnliche Erfahrungen machen mußten, bestätigte er: »Auch ich habe in meiner Jugend eine Fülle politischer Anfechtungen erfahren, in der Schule und anderwärts[28].« Waren diese gesellschaftlichen und staatlichen Anfeindungen zunächst ohne größere Bedeutung, so wurden sie mit zunehmendem Alter unangenehmer und folgenreicher. Als sich Karl Liebknecht 1893 nach erfolgreichem Studium beim preußischen Staat um eine Referendarstelle bewarb, die er zur Beendigung seiner Rechtsanwaltsausbildung brauchte, wurde er anfänglich unter recht fadenscheinigen Gründen zurückgewiesen. »Denken Sie«, klagte Natalie Liebknecht am 24. Juli 1893 in einem Brief an Engels, »man macht unserem Karl Schwierigkeiten mit seiner Referendaranstellung hier, weil er noch sächsischer Untertan sei. Man möchte gerne unsere Söhne los sein[29].« Der Londoner Freund zeigte sich jedoch von dieser Nachricht keineswegs überrascht und antwortete drei Tage später: »Daß man Ihrem Karl solche Schwierigkeiten macht, ist eben preußisch, man verzeiht ihm bürokratischerseits nun einmal seinen Vater nicht[30].« Erst nachdem ihm die preußische Staatsbürgerschaft zuerkannt wurde[31] und er am 1. Oktober 1893 seine Militärdienstpflicht als »Einjährig-Freiwilliger« bei den Gardepionieren in Berlin angetreten hatte, erhielt er auf Vermittlung des ehemaligen preußischen Kultusministers, Adalbert Falk, eine Stelle beim Oberlandesgericht in Hamm, Westfalen. Erleichtert schrieb Wilhelm Liebknecht am 4. Oktober an Friedrich Engels: »Karl erhielt heute seine Anstellung, damit ist uns dieser Stein aus dem Weg[32].« Die bürokratischen Schikanen und gesellschaftlichen Pressionen blieben jedoch für den Sohn des SPD-Führers bestehen. Schon wenige Tage später berichtete Wilhelm Liebknecht in einem Brief an Engels, daß Karl in Arnsberg, wo er den ersten Teil seiner Referendarzeit verbrachte, in einem regelrechten »gesellschaftlichen Boykott«[33] leben würde. Gelegentlich wurde dieser »Boykott« allerdings auch durchbrochen. Als Karl Liebknecht bei einer Referendarversammlung in Hamm wegen der politischen Ansichten seines Vaters öffentlich angegriffen wurde, hielt er es für ratsam, den Ort der Versammlung zu verlassen. Dabei erhielt er von einem Kollegen, namens Otto Pape, moralische Rückenstärkung. Obwohl kein Sozialdemokrat, empfand Pape das Verhalten der übrigen Referendare derart empörend, daß er gemeinsam mit Liebknecht den Saal verließ[34]. Der Vorfall begründete eine Freundschaft, die während der restlichen Referendarzeit bis zum Jahre 1898 anhielt. Als Pape 1901 plötzlich starb, schrieb Liebknecht betroffen an die Schwester des Verstorbenen: »Die Todesnachricht traf mich wie ein Blitz, ich habe zwar seit mehreren Jahren mit Ihrem Bruder nicht mehr in direkter Verbindung gestanden, aber ich halte und habe ihn in gutem und genauem Andenken[35].« In Paderborn, wo Liebknecht einen weiteren Teil seiner Referendarzeit verbrachte, fand er sogar eine geradezu herzliche Aufnahme bei der Familie des Arztes Max Baruch, dessen Vater als Student in der Burschenschaft Hasso Nassovia Leibfuchs von Wilhelm Liebknecht gewesen war[36]. »Sie haben ihm«, schrieb der Vater dankbar an Baruch, »die fremde Stadt zu seiner Heimat gemacht, seiner Verbannung . . . den Stachel genommen.« An die eigenen Erfahrungen als Emigrant im Londoner Exil denkend, fügte er hinzu: »Ich weiß, wie wichtig es für mich war, daß ich als Flüchtling . . . eine Familie fand, in der ich zu Hause war. Das rettete mich vor dem Untergang[37].« Karl Liebknecht hat sich auch später noch mit »viel Behagen« und einer »Art Sehnsucht« an diese Zeit erinnert, wie er Max Baruch in einem Brief vom 22. März 1902 gestand[38].

Die gesellschaftliche Isolation einerseits und die behördlichen Schikanen andererseits ließen Karl Liebknecht von vornherein ein gebrochenes Verhältnis zum preußisch-deutschen Staat entwickeln. Der Gegensatz Staat – Arbeiterbewegung wurde für ihn deshalb keine Frage der Theorie, die man sich mühselig erarbeiten mußte, sondern täglich erlebte Wirklichkeit. Nicht zuletzt hierin liegt eine der Erklärungen, weshalb der spätere sozialdemokratische Politiker zu einem Verfechter der »reinen Empirie« wurde[39]. Seine große philosophisch orientierte Schrift *Studien über die Bewegungsgesetze der gesellschaftlichen Entwicklung*[40] ist nichts anderes als die abstrakte Ausformulierung der erlebten gesellschaftlichen Wirklichkeit. Weiterhin erklärt sich aus diesem Ansatz heraus auch die Tatsache, warum Liebknecht in seinen politischen Reden häufig Erlebnisse seiner Kindheit und Jugendzeit anführte, um den Arbeitern den Klassencharakter der bestehenden Gesellschaftsordnung deutlich zu machen. Als er beispielsweise am 11. November 1900 auf einer Parteiversammlung in Leipzig auftrat, bemerkte er, daß es unter seinen Erinnerungen an die sächsische Landeshauptstadt keine gäbe, die »nicht mit einem Polizisten verknüpft« sei[41]. Ebenso führte er auch die Schwierigkeiten seiner Referendaranstellung an. Am 23. August 1907 erklärte er in einer groß angelegten Rede in Stuttgart zum Thema »Rechtsstaat und Klassenjustiz«: »Auch hat niemand bei uns ein Recht darauf angestellt zu werden . . . ich hab's ja erlebt! Der Rechtsanwalt muß bekanntlich, ebenso wie der Richter, zuvor Referendar sein. Ich hatte mich nach Erledigung meiner Staatsprüfung bei zwei Oberlandesgerichten gemeldet. Sie haben mich unter allerhand Vorwänden einfach abgelehnt[42].«

Karl Liebknecht legte später als Politiker und Familienvater das gleiche Verhalten an den Tag wie Wilhelm Liebknecht. Auch er fühlte sich in erster Linie für die »großen Fragen« des Lebens zuständig und ordnete sein Familienleben der politischen Arbeit unter. Schon 1902, also am Beginn seiner Politikerlaufbahn, klagte er in einem Brief an Max Baruch: »Ich bin ein großer Freund des Familienlebens und mein Bürschchen [gemeint ist Karls erster Sohn Wilhelm], das nun schon tapfer läuft und plappert, ist unser Entzücken; aber ich kann diese Genüsse nicht auskosten. Das wird nicht besser sondern schlimmer[43].« Der Aufstieg zum sozialdemokratischen Politiker entzog Karl Liebknecht dann mehr und mehr seiner Familie, denn als Berliner Stadtverordneter, als preußischer Landtagsabgeordneter, als Reichstagsvertreter und schließlich als praktizierender Rechtsanwalt lebte er nur noch in »Hatz und Drang«, wie Rosa Luxemburg einmal leicht ironisch Liebknechts Aktivitäten beschrieb[44]. Der Ausbruch des Ersten Weltkrieges veranlaßte den überzeugten Antikriegskämpfer sogar zu einer noch mehr gesteigerten Aktivität und riß ihn praktisch völlig aus dem Familienleben heraus. »Könnte ich als Mensch leben, nicht nur als Politiker«, gestand er seiner Frau Sophie am 27. November 1914, »so würde unsere Fühlung viel enger und beständiger sein. . . . Die Politik aber frißt mich auf; jede Faser hat sie verschlungen[45].« Liebknechts bedingungsloses Engagement für die Politik schloß ebenso wie bei seinem Vater die Bereitschaft ein, die wirtschaftliche Existenz der Familie im Interesse politischer Notwendigkeiten aufs Spiel zu setzen. Wenn auch Karl Liebknecht aufgrund seiner Rechtsanwaltspraxis eine weitaus bessere Ausgangsposition hatte als Wilhelm Liebknecht, so blieb doch auch sein politisches Handeln nicht ohne Folgen für die Familie. Als der Antimilitarist im Jahre 1907 wegen angeblichen Hochverrats zu 18 Monaten Festungshaft verurteilt wurde, sanken die Einnahmen der Familie praktisch auf Null. Dabei hatte er gerade kurz vorher aus Anlaß der gescheiterten Revolution in Rußland eine ziemlich hohe Summe für die gerichtliche Verteidigung politischer Häftlinge gestiftet, die er sich selbst hatte leihen müssen[46]. Am 23. April 1908 gestand er Minna Kautsky, der Mutter von Karl Kautsky: »Bei mir zu Haus ist rechte Misere; alles Mögliche kracht zusammen[47].« Zwar gelang es Karl Liebknecht nicht zuletzt dank seiner politischen Tätigkeit, das Anwaltsbüro der Gebrüder Liebknecht bis zum Ausbruch des Ersten Weltkrieges zu einem der größten in ganz Berlin auszubauen, doch führte der Krieg und die damit für Liebknecht verbundene Antikriegspolitik zu einem wirtschaftlichen Niedergang seiner Familie. Abgesehen davon, daß der Krieg allgemein die Einnahmen des Rechtsanwaltsbüros zurückgehen ließ, brauchte Liebknecht für die illegale politische Arbeit immer mehr Geld. Dabei war er – wie er selbst zugab – für die Anwaltspraxis mehr Last als Hilfe[48]. Als er dann im Frühjahr 1915 zum Militärdienst eingezogen wurde und ein Jahr später aufgrund seiner Protestaktion auf dem Potsdamer Platz in Berlin zu vier Jahren und einem Monat Zuchthaus verurteilt wurde, mußte die Familie von den vorher angesparten Finanzreserven leben. Auch als Liebknecht im Oktober 1918 vorzeitig aus dem Zuchthaus entlassen wurde, hatte er keine Zeit, Geld zu verdienen, denn der Ausbruch der Novemberrevolution verlangte den ganzen Einsatz des revolutionären Politikers. Bei seinem Tode kurze Zeit später dürfte daher die Familie mehr oder weniger ohne Vermögen dagestanden haben und in finanzieller Hinsicht von den Brüdern Theodor und Wilhelm, die das Anwaltsbüro gemeinsam führten, abhängig gewesen sein.

Karl Liebknecht hat im Gegensatz zu seinem Vater nicht das Glück gehabt, mit einer Frau verheiratet zu sein, die ein so großes Verständnis für die politische Betätigung des Mannes aufbrachte wie Natalie Liebknecht. Weder seine erste Frau Julia noch die zweite Frau Sophie, geborene Ryss, die Liebknecht nach dem Tode seiner ersten Frau am 1. Oktober 1912 ehelichte, zeigte sonderliches Interesse für das Engagement des Vollblutpolitikers. Julia Liebknecht, von der leider so gut wie keine schriftlichen Äußerungen vorliegen, macht auf Bildern den Eindruck einer ziemlich unbedarften Hausfrau, die bestenfalls einen gutbürgerlichen Lebensstil pflegte, wie sie ihn anscheinend von Haus aus gewohnt war. Indirekt bestätigt wird diese Vermutung durch Äußerungen des russischen Sozialdemokraten Lyadow, der längere Zeit als Mitarbeiter

Karl Liebknecht und seine zweite Frau Sophie, geb. Ryss, um 1912.

Lenins im Berliner Exil verbrachte[49]. Demzufolge sei Karl Liebknecht häufig in die Kolonie der Exilrussen gekommen, weil er seiner »großen Wohnung« mit dem »ganzen Stab von Bediensteten« entkommen wollte. Bei einem solcher Besuche – es war eine Jahreswendfeier nach dem russischen Kalender im Jahre 1906 – lernte Liebknecht seine spätere, zweite Frau kennen. In welcher Beziehung die beiden schon vor ihrer offiziellen Eheschließung gestanden haben, läßt sich aufgrund der bisher vorliegenden Quellen nicht sagen. Manche Andeutungen in Liebknechts Briefen von der Front und aus dem Zuchthaus[50] lassen jedoch den Schluß zu, daß die Beziehungen auch vorher schon mehr als nur freundschaftlicher Natur gewesen sind. Daß Spannungen zwischen Karl und Julia Liebknecht bestanden haben, wird übrigens auch von Heinz Wohlgemuth berichtet – jedoch ohne Quellenangabe[51]. Im Vergleich zu Julia Liebknecht war die aus Rostow am Don stammende Russin Sophie Ryss sicherlich eine »emanzipierte Frau«. Sie war promovierte Kunsthistorikerin und hatte längere Zeit in Heidelberg studiert, wo sie zum Kreis junger russischer Intellektueller um den Juristen Gustav Radbruch gehörte[52]. Nach dem Tode von Karl Liebknecht zählte sie zeitweilig zum Freundeskreis des Dichters Rainer Maria Rilke, den sie 1917 während einer Kur in Herrenchiemsee, Bayern, kennengelernt hatte[53]. Trotz dieses Hintergrunds brachte sie ebensowenig Verständnis für das politische Wirken ihres Mannes auf wie dessen erste Frau. Karl Liebknecht selbst bezeichnete sie in einem Brief vom 11. Mai 1918 als das »unpolitischste Geschöpf der Erde«[54]. Sophie hat schwer am Los der Politikerfrau getragen, vor allem nach Ausbruch des Ersten Weltkrieges, als ihr Mann aufgrund seiner konsequenten Antikriegspolitik der Familie mehr und mehr entzogen wurde und mit seiner Verhaftung am 1. Mai 1916 ganz verloren ging. Voller Verzweiflung schrieb sie nach dem ersten Zuchthausbesuch an Mathilde Jacob: »Also: in Luckau hört die Gemütlichkeit auf – Karl wurde wie ein wildes Tier oder wie ein Affe uns hinter einem hohen Drahtnetz gezeigt – er ist ganz geschoren, absolut nicht zu erkennen, ernst und unruhig – nachher hat dieser Hund von Aufseher das Drahtnetz aufgemacht, so daß wir uns verabschieden konnten, wie sich's gehört, bis Anfang April –. Das Ganze ist eine Erfindung des Teufels, ein Alpdruck, etwas absolut Unmögliches und Unfaßbares – man möchte schreien und toben bis man tot zusammensinkt oder ich weiß selbst nicht was[55].« Der verzweifelte Gemütszustand seiner Frau hinderte Karl Liebknecht jedoch nicht, sie für die illegale politische Arbeit einzusetzen. Da sie für ihn neben den Kindern die einzige Kontaktperson zur Außenwelt war, mußte sie die Rolle des »Kuriers« übernehmen und den politischen Mitstreitern draußen Informationen übermitteln[56]. Bei der Herstellung des Manuskripts zur Herausgabe der Akten seines Hochverratsprozesses von 1916 scheint es dabei zu zeitweiligen Verstimmungen zwischen den Ehepartnern gekommen zu sein. Der vom Zuchthausmartyrium gepeinigte Politiker glaubte nämlich, daß seine Frau aus Angst vor staatlichen Repressionen die Editionsarbeiten unnötig hinauszögern würde. Einlenkend schrieb er am 11. Februar 1917: »Wie kannst Du, mein Herz, meinen, ich ›drohte‹ Dir, ich hätte Dir ›gedroht‹. Fühlst Du nicht, daß das meinem ganzen Wesen, meinem Fühlen, Denken und allem, was in mir ist, Dir gegenüber ganz und gar unmöglich ist. Du mußt doch wissen, wie ich Dir verbunden, verschmolzen bin. . . . Wie man gegen sich selbst wüten kann, gewiß, so könnte ich auch, so kann ich auch einen Moment des Ausbruchs gegen Dich, gegen Dich als ein Teil meines Selbst haben, unter dem ich leiden würde, als der eigentlich Gepeinigte, Verletzte. Und Du mußt drum fühlen, daß jedes Wort, jedes Zittern des Unmuts, das gegen Dich gerichtet scheint, in Wahrheit selbstquälerisch mich trifft[57].«

Der Freundeskreis der Familie

Karl Liebknecht wuchs nicht nur in einer »politischen Familie« auf; auch der engere und weitere Freundeskreis der Familie war »politisch«, denn aufgrund der staatlichen und gesellschaftlichen Unterdrückung konnten die Liebknechts nur mit solchen Familien verkehren, deren Väter ebenso wie Wilhelm Liebknecht aktive Mitglieder der sozialdemokratischen Arbeiterpartei waren. Entnervt stellte Natalie Liebknecht am 27. November 1898 in einem Brief an Friedrich Engels fest: »Wir sind beim großen Publikum die Geächteten, nur wenige haben den Mut, mit uns zu verkehren[58].« Die staatliche und gesellschaftliche »Ächtung« zwang die Sozialdemokraten und deren Familien sogar regelrecht zu einem engen Kontakt untereinander. Als beispielsweise Wilhelm Liebknecht 1886 gemeinsam mit der Marx-Tochter Eleanor Marx-Aveling eine Agitationsreise durch die USA unternahm[59], suchten die Parteifreunde, so gut es ging, den Kindern den Vater zu ersetzen. Am 4. Oktober schrieb der Parteivorsitzende Paul Singer dem Vater: »Die großen Jungen [Theodor und Karl] sind gerade hier, gestern haben wir mit ihnen eine Tour über Pillnitz nach dem Borsberg gemacht und einen schönen Tag verlebt[60].« Selbst wenn die Kinder außerhalb der Familie verkehrten, blieben sie weiterhin in einer »sozialdemokratischen Umgebung«. Als der angehende Abiturient Karl 1889 seine Sommerferien außerhalb von Leipzig verbrachte, wurde er in München von der Familie des bayrischen SPD-Führers Ignaz Auer aufgenommen. Noch auf dem Bahnhof schrieb Auer der anscheinend besorgten Mutter: »Karl soeben 2 1/4 Uhr wohlbehalten angekommen«; dieser fügte in seiner noch burschikosen Art hinzu: »Glücklich, aber müde, Hunger gestillt, Münchener Bier eben geschluckt[61].« Die bayrische Metropole mit ihrem intensiven Kulturleben hat übrigens auf den jungen Liebknecht einen unauslöschlichen Eindruck gemacht. Noch dreißig Jahre später erinnerte er sich voller Begeisterung an diesen Aufenthalt. »Von München bekam ich für mein Leben entscheidende Einflüsse«, schrieb er seiner Frau Sophie am 26. Mai 1917 aus dem Zuchthaus, »achtzehnjährig, erwachend, aufatmend, enthusiastisch, die ganze Welt in mich einsaugend und durchglühend, ein Regenbogen allen Seins[62].«

Einen besonderen Platz im Freundeskreis der Familie Wilhelm Liebknecht nahmen Karl Marx und Friedrich Engels ein. Die in London lebenden »Begründer des theoretischen Sozialismus« zählten zu den ältesten Freunden und waren viele Jahre lang die wichtigsten politischen Ratgeber des SPD-Führers. Vor allem zu Marx bestand eine sehr enge Beziehung, denn der sozialistische Theoretiker hatte nicht nur 1850 den Flüchtling der gescheiterten Deutschen Revolution bei sich in London aufgenommen, sondern war dem um acht Jahre jüngeren, schon früh verwaisten Liebknecht im Laufe der zwölfjährigen Emigrationszeit zu einer Art »Ersatzvater« geworden. Offen bekannte dieser ihm nach einem politischen Streit: »Lieber Mohr, *trauen* kannst Du mir. Ich bin stets offen gegen Dich gewesen und weit mehr als Parteirücksichten bindet mich an Dich die tiefste persönliche Verehrung. Du bist der *einzige* Mensch, der mir je imponiert hat, und vom ersten Moment an fühlte ich mich unwiderstehlich zu Dir hingezogen. Ich war oft wütend auf Dich, habe vielleicht auf Dich geschimpft . . ., aber dennoch Dich immer von ganzem Herzen *lieb gehabt*[63].« Die Freundschaft zu Engels war durch Marx zustandegekommen, wobei die Beziehungen lange Zeit eher »geschäftlicher« als »politischer« Natur gewesen sind. Der »reiche Fabrikantensohn« aus Wuppertal unterstützte nämlich nicht nur den von ihm verehrten Theoretiker Marx, sondern auf dessen Fürsprache hin auch den mittellosen Flüchtling Liebknecht, der seinen Lebensunterhalt durch gelegentliche journalistische Arbeiten für linksliberale Zeitungen in Deutschland zu bestreiten suchte. Die engen Bindungen zu Marx und Engels blieben auch bestehen, als Wilhelm Liebknecht nach der Amnestieerklärung von 1862 wieder nach Deutschland zurückkehrte. Dabei ist allerdings zu bedenken, daß der »Emigrant« anfänglich große Schwierigkeiten hatte, Anschluß zu finden, da ihm, wie Franz Mehring 1877 in seiner »Geschichte der Sozialdemokratie« schrieb, der »unselige Fluch der Entfremdung« anhaftete[64]. So war es denn auch nicht weiter

Paul Singer
(1844–1911)

Ignaz Auer
(1846–1907)

verwunderlich, als Wilhelm Liebknecht nach der Geburt seines zweiten Sohnes auch bei den alten Freunden in London wegen einer Patenschaft anfragte. »Meine Frau läßt Dich und Marx fragen«, schrieb er Engels am 24. August 1871, »ob Ihr Paten meines Jungen sein wollt[65].« Die Londoner Freunde erklärten sich zu diesem Freundschaftsdienst bereit, erschienen allerdings nicht persönlich zur Taufe in der St.-Thomae-Kirche zu Leipzig, sondern leisteten ihre Patendienste »per proxy«[66]. Am 16. Januar 1872 bedankte sich der Vater bei ihnen und bemerkte gegenüber dem unverheirateten Engels: »Pflichten gibt's da nicht, höchstens, daß Ihr dem jungen Sozialdemokraten etwas von Eurem Geist einzufiltrieren sucht[67].« Inwieweit Karl Liebknecht später Kontakte zu den beiden großen alten Männern des Sozialismus hat entwickeln können, läßt sich aufgrund fehlender Quellen bisher nicht sagen. Bedeutend dürften diese Kontakte jedoch kaum gewesen sein, denn Karl war ganze zwölf Jahre alt, als Marx 1883 starb. Er lernte zwar, wie Heinz Wohlgemuth[68] berichtet, 1893 Friedrich Engels kennen, als dieser Deutschland besuchte, doch dürfte dieses Treffen kaum mehr als historisch-faktische Bedeutung haben. Aus der Sicht des jungen Liebknechts befand sich zu diesem Zeitpunkt die SPD mit seinem

Vater an der Spitze auf dem Höhepunkt ihrer Entwicklung, während der alte Theoretiker weit weg in London saß und für die direkte Parteiarbeit weitgehend ohne Belang war.

Eine der ersten Familien, zu denen die Liebknechts in Leipzig freundschaftliche Beziehungen anknüpften, waren Emilie und Julius Motteler. »Herr Motteler«, bekannte Karl Liebknecht in einem Brief an ihn vom 31. August 1898, »dieser Name ruft alle Erinnerungen an unsere intimsten Kleinigkeiten der Kindheit herauf[69].« Julius Motteler[70] war 1874 nach Leipzig gekommen, um die Geschäftsführung der Druckerei des *Volksstaat* zu übernehmen, dessen Chefredakteur Wilhelm Liebknecht war. Als dann 1881 über die sächsische Hauptstadt der Belagerungszustand verhängt wurde, emigrierte Motteler in die Schweiz. Von dort aus organisierte er den illegalen Vertrieb der neugegründeten Parteizeitung *Sozialdemokrat*; eine Arbeit, die ihm in Parteikreisen den Ehrentitel des »roten Postmeisters« einbrachte[71]. Im Frühjahr 1888 mußte Motteler auf Druck der preußisch-deutschen Regierung mit der gesamten Redaktion der Zeitung, darunter Karl Kautsky und Eduard Bernstein, die Schweiz verlassen und siedelte sich, wie die übrigen Redaktionsmitglieder, in London an[72]. Hier wurde er allerdings wegen seiner pedantischen, oft kauzigen Art schon bald zum Einzelgänger, der nur noch wenig Kontakt hatte zu den übrigen sozialdemokratischen Emigranten. »Ich mische mich in Julius' Angelegenheiten sicher nicht, wenn ich nicht unbedingt *muß*«, berichtete Engels am 2. Februar 1892 in einem Brief an August Bebel, »bei der absichtlichen Isolierung der beiden Leute von uns allen bleibt mir nichts anderes übrig. Die Tante [Emilie Motteler] verlangt Besuch gegen Besuch, formale Spießeretikette, was unter uns kommunistischen ›bohemiens‹ erstens absolut nicht Mode und zweitens absolut unmöglich ist[73].« Mit der Aufhebung des Sozialistengesetzes im Jahre 1890 verlor Julius Motteler praktisch seinen Aufgabenbereich, denn die sozialdemokratischen Zeitungen konnten nun wieder auch legal in Deutschland erscheinen. Er wandte sich daher mehr und mehr dem Aufbau eines Parteiarchivs zu – mit viel Erfolg, wie August Bebel später in einem Nachruf auf Motteler betonte[74].

Der Weggang der Mottelers aus Leipzig hatte automatisch die Beziehungen zwischen den beiden Familien gelockert und der Kontakt scheint, zumindest was Karl Liebknecht anbelangt, erst gegen

1898 wieder aktiviert worden zu sein. Dabei hatte Karl, wie in dem oben erwähnten Brief anklingt, den väterlichen Freund recht förmlich mit »Lieber Herr Motteler« angeredet, was diesen veranlaßte, sich scherzhaft zu beschweren. Im Neujahrsbrief desselben Jahres erklärte Motteler gegenüber Karls älterem Bruder Theodor: »Ich ernenne Dich . . . zu meinem Rechtsbeistand mit Vollmacht, ihn [Karl] herzlichst von mir zu grüßen und ihm ›kund und wissen zu tun‹, daß *wir* ihn verklagen, sofern er das *Siezen* nicht unterlassen wolle[75].« Karl nahm sich die »Rüge« zu Herzen und sprach Motteler wieder mit dem vertrauten »Du« an[76]. Von nun an blieb der Kontakt, wenn auch nicht intensiv, so doch stetig. Von fast allen wichtigen Familienereignissen wurden die Mottelers umgehend benachrichtigt. Als Wilhelm Liebknecht am 7. August 1900 starb, sandte der Sohn folgendes Telegramm: »Papachen, der Alte, heute früh 4 1/2 Uhr tot«[77]. Gegen Ende desselben Jahres versuchte Liebknecht Julius Motteler zur Rückkehr nach Deutschland zu bewegen. »Hier hast Du doch Freunde, alte Kampfgefährten, in Fülle« schrieb er aufmunternd am 24. Dezember 1900, »Deutschland ist zwar ein Gefängnis, aber ein fideles, denn nur ein politisches, in dem es eine Lust ist zu leben und zu kämpfen . . . vielmehr . . . als in London, Deiner Isolierzelle[78].« Dabei forderte er den väterlichen Freund auf, Briefe mit »Blankounterschriften« zu schicken, damit Liebknecht in seiner Eigenschaft als Rechtsanwalt bei den Behörden vorstellig werden und wegen möglicher Verfahren gegen Motteler aus der Zeit des »Sozialistengesetzes« Nachforschungen anstellen konnte. Liebknechts Bemühungen waren erfolgreich, denn die Mottelers kehrten zwischen Mai und Juli 1901 nach Deutschland zurück und ließen sich in Leipzig nieder, wo Julius Motteler erneut die Geschäftsführung diesmal der *Leipziger Volkszeitung* übernahm[79]. Als Motteler dann 1903 erfolgreich zum Reichstag kandidierte, sandte Natalie Liebknecht ihre Glückwünsche und fügte hoffnungsvoll hinzu: »Dann sehen wir Sie und Tante oft in Berlin[80].«

Die zweite Familie, mit der die Liebknechts in Leipzig von Anfang an engen Kontakt hatten, waren die Bebels. Als einer der Führer der Sächsischen Arbeiterbildungsvereine hatte August Bebel 1865 den Marx-Schüler Wilhelm Liebknecht nach dessen Ausweisung aus Berlin als »Wanderredner« engagiert[81]. Liebknecht verlegte daraufhin seinen Wohnsitz nach Leipzig und es entwickelte sich vor allem in der Zeit des Sozialistengesetzes eine enge Freundschaft zwischen den beiden Männern, die sich automatisch auch auf die Familien übertrug. Als der Kontakt durch die Verkündung des »Kleinen Belagerungszustandes« unterbrochen wurde und die Bebels nach Dresden-Plauen umzogen[82], schrieb Julie Bebel gleichsam sich selbst tröstend am 3. Oktober 1884 an Natalie Liebknecht: »Wenn alles in der Ordnung ist, wird sich schon das Verlangen nach einem Plauderstündchen mit Ihnen und manch' anderen einstellen. Da soll mich denn der Gedanke trösten, daß ich bald einmal nach Leipzig komme oder Herr Liebknecht mir bald Nachricht von Ihnen und den Kindern bringt[83].« Es kam zu einer regen Korrespondenz, gegenseitige Besuche fanden statt und natürlich fehlten auch die obligatorischen Geschenke zu den Festtagen nicht. »Im Begriff, die Sachen für die Kinder zu packen«, heißt es beispielsweise in einem Brief Julie Bebels kurz vor Weihnachten des Jahres 1884, »empfingen wir Ihre freundliche Sendung, für die wir Ihnen herzlich danken. Doch hätten Sie sich diesmal die viele Mühe nicht machen sollen, wo Sie so viel zu tun haben[84].« Besonders August Bebel nahm regen Anteil am Aufwachsen der Liebknecht-Söhne und begleitete deren Werdegang mit den entsprechenden Glückwünschen. Als Karl beispielsweise im März 1890 sein Abitur bestand, schrieb er den Eltern: »Es war zwar vorauszusehen, daß Karl sein Examen bestehen würde, gleichwohl ist es immer eine angenehme Sache zu wissen, daß es wirklich in wünschenswerter Weise verlief[85].« Als der väterliche Freund 1893 aufgrund des »Trubels« der Reichstagswahlen vergaß, zum erfolgreichen Abschluß von Karls Studium zu gratulieren, entschuldigte er sich nachträglich für die »Unterlassungssünde« und fügte speziell für Natalie Liebknecht hinzu: »Es hat nicht jede Mutter das Glück, so wohlgeratene Söhne zu besitzen, darauf dürfen Sie ganz besonders stolz sein[86].« Die Freundschaft zwischen den Bebels und Liebknechts blieb auch über den Tod von Wilhelm Liebknecht hinaus bestehen. Auch wenn die Beziehungen später etwas lockerer wurden, da August Bebel nach seinem Hausbau in der Schweiz und aufgrund der Krankheit seiner Frau sowie eigener Erkrankungen nur noch selten länger als unbedingt notwendig in Berlin weilte, sah man sich doch regelmäßig[87]. Immer dann, wenn August Bebel zu den Reichstagssitzungen in

Die engsten Freunde der Familie Wilhelm Liebknecht. Links: Julius Motteler (1838–1907), rechts: August Bebel (1840–1913).

Berlin weilte, traf er auch die Liebknechts. So ist beispielsweise eine Einladungskarte vom 7. Juli 1905 an Natalie Liebknecht erhalten, auf der Bebel handschriftlich vermerkte: »Karls Unikum auch«[88]. Die Tatsache, daß es 1910/11 wegen Liebknechts konsequenter antimilitaristischer und antipreußischer Agitation zum politischen Bruch zwischen August Bebel und Karl Liebknecht kam, hat das persönliche Vertrauensverhältnis anscheinend nicht beeinträchtigt. Zumindest war das Vertrauensverhältnis soweit intakt, daß Bebel den Sohn des ehemaligen Mitstreiters als Testamentsvollstrecker seines nichtpolitischen Nachlasses einsetzte[89].

Als die Liebknechts 1890 von Leipzig nach Berlin übersiedelten, kam Karl Liebknecht gleichsam in das Zentrum der sozialdemokratischen Bewegung und lernte damit schon in jungen Jahren den gesamten Führungskreis der SPD kennen. »Er war damals ein Student von kaum 20 Jahren«, beschrieb Franz Mehring rückblickend seinen ersten Eindruck, »begabt, fleißig, geistig regsam, keck und ein wenig vorwitzig . . . Aber er war weder anmaßend noch eitel, und am wenigsten empfindlich, wenn man seine grün sprossende Weisheit nicht gleich für voll nahm[90].«

Lediglich Karl Kautsky scheint Liebknecht erst nach dem Tode des Vaters näher kennengelernt zu haben. Auslösender Faktor für die Bekanntschaft war dabei Kautskys Absicht, eine biographische

Skizze von Wilhelm Liebknecht zu verfassen, in der Kautsky den Mitbegründer der SPD sowie der II. Internationale als die »geistige Verkörperung der Internationalität unserer Bewegung« würdigen wollte[91]. Aus diesem Grunde hatte sich Kautsky an Karl Liebknecht mit der Bitte gewandt, den väterlichen Nachlaß auf entsprechende Dokumente hin durchsuchen zu dürfen. »Eine persönliche Rücksprache wäre ja wohl recht dienlich«, antwortete Karl Liebknecht am 4. September 1900, wobei er sich »selbstverständlich ... gern« bereit erklärte, »wie Ihre liebe Frau vorschlägt, einmal zu Ihnen zu kommen[92].« Wenn auch Kautskys Biographieplan wegen der Revisionismusdebatte mit Eduard Bernstein nicht zustande kam, scheint von da an ein reger Kontakt bestanden zu haben. Als der bekannte Parteitheoretiker im Jahre 1904 fünfzig Jahre alt wurde, schrieb ihm Karl Liebknecht anerkennend und selbstkritisch zugleich: »Nur 16 Jahre sind Sie älter als ich und seit schon 30 Jahren in wie fruchtbarer, freilich auch dorniger Arbeit. Die Scham, die ich über meinen – verzeihen Sie das harte Wort – *dreckigen* Anwaltsberuf empfinde, wächst, wenn ich so einen Überschlag Ihrer bisherigen Lebensarbeit mache, ins Unermeßliche[93].« Auch später, als sich der sozialdemokratische Politiker während seiner Festungshaft 1907 bis 1909 selbst mit philosophischen und politisch-theoretischen Fragen zu beschäftigen begann, hat er sich lobend über Kautskys Schriften geäußert. »Ich habe in letzter Zeit sehr viel von Ihren Arbeiten gelesen« schrieb er beispielsweise am 8. September 1908, »stets mit größtem Genuß und Nutzen[94].« Welche Bedeutung Liebknecht der Freundschaft zu den Kautskys beimaß, geht auch aus einem Brief vom 23. März 1909 anläßlich des Todes von Natalie Liebknecht hervor. Darin entschuldigte er sich für die Verzögerung seines Dankes in bezug auf das Beileidsschreiben der Kautskys und bekannte: »Die Zeilen, die Sie und Frau Luise Anfang Februar speziell an mich richteten, zählen zu den wertvollsten Tröstungen, die uns in diesen Wochen zuteil wurden, und hätten gewiß eines sofortigen Dankes bedurft. Ich bitte Sie, die Verzögerung dieses Dankes nicht mißdeuten zu wollen. Sie bildet kein Symptom für den Grad meiner Dankbarkeit, die so herzlich ist wie möglich[95].«

Karl Liebknechts Freundschaft zu den Kautskys erstreckte sich auch auf die Mutter von Karl Kautsky, Minna Kautsky, die 1904 zu ihrem Sohn nach Berlin gezogen war[96]. Die aus Wien stammende

Franz Mehring
(1846–1919)

Karl Kautsky
(1854–1938)

Schriftstellerin hatte sich mit ihren sozialkritischen Romanen große Anerkennung bei den Führern der deutschen Arbeiterbewegung erworben. Selbst Marx und Engels fanden Gefallen an ihren Arbeiten. Ihr erster Roman *Stefan vom Grillenhof* erschien 1874 in Serienform in dem von Wilhelm Liebknecht redigierten Parteikalender, *Die neue Welt*[97]. Vor allem während Liebknechts Festungshaft entwickelte sich eine lebhafte Korrespondenz. Minna Kautsky schickte dem Festungshäftling ihre Werke zur Lektüre. Am 23. April 1908 bedankte sich Liebknecht für die beiden Romane *Im Vaterhause* und *Stefan vom Grillenhof* und bekannte: »Für mich ist die Belletristik immer noch ein Erlebnis, nicht bloß eine Mode und auch nicht bloß ein Studium. Ich bin noch wie ein Kind dabei.« Gleichsam zur Untermauerung seines positiven Gesamturteils bemerkte er: »Ich kenn von unserer neuesten Literatur nicht wenig und, wie ich hoffe, nicht das Schlechteste, und glaub auch kein wahlloser Fresser, sondern ein Stück von einem Gourmet zu sein, wenn auch nicht ganz im dekadenten Sinne[98].« Er hielt Minna Kautskys Werke für so gut, daß er versprach, sich dafür einzusetzen, daß diese vom Bildungsausschuß der Partei als Lektüre für die reifere Jugend empfohlen werden sollten[99].

Das Aufwachsen in einer rein sozialdemokratischen Umgebung führte beinah automatisch dazu, daß sich Karl Liebknecht auch mit den Anschauungen und Vorstellungen dieser Umgebung auseinandersetzte. Nachdem er 1890 zum erstenmal an einer Parteiveranstaltung in Berlin teilgenommen hatte, berichtete er einem Freund in Leipzig: »Vor wenigen Tagen wohnten wir, mein älterer Bruder und ich, einer Versammlung bei, in der mein Vater über den Kampf mit ›geistigen Waffen‹ referierte. Es war die erste große Volksversammlung, die ich mitgemacht habe, und es war mir sehr interessant . . . Sobald sich eine Gelegenheit bietet, Herrn Bebel oder Auer oder einen anderen der Herren zu hören, werde ich nicht fehlen, ich bin sehr gespannt[100].« Zwar durfte sich Karl Liebknecht weder als Student noch als preußisch-königlicher Referendar offen zur SPD bekennen, doch gehörte er »geistig« zweifelsohne zur politischen Arbeiterbewegung. Schon früh scheint er sich mit Schriften des Sozialismus befaßt zu haben. Dies wird jedenfalls von Wilhelm Swienty in einer kleinen biographischen Skizze behauptet[101]. Swienty war ein Neffe von Karl Liebknecht und hat die Bibliothek der Liebknechts gekannt. Bestätigt wird Swientys Behauptung durch eine Anmerkung in Liebknechts »Studien über die Bewegungsgesetze«. Dort verweist Liebknecht im Zusammenhang seiner Marxkritik auf eine Aufzeichnung von ihm aus dem Jahre 1890[102]. Als Karl Liebknecht dann Nationalökonomie zu studieren begann, mußte er sich auch akademisch mit den sozialistischen Theorien auseinandersetzen. Daß er dies auch tat und seine Ergebnisse lange vor dem offiziellen Beitritt zur SPD mit Parteimitgliedern diskutierte, geht indirekt aus einem Schreiben Wilhelm Liebknechts an Karl Kautsky hervor[103]. Darin berichtet der Chefredakteur des *Vorwärts*, daß sein Sohn einen Brief von dem »Schwadronen- und Marxtödter« Franz Oppenheimer erhalten habe, demzufolge dieser für seine Schrift *Großgrundeigentum und soziale Frage. Versuch einer neuen Grundlegung der Gesellschaftswissenschaft* (1898) von Eduard Bernstein eine positive Besprechung im theoretischen Parteiorgan, *Die Neue Zeit*, versprochen bekommen habe. Auf die durch Bernstein ausgelöste »Revisionismusdebatte« hinweisend, warnte Liebknecht den Herausgeber der *Neuen Zeit*: »Eine zweite Bernsteinsache bleibt der Partei hoffentlich erspart.«

Der Sohn als politischer Nachfolger des Vaters

Die Freunde der Familie Liebknecht glaubten schon früh eine Ähnlichkeit im Wesen von Wilhelm und Karl Liebknecht erkennen zu können. Nachdem der angehende Abiturient Karl 1889 seine Sommerferien in München verbracht hatte, schrieb der bayrische Parteiführer Ignaz Auer an den Vater: »Er ist ein prächtiger Bursche und hat uns allen viel Freude bereitet. Nur darüber ist ein arger Streit ausgebrochen, wem Karl von Euch ähnlich sieht. Ich behaupte, das Gesicht von der Mama, das Wesen aber ganz der Papa. Meine Frau dagegen erklärt kategorisch: ›Ganz der Alte‹![104].« Wenn auch aufgrund fehlender Quellen nicht bekannt ist, wie Wilhelm Liebknecht in diesem »Streit« entschied, so läßt sich doch quellenmäßig belegen, daß auch er davon überzeugt war, daß ihm sein zweiter Sohn Karl, wie er Max Baruch schrieb, in »mancher Hinsicht ähnlich« war[105]. Auch gegenüber Julius Motteler muß Karls Vater eine derartige Äußerung getan haben, denn der väterliche Freund übermittelte dem Sohn beim Tode des Vaters folgenden Ausspruch: »Der Karl kommt mir nach, das ist sicher – und ich habe die Gewißheit[106].«

Die Wesensähnlichkeit von Karl Liebknecht mit seinem Vater hat seinen Werdegang entschieden mitbestimmt, denn der Arbeiterführer dachte sehr stark in den Kategorien einer Familientradition. Obwohl Wilhelm Liebknecht als »revolutionärer Politiker« mit einem nichtbeendeten Studium im Kreise seiner ehrwürdigen Vorfahren, die allesamt mittlere und höhere Beamte sowie angesehene Akademiker waren, als »schwarzes Schaf« der Familie bezeichnet werden muß, hat er seine Herkunft nie verleugnet[107]. Er bekannte sich sogar voller Stolz zu seinen Vorfahren und hat beispielsweise wiederholt darauf hingewiesen, mütterlicherseits mit Martin Luther verwandt gewesen zu sein[108] – eine »Tatsache«, die allerdings von der genealogischen Forschung bis heute nicht bestätigt worden ist[109]. Trotz seines zeitweilig rastlosen Lebens sammelte er Zeugnisse der Familiengeschichte, wobei sein besonderes Augenmerk dem Vorfahren Johann Georg Liebknecht (1679–1749) gegolten zu haben scheint. Johann Georg Liebknecht war Rektor der Universität Gießen gewesen und hatte als Freund des Philosophen Gottfried Wilhelm Leibniz (1646–1716) zu den anerkannten Philosophen seiner Zeit gehört. Wilhelm Liebknecht besaß nicht nur einen Kupferstich dieses Vorfahren[110], sondern auch eine »ziemlich ausführliche Biographie, nebst Schriftenverzeichnis«, wie Karl Liebknecht später bei der Sichtung des väterlichen Nachlasses feststellte[111]. Die Tatsache beispielsweise, daß alle fünf Liebknecht-Söhne eine akademische Ausbildung erhielten – Theodor, Karl und Wilhelm wurden Juristen, Otto Chemiker und Kurt Mediziner[112] – erklärt sich nicht zuletzt daraus, daß die von Wilhelm Liebknecht unterbrochene »akademische Tradition« der Familie von den Söhnen wieder aufgenommen und fortgeführt werden sollte. Karl Liebknecht fiel dabei aufgrund seiner Wesensähnlichkeit mit dem Vater die Aufgabe zu, nach dem Tode des Vaters dessen Rolle als »Familienoberhaupt« zu übernehmen. Als Wilhelm Liebknecht am 7. August 1900 unerwartet starb, übernahm der zweitälteste Sohn die Regelung der Trauerfeierlichkeiten und vertrat die Familie nach außen hin. Bedrückt durch die Schwere der neuen Verantwortung, gestand er Julius Motteler in einem Brief vom 26. August 1900: »Ich habe alles auf dem Nacken[113].«

Zur Rolle des »Familienoberhauptes« gehörte auch die politische Betätigung, die Wilhelm Liebknecht verständlicherweise als »Familientradition« fortgeführt sehen wollte. Zu diesem Zweck scheint der Vater auch schon recht früh den Werdegang seines zweiten Sohnes beeinflußt zu haben. So berichtet beispielsweise Heinz Wohlgemuth in seiner Biographie – leider ohne Angabe der Quelle –, daß Karl Liebknecht ursprünglich Medizin und nicht Jura habe studieren wollen[114]. Abgesehen davon, daß ein Jurastudium in Verbindung mit Nationalökonomie einer späteren politischen Betätigung allgemein förderlich war, so galt dies in besonderem Maße für eine Betätigung in der sozialdemokratischen Partei, die bis zum Jahre 1906 in ihrer Reichstagsfraktion lediglich drei vollausgebildete Juristen aufwies[115]. Als dann Karl 1898 seine Rechtsanwaltsausbildung abgeschlossen hatte, fragte der Vater über August Bebel bei der Parteiführung an, ob die SPD seinen Sohn als »bezahlten Mitarbeiter« einstellen könnte[116]. Der Parteivorstand und die Kontrollkommission reagierten jedoch ablehnend auf diese Anfrage. Als Begründung wurde angegeben, daß die Partei nach außen hin nicht den Eindruck der Ämterpatronage erwecken dürfe. Die Idee der Protektion hat jedoch Wilhelm Liebknecht völlig fern gelegen. In einem Nachruf auf die Marx-Tochter Eleanor Marx-Aveling schrieb er, daß Kinder herausragender Eltern nicht »bloße Mondwesen ohne eigenes Licht« sein dürften, sondern selbst eine »Sonnennatur« entwickeln müßten[117]. Die Entscheidung der SPD-Führung zwang Wilhelm Liebknecht zu einer Änderung seiner Pläne, wollte er seinen Sohn Karl dennoch in die Politik bringen. Da die Partei nicht bereit war, Karl als bezahlten Mitarbeiter einzustellen, mußte dieser sich zunächst eine wirtschaftliche Basis schaffen, von der aus er später aktiv werden konnte. Die naheliegendste Lösung war dabei der Eintritt in das vom älteren Bruder Theodor 1899 gegründete Anwaltsbüro[118]. Daß für den begabten Juristen Karl auch andere Möglichkeiten bestanden haben, zeigt die Tatsache, daß ihm der in Königsberg wirkende sozialdemokratische Rechtsanwalt Hugo Haase den Eintritt in seine Praxis als Sozius anbot mit dem für damalige Verhältnisse recht hohen Jahreseinkommen von 6000 Reichsmark[119]. Wilhelm Liebknecht hielt es jedoch für besser, daß Karl in Berlin blieb und gemeinsam mit dem Bruder die eigene Anwaltspraxis aufbaute. Da die Praxis im Falle des Ablebens von Wilhelm Liebknecht die einzige Einnahmequelle der Familie sein würde – die beiden jüngsten Söhne Otto und Kurt befanden sich zum damaligen Zeitpunkt sogar noch in der Ausbildung[120] –, entschied der Vater, daß der ältere Sohn Theodor für die Anwaltspraxis allein verantwortlich zeichnen sollte, um bei einer späteren politischen Betätigung von Karl den preußischen Behörden keine Möglichkeit zu geben, gegen die wirtschaftliche Existenz der Familie vorzugehen. Karl half zwar beim Aufbau der Praxis, wurde jedoch gleichzeitig vom Vater auf die politische Tätigkeit vorbereitet. So ist beispielsweise ein Brief von Wilhelm Liebknecht an das Gewerkschaftskartell in Neu-Haldensleben, Brandenburg, vom 4. August 1900 erhalten, in dem der alte SPD-Führer die Einladung, auf einer Veranstaltung zu sprechen, ablehnt und statt dessen vorschlägt: »Mein Sohn [Karl] wird Ihnen sagen, was ich Ihnen gesagt hätte[121].« Karl und Theodor Liebknecht haben sich nach dem Tode des Vaters strikt an die von ihm getroffene Regelung gehalten. Dabei hätte auch der ältere Sohn durchaus in die Politik gehen können. So schrieb er am 20. März 1901 an Motteler: »Mir hatten die Lippe-Dettmolder dieser Tage ihre Kandidatur angeboten. Ich habe mit Rücksicht auf unsere privaten Verhältnisse ablehnen müssen[122].«

Erst als Karl Liebknecht im Jahre 1919 ermordet wurde, und Theodor die Rolle des »Familienoberhauptes« übernahm, gab er seine politische Enthaltsamkeit auf und wurde politisch innerhalb der Unabhängigen Sozialdemokratischen Partei Deutschlands tätig[123]. Dafür trat der jüngere Bruder Wilhelm an seine Stelle und führte das Rechtsanwaltsbüro hauptverantwortlich weiter.

Die Frage, inwieweit sich Karl Liebknecht dem Wunsch des Vaters nach politischer Betätigung untergeordnet hat, läßt sich aufgrund fehlender Quellen bisher nicht eindeutig beantworten. Anzeichen deuten allerdings darauf hin, daß er dem väterlichen Drängen nicht unbedingt begeistert gefolgt zu sein scheint. Seiner Stiefschwester Alice gegenüber gestand er als angehender Student: »Wenn ich die rastlose und dabei so oft unerquickliche, ja für manche Menschen geradezu geisttilgende Arbeit sehe, die Papa Tag für Tag, Jahr für Jahr verrichtet, komme ich aus dem Staunen nicht heraus[124].« Karls Zurückhaltung war durchaus nicht unverständlich, wenn man bedenkt, daß er als Sohn des staatlich verfemten Arbeiterführers von frühester Kindheit an erlebt hatte, wie sich die politische Betätigung des Vaters auf das Familienleben auswirkte. Daran ändert auch die Tatsache nichts, daß er ebenfalls von frühester Kindheit an die Verehrung seines Vaters durch die proletarischen Massen miterlebt hatte. Auf dem Parteitag der SPD im Jahre 1904 berichtete er beispielsweise: »Unter dem Sozialistengesetz, es mag Mitte der 80er Jahre gewesen sein, erschien eines Tages eine Deputation ostpreußischer Landarbeiter bei meinem Vater im Exil in Borsdorf. Sie legten ihm ihre jammervolle Lage ans Herz und baten ihn, er möge doch bei dem deutschen Kaiser ein gutes Wort für sie einlegen, damit ihre Verhältnisse gebessert würden[125].« Das vermutlich entscheidende Erlebnis, das Karl Liebknecht schließlich bewog, das politische Werk des Vaters fortzuführen, war dessen Tod; genauer gesagt, die Reaktion innerhalb und außerhalb Deutschlands auf dieses Ereignis. Aus aller Welt trafen Beileidstelegramme ein und selbst die bürgerliche Presse, darunter so renomierte Zeitungen wie die Londoner *Times*, hielt es für angebracht, dem Mitbegründer der SPD und der II. Internationale Nachrufe zu widmen[126]. Rund 150000 Menschen säumten die Straßen, als Wilhelm Liebknecht am 12. August 1900 auf dem Friedhof in Berlin-Friedrichsfelde beigesetzt wurde[127]. Noch sechs

Wilhelm Liebknecht, Mitbegründer der SPD und der II. Internationale; um 1900.

Monate später war die Grabstätte mit Ehrenbezeugungen »überhäuft«, wie Karl Liebknecht im Weihnachtsbrief desselben Jahres an die Mottelers in London schrieb. »Heute früh waren wir . . . auf dem Friedhof«, heißt es in dem Brief, »der Hügel am Rande eines großen runden, bisher wenig ›belegten Platzes‹ ist jetzt mit Palmenzweigen bedeckt, ein paar große von französischen Organisationen gestiftete Kränze flankieren das Kopfende. Wir haben noch eine große Anzahl prachtvoller Arrangements im Gewerkschaftshaus, die wir nacheinander hinaustragen[128].« Auch der kurze Zeit später stattfindende Parteitag der SPD in Mainz, der den 25. Jahrestag des Vereinigungskongresses von Gotha feierte[129], stand ganz im Zeichen des verstorbenen Mitbegründers. Gleich zu Beginn der Parteitagsverhandlungen verlas der Vorsitzende Paul Singer ein Telegramm, das er im Namen der Partei an die Familie von Wilhelm Liebknecht gesandt hatte. Darin heißt es unter anderem:

»In tiefstem und getreuem Gedenken Wilhelm Liebknechts hat der Parteitag der deutschen Sozialdemokratie in Mainz seine Verhandlungen eröffnet. Ihm, dem großen, unvergeßlichen Toten, ist es in erster Linie zu verdanken, daß die Sozialdemokratie das Jubiläum der Einigung feiern darf. Nur im Bilde und Geiste seiner Mitkämpfer, Freunde und Schüler vermag unser ›Alter‹ an dem Erinnerungsfest seines Werkes teilzunehmen. Unter dem Eindruck des unwiderbringlichen Verlustes ist es dem Parteitag ein ernstes Bedürfnis, denen ein Zeichen der Teilnahme zu senden, in deren sorgender Liebe Wilhelm Liebknecht den Quell sich stetig erneuernden Kämpfermutes, den beglückenden Frieden des Heimes, das fördernde Verständnis für sein Wirken gefunden hat. Mit der Familie Wilhelm Liebknechts empfindet schwer die Trauer um den jäh Entrissenen der Parteitag der deutschen Sozialdemokratie[130].«

Überwältigt von dem Eindruck dieser Reaktionen erklärte Karl Liebknecht gegenüber Julius Motteler: »In der rastlosen Tätigkeit, der unendlich kraftvollen und befruchtenden Selbstlosigkeit ein wenig dem teuersten Vorbild nachzueifern, das ist der Ahnenkult, in dem ich geradezu aufgehe, aufgehen möchte[131].« Als Karl wenige Tage nach dem Tode des Vaters offiziell der SPD beitrat und zwar im 6. Berliner Wahlkreis, den Wilhelm Liebknecht im Reichstag vertreten hatte, war dies sehr wohl als symbolhafte Geste zu verstehen[132].

Karl Liebknechts erste parteipolitische Aktivitäten standen ganz und gar im Zeichen des von ihm selbst angekündigten »Ahnenkultes«. Wilhelm Liebknecht hatte es versäumt, vor seinem Tod sein Wissen sowie die sich in seinem Gewahrsam befindlichen Dokumente zur Geschichte der deutschen und internationalen Arbeiterbewegung zu einem Memoirenband zu verarbeiten, somit mußte zunächst eine sorgfältige Sichtung und Inventarisierung des Nachlasses vorgenommen werden. »Ihr habt«, schrieb Motteler am 29. August 1900 unter Bezugnahme auf eine Annonce im *Vorwärts*, »das gewaltige Detailmaterial zu sichten und zu sammeln, wozu ich redlich beitragen will, zu ordnen und aufzubauen zum *lebendigen Bild der ganzen* psycho-physischen Lebenseigenart, die seinen Namen in seinem Tun unsterblich gemacht hat[133].« Die Sichtungsarbeit am väterlichen Nachlaß war nicht zuletzt auch deshalb wichtig, weil der Vorstand der SPD beschlossen hatte, eine Broschüre zu Ehren des Mitbegründers der Partei herauszugeben. Zum Verfasser der Broschüre war Kurt Eisner bestimmt worden, der bis zuletzt mit dem Verstorbenen in der Redaktion des *Vorwärts* zusammengearbeitet hatte. In den Augen von Karl Liebknecht war diese Nominierung aber problematisch. Wenn er Eisner auch für einen »talentvollen Schriftsteller« hielt, wie er Julius Motteler am 26. August schrieb[134], so bezweifelte er doch, ob Eisner für die vorliegende

Der Trauerzug von Wilhelm Liebknecht am 7. August 1900 in Berlin.

Aufgabe der geeignete Mann war, denn er hatte Wilhelm Liebknecht »weder in seiner früheren und vielleicht wichtigsten politischen Zeit noch in seinen Familienbeziehungen« gekannt. Karl Liebknecht suchte Eisner daher, so gut es ging, zu unterstützen. Welche Dokumente er bei der Durchsicht des Nachlasses im einzelnen fand, darüber gibt ein Brief vom 9. September 1900 an Karl Kautsky Auskunft: »Da sind zunächst vollständige oder rudimentäre handschriftliche Artikel aus den 50er und 60er Jahren; der älteste von ihm aus [dem Jahre 18]53, wird wohl bei Eisner faksimiliert werden; dann mag die Französische Revolution in Frage kommen, die nahezu verschollen ist und zu der, wie mir scheint, einige handschriftliche Ergänzungen vorliegen; dann mögen auch zahlreiche Briefe von freilich meist mehr persönlichem Interesse in Frage kommen, die ich eben noch zusammenzusammeln im Begriff stehe[135].« Bei der Durchsicht des Nachlasses fiel Liebknecht allerdings auf, daß so gut wie keinerlei Briefe von und an Marx und Engels vorhanden waren. Er wandte sich daher an Julius Motteler, der in London das Parteiarchiv einschließlich des Marx-Engels-Nachlasses verwaltete. In völliger Unkenntnis der komplizierten Besitz- und Vollmachtsverhältnisse bat er den väterlichen Freund um Überlassung der entsprechenden Dokumente[136]. Motteler klärte ihn daraufhin über den Sachverhalt des Marx-Engels-Nachlasses auf und schrieb: »Die Sachen stehen bei mir, die Schlüssel hat *Bernstein* und ich habe von Bebel gebundene Weisung, nichts ohne seine Order auszuhändigen[137].« Eine Einigung zwischen Eduard Bernstein und August Bebel war aber zu diesem Zeitpunkt wegen der von Bernstein ausgelösten Revisionismusdebatte so gut wie ausgeschlossen. Kurt Eisner mußte daher bei der Abfassung seiner biographischen Skizze auf diese eminent wichtigen Quellen verzichten. Karl Liebknecht war denn auch mit dem Endprodukt, das kurz vor Weihnachten unter dem Titel *Wilhelm Liebknecht. Sein Leben und sein Wirken* im *Vorwärts*-Verlag erschien, nicht recht zufrieden. Leicht spöttisch urteilte er am 24. Dezember 1900 in einem Brief an Motteler: »Der große Biographieplan ist zu einer Mischung aus propagandistischer Tat und Parteispekulation geworden, wobei freilich die Vorzüge der Eisnerschen Darstellung nicht geleugnet werden sollen[138].« Liebknechts Enttäuschung wurde noch dadurch vergrößert, daß auch Karl Kautsky wegen des Revisionismusstreits nicht dazukam, sein zunächst geplantes Biographieprojekt zu realisieren; Liebknecht selbst aber war, wie er Motteler schrieb, zu diesem Zeitpunkt »partout« noch nicht bereit, für andere Leute über seinen Vater zu schreiben. Als daher die Redaktion des Parteikalenders, *Die Neue Welt,* mit einer derartigen Bitte an ihn herantrat, suchte er Motteler für diese Arbeit zu gewinnen. Auf Gedenkartikel von August Bebel[139] und Robert Schweichel[140] hinweisend, ermunterte er den väterlichen Freund und schrieb: »Zweifelsohne weißt Du viel zu geben, was sonst keiner kannte[141].« Motteler war jedoch mit Liebknechts Vorschlag nicht einverstanden. Inständig warnte er den Sohn des berühmten Arbeiterführers, die Sichtungsarbeiten am Nachlaß in der Hoffnung auf etwaige spätere biographische Arbeiten einzustellen. »Junge, laß Dich nicht verblüffen!«, antwortete er am 29. Januar 1901, »Das alles heißt ja doch nicht vertrösten, noch weniger etwas verschieben aus der aktuellen Gegenwart in die Zukunft –, sondern es heißt, *mit Nägeln und Zähnen* Schatzgräberarbeit zu tun, statt von der Hand zu erzählen, der der Sturm die Schätze entriß und sie verschüttet[142].« Karl Liebknecht nahm sich die Warnung des Freundes zu Herzen und setzte die Sichtungs- und Inventarisierungsarbeiten fort. Als er im Verlauf des Jahres 1902 aufgrund beruflicher Verpflichtungen die Arbeiten unterbrechen mußte, bat er Motteler, diese fortzusetzen. Motteler entsprach Liebknechts Wunsch und konnte die Arbeit in anscheinend recht kurzer Zeit beenden. Am 4. Juni 1902 bedankte sich Natalie Liebknecht und schrieb voller Anerkennung: »Was Sie in wenigen Tagen fertig gebracht haben, ist kaum glaublich; diese Genauigkeit und Pünktlichkeit bewundernswert; auch die übersichtliche Anordnung, bleibt uns nur noch übrig, die Bestimmung zu treffen[143].« Karl Liebknecht und die Familie waren sich dabei von vornherein im klaren, daß die Aufarbeitung des väterlichen Nachlasses »nicht nur für die Familie, sondern auch zur künftigen Verwendung« geschah, wie Karl Liebknecht in einem Brief an Karl Kautsky betonte[144]. Natalie Liebknecht fragte am 8. Juni 1902 erwartungsvoll und skeptisch zugleich in einem Brief an Motteler: »Wird jemals eine Parteigeschichte geschrieben werden, in der man dies alles verwenden kann[145]?«

Die Bearbeitung des Wilhelm-Liebknecht-Nachlasses war für Karl Liebknecht eine ideale Vorbereitung auf die spätere politische Tätigkeit. Die Lektüre der dort gefundenen Aufsätze und Aufsatzentwürfe machte ihn direkt mit den politisch-theoretischen und politisch-taktischen Vorstellungen seines Vaters bekannt. Darüber hinaus vermittelte ihm das Studium der Briefe und sonstigen inoffiziellen Dokumente einen unmittelbaren, gleichsam ungeschminkten Einblick in die Entstehungsgeschichte der deutschen Sozialdemokratie. Dieses Wissen kann gar nicht hoch genug veranschlagt werden, wenn man bedenkt, daß die SPD ihre innerparteilichen Auseinandersetzungen in der Regel unter Bezugnahme auf historische Parallelen austrug. Dabei stellte Karl Liebknecht fest, daß die vorliegenden Darstellungen zur Geschichte der Partei[146] seinem Vater nicht immer gerade Gerechtigkeit hatten widerfahren lassen. Als daher Karl Kautsky im Jahre 1902 bei ihm anfragte, ob er im Rahmen einer Veröffentlichung der Korrespondenz von Karl Marx und Ludwig Kugelmann einen Marx-Brief publizieren dürfe, der extrem negative Äußerungen über Wilhelm Liebknecht enthielt, riet der Sohn zur Vorsicht. Zwar stellte er sich grundsätzlich auf den Standpunkt des »magis amica veritas« und räumte dem führenden Parteitheoretiker der SPD das Recht ein, zu tun, »was *Sie* im Interesse der Partei und der Wissenschaft für richtig halten«, dennoch gab er ihm folgendes zu bedenken: »Gewiß sind briefliche Äußerungen der fraglichen Art oft Augenblickskinder ... und die besondere Persönlichkeit des Adressaten wird ihre Nuancierung, ihre Pointierung leicht beeinflussen. Gerade für dialektische und agitatorische Naturen aber, wie Marx, dürfte das am ehesten gelten[147].« Nach Liebknechts Dafürhalten war allein schon deshalb Vorsicht geboten, weil es sich, wie Kautsky anscheinend angedeutet hatte, bei der Äußerung von Marx um eine Bewertung der Auseinandersetzungen zwischen Johann Baptist von Schweitzer, dem Vorsitzenden des Allgemeinen Deutschen Arbeitervereins (ADAV), und Wilhelm Liebknecht beziehungsweise August Bebel, den Führern der SDAP Mitte der 60er Jahre des 19. Jahrhunderts, handelte[148].

Auf die vorliegenden Geschichtsdarstellungen von Franz Mehring hinweisend, machte Karl Liebknecht Kautsky darauf aufmerksam, daß gerade von dem Konflikt mit Schweizer »Mehring eine in Gehässigkeit gegen meinen Vater konzipierte Darstellung mit der ihm eigenen Eindringlichkeit gegeben hat, deren Korrektur, wenn Bebel nicht eingreifen wird, großen Schwierigkeiten unterliegen wird[149].« August Bebel, von der Angelegenheit selbst betroffen, griff aber ein. Als Mehring 1902 im Rahmen eines Beitrages zur Revisionismusdebatte »Lobhudeleien« auf den ADAV-Vorsitzenden vergoß[150], veröffentlichte der Parteivorsitzende der SPD eine Stellungnahme in der *Neuen Zeit*[151]. Darin berichtete er, daß er schon 1890 bei Erscheinen der offiziellen »Geschichte« von Franz Mehring Protest gegen die dort enthaltene Darstellung vom ADAV-SDAP Konflikt erhoben hatte. Doch war damals der Protest auf Wunsch des Verlegers J. H. W. Dietz nicht publik geworden – sehr zum Ärger von Wilhelm Liebknecht, wie Bebel hinzufügte. Angesichts der aktuellen Situation des Revisionismusstreites hielt es der Parteivorsitzende jedoch für notwendig, seinen Protest jetzt auch der Öffentlichkeit zur Kenntnis zu bringen. Bebels Eingreifen hatte zur Folge, daß die Briefe von Marx an Kugelmann nur in sehr stark gekürzter Form erschienen[152]. Kritische Äußerungen über Wilhelm Liebknecht waren darin nicht zu finden. Erst 1932 wurden die Marx-Briefe vollständig vorgelegt, und zwar in einer englischsprachigen Übersetzung des Moskauer Instituts für Marxismus-Leninismus[153]. Die Lektüre dieser Ausgabe läßt den Schluß zu, daß sich Kautskys Anfrage wahrscheinlich auf folgende Stelle in einem Brief vom 5. Dezember 1868 bezogen haben dürfte: »Ich muß sagen, daß Schweitzer vor allem in einem Punkt recht hat, nämlich Liebknechts Unfähigkeit. Seine Zeitung [gemeint ist *Der Volksstaat*] ist wirklich bemitleidenswert. Wie jemand, den ich fünfzehn Jahre lang mit Wissen vollgestopft habe (er war immer zu faul zum Arbeiten) so einen Unsinn drucken kann wie *Gesellschaft und Staat* wäre mir unverständlich, wüßte ich nicht, daß Liebknecht ein Süddeutscher ist und mich anscheinend mit seinem ehemaligen ›Vorgesetzten‹, dem ›edlen‹ Gustav Struve verwechselt[154].«

Die Wahrung des politisch-geschichtlichen Ansehens des Vaters veranlaßte Karl Liebknecht auch zu seinem ersten nachhaltigen Auftreten in der SPD. Der von ihm verfaßte Aufsatz »Die neue Methode«, der im Herbst 1902 in der von Karl Kautsky edierten Parteizeitschrift *Die Neue Zeit* erschien[155], wandte sich gegen eine von dem französischen Sozialisten Jean Jaurès veröffentlichte Aufsatzsammlung, in der die These aufgestellt wurde, daß der Mitbegründer der SPD ein Befürworter des Revisionismus gewesen sei[156] – Jaurès und Karl Liebknecht verwandten an Stelle des Begriffes »Revisionismus« das Wort »Millerandismus«, und zwar nach dem französischen Sozialisten Etienne Alexandre Millerand, der 1899 als erster sozialistischer Vertreter in eine bürgerliche Regierung eingetreten war. Liebknecht wies Jaurès' Anspruch auf das geistige Erbe Wilhelm Liebknechts zurück, da seiner Meinung nach in dessen Wirken nichts zu finden war, was »zugunsten des Millerandismus« angeführt werden könne. Da Jaurès seinen Anspruch aus einem Essay abgeleitet hatte, den Wilhelm Liebknecht anläßlich eines Wettbewerbs unter der Fragestellung »Welche Maßregeln hat die sozialistische Partei durchzuführen, wenn sie in nächster Zukunft einen maßgebenden Einfluß auf die Gesetzgebung gewinnen sollte[157]?« für das *Jahrbuch für Sozialwissenschaft und Sozialpolitik* im Jahre 1880 verfaßt hatte – der Essay war am 8. August 1901 anläßlich des ersten Todestages von Wilhelm Liebknecht im *Vorwärts* veröffentlicht worden –, bestand Karl Liebknechts Aufsatz im wesentlichen aus einer Interpretation der väterlichen Arbeit auf dem Hintergrund des von Jaurès erhobenen Anspruches. »Wenn einmal davon die Rede ist«, ging Liebknecht auf Jaurès' Beweisführung ein, »daß eine Katastrophe ›die Staatsmaschinerie zerbrechen und unsere Partei an oder doch in die Regierung bringen könne‹, so kann dieses *in* schon darum nicht für Millerand ausgeschlachtet werden, weil gar nicht feststeht, ob nicht eine Regierungsform vorausgesetzt ist, bei der die Mitglieder der Regierung dem demokratischen Wahlrecht unterliegen[158].« Derselbe Vorbehalt galt in Liebknechts Augen auch für ein weiteres von Jaurès vorgebrachtes Argument, wonach Wilhelm Liebknecht in seiner Arbeit davon ausgegangen wäre, »daß in den oberen Regionen das Gefährliche der Situation begriffen wird und daß man durch das Einlenken in die Bahnen vernünftiger Reformen der andernfalls unvermeidlichen Katastrophe vorzubeugen den Versuch machen wird«. Auf die Tatsache hinweisend, daß Wilhelm Liebknecht von einer »Zwangslage der Regierung« ausgegangen war, die zur Sozialdemokratie als »Bittflehende« kam, führte Karl Liebknecht den Essay seines Vaters zitierend aus: »In diesem Falle würde unsere Partei zur Teilnahme an der Regierung berufen und speziell mit der Umgestaltung der Arbeiterverhältnisse betraut werden müssen.« Seiner Meinung nach bewies gerade dieser Anspruch den unüberbrückbaren Gegensatz in den Anschauungen seines Vaters einerseits und dem Verhalten von Millerand andererseits. Der von Wilhelm Liebknecht charakterisierte »Regierungssozialist« war kein »Aushängeschild« einer bürgerlichen Regierung, sondern ein »Abgeordneter seiner Partei«, der »fußend auf der Macht der Sozialdemokratie, gesichert in seiner Position durch die Zwangslage, in der sich die Bourgeoisie befindet«, das Parteiprogramm zu verwirklichen hatte und nicht genötigt war, »auch nur ein Titelchen seines Programms aufzugeben«. Nicht also von »Aufputzen und Ausflicken« hatte Wilhelm Liebknecht gesprochen, bemerkte der Sohn spöttisch, sondern von der »Umgestaltung« der bestehenden Gesellschaftsordnung. Ein weiteres Argument, das Karl Liebknecht gegen Jaurès ins Felde führte, war die Tatsache, daß im Essay seines Vaters die Frage offen geblieben war, ob es sich um ein kaiserliches Kabinett handelte, in das die Sozialdemokratie eintreten sollte. »Liebknecht setzt den Fall«, erläuterte der Sohn die Auffassungen des Vaters, »daß die oberen Regionen in die Bahnen vernünftiger Reformen einlenken. Wer sich die Denkweise unserer Partei, besonders Liebknechts, in der Zeit des ›Schandgesetzes‹ [gemeint ist das Sozialistengesetz von 1878–1890] und der Bismärckerei zurückversetzen kann, der weiß, daß – eine unerläßliche Bedingung – ein Teil dieser vernünftigen Reform Abschaffung der

Bismärckerei hätte sein müssen.« Als letztes Argument schließlich führte Karl Liebknecht das »Gesamtbild« seines Vaters, die »Gesamtheit seiner Lebensarbeit« an, in der nach Ansicht des Sohnes »nur schwerlich« ein »millerandistischer Zug« zu finden war. In diesem Zusammenhang kam Karl Liebknecht auch auf die von Wilhelm Liebknecht verfolgte innerparteiliche Kompromißpolitik zu sprechen, wegen der der Mitbegründer der SPD sowohl von August Bebel und Karl Kautsky als auch von Friedrich Engels in Privatbriefen scharf kritisiert worden war. Auch Karl Liebknecht sprach sich grundsätzlich für eine Kompromißpolitik aus, denn für ihn war der Kompromiß das »Grundgesetz jeder Entwicklung«. »Nur«, schränkte er ein, mußte der Kompromiß in »Wahrheit der Partei dienen«. »Und hier«, fuhr er fort, »ist der springende Punkt! Der Partei dienen heißt längst nicht mehr: kleine oder mäßige Reformen für die Arbeiterschaft erwirken.« »Es kommt darauf an«, zog er die Grenzlinie zwischen der Reformpolitik Millerands und der Kompromißpolitik seines Vaters, »*wie* sie erwirkt werden; was nützte es der Sozialdemokratie, wenn sie eine ganze Welt aller erdenklichen Reförmchen gewänne und nehme doch Schaden an ihrer Seele, das heißt: würde verwirrt, verkleinert, kleinmütig und selbstzufrieden, verlöre ihr Edelstes und Bestes, den Elan ihrer revolutionären Energie, die auch den Boden für Reformen am fruchtbarsten düngt.«

Karl Liebknechts Aufsatz erregte nicht zuletzt wegen des scharfen polemischen Tons großes Aufsehen in der SPD. Vor allem die führenden Vertreter des Revisionismus fühlten sich durch den Artikel angegriffen. Aufgebracht bemerkte Eduard Bernstein in einem Diskussionsbeitrag auf dem Münchener Parteitag von 1902: »Mit einer Hochmütigkeit, wie man sie einem jungen Burschen allenfalls verzeihen kann, mit einer Anmaßung, in hochtrabender Weise, die vielleicht jemand, der sehr viel geleistet, zusteht, wird da von oben auf den ›revisionistischen Aufkläricht‹ geschimpft[159].« Da sich Karl Liebknecht selbst auf dem Parteitag nicht zu Wort melden konnte – seine Parteikarriere war noch nicht soweit gediehen, daß er zum Parteitag delegiert wurde –, ergriff August Bebel das Wort, um ihn gegenüber den Anschuldigungen in Schutz zu nehmen. Wenn auch der Parteivorsitzende zugab, daß der »junge Mann eine schneidige Feder führte«, so bestritt er doch entschieden, daß in dem Aufsatz »auch nur eine beleidigende Zeile« zu finden war[160]. Dabei betonte er ausdrücklich, daß sich der Sohn mit seinen Auffassungen »auf dem Standpunkt des Vaters« befand. Dieses Urteil ist zumindest im vorliegenden Fall zutreffend, denn auch Wilhelm Liebknecht hatte 1889 in einem Schreiben an den österreichischen Parteiführer Victor Adler Millerands Regierungsbeitritt als »schweren taktischen Fehler« bezeichnet[161]. Im Gegensatz zu seinem in parteipolitischen Dingen noch unerfahrenen Sohn hatte der alte Arbeiterführer allerdings empfohlen, sich »strictissime neutral« zu verhalten, um die Affäre nicht zu einer Krise der internationalen Arbeiterbewegung werden zu lassen. Karl Liebknecht erreichte jedoch mit seinem Aufsatz das genaue Gegenteil, denn er bot damit den deutschen Revisionisten die Möglichkeit, die Diskussion um den Revisionismus fortzuführen und dabei der Parteiführung eine einseitige Redaktionspolitik hinsichtlich des führenden theoretischen Presseorgans *Die Neue Zeit* vorzuwerfen. Aus dieser Tatsache jedoch irgendwelche grundsätzlichen Unterschiede in den politischen Vorstellungen von Wilhelm und Karl Liebknecht ableiten zu wollen, beziehungsweise die These bestätigt zu sehen, daß der Sohn politisch »radikaler« eingestellt gewesen sei als der Vater, wäre eine zu oberflächliche Betrachtungsweise, und zwar sowohl in bezug auf die historische Einschätzung von Karl Liebknecht als auch auf die von Wilhelm Liebknecht. Gerade die SPD hat später die Auffassung vertreten, daß der Sohn eine »radikalisierte Westentaschenausgabe« seines berühmten Vaters gewesen sei und nicht zuletzt deshalb als Politiker scheiterte, weil er nicht über die geistigen Qualitäten Wilhelm Liebknechts verfügt habe. In einem Nachruf auf den ermordeten KPD-Führer schrieb Konrad Haenisch: »Liebknechts Unglück war vielleicht, daß er der Sohn eines großen Vaters war und sich als solcher von Jugend auf in eine Rolle hineingeträumt hatte, der er innerlich nicht voll gewachsen war. Sein Vater . . . war eigentlich mehr Denker als Politiker . . . Daneben war er zu einem guten Teil eine Schulmeisternatur. Diese Eigenschaften spiegeln sich im Sohne verstärkt wieder. Die Schulmeisternatur ist bei ihm Doktrinarismus und das dichterisch Phantastische schlägt bei dem Sohne in das Pathologische um[162].« Mit diesem Urteil wurde Haenisch ein Opfer der von der SPD selbst kreierten Geschichtsmythologie um Wilhelm Liebknecht. Der Mitbegründer der SPD und der II. Internationale war spätestens seit der Aufhebung des Sozialistengesetzes im

Jahre 1890 ein machtloser Mann[163]. Das im gleichen Jahr entstandene Erfurter Parteiprogramm stammte beispielsweise nicht von dem »Denker« Wilhelm Liebknecht, sondern war von Karl Kautsky ausgearbeitet worden[164]. Die zum Teil verheerenden Urteile über den »Alten«, wie Wilhelm Liebknecht im Gegensatz zum älteren Friedrich Engels nicht gerade respektvoll genannt wurde[165], sind in den entsprechenden Korrespondenzen von August Bebel, Karl Kautsky, Victor Adler, Ignaz Auer und Friedrich Engels nachzulesen[166]. Wenn Wilhelm Liebknecht von der SPD trotzdem nicht fallen gelassen wurde, so hauptsächlich deshalb, weil in dem Maße, in dem sein politischer Einfluß abnahm, sein Ansehen bei den Arbeitermassen anstieg. Um diese Diskrepanz zu überbrücken, wurde der alte Parteiführer »nach oben gelobt« und zu einem Mythos stilisiert, dem gegenüber der in der Wirklichkeit lebende Sohn zwangsläufig als »klein« erscheinen mußte. Genau aus diesem Grunde hat übrigens die SPD-Führung Karl Liebknechts Eintritt in die Politik auch nicht gerade mit Enthusiasmus betrachtet; sie fürchtete nämlich, daß der Sohn mit seinem eigenen politischen Wirken das Idealbild des übermenschlichen Vaters beeinträchtigen konnte. Doch selbst in diesen negativen Urteilen über Karl Liebknecht wird der Ansatz deutlich, daß sich der Sohn als politischer Nachfolger des Vaters verstanden hat.

II. Der sozialdemokratische Rechtsanwalt

Karl Liebknecht hat die politische Tätigkeit im Interesse des Proletariats als Kampf für Gerechtigkeit verstanden. »Welche Aufgabe des Anwalts wäre höher und heiliger als die«, erklärte er 1911 in dem gegen ihn gerichteten Ehrengerichtsverfahren wegen Zarenbeleidigung, »den Schwachen und Unterdrückten Beistand zu leisten, und zwar um so mehr, je bedrückter der Schwache ist und je mächtiger seine Peiniger und Bedrücker sind[1]!«

Das folgende Kapitel befaßt sich mit der Zeitspanne von 1900 bis 1904, die man im politischen Werdegang von Karl Liebknecht als die Einstiegsphase in die Politik bezeichnen kann. Sie beginnt mit dem offiziellen Beitritt zur SPD im August 1900 und endet mit dem Königsberger Prozeß von 1904, der Liebknecht aufgrund seines erfolgreichen Auftretens als Verteidiger zum weithin bekannten sozialdemokratischen Rechtsanwalt werden ließ. In welchen Bereichen er dabei zunächst politisch tätig wurde und von welchen politischen Grundanschauungen sein Handeln bestimmt wurde, soll im folgenden beschrieben und analysiert werden.

Die politische Tätigkeit

Karl Liebknecht betrat die politische Bühne als tätiger Rechtsanwalt, was automatisch zur Folge hatte, daß er sich in seinem politischen Handeln zunächst vorrangig mit Fragen des Rechts befaßte. Als gelernter Jurist glaubte er gerade in diesem Bereich der politischen Bewegung des Proletariats seine fachkundige Mitarbeit anbieten zu können. Die Thematik seiner ersten Reden war eine Mischung aus Politik und Recht. Das Thema seiner überhaupt ersten, von Heinz Wohlgemuth[2] nachgewiesenen, Rede, die Liebknecht am 19. September 1899 in Berlin hielt, lautete: »Kommunismus und

Frauenrecht in der Entwicklungsgeschichte der Menschheit«. Als Karl Liebknecht dann offiziell der Partei beitrat, wurde zwar die Thematik seiner Reden anwendungsbezogener, veränderte sich grundsätzlich jedoch nicht. Seine erste größere Rede nach seinem Parteibeitritt, die am 29. September 1900 in Dresden stattfand, wurde später von der *Sächsischen Arbeiter-Zeitung* unter der Überschrift »Das neue bürgerliche Recht, ein Rück- oder Fortschritt für die Arbeiterklasse?« wiedergegeben[3]. Das »Recht« bestimmte nicht nur die Themen der politischen Reden, es stand auch im Mittelpunkt von Liebknechts politischer Kleinarbeit. Wie man einem Brief von ihm an Karl Kautsky vom 4. September 1900 entnehmen kann[4], führte er im Gebäude des *Vorwärts* »Rechtsberatungen« durch und beantwortete im Zentralorgan der Partei unter der Rubrik »Redaktionsnachrichten« schriftlich eingesandte Anfragen.

Das »Recht« blieb auch dann noch eine Grundkomponente im politischen Handeln von Karl Liebknecht, als der junge Sozialdemokrat im Hinblick auf die Reichstagswahlen von 1903 am 28. Juli 1901 zum Reichstagskandidaten für den Wahlkreis Potsdam – Spandau – Osthavelland aufgestellt wurde[5]. Hier allerdings ging die Initiative weniger von Liebknecht selbst aus, sondern vielmehr von den staatlichen Instanzen, die den sogenannten »Kaiserwahlkreis« dem Vertreter der Konservativen Partei erhalten wollten und deshalb ungeniert in den Wahlkampf eingriffen. Ein besonders erfolgreiches Mittel der Behörden gegen sozialdemokratische Wahlkampfaktivitäten war das Verfahren der sogenannten »Saalabtreiberei«, die darin bestand, daß die Gaststättenbesitzer durch Androhung von Sanktionen gezwungen wurden, ihre Räumlichkeiten der SPD für Wahlkampfzwecke nicht zur Verfügung zu stellen. So mußte die Partei Veranstaltungen »unter freiem Himmel« durchführen, wozu nach preußischem Vereinsrecht die Genehmigung der örtlichen Ordnungsbehörden – dem Landrat oder der Polizei – notwendig war. Die Behörden lehnten aber in der Regel derartige Anträge unter Hinweis auf die Gefährdung der öffentlichen Ordnung und Sicherheit ab. Dabei gingen sie oftmals sogar so weit, die politischen Motive ganz offen in ihre Entscheidungsbegründungen aufzunehmen. So wurde beispielsweise eine für den 16. November 1902 einberufene Versammlung mit Karl Liebknecht als Redner auf einem Privatgrundstück eines Spandauer Händlers mit der Begrün-

Nr. 221. 16. Jahrg.

Vorwärts

Berliner Volksblatt.

Centralorgan der socialdemokratischen Partei Deutschlands.

Redaktion: SW. 19, Beuth-Straße 2. | Donnerstag, den 21. September 1899. | Expedition: SW. 19, Beuth-Straße 3.

Versammlungen.

Der Wahlverein für den ersten Berliner Reichstags-Wahlkreis hielt am Dienstag eine Versammlung in den Armin-Hallen ab. Auf der Tagesordnung stand ein Vortrag des Genossen Dr. Karl Liebknecht über: „Kommunismus und Frauenrecht in der Entwickelungsgeschichte der Menschheit." Unter den zahlreichen Versammlungsbesuchern befanden sich auch einige Frauen, die aber auf Anordnung des überwachenden Beamten das Lokal verlassen mußten. Der Schutzmann überzeugte sich noch durch Augenschein davon, daß nicht etwa in irgend einem Winkel des Saales oder des Vorraumes ein weibliches Wesen sitzen geblieben war. Nachdem auf diese Weise den Frauen ihre Rechtlosigkeit unter der Herrschaft des preußischen Vereinsgesetzes recht deutlich vor Augen geführt worden war, nahm Karl Liebknecht zu seinem Vortrage das Wort. Er führte aus: Neuere wissenschaftliche Forschungen hätten ergeben, daß nicht — wie Karl Marx angenommen — der Kommunismus am Anfang der Entwickelungsgeschichte der Menschheit gestanden habe, sondern daß dem Kommunismus eine Zeit vorausgegangen sei, wo jeder für sich seine Nahrung suchte und seine primitiven Geräte herstellte. Erst auf einer etwas höheren Kulturstufe sei der Kommunismus eine wirtschaftliche Notwendigkeit geworden, und später habe sich aus demselben, wieder infolge ökonomischer Verhältnisse, die Einzelwirtschaft entwickelt. In betreff des Frauenrechts führte der Redner aus: Am Anfang der Menschheitsgeschichte sei die Frau dem Manne unbedingt unterworfen gewesen. Dann habe sich das Frauen- oder Mutterrecht, jene Zeit, wo die Frau die Herrschaft führte, herausgebildet, und zwar auch infolge ökonomischer Ursachen, aber nicht weil die Frau dem Manne überlegen war, sondern weil sie eine ihr günstige wirtschaftliche Konjunktur auszunutzen verstand. Es sei dies die Zeit gewesen, wo ausschließlich die Frauen Ackerbau trieben und dadurch seßhaft geworden waren, während die Männer als Jäger und Krieger herumschweiften. Als dann der Mann auf dem Gebiet des Ackerbaues mit der Frau in Wettbewerb trat, habe er sich als der erfolgreiche Konkurrent des Weibes erwiesen. Die Folge davon sei gewesen, daß der Mann wieder die Herrschaft an sich riß und die Frau minderen Rechtes wurde. — Aus seinen eingehenden, fast zweistündigen Darlegungen zog der Referent folgende Schlußfolgerungen: Der Kommunismus läuft nicht der menschlichen Natur zuwider. Er war und mußte sein zu einer Zeit, wo das Interesse der Allgemeinheit ihn notwendig machte. Der Kommunismus wird wieder kommen, wenn es das Interesse der Allgemeinheit verlangt, und diese Zeit, das hoffen wir, wird nicht mehr allzu fern sein. — Die Entwicklungsgeschichte der Menschheit zeigt, daß die Frau dem Mann ökonomisch nicht ebenbürtig ist. Wo der Mann auf diesem Gebiet mit der Frau in Wettbewerb trat, da war er ihr überlegen. Das Argument unserer Frauenrechtlerinnen — auch unserer Parteigenossinnen — daß die Frauen den Männern von Natur gleich seien, findet keine Stütze in den geschichtlichen Vorgängen. Wenn aber die Frau in einer längst vergangenen Zeitepoche dem Manne nicht gewachsen war, so beweist das nicht, daß es noch heute so ist und in alle Zukunft so bleiben wird. Die Verhältnisse haben sich geändert und wir sehen, daß heut schon auf manchen Arbeitsgebieten die Frau dem Manne gleichgestellt ist. — Bestätigt wird durch die Geschichte die Richtigkeit des ökonomischen Materialismus und damit eine der sichersten Thesen, auf die unsere Weltanschauung und unsere Hoffnung für die Zukunft aufgebaut ist.

Der Bericht des *Vorwärts* über Karl Liebknechts erstes (bekanntes) Auftreten als politischer Redner.

dung verboten: »Endlich ist bekannt, daß die Sozialdemokratie und auch der sich um die Kandidatur des Reichstagsabgeordneten im hiesigen Wahlkreis bewerbende Rechtsanwalt Liebknecht das Hetzen und Schüren gerade in diesen Tagen besonders betreiben[6].« Bevor sich also Karl Liebknecht politisch betätigen konnte, mußte er sich das »Recht« auf diese Betätigung überhaupt erst erstreiten. In einem erbitterten juristischen Kleinkrieg suchte er die absolutistischen Entscheidungen der staatlichen Instanzen auf dem Wege der Zivil- und Verwaltungsgerichtsbarkeit zu revidieren. Wenn er auch bei diesen Auseinandersetzungen fast immer »zweiter Sieger« blieb, gewann er doch wichtige Einsichten in das Funktionieren des preußischen Obrigkeitsstaates. Darüber hinaus erhielt er konkretes Agitationsmaterial, das er dort, wo eine sozialdemokratische Wahlpropaganda möglich war, gezielt einsetzen konnte. Waren die Entscheidungen der Ordnungsbehörden doch einmal allzu offensichtlich »willkürlich«, so bekam selbst der Sozialdemokrat Liebknecht von den preußischen Gerichten Recht. Als er beispielsweise am 22. Februar 1902 in Spandau eine Wahlversammlung ohne Genehmigung durchführte und deswegen vom zuständigen Landrat verklagt wurde, sprach ihn das Schöffengericht von Spandau frei, da es die vom Landrat für ein Verbot der Versammlung angegebenen Gründe für »sachlich« nicht gerechtfertigt hielt[7]. Liebknechts engagiertes und couragiertes Auftreten zahlte sich politisch aus. Obwohl er den

Wahlkreis Potsdam – Spandau – Osthavelland gerade erst übernommen hatte und obwohl er in seinem Wahlkampf von den staatlichen Instanzen stark behindert worden war, konnte er im ersten Wahlgang zu den Reichstagswahlen am 16. Juni 1903 mit 15 700 Stimmen die höchste Stimmenzahl aller Kandidaten in seinem Wahlkreis auf sich vereinen[8]. Da er allerdings die absolute Mehrheit der Stimmen, die für einen direkten Einzug in den Reichstag notwendig war, verfehlte, wurde eine Stichwahl zwischen ihm und dem nächstplazierten Kandidaten, dem Vertreter der Konservativen Partei, Pauli, notwendig. Bei dieser Stichwahl unterlag Karl Liebknecht knapp mit 17 936 zu 18 167 Stimmen.

Der Kampf ums »Recht« blieb auch nach den Reichstagswahlen von 1903 für Liebknechts politisches Handeln bestimmend, denn die herrschenden Kreise reagierten äußerst empfindlich auf den Ausgang der Wahlen, die der SPD einen Stimmenzuwachs von ca. einer Million und 25 zusätzliche Mandate gebracht hatten[9]. Um den sozialdemokratischen Wahlerfolg zu »relativieren«, gingen die staatlichen Instanzen mit Hilfe der Verwaltungsjustiz verschärft gegen die SPD und deren Presseorgane vor. Besonders geeignet für dieses Vorgehen war der sogenannte »Majestätsbeleidigungsparagraph«[10], mit dessen Hilfe sozialdemokratische Redakteure in ihrer Arbeit zur Vorsicht gezwungen werden sollten. Da die SPD über nur wenige ausgebildete Juristen verfügte, wurde Karl Liebknecht, der aufgrund seiner Auseinandersetzungen mit den staatlichen Instanzen in seinem Wahlkreis schon über einige Erfahrungen im Umgang mit preußischen Gerichten verfügte, gleichsam zum »Löschmann« der Partei in politischen Prozessen. Besonderes Aufsehen unter den »Majestätsbeleidigungsprozessen« erregte der sogenannte »Kaiserinselprozeß«, der am 25. September und 15. Oktober 1903 in Berlin verhandelt wurde[11]. Angeklagt waren zwei *Vorwärts*-Redakteure, die in der Ausgabe vom 16. August, also unmittelbar nach den Reichstagswahlen, über »Strömungen am Hofe« berichtet hatten, die den Bau eines kaiserlichen Schlosses auf der Ostseeinsel Bichelswerder planten. Dabei hatten die Redakteure die Vermutung geäußert, daß diese »Kreise« die Insel zum Reichstagswahlkreis erklären wollten für den Fall, daß der augenblickliche Kaiserwahlkreis doch einmal von einem Sozialdemokraten gewonnen würde. Das Gericht sah den Tatbestand der Majestätsbeleidigung für gegeben an und verurteilte die beiden Redakteure zu mehrmonatigen Haftstrafen[12]. Karl Liebknecht, der in dem Prozeß als Verteidiger aufgetreten war, resümierte den Prozeßverlauf in einem Aufsatz, den er in der *Neuen Zeit* veröffentlichte[13]. Dabei nahm er auch grundsätzlich Stellung zum Thema der Majestätsbeleidigung. Seiner Meinung nach hatten es sich die »Herren Richter« zu einfach gemacht mit der Auslegung des Majestätsbeleidigungsparagraphen, wenn sie die inkriminierte Notiz des *Vorwärts* direkt auf die Person des Kaisers bezogen. Auf den politischen Einfluß der gewissen »Strömungen am Hofe« anspielend, bemerkte er ironisch: »Daß die Bekämpfung der Kamarilla, der wüstesten Sozialistenhetzer, der Sozialdemokratie wichtiger sein muß als die Bekämpfung der Person des Kaisers, kann ein deutscher Staatsanwalt nicht einsehen.« Die juristische Argumentation hielt Liebknecht für noch fragwürdiger. Aufgebracht und polemisch zugleich fragte er die Leser seines Artikels: »Was ist leichter als zu behaupten, der *Vorwärts* verfolge die Tendenz, den Kaiser in unverhüllter Weise anzugreifen? Das kann kein Herrgott im Himmel widerlegen!« Die Fragwürdigkeit dieses Arguments wurde in Liebknechts Augen noch dadurch erhöht, daß sich die preußischen Richter im allgemeinen »rühmten«, ein »Blatt wie den *Vorwärts* « überhaupt nicht zu lesen. Liebknecht sah denn auch die Ursachen des Prozesses und darüber hinaus die Ursachen der meisten anderen Majestätsbeleidigungsprozesse nicht in irgendwelchen Verfehlungen gegen die bestehenden Gesetze, sondern führte sie auf die politischen Interessen der herrschenden Kreise zurück. »Im Deutschen Reiche«, stellte er gegen Ende seines Aufsatzes lakonisch fest, »wie in allen absolutistischen und halbabsolutistischen Staaten pflegt die Staatsgewalt, wo immer sie anfängt, sich unsicher zu fühlen, mit besonders krankhafter Empfindlichkeit auf alle wirklichen und vermeintlichen Angriffe gegen den Monarchen zu reagieren. Man beginnt, im Delirium staatsretterischer Sorge ›rot zu sehen‹.« Zwar blieb Karl Liebknecht auch in den Majestätsbeleidigungsprozessen in der Regel »zweiter Sieger«. Dennoch war seine Tätigkeit als Verteidiger keineswegs erfolglos. Nicht selten gelang es ihm durch sein geschicktes und kompetentes Auftreten, die Strafen seiner Mandanten in Grenzen zu halten, wodurch er schon bald die Aufmerksamkeit vor allem der Fachwelt auf sich zog. So berichtet beispielsweise

Wilhelm Dittmann[14], den Liebknecht 1903 in einem Majestätsbeleidigungsprozeß verteidigt hatte, daß sich der »Staatsanwalt und die Richter sowie zahlreiche Elberfelder Rechtsanwälte« sehr für den »neuen Stern am juristischen Himmel« interessiert hätten.

Die politische Tätigkeit als sozialdemokratischer Rechtsanwalt, dem außerdem die »Sorge um die Menschen« wichtiger war als die »Höhe des Honorars«[15], mußte Karl Liebknecht beinah zwangsläufig in Kontakt bringen mit den russischen Emigranten in Deutschland, insbesondere in Preußen. Waren sie Studenten, vor allem die jüdischer Herkunft, so hatten sie ihr Heimatland verlassen, um den strengen Zulassungsbeschränkungen an den Universitäten in Rußland auszuweichen[16]. Waren sie politisch tätig, insbesondere als Vertreter der Sozialdemokratischen Arbeiterpartei (SDAPR), so mußten sie im Ausland leben, weil ihre Partei im Zarenreich verboten war. Das Deutsche Reich war jedoch an der Beherbergung der russischen Emigranten nicht sonderlich interessiert, denn die Regierung unter Reichskanzler v. Bülow suchte freundschaftliche Beziehungen zum östlichen Nachbarn[17]. Aus diesem Grunde wurden die Exilrussen von den deutschen Behörden höchst schikanös behandelt; dies galt vor allem für die politisch aktiven unter ihnen, die oftmals sogar auf ausdrücklichen Wunsch der russischen Polizei aus Deutschland ausgewiesen wurden. »In ihre Wohnungen wird eingebrochen«, beschrieb Liebknecht rückblickend die Behandlung der russischen Emigranten, »ihre Papiere durchwühlt, ohne irgendwelchen Grund werden sie verhaftet, nur unter der Angabe, man wolle die Ausweisung vorbereiten, und später werden sie hinausgeworfen. Werden sie freigesprochen, dann nimmt sie die Polizei fest[18].« In der Regel waren dabei die Russen auf völlig legalem Wege nach Deutschland eingereist und hatten sich auch während ihres Deutschlandaufenthaltes nichts zuschulden kommen lassen. Dies galt gerade auch für die Vertreter der russischen Sozialdemokratie. »Äußerstenfalls sei Krasikow Sozialdemokrat wie drei Millionen Reichsbürger« erklärte Karl Liebknecht beispielsweise in einem Plädoyer für einen von der Ausweisung bedrohten Russen, der unter recht merkwürdigen Umständen verhaftet worden war und in die Hände der russischen Polizei »abgeschoben« werden sollte[19]. In unzähligen Prozessen hat Karl Liebknecht die Interessen der Exilrussen verteidigt. Zu seinen Mandanten gehörten dabei nicht nur Vertreter politischer Parteien, sondern auch Studenten und sogar völlig unpolitische Emigranten. Auch hier war seine Verteidigertätigkeit keineswegs erfolglos. So bemerkte beispielsweise der Dresdener Polizeipräsident in einem Bericht an den sächsischen Innenminister über den sogenannten »Dresdener Geheimbundprozeß« von 1909, in dem Liebknecht mehrere von der Ausweisung bedrohte Russen verteidigt hatte: »*Das Urteil erscheint auffallend milde.* Diese milde Bestrafung mag dadurch hervorgerufen sein, daß der Gerichtshof alle politischen Erwägungen ausgeschaltet hat und die Angeklagten sehr geschickt verteidigt wurden[20].«

Den Höhepunkt der politischen Arbeit als sozialdemokratischer Rechtsanwalt erreichte Karl Liebknecht im Königsberger Prozeß, der vom 12. bis 25. Juli 1904 in der ostpreußischen Metropole verhandelt wurde[21]. Angeklagt waren in diesem Prozeß neben zwei berufsmäßigen Schmugglern sieben Mitglieder der SPD, denen wegen des illegalen Transportes sozialdemokratischer Agitationsschriften ins Zarenreich »Geheimbündelei, Hochverrat gegen Rußland und Zarenbeleidigung« vorgeworfen wurde. Der Prozeß war allein politisch motiviert, denn Reichskanzler v. Bülow gedachte den Prozeß sowohl innen- als auch außenpolitisch zu seinen Gunsten auszuschlachten. Auf der einen Seite sollte der Prozeß die SPD in Verbindung bringen mit der anarcho-terroristischen Szene, wie sie im Zarenreich zweifelsohne existierte[22] – während des Prozesses selbst wurde mit der Ermordung des russischen Ministers Plehwe ein weiteres Attentat bekannt –, um sie als demokratische Partei zu diskreditieren. Auf der anderen Seite wollte Bülow der russischen Regierung einen »Freundschaftsdienst« erweisen, um die von ihm anvisierte Annäherungspolitik an das Zarenreich voranzubringen. Bülows Konzept ging jedoch nicht auf. Schuld daran war vor allem Karl Liebknecht, der neben den Königsberger Anwälten Hugo Haase und Ernst Fleischmann die Verteidigung der sozialdemokratischen Angeklagten übernommen hatte. Liebknecht war aufgrund seiner bisherigen Tätigkeit als sozialdemokratischer Rechtsanwalt geradezu ideal für die Aufgabe vorbereitet. Von Anbeginn seiner politischen Laufbahn hatte er politische Prozesse geführt und kannte daher die Mentalität preußischer Gerichte sehr genau. Aufgrund seiner Verteidigertätigkeit in den Ausweisungsprozessen hatte er sich darüber hinaus mit den Verhältnissen im Zarenreich selbst auseinandersetzen müssen und besaß daher wichtige Hintergrundinformationen hinsichtlich der Einschätzung der in Rußland illegalen Agitationsschriften. Als drittes Moment schließlich kam hinzu, daß er durch seine Verteidigertätigkeit in den Ausweisungsprozessen Verbindungen geknüpft hatte zu den in der Berliner Kolonie lebenden Vertretern der russischen Sozialdemokratie, wodurch ihm der Inhalt der inkriminierten Schriften ziemlich genau bekannt war[23]. Liebknechts Verteidigung war denn auch so aufgebaut, daß er vom Inhalt der beschlagnahmten Schriften immer wieder auf die Verhältnisse in Rußland selbst überleitete und diese letztlich für die im Zarenreich existierende anarcho-terroristische Bewegung verantwortlich machte. »Wenn wir die russischen Zustände betrachten«, führte er in seinem Plädoyer aus, »die absolute Rechtlosigkeit des Volkes, die Korruption und blutige Brutalität der Bürokratie, das furchtbare, jeder Zügellosigkeit freien Lauf lassende Strafsystem, das Prozeßverfahren, die Auspeitschungen, die Hinmetzeleien von Bauern, Juden und Arbeitern, so sehen wir, daß über der neueren russischen Geschichte zwei Worte stehen: Sibirien und Schlüsselburg[24].« Auf die polemische Frage des Staatsanwaltes, ob es etwas »Schandbareres« geben könne als die von den Angeklagten transportierten Schriften, antwortete Liebknecht ebenso polemisch: »Ich kenne etwas Schandbareres: das sind die russischen Zustände, auf die sich diese Schriften beziehen.« Wenn Liebknecht auch ausdrücklich die aus Rußland so häufig gemeldeten Terroranschläge als »falsch« und »sinnlos« verwarf, so verhehlte er doch nicht sein »Mitgefühl« für die Attentäter, die seiner Meinung nach »Verzweifelte« waren, die sich im »Interesse der Menschheit opfern zu müssen« glaubten. Daß die russische Sozialdemokratie, wie die sozialdemokratische Bewegung in jedem anderen Land, »schärfste Gegnerin« einer solchen »terroristischen Verzweiflungstaktik« war, hielt Liebknecht für »ganz logisch«, denn für ihn war sie die »einzige Partei«, die ihre Ziele auch »ohne Terror erreichen wird«. Der deutsche Sozialdemokrat ging sogar so weit, zu behaupten, daß der Terrorismus in Rußland abnehmen werde, wenn die Sozialdemokratie als offizielle Partei zugelassen würde. Die durchaus ehrenwerten Motive und Ziele, die in Liebknechts Augen das Verhalten der russischen Terroristen bestimmten, galten erst recht für die angeklagten deutschen Sozialdemokraten, die mit dem Transport der in Rußland verbotenen Schriften lediglich mithelfen wollten, gerechtere und menschlichere Verhältnisse im Zarenreich zu schaffen. »Ich bitte Sie«, wandte er sich gegen Ende seines Plädoyers an die Richter, »das blutige und doch erhabene Bild der russischen Verhältnisse vor ihren Augen vorüberziehen zu lassen und mit teilnehmendem Herzen den Angeklagten gegenüberzutreten. Und wenn ihr Herz, ihre Sympathie mitspricht, so werden die juristischen Spinnweben zerreißen, die die Anklage um die Angeklagten gewebt hat.« Liebknechts Verteidigungsstrategie erwies sich als erfolgreich nicht zuletzt deshalb, weil die vom Gericht bestellten »bürgerlichen Sachverständigen« das düstere Bild der innerrussischen Verhältnisse bestätigten[25]. Sogar während der Verhandlungen selbst gelang es Liebknecht, »Kostproben« der im Zarenreich herrschenden Korruption zu geben. So konnte er beispielsweise nachweisen, daß einige Übersetzungen aus den inkriminierten Schriften, die von der russischen Botschaft in Berlin angefertigt worden waren, Fälschungen im Sinne der Anklage darstellten[26]. Das Ergebnis war, daß die Anklage auf »Geheimbündelei und Hochverrat gegen Rußland« fallengelassen wurde und daß die Angeklagten mit geringfügigen Geld- und Gefängnisstrafen davonkamen[27].

Der Königsberger Hochverratsprozeß wurde allgemein als großer moralischer Sieg der Sozialdemokratie gewertet, denn aufgrund der Verhandlungen konnte sie sich als Vorkämpferin für Kultur, Gerechtigkeit und Menschlichkeit präsentieren, während die Regierung als Verbündete des durch und durch korrupten Zarenregimes erschien[28]. Erbost schimpfte das liberale *Berliner Blatt:* »Soviel wir auch schon an Liebedienereien gegenüber Rußland geleistet haben mögen, diesen Prozeß hätte man doch nicht für möglich gehalten . . . Wir wollen mit dem russischen Nachbarn in Frieden und Freundschaft leben . . . aber wir wollen nichts tun, was mit der nationalen Ehre unverträglich ist.« Die satirische Zeitschrift *Der Kladderadatsch* veröffentlichte sogar ein regelrechtes Spottgedicht auf die Regierung, dessen einleitende Zeilen folgendermaßen lauteten:

Als von Norderney herüber
Bernhard Bülow jüngst gekommen

Fand die Räte er in trüber
Stimmung sichtlich und beklommen.
Einem jeden sprach der Ärger
Stets noch aus dem Angesichte,
Den ihm schuf die Königsberger
Hochverrats- und Mordgeschichte.
Ja, noch stand's den Herren allen
In den Zügen klar geschrieben
Arg sind wir hereingefallen,
Wären wir davon geblieben[29].«

Entsprechend erfreut waren denn auch die Parteiführer der SPD. Voller Genugtuung bemerkte August Bebel am 27. Juli 1904 in einem Brief an Natalie Liebknecht: »Der Prozeß hat so geendet, wie wir es uns nur wünschen können[30].« Die etwas jüngere und aufgrund ihrer polnischen Herkunft auch etwas engagiertere Sozialdemokratin Rosa Luxemburg, schrieb den Kautskys geradezu enthusiastisch aus dem Urlaub im Gebirge: »Donnerwetter, so ein Blutgericht über Rußland und Preußen, ist doch noch schöner als alle zackigen Berge und lachende Täler[31]!« Das Verdienst für den erfolgreichen Ausgang des Prozesses wurde zumindest von den Parteimassen in erster Linie Karl Liebknecht zugeschrieben. Als der sozialdemokratische Rechtsanwalt wenige Tage nach Prozeßende auf einer Versammlung in Berlin über den »Königsberger Prozeß« referieren wollte, war das Versammlungslokal schon eine Stunde vor Veranstaltungsbeginn total überfüllt. »Mehrere tausend Personen«, berichtete der *Vorwärts,* »füllten das Parterre sowie die beiden Galerien des Saales bis auf den letzten Platz. Bald nach sieben Uhr sperrte die Polizei das überfüllte Lokal ab. Vor dem Versammlungslokal und in den nebenliegenden Straßen staute sich die Menge[32].« Der Königsberger Prozeß hat Karl Liebknecht zweifelsohne in weiten Kreisen der SPD bekannt gemacht, allerdings weniger als »sozialdemokratischen Politiker«, sondern vielmehr als »sozialdemokratischen Rechtsanwalt«. Daran ändert auch die Tatsache nichts, daß Liebknecht selbst in erster Linie »politische« Erkenntnisse aus dem Prozeß zog. »Die Vorgeschichte und die Verhandlungen des Königsberger Prozesses«, schrieb er rückblickend in der *Neuen Zeit,* »haben nicht nur in das Herz der deutschen Reaktion hineingeleuchtet, sondern auch die Lage und Politik Rußlands selbst, des äußeren und inneren Zarismus vor aller Welt an den Schandpfahl genagelt und die Fäden jener Internationale der Reaktion, deren Hort die russische Despotie bildet, mit bis dahin kaum erhörter Klarheit gewissermaßen amtlich aufgedeckt[33].«

Die politischen Grundanschauungen

Die Tatsache, daß Karl Liebknecht in den ersten vier Jahren seines politischen Wirkens den Kampf gegen die herrschenden Kreise Preußen-Deutschlands vor allem als Rechtsauseinandersetzung geführt hat, läßt sich nur bedingt mit dem Hinweis auf seine juristische Ausbildung erklären. Bedenkt man seinen unermüdlichen und engagierten Einsatz für das »Recht«, so müssen die Ursachen weitaus tiefer gesucht werden. In der Tätigkeit als sozialdemokratischer Rechtsanwalt offenbarte Liebknecht ein prononciertes Rechtsgefühl, das in der Verwirklichung von Gerechtigkeit geradezu einen Gradmesser für die Entwicklung der Gesellschaft darstellte. »Zunächst verlangen wir politische Gleichberechtigung«, erklärte Liebknecht in einer seiner ersten Reden am 11. Oktober 1900, »man kennt ja die verschiedene Behandlung, die dem Arbeiter und den Angehörigen der bevorzugten Klassen zuteil wird. Dann fordern wir soziale Gleichberechtigung. Wer das Verhältnis zwischen Arbeiter und Arbeitgeber kennt, weiß, daß auch diese nicht besteht[34].« Gerechtigkeit war dabei für den sozialdemokratischen Rechtsanwalt lediglich ein Synonym für Menschlichkeit, denn er glaubte, daß menschliche Verhältnisse nur in einer gerechten Gesellschaftsordnung existieren könnten. In einem Wahlkampf-Flugblatt des Jahres 1903 beschrieb Liebknecht beispielsweise das Programm der Sozialdemokratie folgendermaßen: »Beseitigung der Not, Befreiung von aller wirtschaftlichen und politischen Knechtschaft . . . Schaffung eines menschenwürdigen Daseins für die Ärmsten und Elendsten[35].« Verstand man die Verwirklichung der Ideale von Menschlichkeit und Gerechtigkeit als Motiv und Ziel des politischen Handelns, so mußte man mit den beruflichen Voraussetzungen von Karl Liebknecht zwangsläufig zum sozialdemokratischen Rechtsanwalt werden, denn im Gerichtssaal wurde die Ungerechtigkeit und damit Unmenschlichkeit des preußisch-deutschen

Obrigkeitsstaates besonders deutlich. Aus dem gleichen Grunde setzte sich Karl Liebknecht auch für die russischen Emigranten ein, die nicht nur in ihrem Heimatland sondern auch im Exil ungerecht und unmenschlich behandelt wurden. Es liegt nahe, die Entstehung des humanitär-rechtlichen Ideals auf den frühen Werdegang von Karl Liebknecht, insbesondere auf seine Erlebnisse während der Kindheit, Jugend- und Ausbildungszeit zurückzuführen. So sehr dies auch zutreffen mag, so sehr ist darauf hinzuweisen, daß auch bei anderen Sozialdemokraten ein solches »Rechtsgefühl« als ausschlaggebendes Antriebsmotiv für die politische Betätigung festzustellen ist. So bekannte beispielsweise Eduard Bernstein am 3. März 1889 in einem Brief an den österreichischen Parteiführer Victor Adler: »Wenn wir uns genau prüfen, so ist es nicht der hypothetische Zukunftsstaat, der uns zu Sozialisten macht, auch nicht der Ausblick auf die große allgemeine Expropriation, sondern unser Rechtsgefühl. Dieses aber, das Streben nach Gleichheit und Gerechtigkeit, ist, soweit ideelle Kräfte in Betracht kommen, das dauernde Element in der Bewegung[36].«

Zur Verwirklichung der Ideale von Menschlichkeit und Gerechtigkeit entwickelte Karl Liebknecht politisch-theoretische und politisch-taktische Vorstellungen, die er gleich zu Beginn seiner politischen Laufbahn gleichsam als »privates« Parteiprogramm verkündete. Wenn Liebknecht auch 1902 seinen Artikel »Die neue Methode« in erster Linie aus der Absicht heraus verfaßt hatte, das politisch-geschichtliche Ansehen seines Vaters zu wahren, so nutzte er doch auch die ihm damit gebotene Gelegenheit, im führenden theoretischen Presseorgan der SPD auf den seit der Jahrhundertwende schwelenden Revisionismusstreit einzugehen und dabei seine eigenen Auffassungen darzulegen. Liebknecht gestand den Revisionisten ohne weiteres zu, daß die von Karl Marx entwickelte Theorie in mancher Hinsicht unfertig und damit revisionsbedürftig war. »Wer wird«, fragte er gleich zu Beginn seines Aufsatzes, »Irrtümer und Unvollkommenheiten in der Lehre dieses vielseitigen und temperamentvollen Geistes nicht von vornherein für selbstverständlich halten[37]?« Dennoch lehnte er die von den Revisionisten entwickelte »neue Methode«, wonach die gesellschaftliche Entwicklung zum Sozialismus allein auf friedlichem Wege erfolgen könne, als Rückschritt gegenüber der marxistischen Theorie ab. Seine Einwände gegen die »neue Methode« der Revisionisten faßte er in polemisierender Form in drei Punkten folgendermaßen zusammen: »1. in dem wahren Gottvertrauen auf eine mystische Wunderkraft, genannt ›Demokratie‹; 2. in der Unterschätzung des Gegensatzes zwischen Proletariat und Bourgeoisie ... 3. – trotz aller Vorbehalte – in dem Abschwören der ›Revolution‹, der ›gewaltsamen‹ Aktion.« Zwar wollte Liebknecht keineswegs in Abrede stellen, daß die Demokratie ein »vorzügliches Pulver« darstellen konnte, um den Kapitalismus zu »sprengen«, doch machte er darauf aufmerksam, daß man sich zumindest in Preußen-Deutschland noch »allenthalben in der dicksten Undemokratie« befand und daß deshalb die Revisionisten mit ihrer Methode das Pferd von hinten aufzuzäumen versuchten. Doch selbst wenn man die politische Entwicklung in den europäischen Demokratien Frankreichs und Englands betrachtete, kamen Liebknecht Zweifel an der Richtigkeit der revisionistischen These. »Vorläufig tut die Demokratie der Bourgeoisie noch nicht ernstlich weh«, stellte er fest, »wenn aber Sein oder Nichtsein die Frage sein wird – und diese Frage wirft sich trotz aller möglichen organischen und friedlichen Fortentwicklung an einem bestimmten Punkte überall auf –, so wollen wir erst erleben, ob die Menschheit sich seit einigen Jahrzehnten so grundstürzend geändert hat, daß es ohne harte und böse Friktionen abgeht.« Liebknecht befürchtete daher, daß die »wesentliche Eigenschaft« der »neuen Methode« darin bestand, über die Demokratie nicht so sehr die »Herrschaft der Mehrheit« als vielmehr die »Rücksicht auf die Minderheit« anzustreben. In diesem Zusammenhang glaubte Liebknecht die Revisionisten auf ein Mißverständnis der marxistischen Theorie hinweisen zu müssen, und zwar hinsichtlich der Interpretation des Begriffes von der »Diktatur des Proletariats«. Seiner Meinung nach hatte Marx unter diesem Begriff nicht die Diktatur einer Minorität verstanden, denn im »Kommunistischen Manifest« sei ausdrücklich betont worden, daß die »Diktatur des Proletariats« einen »Sieg der Majorität des Volkes« voraussetzte und daß dementsprechend unter der »Diktatur des Proletariats« nichts anderes zu verstehen war als die »demokratische Klassen*herrschaft*« mit dem Ziel, die »Staatsmaschinerie im proletarischen Sinne« auszunutzen. Dabei wollte Liebknecht keineswegs die Möglichkeit einer friedlichen Fortentwicklung der Gesellschaft zum Sozialismus grundsätzlich ausschließen; er warnte lediglich vor einer Überschätzung der Konzessionsbereitschaft auf Seiten der herrschenden Kreise. »Mögen die Gegner zu uns kommen«, führte er aus, »mögen sie ihre Konzessionen machen – wir weisen sie nicht von der Hand, aber kein Einlullenlassen durch Friedensschalmeien, kein Eiapopeia von der gütigen allmächtigen Göttin Demokratie, keine Abrüstung.« Wenn überhaupt, so betonte Liebknecht, dann konnte nur eine »kriegerische Tüchtigkeit« der Sozialdemokratie die gewaltsame Konfrontation der Klassen verhindern, denn nur so wurde die Partei im politischen Leben »bündnisfähig«, wodurch wiederum der »Rupprechtsack der politischen, sozialen und wirtschaftlichen Reformen« geöffnet würde. »Herz und Kopf des Durchschnittsbourgeois«, stellte er klar, »öffnen sich uns nicht um der schönen Augen der Sozialdemokratie willen. Nein! Die Zielsicherheit, der unvergleichliche Elan, das Siegesbewußtsein, das Selbstvertrauen, die Unermüdlichkeit, wachsende Geschlossenheit und Stärke, die grenzenlose Opferwilligkeit des organisierten Proletariats, die zähe und geschickte Ausnützung aller Fehler der Gegner, aller Schäden des kapitalistischen Systems zwingen die einen zur Achtung und jagen anderen heillosen Schrekken ein. Um sich und ihren lieben Profit zu retten, werfen sie der ›blutdürstigen Wolfsherde‹ des Proletariats, das ihnen schon auf den Fersen jagt, dann und wann einen Bissen hin – freiwillig! Die Angst, der Selbsterhaltungstrieb schärfen den Verstand und zermürben das hartgesottenste Herz fabelhaft.«

Liebknechts Auseinandersetzung mit der »neuen Methode« des Revisionismus zeigt, daß der sozialdemokratische Rechtsanwalt trotz aller Einwände gegen den Revisionismus kein Anhänger der marxistischen Theorie gewesen ist. Genaugenommen ging er von demselben »revisionistischen« Ansatz aus wie die Revisionisten selbst, denn auch er wollte als Politiker dazu beitragen, daß es nicht zur Verelendung des Proletariats und damit zu der von Marx postulierten Voraussetzung für die gewaltsame Konfrontation der Klassen kam. »Welcher Sozialist«, fragte er polemisch und rhetorisch zugleich, »hat je prinzipiell (von Entgleisungen in der Propaganda natürlich zu schweigen!) auf eine Katastrophe hingearbeitet oder seine Taktik nur auf eine solche Katastrophe ausgerichtet?« Im Gegensatz zu den Revisionisten war Liebknecht allerdings der Auffassung, daß die politische Bewegung des Proletariats stärker als bisher zu einem »aktiven Faktor« im Prozeß der gesellschaftlichen Fortentwicklung werden sollte. Dabei ist zu bedenken, daß Liebknecht anders als die marxistische Theorie die gesellschaftliche Entwicklung nicht als einen dialektischen Prozeß verstand, sondern eher als mechanischen Vorgang. So empfahl er beispielsweise den Revisionisten »Gesellschaftsstatik« zu betreiben, um zu erkennen, »welches die Momente sind, die im wirtschaftlichen, im sozialen, im politischen Leben Einfluß, Macht verleihen« und ob auf jedem dieser Gebiete »dieselben Momente« entscheidend waren.

Die von Karl Liebknecht auf politisch-taktischem Gebiet geforderte »kriegerische Tüchtigkeit« darf nicht als Bekenntnis zu einer Politik der Gewalt mißverstanden werden. Die Anwendung von Gewalt im Sinne des Terrors hielt der sozialdemokratische Rechtsanwalt für einen »reaktionären Faktor«, wie er im Plädoyer des Königsberger Prozesses erklärt hatte. Die Gewalt wurde nicht vom Proletariat sondern von den herrschenden Kreisen in die innergesellschaftliche Auseinandersetzung gebracht, da diese nur so ihre Privilegien schützen konnten. Geht man von Liebknechts Verständnis des Diktaturbegriffes aus, so kann man sagen, daß für ihn die Anwendung von Gewalt nur dann in Frage kam, wenn sich die herrschenden Kreise den Forderungen der politisch bewußt gewordenen »Majorität des Volkes« widersetzten. Der von Liebknecht geprägte Begriff der »kriegerischen Tüchtigkeit« sollte letztlich nichts anderes besagen, als daß die SPD eine »aktive Oppositionspolitik« zu führen hatte mit dem Ziel, die gesellschaftliche Entwicklung entsprechend der sozialdemokratischen Wert- und Zielvorstellungen mitzugestalten. Daß eine solche Strategie erfolgreich sein konnte, beweist nicht zuletzt Liebknechts eigener Werdegang in den ersten vier Jahren seiner Politikerlaufbahn. Wenn er auch aufgrund der Tatsache, daß er der Sohn des berühmten Wilhelm Liebknecht war, auf einen Popularitäts- und Vertrauensvorschuß bei den Arbeitermassen hoffen durfte, übernahm er doch mit dem Wahlkreis Potsdam – Spandau – Osthavelland einen Wirkungskreis, der wegen seiner sozialen Zusammensetzung der Bevölkerung für einen Sozialdemokraten so gut wie aussichtslos erscheinen mußte. Darüber hinaus war eine sozialdemokratische Organisation und damit eine sozialdemokratische Tradition in diesem Wahlkreis nicht existent. Selbst nach der erfolgreichen Wahl in den Reichstag im Jahre 1912 mußte Liebknecht bekennen: »Sehr zahlreich sind unsere Genossen nicht, aber die Qualität ersetzt die Quantität[38].« Trotzdem gelang es Karl Liebknecht schon bei der Reichstagswahl von 1903 einen Großteil der Wähler von der Superiorität der sozialdemokratischen Weltanschauung zu überzeugen, indem er konsequent und konkret die Schwächen des preußisch-deutschen Klassenstaates offenlegte.

Die Parteiführung der SPD bediente sich zwar der juristischen Fachkenntnisse von Karl Liebknecht, tat jedoch ansonsten wenig, um seinen politischen Werdegang zu fördern. Statt ihm einen Reichstagswahlkreis in Berlin zu verschaffen, was durchaus in der Macht des Parteivorstandes gelegen hätte[39], schickte man ihn in den Kaiserwahlkreis Potsdam – Spandau – Osthavelland. Welches Ansehen der Name Liebknecht in Berlin besaß, mag man der Tatsache entnehmen, daß Karl Liebknecht im Jahre 1901, als er politisch überhaupt noch gar nicht hervorgetreten war, bei den Wahlen zur Berliner Stadtverordnetenversammlung gleich in zwei Wahlkreisen mit überwältigender Mehrheit gewählt wurde[40]. Wie wenig die Parteiführung zudem bereit war, sich mit Liebknechts Vorstellungen und Vorschlägen auseinanderzusetzen, beweist vor allem die Reaktion auf seinen Artikel »Die neue Methode«. Es kam zwar, wie schon im vorigen Kapitel berichtet, deswegen auf dem Münchener Parteitag zu einer Kontroverse, doch gingen weder der revisionistische Vertreter Eduard Bernstein noch der SPD-Vorsitzende August Bebel auf den Inhalt von Liebknechts Aussagen ein. Dies ist keineswegs verwunderlich, denn Liebknecht hatte sich mit seinen politisch-theoretischen und politisch-taktischen Vorstellungen geradewegs »zwischen alle Stühle« gesetzt. Den Revisionisten erschien er wegen seiner Forderung nach einer »kriegerischen Tüchtigkeit« als »radikal«, während ihn die Radikalen als »Unmarxisten« ablehnten und seine radikalreformerischen Vorstellungen als diskussionsunwürdig erachteten. In der Revisionismusdebatte, wie sie in der Parteipresse der SPD bis zum Ausbruch des Ersten Weltkrieges unvermindert anhielt, hat Liebknechts Aufsatz nie eine Rolle gespielt; er wurde nicht einmal zitiert.

III. Der sozialdemokratische Politiker

Das Jahr 1904 stellt in der politischen Laufbahn von Karl Liebknecht eine Zäsur dar, denn mit der ersten Teilnahme an einem Parteitag der SPD beginnt für den sozialdemokratischen Rechtsanwalt der Aufstieg zum sozialdemokratischen Politiker. Stationen dieses Aufstieges sind der Hochverratsprozeß im Jahre 1907, die Wahl als »Festungshäftling« in das preußische Abgeordnetenhaus 1908, die Eroberung des Reichstagsmandates im Kaiserwahlkreis Spandau – Potsdam – Osthavelland 1912, die Aufdeckung der Krupp-Korruption in den Jahren 1912/13 und schließlich die Nominierung als deutscher Referent für den Wiener Kongreß der II. Internationale 1914. Das folgende Kapitel umfaßt den Zeitraum von 1904 bis 1914 und beschreibt die fünf wichtigsten Tätigkeitsfelder. Untersucht werden Motive und Ziele sowie die politisch-theoretischen und politisch-taktischen Vorstellungen. Implizit schwingt dabei die Frage mit, ob und inwieweit sich die politischen Grundanschauungen des sozialdemokratischen Politikers gegenüber denen des sozialdemokratischen Rechtsanwalts veränderten.

Der Kampf gegen den Militarismus

Das erste politische Tätigkeitsfeld, dem sich Karl Liebknecht zuwandte, als er im Jahre 1904 im nationalen Rahmen der SPD zu agieren begann, war der Kampf gegen den Militarismus. Als Delegierter der Wahlkreisorganisation Potsdam – Spandau – Osthavelland brachte er auf dem Bremer Parteitag einen Antrag ein, der die Partei aufforderte, »unter den Proletariern, die zur Armee einberufen werden, vor dem Eintritt in dieselbe in geeigneter Weise Propaganda für die Ideen des Sozialismus« zu machen[1]. Weiterhin forderte der Antrag die Zusammenstellung einer Broschüre, die die künftigen Soldaten über ihre Rechte und Pflichten aufklären sollte, insbesondere gegenüber dem sogenannten »inneren Feind«, worunter im allgemeinen die streikende Arbeiterschaft verstanden wurde. Wie Liebknecht in seiner Begründung des Antrages[2] erklärte, beabsichtigte der Antrag nicht die Einführung eines neuen Agitationsfeldes, sondern wollte lediglich einen Impuls geben zur Intensivierung des Kampfes gegen den Militarismus, wie er bisher auch schon im Rahmen der allgemeinen Propaganda gegen den Kapitalismus betrieben worden war. »Der Militarismus«, führte Liebknecht aus, »[ist] unser schlimmster Feind und . . . der Kampf gegen ihn [kann] nicht besser geführt werden, als durch fortgesetzte Vermehrung der Sozialdemokraten unter den Soldaten.« Einen besonderen Schwerpunkt wollte Liebknecht dabei auf die Agitation zur Aufklärung der jungen Proletarier, insbesondere hinsichtlich der innenpolitischen Funktionen des Militarismus legen, damit, wie er ausführte, »wenn es einmal zu heftigen Zusammenstößen zwischen der gegenwärtigen Staatsgewalt und dem organisierten Proletariat kommt, sich die Staatsgewalt nicht mehr so stark fühlt wie gegenwärtig, wo sie sicher ist, daß ihr die blindlings gehorchende Armee auch zu Ungesetzlichkeiten zur Verfügung steht«. Daß eine solche antimilitaristische Agitation zu heftigen Reaktionen auf staatlicher Seite führen konnte, war Liebknecht durchaus bewußt. »Ich weiß sehr wohl«, suchte er mögliche Einwände von vornherein zu entkräften, »daß es eine große Gefahr wäre, wollten wir die Rekruten zum Widerstand auffordern; das würde dazu führen, daß ungezählte Jahre Zuchthaus und Gefängnis verhängt würden.« Trotzdem war er der Auffassung, daß sich die Sozialdemokratie durch die »überall ausgelegten kriminellen Fußangeln« nicht von einer antimilitaristischen Agitation abhalten lassen durfte, zumal, wenn sie im Rahmen der gesetzlichen Bestimmungen blieb. »Da wir nicht in der Lage sind«, führte er als Beispiel an, »in der Kaserne Agitation zu treiben, muß die Agitation in die Zeit verlegt werden, wo die Gesetze sie nicht verhindern.«

Das Werben für eine besondere Agitation gegen den Militarismus bestimmte auch in den darauffolgenden Jahren Liebknechts Auftreten auf den Parteitagen der SPD. So unterstützte er 1905 in Jena einen Antrag[3], demzufolge jährlich »öffentliche Versammlungen« abgehalten werden sollten, in denen die »jungen Leute, die eventuell Soldat werden müssen, speziell über ihre sogenannten ›Rechte‹ als Soldat aufgeklärt werden«. Darüber hinaus sah der Antrag die Verteilung von Flugblättern desselben Inhalts vor. Wenn auch Liebknecht in seiner Rede zum Antrag[4] darauf hinwies, daß der Militarismus als gesellschaftliches Phänomen nicht vom Kapitalismus »losgelöst« betrachtet werden dürfe und daß dementsprechend die antimilitaristische Agitation auch nichts wesentlich Neues darstellen würde, so vertrat er doch weitaus stärker als in seinen Bremer Ausführungen die Auffassung, daß der Militarismus »mehr« war als nur ein bloßes »Anhängsel« des Kapitalismus. »So, wie sich die Macht des Staates in gewissem Sinne gegenüber den wirtschaftlichen Kräften verselbständigt«, erläuterte er, »so verselbständigt sich auch der Militarismus und wird zur besonderen Stütze des Kapitalismus«. Auf die fatale Rolle hinweisend, die der Militarismus sowohl innen- als auch außenpolitisch spielte, fuhr er fort: »Der Militarismus wirkt international als Gefährdung des Völkerfriedens und national als Bollwerk und Sturmbock gegen den ›inneren Feind‹, das kämpfende Proletariat.« Angesichts dieser eminenten Bedeutung hielt Liebknecht es für unumgänglich, daß die Sozialdemokratie mit allen Mitteln, »die ihr zu Gebote stehen und die die deutschen Verhältnisse irgendwie erlauben«, den besonderen Kampf gegen diesen Gegner aufnehmen mußte. Erst wenn dieser »rocher de bronze« untergraben war, konnte in Liebknechts Augen der Weg einer »friedlichen, kulturellen proletarisch-sozialistischen Entwicklung« geebnet werden. Ein Jahr später, auf dem Mannheimer Parteitag von 1906, brachte Liebknecht wiederum einen Antrag zur Durchführung einer speziellen antimilitaristischen Agitation ein[5]. In seinen Ausführungen zum Antrag[6] betonte er diesmal noch stärker die Funktion des Militarismus als mitgestaltender Faktor in der gesellschaftlichen Entwicklung. Genaugenommen setzte er sich fast ausschließlich mit der Frage auseinander, warum gerade der Militarismus eine besondere Agitation der Sozialdemokratie notwendig machte. Dabei stellte er klar, daß der Militarismus nicht mit der »bewaffneten Macht, dem stehenden Heere« schlechthin gleichgesetzt werden dürfe, sondern daß es sich um eine »höchst verwickelte und verzweigte Erscheinung« handelte, die »alle möglichen Gebiete unseres wirtschaftlichen, sozialen und politischen Lebens durchtränkt«. Nicht umsonst war in Liebknechts Augen der Militarismus das »wichtigste derjenigen brutalen Machtmittel«, mit dessen Hilfe sich die herrschenden Kreise der »organischen Fortentwicklung« der Gesellschaft »gewaltsam« entgegensetzten. Dementsprechend »schwierig, eigenartig und verwickelt« war natürlich auch der Kampf gegen den Militarismus. Ohne jede Schönfärberei stellte Liebknecht fest: »Die Empfindlichkeit unseres Klassenstaates in dem Punkte Militarismus ist naturgemäß außerordentlich, sie steht in direktem Verhältnis zu dem bösen Gewissen der herrschenden Klassen gegenüber dem Proletariat und zu der Angst um den Verlust ihrer Machtstellung.« Angesichts des komplexen Wesens des Militarismus einerseits und seiner besonderen Funktion im Interesse der herrschenden Kreise andererseits war auch eine besondere Agitation seitens der Sozialdemokratie erforderlich, wollte man dieses Machtmittel der politischen Gegenseite wirkungsvoll bekämpfen. Auf die bisher von der Partei angewandte Taktik der allgemeinen Propaganda eingehend, bemerkte Liebknecht leicht ironisch: »Mit allgemeinen Redensarten und Anfeuerungen ist da nicht genug getan.« Es bedurfte eines »besonderen Plans, einer besonderen Beweglichkeit und Aktivität«, die wiederum nur erreichbar war, wenn eine »besondere Zentralinstanz« geschaffen würde, deren Einrichtung Liebknecht mit dem von ihm eingebrachten Antrag beabsichtigte.

Da sich die Antimilitarismusagitation in erster Linie an die »künftigen Soldaten« richten sollte, nahm Karl Liebknecht von Anfang an Kontakt auf zu den sozialdemokratisch ausgerichteten Jugendorganisationen, die sich zwischen 1904 und 1906 in Nord- und Süddeutschland bildeten[7]. Vor allem beim süddeutschen »Verband junger Arbeiter und Arbeiterinnen« konnte er offen als Antimilitarist auftreten, da hier im Gegensatz zum – preußischen – Norden, wo die Jugendlichen unter 18 Jahren nur Mitglieder eines »unpolitischen Vereins« sein durften, die liberalen Vereinsgesetze die Bildung eines »politischen Vereins« für Jugendliche erlaubten. Schon in der ersten Nummer der vom »Verband« herausgegebenen Zeitschrift, *Die junge Garde*, erschien ein Artikel von Karl Liebknecht, der unter dem Titel »Rekrutenabschied« die jungen Proletarier auf den bevorstehenden Militärdienst vorzubereiten suchte[8]. Der Aufsatz, der in die Form eines Zwiegespräches gekleidet war, ist nicht zuletzt deshalb interessant, weil er deutlich macht, wie sich Liebknecht die Verwirklichung der von ihm vorgeschlagenen Agitation gegen den Militarismus konkret vorstellte. Ausgangspunkt des Zwiegespräches waren jene »patriotischen Phrasen«, die den jungen Leuten in der Schule, der Kirche und in »allen wohlanständigen und ›angesehenen‹ Büchern und Zeitschriften« zur Vorbereitung auf den Militärdienst mitgegeben wurden. Die »Hohlheit« dieser Phrasen deutlich zu machen und zum kritischen Hinterfragen des Militarismus und seiner Funktionen in der preußisch-deutschen Gesellschaft anzuregen, war dabei Liebknechts erkärtes Ziel. »Das Vaterland ruft!«, begann er seine polemische Auseinandersetzung, »Erbärmlich, wer sich seinem Dienst nicht freudig weiht!« Die Antwort, die der Antimilitarist darauf parat hatte, lautete: »Bisher wart ihr freie Männer, soweit kapitalistische Unkultur Proletarierfreiheit kennt. Die Hungerpeitsche aber ist ein Symbol der Freiheit im Vergleich mit dem Druck, mit der Sklaverei, unter die euch der blutig eiserne Militarismus zwingen will. Sklaverei! Und nicht nur immer einem, sondern jedem Offizier, jedem Unteroffizier der deutschen Armee werdet ihr auf Gnade und Ungnade ausgeliefert; jedem Wink eurer Vorgesetzten habt ihr schweigend und ohne Widerrede mit Maschinenpromptheit Tag und Nacht zu gehorchen, mag euch auch das Unsinnigste und Unmoralischste, selbst Strafbares befohlen werden.« Auf dieselbe Weise ging Liebknecht dann die gesamte Skala der »patriotischen Phrasen« durch bis er gegen Ende seines Zwiegespräches auf die eigentlichen Aufgaben des Soldaten – Schutz des Vaterlandes nach außen und Aufrechterhaltung der Ordnung im Innern – zu sprechen kam. An die offensive deutsche Außenpolitik erinnernd, die in China und Afrika Kolonien zu erwerben trachtete und in Marokko beinahe zu kriegerischen Verwicklungen geführt hatte, fragte er provozierend: »Was hatte das mit dem *Schutz* des Vaterlandes zu tun?« Ähnlich fragend behandelte er auch den Einsatz der Soldaten gegen den »inneren Feind«. »Man wird euch«, gab er den zukünftigen Soldaten zu bedenken, »in wirtschaftlichen Kämpfen zwischen Arbeiterschaft und Unternehmertum zum Schutze des Unternehmertums und in den politischen Freiheitskämpfen der Arbeiterschaft zum Schutze eurer Unterdrücker gegen die Arbeiter, eure Kameraden, und Gesinnungsgenossen zu den Waffen rufen. Fürs Vaterland?« Obwohl das Ergebnis seines Zwiegespräches für jedermann offenkundig sein mußte, hielt Liebknecht es doch für angebracht, es nicht nur bei impliziten Andeutungen zu belassen, sondern expressis verbis die Schlußfolgerungen aus seinen Ausführungen zu ziehen. Eindringlich redete er den zukünftigen Soldaten ins Gewissen: »Das ist nicht *euer* Vaterland, das ist nicht das einige deutsche Vaterland. Das ist nur die Vertretung *einer* Klasse des deutschen Volkes, die euch, seitdem ihr lebt, und schon euren Vätern, seitdem sie leben, feindlich bis aufs Blut gegenübersteht, die euch und eure Väter, Mütter, Brüder und Schwestern, Kameraden, Kollegen und Gesinnungsgenossen von Kindesbeinen an ausbeutet und unterdrückt!« In dieser Tatsache sah denn auch der Antimilitarist die Hauptursache für die vom Militarismus ausgehende Ungerechtigkeit und Unmenschlichkeit. Die Ergebnisse seines Zwiegespräches gleichsam im Schnellverfahren Revue passieren lassend, endete er: »Nur darum der Druck und Drill und die Disziplin, damit das Proletariat durch Furcht und Schrecken gezwungen wird, dem Kapital und der Reaktion, seinen eigenen Feinden, zu dienen.«

Die süddeutsche Jugendorganisation bot Karl Liebknecht nicht nur die Möglichkeit, sich schriftlich im Sinne der von ihm als notwendig erachteten Antimilitarismusagitation zu betätigen, sie lud ihn auch als Redner zu Veranstaltungen ein. Schon wenige Tage nach dem Erscheinen des Aufsatzes trat Liebknecht auf der Jahresversammlung des »Verbandes« am 30. September 1906 in Mannheim[9] auf und hielt ein Referat zum Thema »Militarismus und Jugendbewegung«[10]. Dieses Referat bildete später die Grundlage für eine größere Untersuchung, die Liebknecht in den folgenden Monaten ausarbeitete[11] und im Februar 1907 unter dem Titel *Militarismus und Antimilitarismus unter besonderer Berücksichtigung der internationalen Jugendbewegung* im Verlag der *Leipziger Volkszeitung* veröffentlichte. Die Schrift[12] bestand, grob gesprochen, aus drei großen Themenkreisen, die sich über das Wesen und die Funktion des Militarismus im Rahmen der gesellschaftlichen Entwicklung ausließen, eine rein faktische Beschreibung der im Ausland bestehenden antimilitaristischen Bewegungen unter besonderer Berücksichtigung der Aktivitäten der Jugendorganisationen enthielten und schließlich Fragen der antimilitaristischen Taktik behandelten. Sie sollte letztlich nichts anderes als Liebknechts Forderung nach einer speziellen Agitation gegen den Militarismus theoretisch und praktisch erläutern und begründen. Die Schrift bestätigt, was ansatzweise schon in Liebknechts Ausführungen auf den Parteitagen von 1904 bis 1906 deutlich geworden war, daß nämlich Karl Liebknecht im Gegensatz zu den meisten Sozialdemokraten seiner Zeit den Militarismus nicht als eine »spezifisch kapitalistische« Erscheinung betrachtete. Zwar glaubte auch er, daß die Art des Militarismus dem jeweiligen Stand der wirtschaftlichen Entwicklung einer Gesellschaft entsprach, wies jedoch darauf hin, daß der Militarismus nicht nur der kapitalistischen sondern allen Gesellschaftsordnungen eigen war. Er ging sogar soweit, die These aufzustellen, daß man im Militarismus das »innerste Wesen der menschheitlichen Entwicklungsgeschichte« überhaupt entdecken könne. »Die Geschichte des Militarismus«, führte er aus, »ist gleichzeitig die Geschichte der politischen, sozialen, wirtschaftlichen und überhaupt kulturellen Spannungsverhältnisse zwischen den Staaten und Nationen wie auch die Geschichte der Klassenkämpfe innerhalb der staatlichen und nationalen Einheiten[13].« Seiner Meinung nach hatte der Militarismus grundsätzlich zwei Funktionen zu erfüllen, denn nach außen hin diente er als Verteidigungs- und Angriffsinstrument der Gesellschaft und nach innen als Machtmittel zur Aufrechterhaltung der bestehenden gesellschaftlichen Ordnung. Im Laufe der gesellschaftlichen Entwicklung hatte der Militarismus dann aber ein Eigenleben mit einer Eigendynamik entwickelt und war damit zu einem mitbestimmenden Faktor der gesellschaftlichen Entwicklung selbst geworden. Dies galt besonders in der kapitalistischen Gesellschaft, in der sowohl die innen- als auch die außenpolitische Funktion des Militarismus in erster Linie gegen die Sozialdemokratie und deren Zielsetzung der politischen Emanzipation des Proletariats gerichtet war. Auf die vom Militarismus verbreitete Ideologie eingehend, erklärte Liebknecht: »Der ›richtige Geist‹, den der Militarismus braucht, ist erstens mit Rücksicht auf seine Funktion gegenüber dem äußeren Feind: chauvinistische Verlogenheit, Engherzigkeit und Selbstüberhebung, zweitens mit Rücksicht auf seine Funktion gegenüber dem inneren Feind: Unverständnis oder selbst Haß gegen jeden Fortschritt, gegen jede die Herrschaft der augenblicklich herrschenden Klasse auch nur im entferntesten bedrohende Unternehmung und Bestrebung[14].« Wie sehr der Militarismus zu einem mitgestaltenden Faktor in der gesellschaftlichen Entwicklung werden konnte, glaubte Liebknecht vor allem am Beispiel des preußisch-deutschen Militarismus veranschaulichen zu können, der nicht nur zu einem »Staat im Staate«, sondern geradezu zu einem »Staat über dem Staate« geworden war[15]. Die Einflußnahme des Militarismus auf die Gesellschaft begann damit, daß den jungen Männern während ihres Militärdienstes ein »kindliches, schiefes, für die Zwecke des Militarismus zurechtgestutztes Weltbild« vermittelt wurde, das sie nach Beendigung ihrer Militärzeit mit in die Gesellschaft zurücknahmen[16]. Darüber hinaus gab es »Jugendwehren« und »Kriegervereine«, die mit ihrer »offiziös oder halbmilitaristischen Leitung, mit ihrer Nachäffung des militaristischen Aufputzes, Firlefanzes und Festifizierens«[17] die gesamte männliche Bevölkerung von Kindesbeinen bis ins Greisenalter in »militärischem Verhalten« übten. Ein besonders erfolgreiches Mittel, um dem »militaristischen Kastendenken« Eingang zu verschaffen ins bürgerliche Leben, war nach Liebknechts Dafürhalten die Einrichtung des »Reserveoffiziers«, wonach höhere Beamte der staatlichen und kommunalen Zivilverwaltung, der Justiz und des Erziehungswesens »fast ausnahmslos« der militärischen Disziplin unterworfen wurden. Die Beeinflussung der Gesellschaft im Sinne des Militarismus ging aber nicht nur vom Militär selbst aus, es gab auch in der bürgerlichen Gesellschaft Gruppen, die im Interesse des Militarismus agierten. Auf das offenkundigste Beispiel der Rüstungsindustrie hinweisend, stellte Liebknecht fest: »Sie [die Vertreter der Rüstungsindustrie] verdanken ihren Einfluß dem Militarismus, der sich von ihnen in erstaunlicher Geduld ausbeuten und übers Ohr hauen läßt und zahlen ihm den Dank dafür heim – eine Hand wäscht die andere –, indem sie seine eifrigsten Agitatoren werden, wozu sie freilich schon durch ihr kapitalistisches Interesse angespornt werden[18].« Angesichts dieser Rolle des Militarismus mußte die SPD eine zielgerichtete Agitation entwickeln, wollte sie den fatalen Einfluß des Militarismus auf die gesellschaftliche Entwicklung zurückdrängen. Um die Notwendigkeit dieser Agitation zu unterstreichen, setzte er sich im dritten Teil seiner Schrift mit der bisher von der Arbeiterbewegung betriebenen Agitation gegen den Militarismus auseinander. Dabei kam er zu dem Ergebnis, daß die bisher ergriffenen Maßnahmen in keiner Weise ausreichten. Auf die Beschlüsse der I. und II. Internationale zur parlamentarischen Agitation gegen den Militarismus eingehend, urteilte er: »Die Verweigerung der militärischen Ausgaben ist die einzige ebenso selbstverständliche wie in ihrer unmittelbaren Wirkung ohnmächtige direkte politische Machtentfaltung gegen den Militarismus, die dem Proletariat empfohlen wird[19].« Ähnliches galt in Liebknechts Augen auch für die bisherige außerparlamentarische Agitation, die lediglich im Rahmen des allgemeinen Kampfes gegen den Kapitalismus betrieben wurde. In diesem Zusammenhang setzte er sich mit den Argumenten jener SPD-Vertreter auseinander, die sich auf den Parteitagen von 1904 bis 1906 gegen die Idee einer speziellen antimilitaristischen Agitation ausgesprochen hatten. Hierzu gehörte unter anderem die auch schon von Friedrich Engels vertretene These, daß mit dem Anwachsen der sozialdemokratischen Bewegung auch die Zahl der sozialdemokratischen Soldaten steigen würde und daß es dementsprechend nur eine Frage der Zeit sein konnte, bis die Armee »rot« werden würde[20]. Liebknecht stellte dieses Argument grundsätzlich nicht in Frage, warnte jedoch vor übertriebenen Erwartungen. Auf eine kurz vorher im *Vorwärts* veröffentlichte Untersuchung eingehend, die aufgrund der Reichstagswahlergebnisse von 1903 errechnet hatte, daß ca. eine Million sozialdemokratischer Wähler im Militärdienst standen, gab er zu bedenken, daß es ein »ganz gewaltiger Unterschied ist, einen sozialdemokratischen Wahlzettel abzugeben oder wirklicher Sozialdemokrat oder gar bereit zu sein, alle persönlichen Gefahren auf sich zu nehmen, die der Antimilitarismus in der Armee mit sich bringt«[21]. Um wirklich überzeugte Sozialdemokraten und damit überzeugte Antimilitaristen zu erziehen, bedurfte es intensivster Anstrengungen, die in Liebknechts Augen selbst von den Familien sozialdemokratischer Parteimitglieder nur bedingt geleistet werden konnten. An die Bildungsmisere der eigenen Parteimassen erinnernd, fragte er: »Wie viele Proletarier sind wirklich aufgeklärte Sozialdemokraten, so aufgeklärt, daß sie ihrerseits andere über die Grundlagen der sozialdemokratischen Kritik und der sozialdemokratischen Bestrebungen aufzuklären vermögen[22]?« Doch selbst wenn alle sozialdemokratischen Eltern in der Lage gewesen wären, diese Aufgabe zu übernehmen, hielt Liebknecht dieses Argument für nicht stichhaltig, um seine Forderung nach einer speziellen Antimilitarismusagitation abzulehnen. Wollte die SPD die gesellschaftlichen Verhältnisse zugunsten des Proletariats verändern, so mußte sie permanent ihre Massenbasis verbreitern, wozu auch jene Teile der Arbeiterschaft und Jugend gehörten, die nicht zum »Besuch von Arbeiterbildungsschulen, Unterrichtskursen, Vortragszyklen und dergleichen« zu bewegen waren. Dieser »schwierige Teil« des Proletariats, so schätzte Liebknecht, konnte gerade durch die antimilitaristische Agitation angesprochen und für die Sozialdemokratie gewonnen werden. Auch aus diesem Grunde bedurfte es einer speziellen Agitation, die wiederum nur von einem speziellen Ausschuß ausgearbeitet und gelenkt werden konnte. Die Arbeit dieses Ausschusses stellte sich Liebknecht dabei so vor, daß zunächst Material über und gegen den Militarismus gesammelt und dann mit Hilfe von Versammlungen und Veröffentlichungen in die Massen hineingetragen wurde. Den Inhalt des zu sammelnden Materials umriß der Antimilitarist folgendermaßen: »Was vor allem fehlt, sind zusammenfassende Darstellungen der Militärmißhandlungen, der Leistungen der Militärjustiz, der Soldatenselbstmorde, der Gesundheitsverhältnisse in der Armee, . . . der Gehalts- und Pensionsverhältnisse, sodann der Verwendung von Soldaten zur Lohndrückerei . . ., der Verwendung von Soldaten und zur Entlassung kommender Soldaten als Streikbrecher, weiter der militärischen und der bewaffneten polizeilichen Eingriffe in Streiks, der hierbei gefallenen Opfer, des Militärboykottwesens, des militärischen Eingreifens bei politischen Aktionen, der Ausnutzung der Kriegervereine im sozialpolitischen und politischen Kampf[23].« Das Ziel seiner Antimilitarismusagitation sah Karl Liebknecht einmal darin, die jungen Proletarier über das Wesen und die Funktion des Militarismus in der kapitalistischen, insbesondere der preußisch-deutschen Gesellschaft aufzuklären, so daß sie, wenn sie den »bunten Rock« des Soldaten anzogen, den des »Bürgers« nicht auszogen[24]. Zum anderen zielte der Kampf gegen den Militarismus auf die »Beseitigung des Heeres in jeder Form«, da nur so die Weiterentwicklung der Gesellschaft im Sinne der sozialdemokratischen Weltanschauung möglich war. »Schwächung des Militarismus«, führte er aus, »heißt Förderung der Möglichkeit friedlich organischer Fortentwicklung oder wenigstens Einschränkung der Möglichkeiten gewaltsamer Zusammenstöße[25].« Daß die Agitation voll und ganz im Rahmen der gesetzlichen Bestimmungen zu bleiben hatte und »nirgends direkt oder indirekt zum militärischen Ungehorsam« aufrufen durfte[26], verstand sich für den sozialdemokratischen Rechtsanwalt von selbst.

Die staatlichen Instanzen reagierten, wie erwartet, äußerst empfindlich auf Liebknechts Forderungen nach einer speziellen Agitation gegen den Militarismus. Vor allem die Militärbehörden registrierten von Anfang an sorgfältig seine Auftritte auf den Parteitagen. Anläßlich des ersten auf dem Bremer Parteitag eingebrachten Antrages bemerkte ein Referent des bayrischen Kriegsministeriums in einem Memorandum an den Minister: »Wenn auch der Antrag von den politisch geschulten Parteiführern bekämpft und schließlich abgelehnt wurde, so ist doch bezeichnend, daß er überhaupt eingebracht wurde, während die Sozialdemokratie bisher immer nur behauptet hatte, daß sie jede Agitation im Heere grundsätzlich unterlasse[27].« Dennoch konnte Liebknecht seine antimilitaristische Agitation fast drei Jahre lang betreiben, ohne daß die Gerichte von den staatlichen Instanzen bemüht wurden. Es war denn auch nicht der Justizminister, sondern der preußische Kriegsminister, der nach der Veröffentlichung von Liebknechts Militarismus-Schrift am 17. April 1907 beim Oberreichsanwalt die strafrechtliche Verfolgung des Antimilitaristen beantragte[28]. Am 9. August gab der Strafsenat des Reichsgerichtes dem Antrag des Ministers statt und eröffnete das Hauptverfahren gegen Karl Liebknecht. Wie man der späteren Anklageschrift entnehmen kann, wurde ihm vorgeworfen, mit der Veröffentlichung der Schrift ein »hochverräterisches Unternehmen« beabsichtigt zu haben mit dem Ziel, die verfassungsmäßig festgelegte Befehlsgewalt des Kaisers im Falle eines Deutsch-Französischen Krieges außer Kraft zu setzen[29].

Der Hochverratsprozeß gegen Karl Liebknecht fand vom 9. bis 12. Oktober 1907 vor dem Reichsgericht in Leipzig statt und war ein Politikum ersten Ranges. Mit welcher Spannung der Prozeß erwartet wurde, verdeutlicht die folgende Beschreibung des unmittelbaren Prozeßbeginns:

»Das sonst so stille Reichsgerichtsgebäude hat mit Rücksicht auf diesen aufsehenerregenden Prozeß seinen Charakter völlig verändert. Vor den vier Toren des Gebäudes halten starke Schutzmannsposten Wache. Im Gebäude herrscht auf allen Gängen und Treppen lebhafte Bewegung. Eine ungeheuer große Menschenmenge drängt sich zum Sitzungssaal, aber am Eingang des Saales selbst wird strenge Kontrolle geübt. Die Karten sind bereits vergriffen, und nur Inhaber dieser Karten finden Zutritt. Gleichwohl ist der weite Zuschauerraum des Sitzungssaales im Moment bis auf den letzten Platz gefüllt. Auch die reservierten Logen, die an beiden Schmalseiten des Saales aufsteigen, sind von den Inhabern der privilegierten Karten, Reichsgerichtsräten und ihren Familien, vollständig besetzt. In der über dem Richtertisch befindlichen Loge wohnt ein höherer Offizier des preußischen Kriegsministeriums den Verhandlungen bei . . . Schon lange vor Beginn der Sitzung hat Oberreichsanwalt Dr. Ohlshausen, der die Anklage vertritt, in roter Robe an seinem Tisch Platz genommen und versenkt sich eifrig in das Studium der Akten. Punkt neun Uhr erscheinen die Verteidiger des Angeklagten: Dr. Hezel – Leipzig, Hugo Haase – Königsberg und Dr. Rosenberg – Berlin. In ihrer Begleitung findet sich der einzige von der Verteidigung geladene Zeuge, Reichstagsabgeordneter Bebel[30].«

Karl Liebknecht ist von dem Prozeß keineswegs überrascht worden. Abgesehen davon, daß er schon von Anbeginn seiner Agitation auf deren Gefährlichkeit hingewiesen hatte, betonte er auch als »designierter Hochverräter« auf der ersten internationalen Konferenz der sozialistischen Jugendorganisationen am 26. August 1907: »Opfer müssen fallen. Darüber habe ich mich nie getäuscht[31].« Der Prozeß war daher für ihn nichts weiter als eine politische Notwendigkeit. »Es handelt sich hier einfach um das Faktum«, erklärte er in der Verhandlung selbst, »daß durch die Verbreitung geistiger Klarheit, höherer moralischer Auffassung und eines vertieften Lebensbedürfnisses, die notwendig im Widerstreit stehen zu der Unvernunft, Unkultur und Ungerechtigkeit unserer sozialen Zustände, ein Antagonismus erzeugt wird[32].« Liebknecht suchte daher im Prozeß auch nicht die juristische, sondern die politische Auseinandersetzung mit dem Ziel, seine Vorstellungen von der Notwendigkeit einer antimilitaristischen Agitation einer breiten Öffentlichkeit zugänglich zu machen; eine Taktik, die auch schon sein Vater und August Bebel im berühmten Hochverratsprozeß von 1872 angewandt hatten. Die Lektüre des Verhandlungsprotokolls zeigt, daß sich Karl Liebknecht nie als »Angeklagter« gefühlt hat. Lediglich einmal verlor er, wenn auch nur für einen Augenblick, die Contenance, als ihm der Oberreichsanwalt »ehrloses Handeln« vorwarf und eine Zuchthausstrafe von zwei Jahren sowie den Verlust der bürgerlichen Ehrenrechte für die Zeit von fünf Jahren beantragte. »Der Oberreichsanwalt hat sich erlaubt, mich auch persönlich hineinzuziehen«, wandte er sich leicht erregt an den Gerichtshof. »Was ich von meiner Gesinnung zu halten habe, das weiß ich. Meine Ehre ist mein, und wenn Sie alle fünfzehn der Auffassung sind, daß ich eine ehrlose Gesinnung habe, und wenn sie mich ins Zuchthaus schicken und mir die Ehrenrechte absprechen: Ich werde innerlich nicht berührt. Das wird von mir abprallen und wird für meine Ehre sein wie ein Hauch auf einen blanken Spiegel[33].« Ähnlich aufgebracht reagierte übrigens die gesamte SPD; der *Vorwärts* beispielsweise kommentierte rückblickend am 15. Oktober 1907: »Wer für diesen geistig und sittlich hochstehenden Mann eine solche Bestrafung forderte, mußte dem Angeklagten die Sympathie selbst solcher Personen gewinnen, die dem Sozialismus verständnislos, wenn nicht gar feindlich gegenüberstehen.« Der Parteivorsitzende August Bebel meinte privatim in einem Brief an Karl Kautsky vom 11. Oktober: »Der ›Reichsanwalt‹ scheint von der Tarantel gestochen oder er operiert so: Fordere recht viel, daß Du etwas bekommst[34].« Das Reichsgericht in Leipzig hielt Karl Liebknecht im Sinne der Anklage für schuldig und verurteilte ihn zu einer Strafe von 18 Monaten Festungshaft[35]. Wie der mündlichen Urteilsbegründung zu entnehmen ist, hatten die Richter auf Festungshaft erkannt, weil sie im Gegensatz zum Oberreichsanwalt zu der Überzeugung gelangten, daß Liebknecht nicht aus einer »ehrlosen Gesinnung« heraus bei der Abfassung seiner Schrift gehandelt hatte[36]. Die Vollstrekkung der Strafe wurde umgehend in die Wege geleitet. Schon am 24. Oktober, also wenige Tage nach der Urteilsverkündung, mußte der »Hochverräter« seine Haftstrafe auf der Festung Glatz in Oberschlesien antreten – auch dies ein Beweis, wie sehr der Prozeß von langer Hand vorbereitet worden war[37].

Die staatlichen Instanzen gaben sich jedoch nicht damit zufrieden, den Antimilitaristen auf die Festung gebracht und damit zeitweilig politisch unschädlich gemacht zu haben. Um den unbequemen Antimilitaristen als Politiker für immer auszuschalten, griffen sie seine wirtschaftliche Existenz an, indem sie bei der Anwaltskammer Berlin ein Ehrengerichtsverfahren auf Ausschluß aus dem Anwaltsstande beantragten[38]. Trocken berichtete Liebknecht am 16. November 1907 in einem Brief an Kautsky: »Man geht mir just auch mit dem Disziplinarverfahren an die Gurgel. Gestern wurde ich hier erstmalig vernommen. Als Hochverräter an und für sich soll ich schlechtin unwürdig sein[39].« Da Liebknecht es für eine »beträchtliche Wahrscheinlichkeit« hielt, daß sich die »Affäre« nach »Plan« entwickeln würde, zumal seiner Meinung nach auch »Seine Majestät« hinter der Sache steckte, wie er am 10. Januar 1908 gegenüber dem Hamburger Parteifreund und Rechtsanwaltskollegen Carl Herz unkte[40], fragte er bei diesem an, ob er nicht als Nachfolger in das Anwaltsbüro der Gebrüder Liebknecht eintreten möchte[41]. Liebknechts Befürchtungen erwiesen sich jedoch als voreilig, denn die Anwaltskammer, vor der am 29. April 1908 die Angelegenheit verhandelt wurde, lehnte den Antrag auf Ausschluß aus dem Anwaltsstande ab, wogegen allerdings der Oberreichsanwalt am 7. Mai Einspruch erhob[42]. Erfreut und skeptisch zugleich bemerkte Liebknecht einen Tag später in einem Brief an Minna Kautsky: »Meine Freisprechung war ja sicher, in Leipzig kann's anders werden[43]!« Doch auch die Berufungsverhandlung vor dem Ehrengerichtshof in Leipzig am 10. Oktober 1908 endete mit einem Freispruch für Liebknecht[44].

Karl Liebknechts Kampf gegen den Militarismus beruhte auf Grundanschauungen, die auch schon das Wirken des sozialdemokratischen Rechtsanwaltes bestimmt haben. Nicht eine Entwicklung, sondern eine Präzisierung und Konkretisierung der Auffassungen ist festzustellen. Dies erklärt sich nicht zuletzt daraus, daß Liebknecht mit der Ausweitung seiner politischen Aktivitäten die Gelegenheit erhielt, die 1902 in seinem Aufsatz »Die neue Methode« theoretisch vorgetragenen Vorstellungen praktisch umzusetzen. Genau wie der sozialdemokratische Rechtsanwalt, so verstand auch der Antimilitarist sein Wirken als Kampf für die Fortentwicklung der Gesellschaft und damit für die Höherentwicklung der Menschheit, insbesondere des Proletariats. Der darin zum Ausdruck kommende universalgeschichtliche Ansatz im politischen Denken von Karl Liebknecht wird vor allem in der Beschreibung und Einschätzung des Militarismus als geschichtliches Phänomen deutlich. Bedenkt man dabei, daß der Antimilitarist das Proletariat, insbesondere die proletarische Jugend über das Wesen und Funktionieren des Militarismus aufklären wollte mit dem Ziel, es zum politischen Handeln im Interesse der gesellschaftlichen Fortentwicklung und damit Höherentwicklung zu bewegen, so geht daraus hervor, daß Liebknecht die Sozialdemokratie als Emanzipationsbewegung des Proletariats verstanden hat. Man kann sogar sagen, daß Liebknecht in der politischen Bewegung des Proletariats die einzig treibende Kraft für die gesellschaftliche Fortentwicklung gesehen hat, denn die herrschenden Kreise konnten an einer Weiterentwicklung der Gesellschaft allein schon deswegen nicht interessiert sein, weil damit der Verlust ihrer Privilegien verbunden war. Die Emanzipation des Proletariats, das den überwiegenden Teil der Gesellschaft stellte, war gleichzeitig aber auch die Voraussetzung für die Höherentwicklung der Menschheit schlechthin. Als Kriterien dieser Höherentwicklung sind dabei eindeutig die Ideale von Menschlichkeit und Gerechtigkeit wiederzuerkennen, denn in Liebknechts Augen wurde der Militarismus von »ideellen Werten« getragen, die das genaue Gegenteil von dem darstellten, was der sozialdemokratische Politiker mit seinem humanitär-rechtlichen Ideal verwirklichen wollte. Aus diesem Grunde maß Liebknecht dem Kampf gegen den Militarismus auch die große Bedeutung bei. In politisch-theoretischer Hinsicht ist festzustellen, daß auch Liebknechts Antimilitarismusagitation von einem eher unmarxistisch-reformerischen Ansatz ausging. Der Kampf gegen den Militarismus verfolgte letztlich den Zweck, den Einsatz des Militärs zum Schaden des Proletariats zu verhindern, um so Druck auf die herrschenden Kreise auszuüben, was wiederum politische Konzessionen bringen und damit die von Marx erwartete gewaltsame Konfrontation der Klassen verhindern sollte. Die Beschreibung des Militarismus als gesellschaftliche Erscheinung macht darüber hinaus deutlich, daß auch hier Liebknecht im Gegensatz zur marxistischen Theorie die gesellschaftliche Entwicklung nicht als dialektischen Prozeß betrachtete, sondern als statischen Vorgang auffaßte, der von voluntaristischen und deterministischen Faktoren bestimmt wurde. Sein in der Militarismus-Schrift vorgenommener Abgrenzungsversuch zwischen dem deterministisch ausgerichteten sozialdemokratischen und voluntaristisch orientierten anarchistischen Antimilitarismus legt dabei die Vermutung nahe, daß Karl Liebknecht dem voluntaristischen Element eine größere, wenn nicht gar letztlich entscheidende Rolle bei der gesellschaftlichen Entwicklung beimaß. In seiner Schrift heißt es dazu: »Natürlich ist die Frage, ob die ökonomischen Verhältnisse für eine Aktion reif sind, schwer zu entscheiden und das Maß, in dem der Wille zu beeinflussen ist, insbesondere das Maß an Prädisposition, das dafür nötig ist, im Einzelfall schwierig festzustellen; der persönliche Optimismus oder Pessimismus, das Temperament spielen hierbei eine beträchtliche, nie zu eliminierende Rolle[45].« In politisch-taktischer Hinsicht schließlich ist ebenfalls keine Änderung in Liebknechts Vorstellungen festzustellen, denn auch der Kampf gegen den Militarismus kann als »aktive Oppositionspolitik« bezeichnet werden. Indem Liebknecht dem Proletariat am Beispiel des Militarismus konkret das »In-sich-Schlechte« und Rückständige der bestehenden Gesellschaft aufzeigte, suchte er aktiv ins politische Leben einzugreifen, um es gemäß den Interessen des Proletariats umzugestalten.

Karl Liebknecht hat sich mit seinen Vorstellungen in der SPD nicht durchsetzen können. Hatte die Partei schon 1902 auf seinen programmatischen Aufsatz passiv-negativ reagiert, so lehnte sie jetzt die Forderungen des sozialdemokratischen Politikers aktiv ab. Selbstironisch beschrieb der Antimilitarist das Schicksal seines ersten Antrages auf dem Bremer Parteitag von 1904 folgendermaßen: »Es ist meinem Antrag so ergangen wie einem Opfer in der Schlacht, das erst totgeschossen, dann nochmal totgeschlagen, dann gevierteilt und schließlich ins Wasser geworfen und ersäuft wird[46].« Die Ablehnung der Partei erstreckte sich dabei vom linken bis zum rechten Flügel und schloß auch die Parteiführung mit ein. Obwohl beispielsweise die »linke« Rosa Luxemburg schon im Jahre 1900 als Vertreterin der Sozialdemokratie des Königreichs Polen und Litauen (SdKPiL) auf dem Pariser Kongreß der II. Internationale einen Antrag zur Einführung einer speziellen Agitation gegen den Militarismus eingebracht hatte[47], hielt sie es jetzt nicht für angebracht, Liebknechts Bemühungen zu unterstützen. Soweit bekannt, hat sie nie Stellung genommen zu seiner Militarismus-Schrift. Die »rechten« Parteivertreter waren ebenfalls nicht an Liebknechts Militarismus- und Antimilitarismusvorstellungen interessiert. Liest man ihre Äußerungen dazu, so drängt sich einem der Eindruck auf, daß sie diese entweder nicht richtig verstanden hatten oder bewußt nicht verstehen wollten. Teilweise gingen sie sogar so weit, den Antimilitaristen persönlich zu diskreditieren. So behaupteten beispielsweise Albert Südekum und Georg von Vollmar auf dem Essener Parteitag von 1907[48], daß Liebknechts Antimilitarismusforderung auf das »ungeduldige Temperament« des jungen Parteimitglieds zurückzuführen sei. »Ja«, erwiderte Liebknecht in der Diskussion etwas ungehalten, »ungeduldig bin ich, und ungeduldig sind wir hoffentlich alle; daß aber meine antimilitaristische Tätigkeit so zu verstehen wäre, als ob ich meinte, wir sollten uns Hals über Kopf in irgendeine Umwälzung hineinstürzen, das steht im Widerspruch zu allem, was ich geredet und geschrieben habe[49].« Verärgert fügte er hinzu: man solle doch erst die »einschlägigen Publikationen« lesen, »bevor man über solche Sachen spricht«. Die Parteiführung, insbesondere August Bebel, lehnte Liebknechts Forderungen ebenfalls von Anfang an entschieden ab. Als auf dem Mannheimer Parteitag 1906 die Delegierten unter dem Eindruck der revolutionären Ereignisse in Rußland Neigung zeigten, den von Liebknecht eingebrachten Antrag anzunehmen, scheute sich Bebel nicht, seine ganze Autorität als alter Parteiführer in die Waagschale zu werfen, um die Annahme des Antrages zu verhindern. Offen drohte er in seinem Diskussionsbeitrag: »Auf etwas Derartiges wird sich der Parteivorstand niemals einlassen, und wenn Sie das beschließen, dann bitte, wählen Sie Ihre besonderen Organe dazu. Wir machen das nicht mit[50].« Als Begründung für die Ablehnung von Liebknechts Vorschlägen führte Bebel sowohl politisch-theoretische als auch politisch-taktische Überlegungen an. »Wir sind der Auffassung«, erklärte der Parteivorsitzende als Zeuge im Hochverratsprozeß gegen Liebknecht, »daß dieses Hervorheben einer besonderen antimilitaristischen Agitation, wie sie der Angeklagte betrieben zu sehen wünscht, praktisch falsch und taktisch unrichtig sind[51].« In Bebels Augen war der Militarismus nicht die »Ursache« der bestehenden Gesellschaftsordnung, sondern lediglich ein »Ergebnis« der gesellschaftlichen Entwicklung. Darüber hinaus hielt der SPD-Vorsitzende eine speziell antimilitaristische Agitation für zu riskant, denn die Partei war noch nicht stark genug, um eine direkte Konfrontation mit den herrschenden Kreisen Preußen-Deutschlands aufzunehmen. Einen Vergleich aus dem Militärleben heranziehend, führte er auf dem Mannheimer Parteitag aus: »Man würde jeden General, der seine Armee in eine Schlacht führt, in der der Untergang des Heeres sicher ist, für wahnsinnig halten, ihn sofort vor ein Kriegsgericht stellen und innerhalb 24 Stunden erschießen. In einer ganz ähnlichen Situation würde sich der Parteivorstand befinden[52].« Wie isoliert Karl Liebknecht mit seinen Vorstellungen in der SPD stand, wurde nicht zuletzt im Zusammenhang mit dem gegen ihn geführten Hochverratsprozeß deutlich. Schon bei Bekanntwerden des Strafverfahrens distanzierte sich die Reichstagsfraktion offen von dem Antimilitaristen und ließ durch Gustav Noske am 25. April 1907 erklären, daß Liebknechts Schrift die Meinung einer »Einzelperson« und nicht der Gesamtpartei darstelle[53].

Karl Liebknecht ist sich seiner Isolation innerhalb der SPD durchaus bewußt gewesen. Am 25. März 1907 gab er in einer Zuschrift an den *Vorwärts* unumwunden zu, daß »mein ›Antimilitarismus‹ gewissen Leuten unbequem ist«. Da zu diesen »Leuten« auch der Parteivorsitzende August Bebel gehörte, ist es erstaunlich, daß Heinz Wohlgemuth in seiner Biographie zu dem Ergebnis kommt, daß das Verhältnis Bebel – Liebknecht »entgegen aller Geschichtsverdrehungen der heutigen bürgerlichen Historiker« völlig »klar und eindeutig« gewesen sei – natürlich im positiven Sinne[54]. Als Beweis führt Wohlgemuth einen Brief an, den der SPD-Vorsitzende am 10. November 1908 an den Festungshäftling Liebknecht sandte[55]. Darin heißt es unter anderem: »Wir brauchen tüchtigen Nachwuchs. Leider ist derselbe rar. Du bist der einzige, auf den ich meine Hoffnung setze.« Zweifelsohne ist es richtig, daß August Bebel zum damaligen Zeitpunkt nach möglichen Nachfolgern in der Parteiführung Ausschau gehalten hat. Sowohl Bebel als auch der andere Parteivorsitzende Paul Singer waren zeitweilig krank und mußten sich von der politischen Arbeit zurückziehen[56]. Daß Bebel dabei auch an Karl Liebknecht gedacht hat, ist nicht verwunderlich[56a], denn der Sohn des berühmten Mitbegründers der Partei war aufgrund seiner Herkunft und Ausbildung für höhere Parteiämter wie geschaffen. Wohlgemuth macht es sich jedoch zu einfach, wenn er bei seiner Interpretation lediglich das oben angeführte Zitat wiedergibt und den gesamten Inhalt des Briefes sowie dessen Kontext unberücksichtigt läßt. Aus dem vollständigen Brief geht nämlich hervor, daß sich Liebknecht an den Parteivorsitzenden mit der Frage gewandt hatte, ob ihn die Partei im Falle seines Ausschlusses aus dem Anwaltsstande als bezahlten Mitarbeiter einstellen würde. Bebel verneinte diese Frage indirekt, wenn er schrieb: »Mag sein, daß man oben danach trachtet, Dir die Advokatur zu nehmen. Um so mehr Grund hast Du, Dir sie nicht nehmen zu lassen.« Um seine ablehnende Antwort nicht zu hart ausfallen zu lassen, wies Bebel auf die Möglichkeit einer zukünftigen Führungsposition innerhalb der Partei hin und erklärte: »Solltest Du aber einmal eine führende Stellung in der Partei bekleiden, so mußt Du vor allen Dingen finanziell von der Partei unabhängig sein. Dazu bietet Dir die Anwaltspraxis die Mittel.« Der SPD-Vorsitzende hat den Aufstieg Liebknechts in Führungspositionen der Partei aber auch noch von anderen Faktoren abhängig gemacht, denn gleich zu Beginn seines Briefes bemerkte er: »Ich denke, wir werden das Frühjahr, wenn Du wieder frei bist, einmal eine Stunde haben, uns auszusprechen. Das ist nötig, denn schriftlich läßt's sich schwer machen.« Bedenkt man in diesem Zusammenhang Bebels Auftreten auf den Parteitagen von 1904 bis 1907, so kann sich dieser Ausspruch nur auf die Differenzen in der Militarismusfrage bezogen haben, was darauf hindeutet, daß Bebel Liebknecht nahelegte, seine Vorstellungen in diesem Punkt zu revidieren. Die von Bebel vorgeschlagene Aussprache scheint später auch tatsächlich stattgefunden zu haben – allerdings mit einem negativen Ergebnis. Anläßlich des Todes von Julia Liebknecht im Jahre 1911 bemerkte der alte Parteiführer in einem Brief an Karl Kautsky: »In dem jungen Mann [d. i. Karl Liebknecht] habe ich mich gründlich getäuscht; ich hoffte, die Zeit auf der Festung würde ihn besonnener machen, es ist aber umgekehrt gekommen[57].« Betrachtet man das oben erwähnte Zitat im Rahmen dieses Kontextes, so werden die wirklichen Intentionen, die Bebel mit seinem Ausspruch beabsichtigte, deutlich. Auf der einen Seite wollte der Parteiführer seine negative Antwort so weich wie möglich verpacken, wobei er andererseits den Antimilitaristen auch noch zu einem Meinungsumschwung zu bewegen suchte. Um beides miteinander zu verbinden, rief Bebel dem Sohn seines ehemaligen Kampfgefährten ein paar aufmunternde, um nicht zu sagen, schmeichelhafte Worte zu. Dabei ist noch zusätzlich zu berücksichtigen, daß es dem in den Bahnen sozialdemokratischer Solidarität denkenden Parteiführer nicht leicht gefallen sein dürfte, sich so offen und kategorisch von dem antimilitaristischen Parteimitglied zu distanzieren; er fühlte sich daher vielleicht auch ein wenig moralisch verpflichtet, dem politisch allein gelassenen Festungshäftling etwas »Positives« zu sagen.

Betrachtet man Liebknechts Vorschläge zum Kampf gegen den Militarismus auf dem Hintergrund der in der SPD zu diesem Thema vertretenen Auffassungen, so kommt man zu dem Schluß, daß sie durchaus in manchen Punkten eine wirkliche Alternative gegenüber der offiziell verfolgten Parteilinie hätten werden können. Sicherlich ist es richtig, daß manche der Forderungen des jungen Sozialdemokraten nicht voll durchdacht gewesen waren, dennoch gingen sie in die richtige Richtung. Wollte die SPD die gesellschaftlichen Verhältnisse zugunsten des Proletariats verändern, so mußte sie aktiv ins polititische Geschehen eingreifen und die Machtpositionen der herrschenden Kreise angreifen. Da der Militarismus das »Hauptbollwerk« darstellte, war es nur folgerichtig, sich diesem Gegner auch besonders zuzuwenden. Die Tatsache, daß die staatlichen Instanzen umgehend reagierten und rigoros gegen den Militaristen vorgingen, beweist lediglich die Richtigkeit der Liebknechtschen Strategie und hat nichts mit einem Radikalismus in seinen Vorstellungen zu tun. Die von ihm geforderte antimilitaristische Agitation war weder implizit noch explizit radikal; sie war nicht einmal illegal, weshalb auch nicht der Justiz- sondern der Kriegsminister das Verfahren wegen Hochverrat einleitete. Der SPD ist dies übrigens sehr wohl bewußt gewesen. Leicht verklausuliert schrieb Ludwig Frank in einer Broschüre zum Liebknecht-Prozeß: »Keine Justiz ist so schlecht wie eine schwankende, und sie war es im Falle Liebknecht. Der Angeklagte konnte in Mannheim seinen Vortrag über den Militarismus halten, ohne daß die Justiz eingriff. Die Zeitungen brachten über seinen Vortrag ausführliche Berichte, die Justiz regte sich nicht. Der Vortrag wurde zu einer Broschüre verarbeitet und veröffentlicht, die Justiz blieb monatelang ruhig. Erst als hohe und höchste militärische Kreise sich interessierten, erwachte die Justiz aus ihrem Schlaf[58].« Statt aber den politischen Fehdehandschuh aufzunehmen und die Auseinandersetzung mit den herrschenden Kreisen zu führen, distanzierte sich die Partei offen von dem Antimilitaristen und gab ihn damit gleichsam parteioffiziell zum »Abschuß« frei. Entscheidend ist dabei gar nicht so sehr die Tatsache, daß Liebknechts Anträge auf den Parteitagen abgelehnt wurden, sondern vielmehr die Art und Weise, wie dies geschah. Dadurch, daß man Liebknechts Vorschläge rundweg ablehnte, ohne gleichzeitig alternative Aktivitäten zu entwickeln, bewies die Partei, wie wenig ernst sie tatsächlich ihre eigene Propaganda von der grundlegenden Veränderung der gesellschaftlichen Verhältnisse zugunsten des Proletariats nahm. Dies gilt ganz besonders für die Parteiführung um August Bebel, dessen politisches Handeln schon zu diesem Zeitpunkt von jener »Krankheit« befallen war, die Dieter Groh in seiner Geschichte zur Sozialdemokratie am Vorabend des Ersten Weltkrieges aufgrund späterer Ereignisse als »revolutionären Attentismus« bezeichnet hat[59]. Wie, so muß man sich fragen, wollte denn die SPD die gesellschaftlichen Verhältnisse verändern, wenn sie nicht einmal bereit war, sich konkret darüber zu unterhalten, wie die Machtmittel der herrschenden Kreise geschwächt und wie das Proletariat auf die weitere gesellschaftliche Entwicklung vorbereitet werden konnte und sollte. Mit seiner Forderung nach einer speziellen Agitation gegen den Militarismus beabsichtigte Liebknecht nichts anderes, als einen konkreten Beitrag zur Strategiediskussion der Partei zu leisten.

Wie vorsichtig, um nicht zu sagen, ängstlich die Parteiführung reagierte, wenn es darum ging, nach außen hin politisch aktiv zu werden, verdeutlicht die folgende Episode, die sich gleich im Anschluß an den Hochverratsprozeß abspielte. Angesichts der enorm großen Anteilnahme, mit der der Prozeß gerade auch von den Parteimassen verfolgt wurde, beschloß der Parteivorstand einen Tag nach der Urteilsverkündung am 12. Oktober 1907, einen Bericht über die Verhandlungen als Agitationsbroschüre herauszubringen[60]. Liebknecht hatte daraufhin, wie er in einem Brief an Karl Kautsky vom 11. November 1907 schreibt, unter »Aufbietung aller Kräfte« das Manuskript für die Broschüre noch vor seinem Haftantritt am 24. Oktober zusammengestellt[61]. Die Veröffentlichung war dabei zunächst im Verlag der *Leipziger Volkszeitung* geplant gewesen, wurde dann aber auf Wunsch des Parteivorstandes vom *Vorwärts*-Verlag übernommen. Der Vorstand gab das Manuskript jedoch erst zum Druck frei, nachdem er es nach allen Richtungen hin überprüft hatte. Dies hatte zur Folge, daß sich der Zeitpunkt der Veröffentlichung verzögerte. Verärgert berichtete Liebknecht in dem eben erwähnten Brief an Kautsky: »Man hat den – mit Verlaub – Dünnsch . . . gekriegt. ›Ein Rechtsanwalt‹ hat gegen ›zahlreiche Stellen‹ ›erhebliche Bedenken‹, über die der Parteivorstand beschließen wird[62].« Wie dem Brief weiter zu entnehmen ist, richteten sich die Bedenken des Vorstandes weder gegen die von Liebknecht verfaßten Anmerkungen zum Urteil noch gegen die Inhaltsangabe der inkriminierten Schrift, auf die Liebknecht, wie er Kautsky schrieb, »bei der Ängstlichkeit unserer Heroen aus der Lindenstraße [Sitz des Parteivorstandes]« ohnehin verzichtet hatte. Der »Stein des Anstoßes« war der Verhandlungsbericht selbst, der zwar, wie Liebknecht beteuerte, »gegenüber den Zeitungsberichten literarisch berichtigt und verbessert, aber in allen starken Stellen . . . eher abgeschwächt« worden war. Da Liebknecht eine »Kastration« der Schrift befürchtete, bat er Kautsky, der gute Beziehungen zu Victor Adler unterhielt, die österreichische Partei um die Herausgabe der Broschüre zu bitten. Kautsky bekam übrigens 1 1/2 Jahre später ähnlichen Ärger mit dem Parteivorstand, als er seine Schrift *Der Weg zur Macht* im *Vorwärts*-Verlag veröffentlichte[63]. Der Herausgeber der *Neuen Zeit* konnte jedoch seinen Einfluß anscheinend direkt beim Parteivorstand geltend machen, denn am 16. November schrieb ihm Liebknecht: »Vielen Dank für . . . den Weg, den Sie sich in der betreffenden Frage gemacht haben. Erst heute scheint alles richtig in Ordnung[64].« Die Broschüre, betitelt *Der Hochverratsprozeß gegen Liebknecht vor dem Reichsgericht* erschien am 6. Dezember 1907, und zwar, wie vorgesehen, im *Vorwärts*-Verlag.

Im Gegensatz zur Führungsspitze der SPD reagierten die Parteimassen durchaus positiv auf Liebknechts Kampf gegen den Militarismus. Der Hochverratsprozeß machte Karl Liebknecht neben August Bebel zum »populärsten Mann« in der Partei, wie sich Wilhelm Dittmann rückblickend erinnerte[65]. Als Bebel beispielsweise vier Tage nach Prozeßende auf einer Großkundgebung in Berlin zum Thema »Der nationalliberale Parteitag und die Sozialdemokratie« referieren wollte, wurde er durch Sprechchöre aus dem Auditorium gezwungen, auch ein paar Worte zum Liebknecht-Prozeß zu sagen, was ihm anscheinend gar nicht recht gewesen ist, darf man dem Bericht des *Vorwärts* vom 18. Oktober glauben. Die am 21. Oktober in Berlin arrangierte »Abschiedskundgebung« für Karl Liebknecht gestaltete sich zu einem regelrechten Triumph für den Antimilitaristen und Hochverräter. Von welcher Atmosphäre die Veranstaltung getragen wurde, verdeutlicht der Bericht des *Vorwärts*, insbesondere über das Ende der Versammlung:

»Auf der Straße stauten sich die Massen, die sich mit den draußen Harrenden zu einer unübersehbaren Menge vereinten. Es gab eine zeitweilige Verkehrsstockung. Ganz langsam nur konnten sich Straßenbahnen und Omnibusse einen Weg durch das Gedränge bahnen. Als einer der Letzten, die den Saal verließen, betrat Genosse Liebknecht im Kreise bekannter Parteigenossen das Freie. Brausende Hochrufe empfingen ihn, sie pflanzten sich fort durch die Menge, die einem mächtigen Strome gleich durch die Straßen flutete. Die Fenster der Häuser waren mit Menschen dicht besetzt. Auf der Straße sang man die Arbeitermarseillaise, dazwischen ertönten immer wieder Hochrufe[66].«

Die Begeisterung für Karl Liebknecht nahm derart überschäumende Formen an, daß der Antimilitarist in seiner Abschiedsrede bat, »nicht auf den Gedanken zu verfallen, der schon in bürgerlichen Zeitungen ausgesprochen ist, ich sei ein Parteimärtyrer. Davon kann keine Rede sein[67].« Die Begeisterung der Massen hielt auch über den unmittelbaren Verlauf des Prozesses an und zahlte sich an der Wahlurne aus. Nachdem Liebknecht am 17. Mai 1908 auf der Generalversammlung des Verbandes der sozialdemokratischen Wahlvereine von Berlin und Umgebung zum Spitzenkandidaten von Groß-Berlin für die Wahlen zum preußischen Abgeordnetenhaus nominiert worden war[68], wurde er einen Monat später, am 16. Juni, trotz seiner Festungshaft als einer von sieben SPD-Vertretern mit großer Mehrheit in den Landtag gewählt[69].

Die Bemühungen um eine sozialdemokratische Jugendbewegung

Die Bemühungen um eine sozialdemokratische Jugendbewegung sind genaugenommen nicht als ein eigenständiges politisches Tätigkeitsfeld von Karl Liebknecht zu betrachten. Sie ergänzten lediglich, wenn auch in komplementärer Weise, den Kampf gegen den Militarismus. Wenn diesen Bemühungen hier trotzdem ein besonderer Abschnitt eingeräumt wird, so vor allem deshalb, um zu zeigen, daß der sozialdemokratische Politiker nicht nur im »Negativverfahren« für die gesellschaftliche Fortentwicklung stritt, indem er als Antimilitarist das Proletariat über die Rückständigkeit der bestehenden Gesellschaftsordnung aufzuklären suchte, sondern daß er sich auch »positiv« für die Fortentwicklung der Gesellschaft einsetzte, wenn er als Jugendagitator die jungen Proletarier entsprechend den Zielen der zukünftigen – sozialistischen – Gesellschaft erziehen wollte.

Die enge Verknüpfung von Antimilitarismus- und Jugendagitation wurde schon 1904 auf dem Bremer Parteitag deutlich, als Karl Liebknecht seinen ersten Antrag zur Durchführung einer speziellen Agitation gegen den Militarismus einbrachte. In seiner Rede zur Begründung des Antrages stellte er beispielsweise fest, daß in der Organisationskette der deutschen Arbeiterbewegung immer noch ein wichtiges Glied fehle, »nämlich das Glied der sozialdemokratischen Jugendorganisation«[70]. Noch während der Verhandlung seines Antrages brachte er daher einen Zusatzantrag ein, der darauf hinauslief, seinen ersten Antrag für »erledigt zu erklären, indem die Partei anerkennt, daß es notwendig ist, eine besondere Agitation für den Sozialismus in der Jugend zu entfalten und in dieser Agitation den Kampf gegen den Militarismus in den Vordergrund zu stellen«[71]. Wenn auch die beiden in den Jahren 1904 bis 1906 gegründeten Jugendorganisationen – der »Verband junger Arbeiter und Arbeiterinnen Deutschlands« mit Sitz in Mannheim und die »Vereinigung der freien Jugendorganisationen Deutschlands« mit Sitz in Berlin – ohne die offizielle Beteiligung von Karl Liebknecht zustande kamen[72], so haben doch von Anfang an enge Kontakte bestanden. Wie schon im vorigen Abschnitt berichtet, schrieb der Antimilitarist nicht nur für die Zeitschrift des süddeutschen »Verbandes«, er trat auch als Redner bei deren Veranstaltungen auf. Die Gründung der norddeutschen »Vereinigung« scheint sogar direkt auf Liebknechts Rat hin erfolgt zu sein[73]. Die Erklärung für Liebknechts offizielle Zurückhaltung ist in bezug auf den süddeutschen »Verband« darin zu sehen, daß allein schon die räumliche Entfernung eine permanente Mitarbeit unmöglich machte. Gegenüber der norddeutschen »Vereinigung« dagegen waren in erster Linie juristisch-politische Überlegungen ausschlaggebend, denn die strengen Bestimmungen des preußischen Vereinsgesetzes ließen ein offizielles Auftreten des sozialdemokratischen Politikers wenig ratsam erscheinen. Da die »Vereinigung« als »unpolitischer Verein« gegründet worden war, um auch Jugendliche unter 18 Jahren die Mitgliedschaft zu ermöglichen[74], hätten die staatlichen Instanzen eine Mitarbeit Liebknechts als Vorwand nutzen können, um die »Vereinigung« für »politisch« zu erklären, was praktisch zu deren Auflösung geführt hätte. Wie sehr sich Liebknecht in der SPD für die beiden Jugendorganisationen einsetzte, beweist sein engagiertes Auftreten bei den Parteitagen von 1905 bis 1907. Da sowohl der süddeutsche »Verband« als auch die norddeutsche »Vereinigung« gleichsam »wildwachsend« entstanden waren, suchte Liebknecht auf den Parteitagen eine nachträgliche Zustimmung der Partei zu erreichen. Auf dem Mannheimer Parteitag von 1906 beispielsweise brachte er einen Antrag ein[75], in dem »das sich allerwärts vollziehende Erwachen der proletarischen Jugend zu selbständiger organisatorischer Betätigung« begrüßt wurde. Außerdem enthielt der Antrag die Aufforderung an alle Parteigenossen, »überall, wo die Vereinsgesetze es gestatten, die Gründung und Weiterentwicklung der Jugendorganisationen zu fördern«. Ein Jahr später, auf dem Essener Parteitag[76], wiederholte Liebknecht seine Forderung, wobei er monierte, daß die Frage der Jugendbewegung »vielfach als eine Spielerei« aufgefaßt würde, die »man geradezu noch gnädig duldet«. Auf die Tatsache anspielend, daß sein Antrag vom letzten Parteitag zwar angenommen worden war, die Partei aber zwischenzeitlich wenig getan hatte, um den Beschluß zu verwirklichen, bemerkte er spitz: »Was nützen uns alle schönen Beschlüsse, wenn sie nur auf dem Papier stehen.« Seiner Meinung nach war das Desinteresse vieler Parteigenossen mehr als kurzsichtig, denn der Reichstag verhandelte zur gleichen Zeit über ein »Reichsvereinsgesetz«[77] – bis zum Jahre 1908 gab es im Deutschen Reich keine einheitliche Vereinsgesetzregelung –, wobei aufgrund von Pressemeldungen der Verdacht berechtigt war, daß die preußischen Bestimmungen auf das gesamte Reich ausgedehnt werden sollten, was eine direkte Bedrohung des politischen »Verbandes« in Süddeutschland bedeutete. »Der Parteitag darf nicht vorübergehen«, redete er den Delegierten ins Gewissen, »ohne daß schon jetzt energisch Lärm geschlagen wird gegen jedes reaktionäre Attentat auf das Vereinsrecht.«

Karl Liebknecht setzte sich nicht nur auf nationaler sondern auch auf internationaler Ebene für den Gedanken einer sozialdemokratischen Jugendbewegung ein. Gemeinsam mit Ludwig Frank, dem Begründer des süddeutschen »Verbandes«, und Henrik de Man, einem belgischen Jugendvertreter, bildete er im März 1907 ein »Internationales Jugendbüro«[78], das die Gründung einer Jugendinternationale nach dem Vorbild der II. Internationale vorbereiten sollte. Das »Büro«, als dessen Sekretär de Man fungierte, nahm Verbindungen auf zu den bestehenden Jugendorganisationen in Zentraleuropa und brachte monatlich ein »Bulletin«[79] heraus, in dem über den Stand der Bewegung in den einzelnen Ländern berichtet wurde. Die Arbeit des »Büros« war insofern erfolgreich, als es gelang, im Anschluß an den Stuttgarter Kongreß der II. Internationale an der gleichen Stelle die erste internationale Jugendkonferenz vom 24. bis 26. August durchzuführen. Wie dem später veröffentlichten Bericht über die Konferenz[80] zu entnehmen ist, nahmen insgesamt 20 Delegierte aus 13 Ländern an dem Treffen teil. Zum Vorsitzenden der Konferenz wurde neben dem Schweizer Bader Karl Liebknecht bestimmt, der in mehrfacher Hinsicht zu den profilierten Teilnehmern im Kreise der Jugendvertreter zählte. Auf der einen Seite nahm er allein schon aufgrund der Tatsache, daß er der Sohn des berühmten Wilhelm Liebknecht war, eine exponierte Stellung ein; zum anderen hatte er sich aber auch durch seine eigene Parteiarbeit als sozialdemokratischer Rechtsanwalt, als Delegierter zu mehreren Parteitagen der SPD und schließlich als Reichstagskandidat im Kaiserwahlkreis einen Namen gemacht. Die Arbeit der Konferenz konzentrierte sich vor allem auf drei Punkte: erstens, auf die Berichte der Delegierten zum Stand der Jugendbewegung in den einzelnen Ländern, zweitens, auf den Bericht des Internationalen Sekretärs de Man zur bisherigen und zukünftigen Arbeit der internationalen Jugendbewegung und drittens, auf Referate zu speziellen, die jugendlichen Arbeiter und Arbeiterinnen interessierenden Fragen. So sprachen unter anderem die holländische Vertreterin Henriette Roland-Holst über »Die Bildung der arbeitenden Jugend«, der ungarische Vertreter Julius Alpari über »Der wirtschaftliche Kampf der arbeitenden Jugend – Lehrlingsschutz, Staatslehrwerkstätten und Gewerbeschulreform«, der Schwede Gustav Möller zur »Alkoholfrage« und Karl Liebknecht zum »Kampf gegen den Militarismus«. Abgesehen von den Resolutionen, die im Anschluß an die jeweiligen Referate angenommen wurden, bestand das konkrete Ergebnis der Konferenz darin, daß man überein kam, noch keine festgefügte Zentralorganisation zu bilden, sondern zu-

Karl Liebknecht im Kreise der Delegierten zur ersten Konferenz der »Internationalen Verbindung der Sozialistischen Jugendorganisationen« 1907 in Stuttgart.

nächst eine »Internationale Verbindung der sozialistischen Jugendorganisationen« zu schaffen mit dem Ziel, später eine richtige internationale Jugendorganisation zu gründen. Als ständige Verbindung sollte ein »Internationales Büro« fungieren, dessen Sitz in Wien angesiedelt wurde und das zur allgemeinen Information weiterhin das »Bulletin« herausgab. In das »Büro« gewählt wurden: Henrik de Man, Henriette Roland-Holst, Leopold Winarsky (Österreich) und Karl Liebknecht. Das »Büro« ernannte dann Liebknecht zum Vorsitzenden. Der deutsche Jugendagitator mußte jedoch schon zwei Monate später die Arbeit in seinem neuen Amt unterbrechen, denn er trat am 24. Oktober 1907 seine 18monatige Haftstrafe an. Seine Vertretung im Büro übernahm der Tscheche Emanuel Skatulla[81]; kurze Zeit später ergab sich übrigens mit dem Ausscheiden von de Man und dem Eintreten von Robert Danneberg (Österreich) eine weitere Veränderung des »Büros«, das bis zum Ausbruch des Ersten Weltkrieges bestehen blieb[82].

Karl Liebknechts Inhaftierung kam für die nationale wie internationale Jugendbewegung zu einem äußerst ungünstigen Zeitpunkt, denn während der Jugendagitator in Festungshaft saß, begann in der deutschen Arbeiterbewegung die entscheidende Diskussion über die Zukunft der sozialdemokratischen Jugendorganisationen, die auch weitreichende Konsequenzen für die Entwicklung der internationalen Bewegung haben sollte. Ausgelöst wurde die Diskussion durch die Verabschiedung des neuen »Reichsvereinsgesetzes« im April 1908[83], wodurch, wie Liebknecht befürchtet hatte, die preußischen Bestimmungen auf das gesamte Reichsgebiet ausgedehnt wurden. Damit war der süddeutsche »Verband« vor die konkrete Frage gestellt, sich aufzulösen oder nach norddeutschem Vorbild zum »unpolitischen Verein« umzuwandeln. Noch bevor der »Verband« am 3. Mai zu seiner entscheidenden außerordentlichen Versammlung in Darmstadt[84] zusammentrat, gelang es dem Gewerkschaftsführer Robert Schmidt die führenden Vertreter des »Verbandes«, insbesondere Ludwig Frank zu überreden, den »Verband« aufzulösen[85]. Dabei versprach Schmidt, sich beim Parteivorstand dafür einzusetzen, daß der kommende Parteitag, der vom 13. bis 19. September 1908 in Nürnberg tagen sollte, die Frage der Jugendorganisationen gleichsam parteioffiziell zu regeln. Knapp sechs Wochen später hatte der Gewerkschaftsführer jedoch seine Versprechungen vergessen, denn auf dem Hamburger Gewerkschaftskongreß hielt er ein Referat zur »Jugendfrage«[86], in dem er zu dem Ergebnis kam, daß eine eigenständige Jugendorganisation nicht notwendig war, da die Partei die »politischen«, und die Gewerkschaften die »wirtschaftlichen« Interessen der jungen Proletarier vertraten. Dabei äußerte sich Schmidt in höchst abfälliger Weise über das politische Engagement der Jugendlichen und legte ihnen nahe, sich lieber mit anderen Dingen als mit Politik zu beschäftigen. Auf die beiden Zeitschriften anspielend, die vom süddeutschen »Verband« und der norddeutschen »Vereinigung« herausgegeben wurden, meinte er, es wäre besser, die jungen Leute würden sich »Würstchen« statt »schlechte Zeitungen« kaufen. Schmidts Referat hatte zur Folge, daß der Gewerkschaftskongreß eine Resolution[87] annahm, in der die Bildung selbständiger sozialdemokratischer Jugendorganisationen verworfen und die Integration der jungen Arbeiter über 18 Jahre in Partei und Gewerkschaft gefordert wurde.

Es verstand sich von selbst, daß Schmidts Referat und der Beschluß des Kongresses nicht ohne Widerspruch blieb. Vor allem die Jugendvertreter fühlten sich brüskiert und reagierten entsprechend empört. Es kam, je näher der Termin des Parteitages rückte, zu einer heftigen Kontroverse, die in erster Linie zwischen Gewerkschafts- und Jugendvertreter in der Parteipresse geführt wurde[88]. Karl Liebknecht, der die Auseinandersetzung von der Festungshaft aus verfolgen konnte, suchte trotz seiner beschränkten Bewegungsfreiheit in die Streitigkeiten einzugreifen. Am 2. Juli 1908 wandte er sich in einem persönlich gehaltenen Schreiben an Hermann Molkenbuhr[89], den Sekretär des Parteivorstandes, um ihn zu bitten, ausgleichend auf die streitenden Parteien zu wirken. Obwohl sich Liebknecht klar war, daß Molkenbuhr, wie er ausdrücklich betonte, in »puncto Antimilitarismus« »ganz entgegengesetzter Meinung« war als er, wandte er sich trotzdem an ihn, weil er glaubte, »daß Sie auf allen Seiten großes Vertrauen genießen und den rechten Ton der Verständigung finden könnten«. In seinem Schreiben setzte sich Liebknecht zunächst kritisch mit Schmidts Referat sowie dem Hamburger Gewerkschaftsbeschluß auseinander und entwikkelte dann Vorstellungen, wie seiner Meinung nach die weitere Entwicklung der Jugendorganisationen aussehen sollte. »Schmidt's Referat« urteilte er, »war nicht nur ohne Sachkunde, es war auch taktisch unklug, zum Teil geradezu brutal. Weil man der Stärkere ist und den Parteivorstand hinter sich glaubt, schlägt man die Jugendorganisation einfach tot. ›Dumme Jungens‹, und damit basta!« Auf die Tatsache hinweisend, daß die Partei auf den Parteitagen von Mannheim und Essen die Existenz anerkannt und den Ausbau der bestehenden Jugendorganisationen beschlossen hatte, kritisierte Liebknecht, daß sich der Parteivorstand von der Gewerkschaft allzu sehr die Initiative aus der Hand habe nehmen lassen. »Die Gewerkschaften«, stellte er fest, »sind . . . im besten Zuge, sie [die Partei] als gute Prise ins Schlepptau zu nehmen.« Liebknechts Einwände gegen Schmidts Referat richteten sich vor allem gegen zwei Punkte: einmal, daß sich der Gewerkschaftsführer geradezu »preußisch-bürokratisch« verhalten hatte und zum anderen, daß er in seinem Referat Halb- und Unwahrheiten zur Untermauerung seiner Forderungen vorgebracht hatte. Auf den betont vorgetragenen Ausspruch eingehend, daß sich die Partei in ihren Entscheidungen »nicht von den Jugendlichen hineinreden lassen will«, bemerkte Liebknecht: »Wo in aller Welt haben die Jugendorganisationen denn dergleichen versucht?« Angesichts seiner eigenen Erfahrungen im Umgang mit den jungen Leuten versicherte er dem Parteisekretär, daß die Jugendvertreter »nie ernstlich bezweifelt« hätten, unter der »Kontrolle und Oberleitung – älterer Genossen – und speziell der Kontrolle und Oberleitung von Gewerkschaften und Partei stehen« zu müssen. Allerdings, so schränkte Liebknecht ein, durfte diese »Kontrolle und Oberleitung« nicht zur »Vergewaltigung« der Jugendlichen führen. In diesem Zusammenhang machte Liebknecht darauf aufmerksam, daß die Jugendorganisationen keine »Kampforganisationen« der Arbeiterbewegung seien, sondern Stätten der »Ausbildung und Schulung«, weshalb in seinen Augen auch die »Zügel etwas lockerer gelassen« werden konnten. »Es handelt sich . . . darum«, beschrieb er die Zielsetzung der zukünftigen Arbeit in den Jugendorganisationen, »die politische und gewerkschaftliche Vorbildung – ohne jedes Spezialistentum – verbunden mit Gesundheitspflege, allgemeiner Bildung und gewissen praktischen Zwecken, in großem einheitlichen Rahmen – wie eine frei organisierte großzügige Fortbildungsschule – zusammenzufassen.« Daß eine solche »Vorbildung« der jugendlichen Proletarier auch der Partei und den Gewerkschaften zugute kam, lag auf der Hand. Der Erfolg der weiteren Jugendarbeit hing nach Liebknechts Dafürhalten vor allem von zwei Punkten ab: erstens, daß eine »Einigkeit zwischen Nord und Süd« hergestellt würde und zwar auf der Grundlage des Modells der norddeutschen »Vereinigung« und zweitens, daß eine »möglichste Bewegungsfreiheit für die jungen Leute« gewährleistet wurde. »Ohne diese«, prophezeite Liebknecht, »ohne ein beträchtliches Maß kontrollierter Selbständigkeit geht die ganze Chose in die Brüche oder versandet in vorzeitiger Gewerkschaftsspezialisiererei.« Der Jugendagitator bat daher den Parteisekretär eindringlich, »sich der Sache mit denkbarster Wärme und der Ihnen eigenen überlegenen Ruhe und Energie anzunehmen«.

Gleichzeitig suchte Karl Liebknecht auch direkt in den Streit einzugreifen, um den von ihm skizzierten Kompromiß zustande zu bringen. Am 28. Juli 1908 wandte er sich an den Bremer Jugendvertreter Hermann Brandler[90] und warnte vor übereifrigen Aktionen gegen die Gewerkschaften: »Im Kampf gegen die Gewerkschaft und ihre Spitzen nicht des Guten zuviel tun. Alle Schärfe – gewiß! Aber nichts, was in prinzipiell gewerkschaftlich feindlichem Sinn auch nur interpretiert werden könnte. Schließlich ist's ein Streit unter Genossen.« Als Begründung führte er an, daß die »Interessen der Gewerkschaften evident« seien und daß die Jugendorganisationen langfristig nicht auf die Hilfe der Gewerkschaften verzichten könnten. Seine Hauptsorge war dabei, daß die jungen Parteigenossen in ihrer ungestümen Begeisterung die Frage der unpolitischen Jugendorganisation in Norddeutschland auf dem Parteitag in Nürnberg zur Sprache brachten und damit deren Existenz aufs höchste gefährdeten. Am 11. August erklärte er Brandler: »Die Aussprache in Nürnberg *muß* in vielem zurückhalten, will man nicht geradezu ins Messer rennen[91].« Mögliche Einwände des jugendlichen Kollegen schon vorweg ausräumend, fuhr er fort: »Diese Vorsicht soll verwerflich sein? Selbsttäuschung! Sie selbst sprechen ja von Umgehung des Gesetzes und von Vorsicht auf allen möglichen Gebieten, die Sie wahren müssen. So wie Sie aber in den Mitgliederversammlungen *unter sich* reden können, kann z. B. der Parteitag nicht reden.« Liebknecht versuchte auf die Jugendvertreter aber nicht nur mäßigend einzuwirken, er beriet sie auch im Hinblick auf die bevorstehenden Parteitagsverhandlungen. So hatte er aufgrund der Lektüre einiger Artikel von Jugendführern den Eindruck gewonnen, daß sich die Jugendvertreter »selbst noch nicht hinreichend klar« waren, wie die weitere Entwicklung der Jugendbewegung aussehen sollte. Kritisch stellte er am 29. Juli gegenüber Brandler fest: »Sie [die Jugendbewegung] *hat kein klares Programm*[92].« Vor allem war ihm aufgefallen, daß zwischen den Vertretern Süd- und Norddeutschlands erhebliche Meinungsverschiedenheiten bestanden. Auf die Gefahr hinweisend, daß die Gegner der Jugendbewegung diese Meinungsverschiedenheiten auf dem Parteitag ausnutzen konnten, um die Jugendfrage generell zu desavouieren, riet Liebknecht zu einem Treffen der Jugendvertreter mit dem Ziel, ein »Minimal«- und ein »Maximalprogramm« zu erarbeiten, auf das alle Jugendvertreter, die am Parteitag teilnahmen, verpflichtet werden sollten. Ein solches Treffen kam auch tatsächlich am 30. August in Leipzig zustande und brachte einen entsprechenden Beschluß[93].

Die dritte Möglichkeit von der Karl Liebknecht schließlich Gebrauch machte, um in die parteiinterne Diskussion im Hinblick auf den bevorstehenden Parteitag einzugreifen, war der Weg in die Parteiöffentlichkeit. Trotz Festungshaft veröffentlichte er am 1. August anonym einen Aufsatz in der Zeitschrift der norddeutschen »Vereinigung«, *Die Arbeitende Jugend,* in dem er grundsätzlich Stellung nahm zum Thema »Arbeiterbewegung und Jugendorganisation«[94]. Wie schon in seinem Schreiben an Hermann Molkenbuhr behandelte Liebknecht auch hier den Hamburger Gewerkschaftsbeschluß einerseits und die Leitlinien für die weitere Entwicklung der sozialdemokratischen Jugendorganisationen andererseits. Stärker als in seinem Schreiben an Molkenbuhr betonte er diesmal allerdings jene beiden Punkte, von denen seiner Meinung nach der Erfolg der Parteiarbeit abhängen würde. An die Gründungsphase der Berliner Jugendorganisationen erinnernd, führte er aus: »Nicht die Bildung [von Jugendorganisationen] an sich – wie oft werden in Berlin Vereine gegründet –, sondern der praktische Jugendschutz und die Selbständigkeit des Vereins waren es, die wie ein Blitz in die Öffentlichkeit und besonders in die Jugend einschlugen.« Die Gründe für diesen Erfolg sah Liebknecht hauptsächlich darin, daß die Selbständigkeit der Jugendlichen sowie der Jugendschutz durch die Jugendlichen selbst ihren tatsächlichen Bedürfnissen entsprachen. In beinah klassisch-marxistischer Form stellte er fest: »Mit der Änderung der wirtschaftlichen Verhältnisse hat sich auch die Psyche der Jugendlichen verändert. Sie wachsen heute unter anderen Verhältnissen auf als früher. Diese und die geistigen Strömungen in den Städten machen den Jugendlichen früher reif. Er wird in die großen Kämpfe der Geister hineingezogen. Er wird gezwungen, an ihnen teilzunehmen.« Hierin sah Liebknecht für die Sozialdemokratie eine Chance, denn wenn man die Jugendlichen an ihren »ureigensten Interessen« packte, konnte man sie langfristig für die Bewegung des Proletariats gewinnen. Auf die allgemeine emanzipatorische Zielsetzung der sozialdemokratischen Partei hinweisend, erklärte er: »Der Zweck aller Bildungsbestrebungen für die Jugend muß sein: das geistige Niveau der Masse zu heben, nicht einzelnen, besonders begabten Jünglingen ein Fortkommen zu schaffen.«

Daß die weitgehende Selbständigkeit der Jugendorganisationen und die Pflege des Jugendschutzes durch die Jugendlichen selbst auch nützliche Erziehungsmittel in sich waren, stand für den Jugendagitator außer Zweifel, denn aus beiden Punkten ergaben sich für die Jugendlichen Aufgaben, die sie langfristig zu »praktischen, charakterfesten Funktionären« erzogen. Die Pflege des Jugendschutzes beispielsweise würde den jungen Proletariern das »In-sich-Schlechte« der gegenwärtigen Gesellschaftsordnung konkret vor Augen führen, wobei sie auch frühzeitig lernen würden, »wie nötig die geistige Fortbildung für den Arbeiter ist, um den Befreiungskampf der Arbeiterschaft siegreich führen zu können«. Gleichzeitig wurde auf diese Weise bei den Jugendlichen das für Liebknecht so wichtige »Rechtsbewußtsein« entfacht. »Schon dem jungen Proletarier«, betonte er, »muß der Grundsatz eingefleischt werden, nie im Leben ein Recht ohne größte Not preiszugeben.« Natürlich war die Forderung nach der Selbständigkeit der Jugendorganisationen und dem Jugendschutz durch die Jugendlichen selbst nicht so aufzufassen, als sollten die jungen Proletarier »ganz sich selbst überlassen« bleiben. »Je stärker die Organisation anschwillt«, schränkte Liebknecht ein, »um so mehr ältere Berater sind nötig.« Allerdings durfte diese »Beratertätigkeit« nicht dazu führen, daß die Initiative und der Enthusiasmus der Jugendlichen zugeschüttet wurde. Aus diesem Grunde befürwortete Liebknecht auch eine strikte demokratische Geschäftsordnung, so daß die Jugendlichen ihre Berater und Leiter selbst wählen konnten. »Leute, die kein Verständnis für die Psyche der Jugendlichen haben«, meinte er, »eignen sich natürlich nicht zum Berater.« Am Schluß seines Artikels kam Liebknecht dann noch einmal auf den Gewerkschaftsbeschluß zu sprechen, und bat, diesen nicht in die Praxis umzusetzen. Warnend rief er aus: »Man hüte sich, das mühselige, unter schweren persönlichen Opfern geschaffene Werk der Jugendlichen achtlos zu zertrümmern und ihr dafür Einrichtungen, deren Wert sie nicht einzusehen vermag, aufzuzwingen. Unter keinen Umständen darf die proletarische Jugend mißmutig gestimmt werden, auf daß nicht die Feinde der Arbeiterschaft über die Jugend triumphieren!«

Zum Nürnberger Parteitag selbst brachte Karl Liebknecht über seine Wahlkreisorganisation Potsdam – Spandau – Osthavelland einen Antrag[95] ein, der unter Hinweis auf den Beschluß des Mannheimer Parteitages von 1906 die Auffassung vertrat, daß die Einführung des neuen »Reichsvereinsgesetzes« lediglich die Frage aufgeworfen hätte, ob »selbständige Jugendorganisationen hinfort noch möglich«, nicht aber »ob sie, wenn möglich, noch nötig« seien. Als

Organisationsform wurde das Modell der norddeutschen »Vereinigung« empfohlen, wobei ausdrücklich auf die »Kontrolle und Oberaufsicht durch ›ältere Personen‹« hingewiesen wurde. Vor allem zu drei Punkten verlangte der Antrag vom Parteitag eine Meinungsäußerung: erstens, hinsichtlich der »ferneren Zulassung der im angegebenen Sinne selbständigen Jugendorganisationen«, zweitens, in bezug auf die »gütliche Verständigung mit den bestehenden, von der Partei ausdrücklich geduldeten und geförderten Organisationen über etwaige Änderungen«, und der dritte Punkt enthielt die Forderung, daß »eine Beratung der Jugendorganisationsfrage auf dem Parteitage . . . aus taktischen Gründen« vermieden werde. Wie schon in seinen Briefen an die Jugendvertreter, so drängte Liebknecht auch die Delegierten seines Wahlkreises, besonderes Gewicht auf die Durchsetzung des dritten Punktes zu legen. Dem Delegierten August Paris schrieb er am 31. August: »Denken Sie vor allem auch daran: die Verhandlung der Jugendfrage auf dem Parteitag von vornherein zu verhindern, sie bedeutet höchste Gefährdung aller Jugendbewegungen[95]!« Kautsky gegenüber bemerkte er in einem Schreiben vom 8. September, daß seine »Vorsicht« nicht auf »Leisetreterei« zurückzuführen war, sondern sich allein aus »polizeilichen Gründen« ergab[97]. Nur wenn die Jugendfrage »quasi geheim« vom Parteitag beraten wurde, konnte die Aufmerksamkeit der Polizei von den unpolitischen Jugendorganisationen abgelenkt werden. Wie Liebknecht Kautsky weiter erklärte, gedachte er in diesem Sinne auch mit dem Königsberger Delegierten Hugo Haase zu reden, der ihn noch vor dem Parteitag auf der Festung besuchen wollte.

Der Nürnberger Parteitag hat sich nur am Rande mit der Jugendfrage beschäftigen können[98], denn im Mittelpunkt der Verhandlungen standen die im Sommer desselben Jahres erfolgten Budgetbewilligungen durch die sozialdemokratischen Landtagsfraktionen in Baden und Bayern, die in der SPD eine heftige Krise auslösten und beinah zur Parteispaltung führten[99]. Obwohl dem Parteitag eine recht große Anzahl von Anträgen vorlag[100], fand man erst am letzten Tag Zeit, sich mit der Jugendfrage zu beschäftigen. Dabei gelang es Hugo Haase[101] ganz im Sinne Liebknechts den Parteitag zur Einsetzung einer Kommission zu bewegen, die zu gleichen Teilen aus Vertretern der Gewerkschaften und Partei sowie der Frauen- und

Jugendorganisationen bestand. Grundlage der Verhandlungen in der Kommission war allerdings ein Antrag des Parteivorstandes und der Kontrollkommission, der in Absprache mit der Gewerkschaftsführung die Forderung nach besonderen Jugendorganisationen verwarf[102]. Kurz vor Schluß des Parteitages berichtete Hugo Haase den Delegierten über die Arbeit der Kommission. Dabei legte er eine von der Kommission empfohlene Resolution[103] vor, wonach der Antrag des Parteivorstandes zwar weitgehend angenommen, in seinem wichtigsten Passus jedoch verändert war. Zum Zwecke der Bildungsbestrebungen unter den jungen Proletariern sollten nämlich »in den einzelnen Orten besondere Kommissionen« gebildet werden. Außerdem gab Haase im Namen der Kommission eine Erklärung ab, in der ausdrücklich betont wurde, daß die empfohlene Resolution nicht so aufzufassen sei, als solle sie den Organisationen in Norddeutschland das »Lebenslicht ausblasen«. »Die Resolution ist so aufzufassen«, führte Haase aus, »daß der Betätigung von lokalen Jugendorganisationen unpolitischen Charakters, die nach Mitbestimmung Erwachsener ihre Verwaltung selbst führen, nichts im Wege« stehe[104].

Der Beschluß des Nürnberger Parteitages war in jeder Beziehung ein Kompromiß. Weder die Partei- und Gewerkschaftsführung noch die Befürworter einer weitgehend selbständigen Jugendorganisation hatten sich mit ihren Vorstellungen durchsetzen können. Im Gegensatz zu den norddeutschen Jugendvertretern war denn auch Karl Liebknecht keineswegs über den Parteitagsbeschluß enttäuscht. Dem beinah verzweifelten Vorsitzenden der »Vereinigung«, Max Peters, schrieb er am 24. September 1908: »Ich möchte Ihnen aufs dringendste ans Herz legen, nichts gegen den Nürnberger Beschluß zu unternehmen und mit höchster Vorsicht und Nachgiebigkeit vorzugehen[105].« Liebknechts Optimismus ergab sich vor allem daraus, daß er glaubte, den Beschluß durch entsprechende Aktivitäten in seinem Sinne ausfüllen zu können. Diese Hoffnung erfüllte sich jedoch nicht. Zwar stürzte sich die SPD mit der ihr eigenen Akribie in Verwaltungsangelegenheiten auf die Ausführung des Parteitagsbeschlusses und erzielte auch – zumindest auf dem Papier – große Erfolge: im Dezember 1908 wurde unter der Leitung von Friedrich Ebert die »Zentralstelle für die arbeitende Jugend« mit Sitz in Berlin gegründet; im Januar 1909 erschien die erste Nummer der neuen Jugendzeitschrift *Die Arbeiterjugend*[106]. Die von Karl Liebknecht erhoffte »großzügige Fortbildungsschule« für die proletarische Jugend kam jedoch nicht zustande. Die Gründe hierfür lagen einmal in der organisatorischen Fehkonstruktion der örtlichen Bildungskommissionen. »Die Jugendausschüsse«, kritisierte der Leiter der Berliner Kommission, »leiden unter dem Verzicht auf die Organisation. Sie können die glänzendsten Veranstaltungen treffen, sie können die besten Vorträge und Vortragszyklen halten lassen, sie können die schönsten Jugendheime schaffen, sie können die herrlichsten Ausflüge veranstalten – sobald die Veranstaltung beendet ist, laufen die Jugendlichen wieder auseinander, und jeder Erfolg ist ausgeschlossen[107].« Zum anderen gelang es nicht, genügend ältere Genossen zu finden, die bereit waren, die Jugendlichen in dem von Liebknecht skizzierten Sinne zu betreuen und zu fördern. Als Liebknecht im Sommer 1909 aus der Festungshaft entlassen wurde und im Herbst desselben Jahres am Parteitag in Leipzig teilnahm, erklärte er in seinem Diskussionsbeitrag zur Jugendfrage: »Außerordentlich schwierig ist die Frage, die geeigneten erwachsenen Parteigenossen zu finden, die in der Jugendbewegung die Führung und Kontrolle übernehmen können. Es genügt dazu nicht nur die Tüchtigkeit auf dem Gebiete der Parteibewegung im allgemeinen, sondern vor allem ist erforderlich ein starkes pädagogisches Talent, das nicht jeder hat, das angeboren sein und entwickelt werden muß[108].«

Die stagnierende Entwicklung der sozialdemokratischen Jugendbewegung in Deutschland blieb auf die Entwicklung der internationalen Jugendbewegung nicht ohne Folgen. Dadurch, daß die Parteiführung der SPD aus denselben Gründen, die sie gegen die Existenz weitgehend selbständiger Jugendorganisationen in Deutschland vorgebracht hatte, den Beitritt der »Zentralstelle« zur »Verbindung der sozialistischen Jugendorganisationen« ablehnte, entzog sie dieser einen Großteil der Mitglieder und degradierte sie damit zu einer bestenfalls embryonalen Organisation. Auf der internationalen Jugendkonferenz in Kopenhagen im Jahre 1910 erklärte der als Gast teilnehmende Friedrich Ebert im Namen der deutschen Parteiführung: »Wir in Deutschland sind der Meinung, daß die Jugendbewegung ein Bestandteil der Partei und Gewerkschaften ist; für sie bindende Beschlüsse können deshalb nur von den Parteitagen oder den internationalen Kongressen gefaßt werden[109].« Als Karl Liebknecht daher auf eigenem Wunsch von seinem Amt als Vorsitzender des »Internationalen Büros« zurücktrat – übrigens sehr zum Bedauern der Delegierten[110] –, tat er dies nicht nur aus der Erwägung heraus, als knapp Vierzigjähriger den Weg frei zu machen für jüngere Genossen; wie sollte er ein Amt in einer Organisation ausüben, in der das von ihm vertretene Land gar kein Mitglied war? Mit ihrer Absage verhinderte die deutsche Parteiführung gleichzeitig auch die Anerkennung der internationalen Jugendbewegung durch die II. Internationale. Am 4. Juli 1914 schrieb Robert Danneberg dem französischen Jugendvertreter Leon Levy: »Das Brüsseler Büro [gemeint ist das Internationale Sozialistische Büro der II. Internationale] hat gegen den Bestand der Jugendinternationale, wie sie heute ist, gar nichts einzuwenden. Es kann aber die [Jugend-]Internationale nicht offiziell übernehmen, wenn Deutschland nicht mittut[111].«

Angesichts der Tatsache, daß Karl Liebknechts Bemühungen um eine sozialdemokratische Jugendbewegung die komplementäre Ergänzung zu seinem Kampf gegen den Militarismus darstellten, erübrigt es sich, im Detail auf die Grundanschauungen einzugehen, die diese Bemühungen bestimmten. Sie waren mehr oder weniger dieselben, die auch schon dem Kampf gegen den Militarismus zugrunde gelegen hatten. Dies trifft auf die Motive und Ziele des Handelns ebenso zu wie auf die politisch-theoretischen und politisch-taktischen Vorstellungen. Gerade die Bemühungen des Jugendagitators machen deutlich, wie sehr Karl Liebknecht in seinem politischen Handeln von der Vorstellung gelenkt wurde, beizutragen zur Höherentwicklung des Proletariats und darüber hinaus zur Höherentwicklung der gesamten Menschheit. Wenn auch die Erziehung der proletarischen Jugend vorrangig unter dem Aspekt des Kampfes gegen den Militarismus betrieben werden sollte, so wollte Liebknecht den Zweck der Jugendbewegung doch nicht auf dieses Ziel beschränkt sehen. Die Jugendbewegung sollte eine Art »Vorschule« sein, in der die proletarische Jugend auf das Leben in der zukünftigen Gesellschaft vorbereitet werden sollten. Als Kennzeichen dieser Gesellschaftsordnung sind dabei unschwer die Ideale von Menschlichkeit und Gerechtigkeit festzustellen. Nicht umsonst verlangte Liebknecht, daß die jugendlichen Arbeiter ihren Schutz selbst übernehmen sollten, denn nur so lernten sie frühzeitig, ihre »Rechte« zu verteidigen. Gleichzeitig macht Liebknechts Forderung nach einer emanzipatorisch ausgerichteten Jugenderziehung aber auch deutlich, daß er die innergesellschaftliche Auseinandersetzung nicht so sehr als »Machtkampf«, sondern vielmehr als »geistige Auseinandersetzung« gesehen hat. In politisch-theoretischer Hinsicht wiederum beruhte auch das Wirken des Jugendagitators auf dem reformistischen Ansatz, daß mit der Erziehung der jugendlichen Proletarier im Sinne der sozialdemokratischen Weltanschauung die Machtbasis der SPD erweitert wurde und somit der Druck auf die herrschenden Klassen verstärkt werden konnte. Politisch-taktisch schließlich kann auch hier wieder Liebknechts Vorgehen als »aktive Oppositionspolitik« bezeichnet werden, denn er gab sich nicht damit zufrieden, die sozialistische Erziehung zu fordern, sondern entwickelte konkrete Vorstellungen, wie diese Erziehung im einzelnen auszusehen hatte.

Die SPD hat Liebknechts Bemühungen nicht honoriert. Dabei spielte die von Liebknecht selbst hergestellte enge Verknüpfung der Jugend- und Antimilitarismusagitation eine entscheidende Rolle. Hatte die Partei das Werben des Antimilitaristen zurückgewiesen, so mußte sie jetzt logischerweise auch dessen Wirken als Jugendagitator ablehnen. Verärgert schrieb Ludwig Frank im Zusammenhang mit Liebknechts Zusatzantrag auf dem Bremer Parteitag am 22. September 1904 an Karl Kautsky: »Zu meinem Schrecken lese ich, daß Genosse Liebknecht, um einen Antrag zu retten, versucht hat, einen Beschluß zugunsten antimilitaristischer Jugendorganisationen durchzudrücken, und durch dieses improvisierte Verfahren beide Wünsche unter die Räder brachte[112].« Geht man jedoch etwas näher auf das Verhalten der Partei ein, so stellt man fest, daß die Gründe für die Ablehnung wesentlich tiefer lagen, wobei auch hier wieder deutlich wird, daß es niemand in der breiten Führungsschicht der Partei für notwendig hielt, sich mit Liebknechts Auffassungen näher auseinanderzusetzen. Rosa Luxemburg beispielsweise, die sich als Lehrerin an der Berliner Parteischule[113] gleichsam von Amts wegen mit der Jugendfrage hätte befassen müssen, hielt es für wichtiger, sich mit der Massenstreikfrage auseinanderzusetzen[114]. Ludwig Frank zog sich in dem Moment von der Jugendbewegung zurück, als seine »große Politik« deswegen zu scheitern drohte[115]. Obwohl er maßgeblich am Zustandekommen des süddeutschen »Verbandes« beteiligt gewesen war, schaute er recht unbeteiligt zu, als sein Werk nach und nach demontiert wurde. Der Grund: als Führer der badischen Landtagsfraktion hatte er sich maßgeblich für die Budgetbewilligung eingesetzt, um seine »Großblockpolitik« – die Zusammenarbeit mit fortschrittlich bürgerlichen Parteien – fortsetzen zu können. Für diese Politik fand er die Zustimmung und Unterstützung vor allem jener rechten Partei- und Gewerkschaftsführer, die der Idee einer selbständigen Jugendorganisation rundweg ablehnend gegenüberstanden. Um sich deren Unterstützung nicht zu verscherzen, ließ er die Jugendfrage fallen. Die Parteiführung schließlich sah in der Jugendfrage einen Störfaktor, der so schnell wie möglich beseitigt werden mußte. Auf der einen Seite konnten die Jugendorganisationen mit ihrer dezidierten Antimilitarismusagitation jene Verwicklungen mit den staatlichen Instanzen heraufbeschwören, die der Parteivorstand schon mit der Ablehnung von Liebknechts diesbezüglichen Anträgen hatte verhindern wollen. Auf der anderen Seite hätte der Aufbau einer Jugendorganisation gleichsam als »dritte Säule« der Arbeiterbewegung – neben Partei und Gewerkschaften – das gesamte Kräfteverhältnis in der deutschen Arbeiterbewegung verändern können. Dabei ist zu berücksichtigen, daß sich Partei- und Gewerkschaftsführung zwischen 1905 und 1907 in einem erbitterten Kampf um das Primat in der Arbeiterbewegung gegenüberstanden[116].

Betrachtet man Liebknechts Einsatz für eine sozialdemokratische Jugendbewegung auf diesem Hintergrund, so muß man sagen, daß seine Vorstellungen gegenüber der offiziellen Politik weitaus weniger kurzsichtig gewesen sind. Wie notwendig die von ihm geforderte Erziehungstätigkeit gewesen wäre, beweist nicht zuletzt die Tatsache, daß selbst die breite Masse der Parteigenossen der Idee einer emanzipatorischen Erziehung verständnislos, wenn nicht gar ablehnend gegenüberstanden. Rückblickend schrieb der russische Sozialdemokrat Georgij Tschitscherin über seine Erfahrungen im proletarisch-deutschen Exil: »Der Schreiber dieser Zeilen hatte selbst Gelegenheit, in den strengen Familien sozialdemokratischer Veteranen mit deren puritanischer Tugend, dem feindseligsten Verhalten dieser Veteranen zur Jugendbewegung zu begegnen, welche die Jugendlichen angeblich zu allen möglichen Lastern verleiteten, sie angeblich zu Trinken und Billardspielen erziehen, sie gewöhne, die Älteren zu verachten, überhaupt allem gegenüber Verachtung zu hegen[117].«

Der Kampf gegen Preußen

Der Kampf gegen Preußen war Karl Liebknecht als politisches Tätigkeitsfeld gleichsam von vornherein vorgegeben, und zwar sowohl aufgrund seines persönlichen Werdeganges als auch aus allgemein innenpolitischen Gründen. Von frühester Jugend an hatte der Sohn des verfemten Arbeiterführers die Ungerechtigkeiten und Unmenschlichkeiten des preußischen Klassenstaates an sich selbst erfahren und war daher wie kaum einer seiner sozialdemokratischen Zeitgenossen für diesen Kampf prädestiniert. Der Kampf gegen Preußen war für Karl Liebknecht regelrecht väterliches Erbgut, denn auch schon Wilhelm Liebknecht hatte in diesem Kampf die Hauptaufgabe seines politischen Wirkens gesehen. Schon 1866, im Anschluß an den preußisch-österreichischen Krieg schrieb der spätere Mitbegründer der SPD an seine beiden Ratgeber Marx und Engels in London: »Wenn Preußen sich konsolidiert, wird es durch keine äußerliche Macht ... umzuwerfen sein, sondern erst fallen, wenn das *deutsche Proletariat* herrschaftsfähig (durch Zahl und Intelligenz) geworden ist[118].« Die politische Entwicklung in Deutschland gab Wilhelm Liebknecht recht, denn der preußische Staat wurde nach der Bismarckschen Reichsgründung 1871[119] zum Dreh- und Angelpunkt des neugegründeten Reiches – nicht umsonst sprach man von Preußen-Deutschland.

Die in Preußen herrschende und von Preußen auf das gesamte Deutsche Reich ausgehende Ungerechtigkeit und Unmenschlichkeit fand ihren gleichsam symbolischen Ausdruck im sogenannten »Dreiklassenwahlrecht«[120], das von Liebknecht spöttisch »Dreiklassenwahlunrecht«[121] genannt wurde. Zwar besaß jeder preußische Staatsbürger, der direkte Steuern zahlte, 24 Jahre alt und im Besitz der bürgerlichen Ehrenrechte war, ein Stimmrecht, doch war dieses Stimmrecht in drei Klassen unterteilt, »und zwar in der Art, daß auf jede Abteilung ein Drittel der Gesamtsumme der Steuerbeträge« entfiel[123]. Die erste Wahlabteilung erhielt drei Stimmen, die zweite zwei und die dritte Wählerklasse eine Stimme. Da die Wahlen »indirekt« waren, bezog sich die Einstufung auf die »Urwähler«, die wiederum die »Wahlmänner« bestimmten, die dann die eigentlichen Kandidaten wählten. Die Ungerechtigkeit dieses Wahlrechts bestand abgesehen von seiner Dreiklassigkeit vor allem darin, daß die Gutsbesitzer, die sogenannten »Landjunker«, in der Regel in der ersten Wählerklasse wählen durften, de facto aber so gut wie keine Steuern zahlten, da die direkten Gemeindesteuern in selbständigen Gutsbezirken nicht erhoben wurden und die statt dessen geforderten Grund-, Gebäude- und Gewerbesteuern bestenfalls »nominell« waren. Darüber hinaus wurde das Stimmrecht der »Landjunker« noch dadurch vergrößert, daß die Einteilung der Wahlkreise die durch die Industrialisierung ausgelöste Bevölkerungsumverteilung vom Land in die Stadt unberücksichtigt ließ. Wie ungerecht das Dreiklassenwahlrecht tatsächlich war, verdeutlicht eine Stimmenberechnung, die der preußische Sozialdemokrat Paul Hirsch anhand der Landtagswahlergebnisse von 1903 vornahm. Danach hatten 238 885 Wähler der ersten Wahlabteilung genau so viele »Stimmrechte« gehabt, wie 856 914 der zweiten und 6 006 205 Wähler der dritten Wählerklasse. Im preußischen Abgeordnetenhaus waren denn auch fast ausschließlich Abgeordnete der konservativen Partei vertreten, während die SPD, die bei den Wahlen von 1903 zahlenmäßig die meisten Simmen auf sich vereinigt hatte, überhaupt kein Mandat für den Landtag erhalten hatte. Es konnte daher nur eine Frage der Zeit sein, bevor Karl Liebknecht, der sich als sozialdemokratischer Politiker die Umwälzung der gesellschaftlichen Verhältnisse zugunsten des Proletariats zur Aufgabe gemacht hatte, den Kampf gegen diesen Gegner aufnehmen würde.

Die ersten konkreten Vorstellungen, wie die SPD den Kampf gegen Preußen führen sollte, entwickelte Karl Liebknecht während seiner Festungshaft von 1907 bis 1909, als er – vermutlich zum erstenmal seit Beendigung seiner Rechtsanwaltsausbildung – Zeit und Muße fand, um das politische Leben in Preußen-Deutschland zu studieren und entsprechende Rückschlüsse für die politische Arbeit zu ziehen. Wie ein Seismograph reagierte er auf die Ereignisse der Tagespolitik, über die er sich durch die ihm zugängliche Presse informierte, und kommentierte sie in Briefen an Freunde und Bekannte. Dies war beispielsweise auch der Fall, als es im November 1907 aufgrund des Skandalprozesses um Fürst Philipp von Eulenburg[123] zur ersten größeren Diskussion um die verfassungsmäßige Stellung des Kaisers kam, insbesondere um dessen Recht auf das sogenannte »persönliche Regiment« – gemäß Artikel 11 der Verfassung besaß der Kaiser das Recht, »das Reich völkerrechtlich zu vertreten, im Namen des Reiches Krieg zu erklären und Frieden zu schließen, Bündnisse und andere Verträge mit fremden Staaten einzugehen, Gesandte zu beglaubigen und zu empfangen«[124]. Der Prozeß, bei dem es um »homosexuelle Verfehlungen« höherer Offiziere aus der Umgebung des Kaisers ging, hatte das Ansehen von Wilhelm II. nicht zuletzt deshalb schwer geschädigt, weil Fürst Eulenburg nicht nur sein persönlicher Freund war, sondern als Veranstalter der sogenannten »Liebenburger Tafelrunde«, einem inoffiziellen Diskussionszirkel, auch zu den engsten politischen Beratern des Kaisers zählte. »Es ist herzlich gleichgültig«, urteilte der *Vorwärts* am 22. November, »wie ideal Graf Eulenburg und seine Freunde veranlagt sind, den Politiker interessiert lediglich die Tatsache, daß die Politik des Deutschen Reiches Jahre hindurch von einer Gruppe unverantwortlicher Leute entscheidend beeinflußt worden ist.« Die preußische SPD nahm natürlich die Affäre zum Anlaß, um die empörte Öffentlichkeit auf die politisch rückständigen Verhältnisse in Preußen aufmerksam zu machen und rief am 21. November auf ihrem Parteitag in Berlin zum Kampf um ein demokratisches Wahlrecht auf[125]. Der Aufruf fand bei den Massen, die wegen der gleichzeitig einsetzenden Wirtschaftskrise ohnehin schon unzufrieden waren[126], großen Widerhall, und es kam am 26. November beim Zusammentreten des preußischen Abgeordnetenhauses zu den ersten größeren Wahlrechtsdemonstrationen in Berlin[127]. Karl Liebknecht war über diese Entwicklung der Ereignisse aufs höchste erfreut, denn er sah darin einen Beweis, daß die Lethargie, die sich durch das enttäuschende Wahlergebnis bei den Reichstagswahlen von 1907 auf die Partei auszubreiten schien[128], überwunden worden war. Optimistisch schrieb er Karl Kautsky am 30. November: »Mir will scheinen, daß der preußische Wahlrechtskampf zu einer Ausweitung unseres taktischen Gesichtskreises mit Notwendigkeit treibt; die ganze Partei treibt. Wie konservativ waren bisher gerade die Berliner. Die Äußerungen einiger der energischsten und auch tüchtigsten ihrer Leute zeigen hier einen großen Wandel. *Es ist,* wie mir deucht, Bresche geschossen – und damit die Hauptschwierigkeit, das Haupthindernis beseitigt[129].« In Liebknechts Augen kam es jetzt darauf an, die Empörung der Massen zu steigern und eine möglichst breite Basis für eine regelrechte Wahlbewegung zu schaffen. Die bisher von der Partei angewandte Agitationstaktik hielt er dabei für nicht ausreichend. Beinah beschwörend schrieb er Kautsky: »Nur nicht die verfluchten ewigen 30 Massenversammlungen als A und 30 Riesenversammlungen als O.« Statt dessen empfahl er »mehrtaktige Aktionen«, wobei die »*Art* der Kampfmittel« allmählich gesteigert werden sollte. Weiterhin riet er, »Spezialversammlungen« für jene Arbeiterkreise abzuhalten, die sich bisher noch nicht zur Sozialdemokratie bekannten, sondern bürgerliche Parteien wie das Zentrum oder die liberale Freie Volkspartei (FVP) wählten. »Diese Leute«, argumentierte er, »sind mit Erlaub doch so zum Teil mobil zu machen *gegen ihre eigenen Parteien*.«

Obwohl die Wahlrechtsbewegung nach der Jahreswende 1907/8 rasch wieder abflaute, reichte sie doch aus, um der SPD bei den

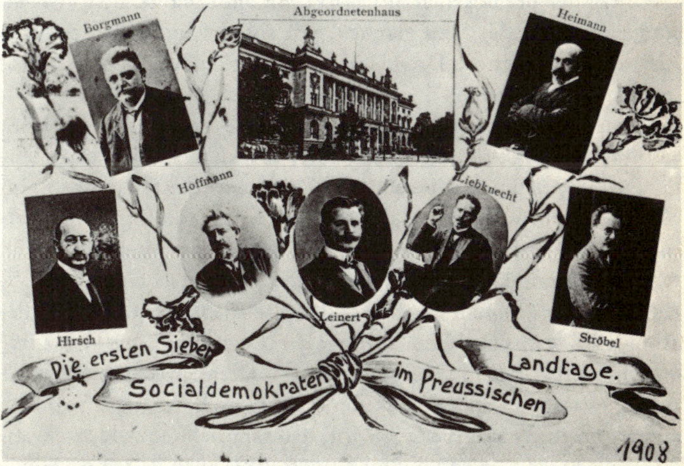

Postkarte anläßlich der Wahl der ersten sieben SPD-Vertreter in das preußische Abgeordnetenhaus im Jahre 1908.

preußischen Landtagswahlen am 16. Juni 1908 zu einem verhältnismäßig großen Wahlsieg zu verhelfen. Trotz des Dreiklassenwahlrechts gelang es der sozialdemokratischen Partei, sieben Mandate zu erobern, womit sie zum erstenmal seit der Reichsgründung im preußischen Abgeordnetenhaus vertreten war[130]. Karl Liebknecht, der trotz seiner Festungshaft zu den sieben gewählten Vertretern gehörte, empfand das Wahlresultat als »famos«, wie er zwei Tage nach der Wahl in einem Brief an Kautsky bemerkte[131]. Die sich daraus ergebenden Aufgaben für die zukünftigen sozialdemokratischen Abgeordneten umriß er dabei folgendermaßen: »Es gilt just dafür zu sorgen, daß die außerparlamentarische Aktivität nicht nachläßt, dahin zu wirken, muß das A und O unserer Landtagstätigkeit bleiben.« Seiner Meinung nach war das preußische Abgeordnetenhaus aufgrund des Dreiklassenwahlrechts nicht mehr als eine »Standesvertretung« der herrschenden Kreise, weshalb sich die SPD niemals mit einer parlamentarischen Mitarbeit im üblichen Sinne begnügen durfte. Im preußischen Kontext war das Parlament lediglich eine zusätzliche Agitationstribüne, die im Hinblick auf die allgemeine Agitation zur Aufklärung der Massen ausgenutzt werden mußte. »Es ist doch der helle Wahnsinn«, setzte er sich auf dem Parteitag der preußischen SPD 1913 mit anderslautenden Vorstellungen auseinander, »zu glauben, wir sollten mit Hilfe des Dreiklassenwahlrechts die Dreiklassenmehrheit im Abgeordnetenhaus jemals stürzen können[132].«

Dementsprechend waren denn auch seine Vorschläge, als es im Jahre 1908 aus Anlaß der *Daily-Telegraph*-Affäre[133] zu einer erneuten Diskussion um das »persönliche Regiment« des Kaisers kam. Im Vergleich zum Vorjahr war diesmal die Diskussion sogar noch heftiger, weil sich auch die herrschenden Kreise daran beteiligten und dem Kaiser unqualifizierte Äußerungen zur deutschen Außenpolitik vorwarfen. Beinah frohlockend stellte Liebknecht in seiner Festungshaft fest: *»Die Gewaltmittel der Regierung* [*sind*] *jetzt immerhin einigermaßen desorganisiert*[134]. *«* Dem Sprecher der sozialdemokratischen Landtagsfraktion, Paul Hirsch, schlug er in einem Brief vom 14. November 1908 vor, daß sämtliche sozialdemokratischen Vertretungen sowohl im Reichstag als auch in den einzelnen Land- und Stadtparlamenten gleichlautende Anträge zur Einführung des demokratischen Wahlrechts in Preußen einbringen sollten.

»Derartige Anträge«, begründete er seinen Vorschlag, »lassen sich just sehr gut damit rechtfertigen, daß ja zweifellos das ›persönliche Regiment‹ nur möglich ist, weil es in Preußen vor allem infolge des Schandwahlrechts seine Stütze findet.« An diesem Vorgehen sollte sich auch die preußische Landtagsfraktion beteiligen, obwohl sie aufgrund ihrer zahlenmäßig geringen Mandatsstärke keine eigenständigen Anträge einbringen konnte[135]. Auf die außerparlamentarische Wirkung im Falle einer Ablehnung des Antrages hinweisend, meinte er: »Wenn sich die Mehrheit rücksichtslos gegen den Antrag erklärt, so ist sie doch noch mehr diskreditiert; wir haben die weitesten Schichten der Bevölkerung hinter uns.« Neben dem parlamentarischen Vorgehen empfahl Liebknecht auch außerparlamentarische Aktionen. Hier wiederholte er vor allem seinen Vorschlag aus dem Vorjahre, »Spezialversammlungen« unter den nicht-sozialdemokratischen Arbeitern durchzuführen. An den Hamburger Parteifreund Carl Herz schrieb er am 27. Dezember 1908: »Ich bleibe dabei, wir müssen *allen* Parteien, die von Arbeitergefolgschaft groß gemacht wurden, und vom kleinen Bürger- und Bauerntum, verzeihen Sie das Bild, brennende Schwämme an die Hüte stecken, wie man's wohl bei Pferden tut, indem wir ihre Gefolgschaft mit geschickter Taktik gegen sie setzen[136].« Daß derartige Aktionen nicht von vornherein Erfolge bringen würden, war Liebknecht durchaus klar, dennoch meinte er: »Wir müssen sehen, die Labilität, die sich in vielen Beziehungen entwickelt hat, auszunützen. Ohne allzu große Hoffnungsseligkeit, aber mit allem Impetus.« Als es dann im Januar 1909 im Zusammenhang mit der Verhandlung eines Wahlrechtsantrages der FVP zu ausgedehnten Demonstrationen kam, die nicht mehr nur auf die Reichshauptstadt beschränkt blieben und bei denen es zu teilweise blutigen Auseinandersetzungen zwischen den Demonstranten und der Polizei kam – der *Vorwärts* berichtete ausführlich über diese Ereignisse in seiner Ausgabe vom 19. Januar – drängte Liebknecht in einem Brief an Hirsch: »Drauf, daß die Fetzen fliegen. Natürlich nicht nur drinnen. Der Vulkan braucht ja noch nicht zu erumpieren, aber sie [die herrschenden Kreise] sollen doch merken, daß es ein Vulkan ist, auf dem sie tanzen, und zumal einer, der tätig sein kann[137].« Als außerparlamentarische Kampfmaßnahmen empfahl er jetzt: »Boykott, Wahlstreik (Schulstreik?), Steuerverweigerung, antimilitaristische Agitation, Spezialagitation unter den zu den anderen Parteien gehörigen Arbeitern und sonstigen proletarischen Existenzen und – wo die Lage es nicht ausschließt – politische Streiks.«

Man mag Liebknechts ungeduldiges Drängen auf den ersten Blick mit seiner Frustration über die eigene Handlungsunfähigkeit angesichts der draußen vorsichgehenden Ereignisse erklären. Aus der Sicht des Juristen Liebknecht wird jedoch verständlich, warum seiner Meinung nach die SPD rasch und konsequent handeln mußte. Wilhelm II. hatte nämlich in seiner Thronrede als preußischer König bei der Eröffnung des neuen Abgeordnetenhauses am 20. Oktober 1908 die »organische Fortentwicklung« des Dreiklassenwahlrechts angekündigt[138]. Es galt also die seitdem auf staatlicher Seite laufenden Reformarbeiten im Sinne eines demokratischen Wahlrechts zu beeinflussen. Dabei führte Liebknecht vor allem zwei Fälle an, die den herrschenden Kreisen leicht als »Präjudiz« dienen konnten, um die Wahlrechtsreform in ihrem Sinne zu verwässern. Auf beide Fälle machte er den Nicht-Juristen Paul Hirsch in seinem schon erwähnten Brief vom 21. Januar 1909 aufmerksam[139]. Der erste Fall war die »eklatante Wahlrechtsverschlechterung« im Anschluß an die Kommunalwahlen von Rixdorf, Groß-Berlin, am 23. November 1908[140]. Die Wahlen, die nach dem Modus des Dreiklassenwahlrechts durchgeführt worden waren, hatten mit einem großen Erfolg der SPD geendet, die nicht nur sämtliche Mandate der traditionell sozialdemokratisch wählenden dritten Wählerabteilung erhielt, sondern darüber hinaus erstmals auch drei Mandate der zweiten Wählerklasse erobern konnte. Die von den Mandatsträgern der ersten und zweiten Wählerklasse dominierte Stadtvertretung beschloß daraufhin in ihrer ersten Sitzung am 17. Dezember 1908, den Steuersatz, der für die Einstufung der Wähler in die drei Wählerkategorien maßgeblich war, für die zweite Wählerabteilung zu erhöhen. Auf diese Weise sollten mögliche Anhänger der SPD, die von der dritten in die zweite Wählerklasse aufgestiegen waren, wieder zurückgestuft werden, so daß die beiden ersten Wählerabteilungen auch in Zukunft den Wählern der »bürgerlichen Parteien« vorbehalten blieben. Das zweite Beispiel, das sich in Liebknechts Augen negativ auf den Fortgang der preußischen Wahlrechtsreform auswirken konnte, waren die im Königreich Sachsen laufenden Reformarbeiten am sächsischen Wahlrecht – in Sachsen wurde wie in

Preußen nach einem Dreiklassenwahlrecht gewählt[141]. Dort hatte die Regierung im Oktober 1907 einen Wahlgesetzentwurf vorgelegt, demzufolge die sächsische Kammer fortan aus 82 Abgeordneten bestehen sollte, wovon die eine Hälfte über die Kommunalvertretungen und die andere Hälfte durch eine direkte Wahl unter Anwendung des Mehrheitswahlrechtes in die Kammer gelangten. Wie der *Vorwärts* in einem Artikel vom 19. Oktober 1907 erläuterte, bestand die Ungerechtigkeit dieses Wahlrechts darin, daß die herrschenden Kreise aufgrund ihrer Vormachtstellung in den Kommunalvertretungen die eine Hälfte der Abgeordneten bestimmten und bei der direkten Wahl dann noch zusätzlich die Zusammensetzung der zweiten Hälfte mitbestimmen konnten. Nachdem Liebknecht beide Fälle ausführlich erläutert und kommentiert hatte, warnte er Paul Hirsch: »Glücken der Bande [die herrschenden Kreise] diese beiden Sachen, so ist das Schicksal der preußischen Wahlrechtsreform besiegelt[142].«

Liebknechts Auffassung, daß sich die sozialdemokratischen Landtagsvertreter niemals auf eine parlamentarische Mitarbeit im üblichen Sinne beschränken durften, weil das preußische Abgeordnetenhaus kein Parlament im üblichen Sinne war, wurde vom neuen Landtag sofort vollauf bestätigt, wobei der Leidtragende Liebknecht selbst war. Da sich der sozialdemokratische Abgeordnete zum Zeitpunkt seiner Wahl in Festungshaft befand, hatte er beim Oberreichsanwalt »Hafturlaub« beantragt, um an der Eröffnungssitzung am 20. Oktober 1908 teilnehmen zu können[143]. Der Oberreichsanwalt hatte jedoch seinen Antrag abgelehnt; ebenso der Reichsinnenminister Bethmann Hollweg, an den sich Liebknecht in zweiter Instanz wandte. Daraufhin brachte die sozialdemokratische Landtagsfraktion gleich zur ersten Sitzung am 27. Oktober einen »schleunigen Antrag« ein, der das Abgeordnetenhaus aufforderte, die Königliche Regierung zu ersuchen, »die Vollstreckung der gegen den Abgeordneten Dr. Liebknecht erkannten Festungshaft für die Dauer der gegenwärtigen Session auszusetzen«[144]. Wie Paul Hirsch in seiner Rede zur Begründung des Antrages ausführte[145], hatte die sozialdemokratische Fraktion den Antrag aufgrund Artikel 84 der preußischen Verfassung eingebracht, dessen entscheidender Passus lautete: »Jedes Strafverfahren gegen ein Mitglied der Kammer und eine jede Untersuchungs- oder Zivilhaft wird für die

Dauer der Sitzungsperiode aufgehoben, wenn die betreffende Kammer es verlangt.« Anhand eines historischen Überblickes zur Entstehung des Verfassungsartikels und unter Heranziehung einer Reihe ähnlich gelagerter Fälle, die im Reichstag verhandelt worden waren, suchte Hirsch den Nachweis zu erbringen, daß der Antrag dem »Geist« der Verfassung entsprach. »Wir fordern *nur ein Recht*«, hieß es am Schluß seiner Ausführungen, »das dem Parlament zusteht und wir verlangen, daß das Parlament von diesem ihm zustehenden Rechte Gebrauch macht.« Das Abgeordnetenhaus schien jedoch an einer Wahrnehmung seiner Rechte nicht interessiert zu sein. Jedenfalls wollte die Mehrheit des Hauses den Antrag rundweg ablehnen. Erst auf Vorschlag des Sprechers der Nationalliberalen Partei wurde der Antrag einer Geschäftsordnungskommission überwiesen, allerdings nicht in der Absicht, den sozialdemokratischen Antrag inhaltlich zu prüfen, sondern nur, wie der nationalliberale Vertreter zur Begründung seines Vorschlages ausführte, um »die Grundlage für eine konstante Praxis in diesem hohen Hause« zu schaffen, »so daß wir uns, wenn später einmal ähnliche Anträge an uns herantreten, dann auf die Praxis des Hauses berufen können und schneller mit solchen Anträgen fertig werden, als es heute zu meinem Bedauern möglich ist[146].«

Die Geschäftsordnungskommission legte am 14. Januar 1909 einen ausführlichen Bericht[147] vor, der grob gesprochen aus zwei Teilen bestand. Der erste Teil befaßte sich mit der Frage, inwieweit das preußische Abgeordnetenhaus unter Berufung auf Artikel 84 der preußischen Verfassung den Strafaufschub eines inhaftierten Mitgliedes von der Regierung verlangen konnte, und der zweite Teil erörterte die Zulässigkeit eines solchen »Ersuchens« aus Gründen des »politischen Interesses«. In beiden Punkten kam der Bericht erwartungsgemäß zu negativen Ergebnissen. Nach Auffassung der Kommission sah zwar der Artikel 84 den Strafaufschub eines inhaftierten Abgeordneten vor, doch bezog sich der Strafaufschub lediglich auf die Untersuchungs- und Zivilhaft, nicht aber auf die »Strafhaft«, in der sich Liebknecht befand. Das Ersuchen um Strafaufschub aus Gründen des »politischen Interesses« hielt die Kommission für unmöglich, da die in der Strafprozeßordnung entsprechenden Paragraphen lediglich von »persönlichen Gründen«, die dem »Verurteilten oder der Familie desselben erhebliche, außerhalb des

Strafzweckes liegende Nachteile« bringen konnten. Dies aber war nach Ansicht der Kommission im vorliegenden Fall nicht gegeben, denn die »Nachteile« betrafen »nur das öffentliche Interesse der Allgemeinheit an der Anwesenheit des Abgeordneten in den Verhandlungen und der Wählerschaft an der Vertretung des Wahlkreises«. Die Kommission kam daher zu dem Schluß, daß die »im vorliegenden Fall in Betracht kommenden Gründe nur durch einen Gnadenakt *des Kaisers* berücksichtigt werden« könnten. Karl Liebknecht nahm am 21. Januar ausführlich Stellung zu dem Bericht, wobei er den Nicht-Juristen Paul Hirsch so gut wie möglich auf die bevorstehende Debatte des Kommissionsberichtes vorzubereiten suchte[148]. Liebknecht erschien die juristische Argumentation des Berichtes vollkommen unhaltbar. »Daß die *Bestrafung* nicht zum Strafverfahren gehören soll«, kritisierte er in bezug auf den ersten Teil des Kommissionsberichtes, »ist vollkommener Nonsens«. Ähnliches galt seiner Meinung nach auch hinsichtlich der Entscheidung in bezug auf das »Ersuchen an die Regierung aus Gründen des politischen Interesses«. Die diesbezüglichen Ausführungen des Berichtes kommentierte er dabei folgendermaßen: »Ist Pflichterfüllung denn nicht auch ein dringendes Interesse des Angeklagten? Sollen die ideellen Deutschen denn nur ganz private engherzige persönliche Interessen als persönliche Interessen anerkennen?« Liebknecht kam daher zu dem Schluß, daß die Entscheidung der Geschäftsordnungskommission weder juristisch noch staatsrechtlich begründet war, sondern einzig und allein von den politischen Interessen der herrschenden Kreise bestimmt worden war: Man wollte den überzeugten Sozialdemokraten und verurteilten Hochverräter so lange wie möglich aus dem Abgeordnetenhaus fernhalten. Schon im Zusammenhang mit der Ablehnung seines ersten Antrages auf Hafturlaub hatte Liebknecht beinah selbstzufrieden in einem Brief an ein Familienmitglied festgestellt: »Die Bande [die herrschenden Kreise] haßt mich in den Tod; und das ist's, was mich immer wieder tröstet und sicher macht[149].« Geradezu empört reagierte Liebknecht auf den Hinweis der Kommission, von der Möglichkeit eines kaiserlichen Gnadenaktes Gebrauch zu machen. »Die ›Gnade-Schmutzerei‹ steigt auf Bäume«[150], schimpfte er in seinem Brief an Hirsch und bat seinen Parteifreund, im Plenum des Landtages zu erklären »und zwar *ausdrücklich* in meinem Namen, . . . daß *ich* keine Gnade will, daß ich sie ablehnen würde und als Beleidigung empfinde, wenn der Antrag so aufgefaßt wird«.

Die Mehrheit des preußischen Abgeordnetenhauses schloß sich erwartungsgemäß der Empfehlung der Geschäftsordnungskommission an und lehnte in der Sitzung vom 30. Januar den sozialdemokratischen Antrag ab[151]. Trotzdem war damit die Angelegenheit noch nicht erledigt, denn sowohl die SPD-Fraktion als auch die FVP-Vertreter brachten im Anschluß an die Abstimmung einen Antrag ein, der die Königliche Regierung ersuchte, dem Landtag »noch in dieser Session« einen Gesetzentwurf vorzulegen, der in Anlehnung an Artikel 84 der preußischen Verfassung die Bestimmung enthalten sollte, daß kein Mitglied des Hauses ohne dessen »Genehmigung« während der Sitzungsperioden zum »Zwecke der Strafvollstreckung« verhaftet werden dürfe und daß jede »Strafhaft« eines Mitgliedes für die Dauer der Sitzungsperiode aufgehoben werden sollte, »wenn die betreffende Kammer es verlangt«[152]. Da sich die Verhandlung der beiden Anträge bis in den Sommer 1909 hineinzog – sie wurden später beide abgelehnt[153] –, konnte Karl Liebknecht nach Beendigung seiner Haftstrafe gleichsam in eigener Sache vor das Abgeordnetenhaus treten und der konservativen Mehrheit des Abgeordnetenhauses persönlich seine Meinung sagen. Sarkastisch rief er ihr in einer seiner ersten Landtagsreden zu: »Ein Parlament, das nicht einmal den Wunsch hat, seine eigenen Rechte zu erweitern, ein Parlament, das sich wohl fühlt, ja stolz darauf ist, daß es kein Bedürfnis hat, seine Rechte zu vergrößern, ich glaube, das kommt außer im preußischen Abgeordnetenhaus höchstens noch im Deutschen Reichstag vor, der ja als ein kastriertes Parlament bezeichnet werden kann[154].«

Die Arbeit im preußischen Abgeordnetenhaus zwang Karl Liebknecht, sich stärker als bisher mit Fragen der staatlichen Verwaltung zu befassen, wollte er bei den Verhandlungen der jeweiligen Ministeretats die Auffassung der Sozialdemokratie kompetent vertreten[155]. Zuhilfe kam ihm dabei zweifelsohne sein Erfahrungsschatz als sozialdemokratischer Rechtsanwalt, der sich fast permanent mit den öffentlichen Instanzen, insbesondere mit der Justiz und der Polizei hatte auseinandersetzen müssen. Als er daher Ende 1909 von der preußischen Parteileitung beauftragt wurde[156], für den Parteitag der preußischen SPD ein Referat zur preußischen

Verwaltungsreform zu halten, lag für Liebknecht ein konkreter Anlaß vor, das bisher verstreut vorliegende Material zu sichten und auszuwerten. Das Ergebnis war ein viereinhalbstündiger Vortrag, den er am 5. Januar 1910 auf dem Parteitag in Berlin hielt[157]. Dabei klagte er noch während seines Vortrages verschiedentlich, daß es ihm aus »Zeitgründen« nicht möglich sei, das gesamte Material auszubreiten. Liebknechts Referat bestand aus zwei großen Abschnitten. Der erste Abschnitt enthielt eine politisch-theoretisch ausgerichtete Untersuchung zur Funktion und Rolle der Verwaltung im preußischen Staatswesen sowie eine Analyse ihrer sozialen Zusammensetzung. Der zweite Abschnitt stellte eine kritische Evaluierung der praktischen Arbeit der Verwaltung dar. Im ersten Teil kam Liebknecht zu dem Ergebnis, daß die Verwaltung wegen der in der preußischen Verfassung nur mangelhaft durchgeführten Gewaltenteilung genauso wie der Militarismus zu einem eigenständigen politischen Faktor geworden war, der aufgrund seiner sozialen Zusammensetzung eindeutig unter dem Einfluß der herrschenden Kreise stand, die damit gleichsam staatsoffiziell ihre Interessen vertreten konnten. Hierin sah der Kämpfer gegen Preußen denn auch die Erklärung für die Tatsache, daß die konservative Mehrheit im Abgeordnetenhaus gar nicht daran interessiert war, die Rechte des Parlaments wahrzunehmen oder gar zu erweitern. »Man bekommt ja so alles«, spöttelte er, »und ein Mehr an Macht könnte ja doch vielleicht einmal gefährlich werden, weil eine andere Zusammensetzung des Parlaments doch nicht ganz ausgeschlossen ist.« Im zweiten Teil seines Referats kam Liebknecht zu dem Ergebnis, daß die Leistungen der preußischen Verwaltung »unzensierbar« waren, denn sie waren nicht nur »so teuer wie möglich«, sondern auch »durchaus unzweckmäßig« und natürlich »rückständig auf allen Gebieten«. Die Schlußfolgerungen, die sich für Liebknecht aus der Analyse der staatlichen Verwaltung und ihrer Leistungen für die weitere Arbeit der SPD ergaben, sahen folgendermaßen aus: Wollte man die gesellschaftlichen Verhältnisse in Preußen zugunsten des Proletariats verändern, so durfte man den Kampf keinesfalls auf die Erringung des demokratischen Wahlrechts beschränken, sondern mußte auch für die Demokratisierung der staatlichen Verwaltung eintreten. »Das demokratische Wahlrecht«, stellte Liebknecht gegen Ende seines Referats fest, »ist wirkungslos, solange draußen, außerhalb des Parlaments, die Machtverhältnisse nicht verschoben« sind. Dementsprechend bestand die Aufgabe der Partei darin, die proletarischen Massen zu mobilisieren, um Druck auf die Regierung und die sie tragenden Kreise auszuüben. Dabei dachte Liebknecht in erster Linie an eine intensive Aufklärungsagitation, die das Proletariat mit einer solchen »Empörung« erfüllen sollte, daß es sich die herrschenden Kreise doch überlegen würden, »ob sie erst einen Ausbruch dieses rollenden Vulkans abwarten, oder ob sie friedlich auf die Wünsche der Massen eingehen wollen«? Die Anwendung bloßer Gewalt lehnte Liebknecht allerdings ab. »Wir haben andere Mittel«, führte er aus, »um unseren Willen durchzusetzen. Wir haben vor allem das Mittel der Propaganda, der Aufrüttelung der Massen, wir haben das Mittel der Schürung der Unzufriedenheit, der leidenschaftlichen Empörung gegen den preußischen Staat und seine Verwaltung.« Speziell für den Kampf um die Demokratisierung der Verwaltung schlug Liebknecht eine besondere Agitation unter den »unteren Beamten« vor, die von ihrer sozialen Lage her durchaus dem übrigen Proletariat zuzurechnen waren. Seine Forderung lautete daher: »Wir müssen dieses Beamtenproletariat und die Kreise, aus denen sie sich rekrutieren, mit allen zu Gebote stehenden Aufklärungsmitteln für unsere Weltanschauung gewinnen. Das ist der wichtigste Teil unseres Kampfes um die Verwaltung.« Da Liebknechts Ausführungen als sozialdemokratischer Beitrag zu den staatlichen Reformbestrebungen gedacht war, die parallel zu den Wahlrechtsreformarbeiten von 1908 liefen[158], legte Karl Liebknecht dem Parteitag außerdem detaillierte »Leitsätze«[159] vor, die auf der Grundlage des Erfurter Parteiprogramms von 1891 radikaldemokratische Prinzipien auf die Organisation der staatlichen Verwaltung anzuwenden suchten. »Es erhöht den Wert unserer Kritik«, bemerkte Liebknecht dazu, »wenn wir den heutigen Zuständen die Ziele gegenüberstellen, deren Verwirklichung wir anstreben[160].«

Liebknechts Referat hätte zu keinem günstigeren Zeitpunkt kommen können, denn schon wenige Wochen später kam es erneut zu einem Aufflammen der Wahlrechtsbewegung, als die preußische Regierung am 4. Februar 1910 ihren lang erwarteten Gesetzentwurf zur Reformierung des Dreiklassenwahlrechtes vorlegte, der aber gegenüber den alten Bestimmungen keine wesentlichen Veränderungen vorsah[161]. Im Gegensatz zu den bisherigen Demonstrationen der Jahre 1907/8 und 1908/9 wurde diesmal das gesamte Reichsgebiet von der Bewegung erfaßt. Hatte Liebknecht die Wahlrechtsbewegung bisher nur aus der Ferne der Festungshaft beobachten und kommentieren können, so war er jetzt direkt an ihr beteiligt. Mit vollem Elan warf er sich in die Agitationsarbeit und war den gesamten Februar und März an jedem Wochenende unterwegs, um als Redner bei Wahlrechtsveranstaltungen aufzutreten[162]. So sprach er beispielsweise am 13. Februar in Solingen, worüber die unter der Leitung von Wilhelm Dittmann stehende *Bergische Volksstimme* einen Tag später ausführlich berichtete. Liebknechts Ausführungen zeigen, daß er die aufgrund seiner Analyse der preußischen Verwaltung gewonnenen Erkenntnisse sogleich in die Massen hineinzutragen versuchte. Gleich zu Beginn seiner Rede stellte er fest: »Die herrschende Klasse regiert neben dem Parlament auch noch durch die Polizei, Justiz und Verwaltung über das Volk.« Aus diesem Grunde würde die Befreiung des Proletariats nicht allein von der Einführung des demokratischen Wahlrechts abhängen. Wenn sich die Sozialdemokratie trotzdem so entschieden für die Reformierung des preußischen Wahlrechts einsetzte, so deshalb, weil sie im demokratischen Wahlrecht einen »Hebel« sah, der genutzt werden mußte, um die »Mißstände auf politischem, wirtschaftlichem und sozialem Gebiete zu mildern oder gar zu beseitigen«. Unmißverständlich machte Liebknecht seinen Zuhörern klar, daß der Kampf gegen Preußen nicht ohne »Bitternisse« abgehen werde, denn die herrschenden Kreise würden niemals freiwillig ihre Privilegien aufgeben, da ihnen »wirkliches Recht« und »wirkliches Gesetz« nicht imponierten. Aufmunternd rief er seinen Zuhörern zu: »Wenn das Volk in einer Zeit, wie der jetzigen, keine Opfer bringt, wird es ewig seine Knechtschaft zu tragen haben . . . *Ein jedes Volk verdient die Regierung,* die es trägt.« Als »Kampfmaßnahmen« empfahl Liebknecht, sich mit der »sozialdemokratischen Überzeugung« zu wappnen und der preußischen Reaktion immer wieder zuzurufen: »*Wir sind die Macht,* wir hämmern jung das alte morsche Ding, den Staat.« Dabei äußerte er sich durchaus zuversichtlich, daß die herrschenden Kreise zu politischen Reformen veranlaßt werden könnten, sofern sie nur merken würden, daß der »Vulkan ins Rollen geraten war«. Hatte Liebknecht sowohl 1907/8, als auch 1908/9 von der Festungshaft aus, weiterführende Kampfmaßnahmen außerparlamentarischer Art gefordert, so mußte er jetzt aus der Nähe des Geschehens erkennen, daß die proletarischen Massen für derartige Aktionen noch nicht reif waren. Als Mitglied der preußischen Landeskommission – einem Gremium aus Vertretern der Partei und Gewerkschaften[163] –, verneinte auch er in der Sitzung vom 7. Februar 1910 die Frage, »ob ein Massenstreik zur Unterstützung der Wahlrechtsbewegung in Preußen angebracht sei«[164]. Damit aber war für Liebknecht das Thema »Massenstreik« keineswegs beendet; vielmehr sah er darin einen Anlaß, sich intensiv mit diesem Kampfmittel auseinanderzusetzen, um den Massen die Bedeutung und Anwendungsmöglichkeiten dieses Instrumentes klarzumachen. Aus diesem Grunde gehörte er beispielsweise auf dem Magdeburger Parteitag von 1910 zu jenen Delegierten, die einen Antrag von Rosa Luxemburg unterstützten, der »im Hinblick auf die künftige Wiederaufnahme der Wahlrechtskampagne die Erörterung und Propagierung des Massenstreiks in der Parteipresse und in Versammlungen« verlangte[165]. Als ihm von seinem preußischen Landtagskollegen Robert Leinert der Vorwurf gemacht wurde, seine Unterstützung des Luxemburgischen Antrages stehe im Widerspruch zur Entscheidung der preußischen Landeskommission, wies Liebknecht diesen Einwand als »unangebracht« und »vom Zaune gebrochen« zurück und stellte richtig: »Wir wollen nur Erörterungsfreiheit nach allen Richtungen haben, um gerüstet und befähigt zu sein, in der rechten Situation sofort mit Entschiedenheit und Kühnheit diejenige Waffe zu ergreifen, die am geeignetsten ist, endlich in die Junkerfeste Breschen zu schießen.«

Welche Vorstellungen Karl Liebknecht mit dem Massenstreik in bezug auf die Fortführung des Kampfes gegen Preußen verband, läßt sich einem Aufsatz entnehmen, den der Antipreußenkämpfer im Jahre 1913 im *Vorwärts* veröffentlichte. Der Aufsatz, der unter dem Titel »Was nun in Preußen?« am 25. und 26. Juli im Zentralorgan der Partei erschien, gab den Inhalt einer Rede wieder, die Liebknecht im Anschluß an die preußischen Landtagswahlen vom 2. Juli in der »Neuen Welt« in Berlin-Hasenheide gehalten hatte[166]. Darin vertrat er die Auffassung, daß der Kampf gegen Preußen die zentrale politische Aufgabe in Deutschland, wenn nicht gar in Zentraleuropa darstellte. Aufgrund der politischen und wirtschaftlichen

Vormachtstellung konnte man den preußischen Staat gleichsam als »archimedischen Punkt« betrachten, dessen Beseitigung »durchaus nicht phantastische Ausblicke« für die politische Entwicklung in Deutschland und darüber hinaus in ganz Europa eröffnete. »Ein Ziel«, erklärte er, »des Schweißes und der Freiheit und des Blutes der Edelsten wahrlich wert.« Entsprechend dieser hohen Zielsetzung mußte auch der Einsatz der Sozialdemokratie hoch sein. Dabei meinte Liebknecht, daß die Kernfrage schon lange nicht mehr war: »Ob Massenstreik oder nicht«, sondern nur noch »Wann und unter welchen Bedingungen« lauten konnte. Die SPD durfte sich nicht damit begnügen, Macht »anzusammeln«, sondern sie auch zur Durchsetzung politischer Forderungen »anzuwenden«. »Mit Versammlungen«, bemerkte er mit Blick auf die bisher angewandte Taktik, »kommen wir in der Wahlrechtsfrage schon längst nicht mehr weiter.« Das adäquate Machtmittel des Proletariats in der innergesellschaftlichen Auseinandersetzung war der »Streik«, der »neben dem Boykott diejenige Anwendungsform der proletarischen Macht« darstellte, die der »sozialen Natur des Proletariats« am meisten entsprach. Daß dessen Anwendung nicht auf Anhieb erfolgreich sein würde, sondern vor allem in der Anfangszeit auch Niederlagen bringen konnte, gab Liebknecht zu. Trotzdem hielt er die Anwendung des Massenstreiks für die einzig mögliche Alternative. Dabei gab er zu bedenken, daß die Niederlagen nur temporär sein konnten. An die Entwicklung der deutschen Arbeiterbewegung erinnernd führte er aus: »So wahr die deutsche Sozialdemokratie wie die deutschen Gewerkschaften in rauher Kampfnatur aufgewachsen sind und ihre Unüberwindlichkeit dadurch bewiesen haben, daß sie von ihren Niederlagen stets mit vermehrten Antäuskräften aufgestanden sind, um weiterzukämpfen, so wahr sind Kampfesorganisationen, die, wenn der Moment ruft, die Gefahr einer Niederlage nicht scheuen, besser als solche, die durch Vermeidung entscheidender Kämpfe einer Niederlage auszuweichen suchen.« Liebknecht gestand den Gegnern des Massenstreiks ohne weiteres zu, daß es »hirnverbrannt« wäre, zu glauben, man könne eine Massenstreiksituation »diplomatisch erlisten«. Gleichermaßen hielt er es aber auch für falsch, aus »Besorgnis, die bisherigen Organisationen und Institutionen des Proletariats, die doch nur Mittel zum Zweck sind, zu gefährden«, jeder Auseinandersetzung aus dem Weg zu gehen. Den zaudernden Partei- und Gewerkschaftsführern rief er dabei zu: »Es heißt wägen, besonnen abwägen, dann aber auch wagen.« Für die konkrete Parteiarbeit ergaben sich nach Liebknechts Dafürhalten keine wesentlichen neuen Aufgaben aus der Anwendung des Massenstreiks, denn die Partei hatte den Streik nicht zu »machen«, sondern die Massen bewußtseinsmäßig auf ihn vorzubereiten. »Es gilt«, beschrieb er die mögliche Entstehung einer Massenstreiksituation, »den zu beschreitenden Weg zunächst geistig, im Bewußtsein der Massen der Wahlrechtskämpfer zu bahnen. Ist der Weg des Massenstreiks als der allein mögliche für die wirksame Ausnützung der von leidenschaftlichem Kampfmut getragenen proletarischen Macht klar erkannt, so muß diese Erkenntnis verbreitet werden, so daß der Wille und die Kampfbereitschaft der empörten Massen schließlich spontan dieses Kampfmittel ergreift.«

Der Kampf gegen Preußen wurde von politischen Grundanschauungen getragen, die sich in keiner Weise von denen unterschieden, die bei der Untersuchung der bisherigen Tätigkeitsfelder von Karl Liebknecht festzustellen waren. Genau wie der sozialdemokratische Rechtsanwalt und der antimilitaristische Agitator sowie der Jugendagitator wollte auch der Kämpfer gegen Preußen letztlich nichts anderes als beitragen zur Höherentwicklung des Proletariats und darüber hinaus zur Höherentwicklung der gesamten Menschheit. Der preußische Staat mit seinen einseitig auf die Interessen der herrschenden Kreise zugeschnittenen Verhältnissen stellte das genaue Gegenteil dar von dem, was der sozialdemokratische Politiker mit seinem humanitär-rechtlichen Ideal verwirklichen wollte. Der rückständige Preußenstaat blockierte aber nicht nur die politische und kulturelle Entwicklung in Deutschland, er behinderte auch mit seinem Einfluß im Deutschen Reich die Entwicklung in Europa. Dabei wird auch hier wieder deutlich, daß Liebknecht die Sozialdemokratie als Emanzipationsbewegung und damit als »Motor« der von ihm angestrebten Höherentwicklung verstanden hat. Indem er die Massen über das Wesen und Funktionieren des preußischen Klassenstaates aufklärte, wollte er sie zu politisch bewußtem Handeln im Sinne der Höherentwicklung veranlassen. Der Kampf gegen Preußen offenbart aber nicht nur die Kontinuität in den Motiven und Zielen, er bestätigt auch die politisch-theoretischen und politisch-taktischen Vorstellungen. Auch der Kampf gegen Preußen ging letztlich von dem unmarxistisch-reformistischen Ansatz aus, die von Marx postulierte Verelendung des Proletariats und damit die Voraussetzung für die gewaltsame Konfrontation der Klassen zu verhindern. Liebknechts Forderungen waren nicht »revolutionär« aufgrund ihres »revolutionären« Ansatzes, sondern ganz allein wegen des reformunfähigen preußischen Kontextes, der jede Form von Reform zu einer »revolutionären Angelegenheit« werden ließ. Politisch-taktisch schließlich ist auch im Kampf gegen Preußen das Prinzip der »aktiven Oppositionspolitik« wiederzufinden, denn was Liebknecht verlangte, war nichts anderes, als daß die Partei zu einem aktiven Element in der preußisch-deutschen Politik werden sollte. Da die proletarischen Massen das Machtpotential der SPD waren, befürwortete er eine konsequente Aufklärungspolitik, um die Massen zu mobilisieren und damit Druck auszuüben auf die Regierung und die herrschenden Kreise. Wenn er dabei die Anwendung der von der Arbeiterpartei angesammelten Macht forderte, selbst auf die Gefahr hin, Niederlagen einstecken zu müssen, so redete er damit keineswegs einer Politik der Gewalt das Wort. Die Anwendung von Gewalt konnte für Liebknecht allein schon deshalb keine gestaltende Komponente der gesellschaftlichen Fortentwicklung sein, weil sie den Emanzipationsprozeß des Proletariats weder beschleunigen noch beenden konnte. Nicht das Proletariat, sondern die herrschenden Kreise brachten die Gewalt in die innergesellschaftliche Auseinandersetzung, um ihre Privilegien zu wahren. Dies galt in erster Linie für die Oberschicht des preußischen Klassenstaates. Wollte man trotzdem die gesellschaftlichen Verhältnisse zugunsten des Proletariats verändern, so mußte man die herrschenden Kreise zu Konzessionen zwingen – notfalls auch mit Gewalt. Voraussetzung hierfür aber war, daß die proletarischen Massen über das entsprechende politische Bewußtsein verfügten, wobei Liebknecht letztlich hoffte, daß die herrschenden Kreise selbst in Preußen einer gewaltsamen Auseinandersetzung ausweichen würden.

Liebknechts Vorstellungen vom Kampf gegen Preußen haben sich in der SPD nicht durchsetzen können. Wie auch schon vorher zu beobachten, erstreckte sich die »negative Rezeption« auf die gesamte Führungsschicht der Partei. Nirgends wird dies deutlicher als bei der Reaktion auf sein großes Referat zur preußischen Verwaltungsreform im Jahre 1910. Der Parteitag der preußischen SPD faßte zwar unter dem Eindruck der Mammutrede den Beschluß, das Referat und die »Leitsätze« als »Handbuch« herauszugeben[167], doch geschah ansonsten nichts, um Liebknechts detaillierte Vorschläge zu verwirklichen. In der parteiinternen Diskussion beispielsweise haben seine Empfehlungen überhaupt keine Rolle gespielt. Die führenden Parteivertreter hielten es nicht einmal für nötig, sich mit diesen auseinanderzusetzen. So stellte Rosa Luxemburg in einem Artikel fest, daß der Parteitag der preußischen SPD der Hauptfrage des Wahlrechtskampfes mit einer »mehr effektvollen als politisch wohlerwogenen Geste« aus dem Wege gegangen sei[168] und Joseph Bloch stellte ähnlich negativ in den *Sozialistischen Monatsheften* fest: »Der Parteitag der preußischen SPD 1910 hat für die Reform des preußischen Wahlrechts nichts Positives gebracht[169].« Voller Zufriedenheit konnte daher der Polizeibericht zur »allgemeinen Lage der sozialdemokratischen und anarchistischen Bewegung« die Feststellung treffen: Liebknechts Referat habe die sozialdemokratische Agitation in keiner Weise »bereichert« oder »befruchtet«[170].

Die Parteiführung der SPD hatte der Wahlrechtsbewegung von Anfang an skeptisch gegenüber gestanden, denn sie befürchtete, daß die nur schwer kontrollierbaren Massendemonstrationen zu Auseinandersetzungen mit den staatlichen Instanzen führen konnten. Schon beim ersten Aufflammen der Bewegung 1907/8 meinte August Bebel in einem Brief an Victor Adler: »Die Situation ist gespannt, und an den entscheidenden Stellen besteht die Absicht, mit *allen* Mitteln gegen uns loszugehen, sobald wir eine Handhabe dazu bieten[171].« Um den »entscheidenden Stellen« diese »Handhabe« nicht zu bieten, tat die Parteiführung genau das Gegenteil von dem, was Liebknecht in seinen Festungsbriefen gefordert hatte. Statt die Demonstrationen zu fördern und mit weiterführenden politischen Zielen zu verbinden, dämpfte sie die Aktionsbereitschaft der Massen und leitete sie in die geordneten Bahnen der von Liebknecht »verfluchten« Massenversammlungen. Beinah selbstzufrieden erklärte Bebel gegenüber Adler: »Zunächst haben wir erreicht, daß die Aufmerksamkeit im In- und Ausland auf die preußische Wahlrechtsschande gelenkt wurde und eine Aufregung in die weitesten

Kreise getragen wurde.« Den erfolgreichen Ausgang der preußischen Landtagswahlen im Jahre 1908 wertete die Parteiführung nicht als politisches Erwachen der proletarischen Massen, wie Liebknecht dies getan hatte, sondern sah darin eine Bestätigung ihrer bisherigen Taktik: »Ausbau der Parteiorganisation«. Im Vorstandsbericht an den Nürnberger Parteitag 1908 heißt es: »Geht man den Ursachen der sozialdemokratischen Mandatserfolge nach, so muß man als entscheidend anerkennen den vorzüglichen Stand der Organisationen in den beteiligten Wahlkreisen[172].« Als dann die Wahlrechtsbewegung 1908/9 erneut aufflammte, reagierte die SPD-Führung noch weniger aktiv als beim ersten Mal, denn sie war mit dem Ausbalancieren innerparteilicher Gegensätze vollauf beschäftigt. Schuld daran war die Entwicklung in Süddeutschland[173], wo die Landtagsfraktionen die politische Quarantäne der SPD durchbrochen hatten und mit den fortschrittlich bürgerlichen Parteien zusammenarbeiteten. Folge dieser Zusammenarbeit war die Bewilligung der jeweiligen Landesbudgets im Sommer 1908[174]; eine Entscheidung, die durch keinen Parteitagsbeschluß gedeckt war, sondern sogar im Widerspruch zu den Beschlüssen von Lübeck (1901) und Dresden (1903) stand[175]. Es kam zu einer heftigen innerparteilichen Kontroverse, die im Herbst 1908 auf dem Parteitag in Nürnberg ausgetragen wurde. Wie stark die Spannungen waren, mag man der Tatsache entnehmen, daß sich die norddeutschen Organisationen nicht scheuten, von Parteiausschluß zu sprechen[176], während die süddeutschen Genossen voll und ganz hinter ihrer Aktion standen, da sie glaubten, eine Strategie gefunden zu haben, die, übertragen auf die Ebene des Reichstages, geeignet schien, den preußisch-deutschen Klassenstaat gleichsam von innen heraus aufzuweichen und damit auf parlamentarischem Wege zu demokratisieren. Liebknecht, der die Kontroverse von der Festungshaft aus verfolgte, hielt das Vorgehen der süddeutschen Genossen für falsch, da es seiner Meinung nach auf einer illusorischen Einschätzung der politischen Machtverhältnisse in Preußen-Deutschland beruhte. Als zwei Jahre später auf dem Magdeburger Parteitag 1910 erneut über das Thema der süddeutschen Budgetbewilligungen verhandelt werden mußte, rief er den Delegierten aus Süddeutschland zu: »Die politische und wirtschaftliche Zukunft Deutschlands, das ist – leider – gewiß nicht Baden; die Zukunft Süddeutschlands ist viel eher

Norddeutschland[177].« Trotzdem zeigte der preußische Sozialdemokrat Verständnis für das Fehlverhalten der süddeutschen Parteifreunde. Dem Parteitagsdelegierten seiner Wahlkreisorganisation, August Paris, schrieb er am 31. August 1908: »Das süddeutsche Parlamentsparkett ist übrigens – für deutsche Verhältnisse! – ganz verflucht glatt und ich wüßte manchen Norddeutschen, der jetzt Zeter und Mordio schreit und dort unten auch ausrutschen würde[178].« Besonders bedauerte Liebknecht, daß die Kontroverse von beiden Seiten derart emotionalisiert worden war, daß eine sachliche Diskussion auf dem Nürnberger Parteitag so gut wie aussichtslos schien. Eine solche Diskussion war aber unbedingt notwendig, denn die Budgetbewilligung war, wie er Kautsky gegenüber am 12. September betonte[178a], ein »Schulfall«, an dem die Parteiführung das »Wohin« und »Woher« der Partei ein für allemal demonstrieren müsse. Um doch noch eine sachliche Erörterung zustande zu bringen, machte Liebknecht in seinen Briefen an August Paris und Karl Kautsky, der auf Wunsch des Parteivorstandes von der Parteiorganisation Potsdam – Spandau – Osthavelland zum Nürnberger Parteitag delegiert worden war[179], detaillierte Vorschläge, wie die Tagesordnung des Parteitages zu diesem speziellen Punkt gestaltet werden könnte. So bat er beispielsweise, daß das Thema »Budgetbewilligung« nicht nebenher beim Vorstandsbericht erörtert werden sollte, sondern als eigenständiger Punkt auf die Tagesordnung gesetzt werden müßte. Außerdem sollten die süddeutschen Genossen die Aufgabe des »Hauptreferates« übernehmen, da nur so gewährleistet würde, daß diese »von Anfang an klar Farbe« bekannten und das »ganze Füllhorn ihrer ›Gründe‹«[180] ausschütteten. Der Parteivorstand verfuhr jedoch genau so, wie es Liebknecht hatte verhindern wollen. Das Thema »Budgetbewilligung« wurde nebenher beim Vorstandsbericht verhandelt[181] und mit einem Referat von August Bebel[182] eingeleitet, das, wie der Stuttgarter Delegierte Hildebrandt zufrieden feststellte, im Ton durchaus dem vermittelnden Standpunkt eines Parteivorsitzenden entsprach[183]. Danach hielt Ludwig Frank im Auftrag der Süddeutschen das Koreferat[184]. Eine sachliche Diskussion, wie sie Liebknecht gewünscht hatte, kam nicht zustande; bestenfalls konnte man von einem Schlagabtausch der beiden Seiten sprechen. Ein konkretes Ergebnis wurde nicht erreicht. Zwar nahm man mit großer Mehrheit einen Antrag des Parteivorstandes und der Kontrollkommission an, der die Entscheidung der süddeutschen Landtagsfraktionen verurteilte[185], doch erfuhr dieser Beschluß eine Relativierung dadurch, daß 66 Delegierte eine Erklärung zu Protokoll gaben, in der die Landesorganisation als »zuständige Instanz« für die »speziellen Angelegenheiten der Landespolitik« bezeichnet wurde[186].

Angesichts dieser Auseinandersetzungen war es klar, daß die Parteiführung weder Zeit noch Interesse hatte, sich mit der Wahlrechtsbewegung von 1908/9 zu befassen. Hinzukam, daß die Parteispitze wegen der zeitweiligen Erkrankungen von Bebel und Singer weitgehend funktionsunfähig war[187]. Die zweite Führungsgarnitur der Partei – Friedrich Ebert wurde 1905, Hermann Müller-Franken 1906 in den Vorstand berufen[188] – verfügte zu diesem Zeitpunkt aber weder über die politische Erfahrung noch über das innerparteiliche »Know-how«. Dadurch verlagerte sich das Schwergewicht innerhalb der Arbeiterbewegung automatisch von der Partei- auf die Gewerkschaftsführung. Die Gewerkschaftsführer aber hatten dem Gedanken außerparlamentarischer Aktionen nie sonderlich große Beachtung geschenkt[189]. Als daher im Jahre 1910 die Wahlrechtsbewegung in ihre dritte Phase trat, war retrospektiv betrachtet, von vornherein klar, daß die Parteiführung bestenfalls »negativ« reagieren würde[190]. Zum einen hatte sie es zwischenzeitlich versäumt, konkrete politische Ziele zu entwickeln, die im Zusammenhang mit den Wahlrechtsdemonstrationen hätten verfolgt werden können, und zum anderen hatte sie in beiden vorangegangenen Jahren Mechanismen entwickelt, um die Aktivität der Massen in geordnete Bahnen zu lenken. Entsprechend diesem »Rollenverhalten« verfuhr sie auch jetzt. Statt die Bewegung aktiv zu unterstützen, verwendete sie ihre ganze Energie darauf, die Begeisterung der Massen zu dämpfen. Dies ging sogar so weit, daß man sich mit der Berliner Polizei »arrangierte«, um Versammlungen unter freiem Himmel abzuhalten[191]. Aus ähnlichen Gründen mußte dann auch die Massenstreikdebatte des Jahres 1913 erfolglos enden, obwohl sich zu diesem Zeitpunkt selbst »rechte« Parteiführer wie beispielsweise Ludwig Frank[192] für die Anwendung dieses Kampfmittels zur Erringung des demokratischen Wahlrechts in Preußen aussprachen. Die Voraussetzungen dafür waren einfach nicht mehr gegeben, und zwar weder auf Seiten der Parteiführung noch auf der

der Massen. Wie sollte denn die in der breiten Führungsschicht von Partei und Gewerkschaften vorherrschende Aversion gegen den Massenstreik, die seit 1905 eifrig geschürt worden war, von heute auf morgen abgebaut werden? Die Begeisterung der Massen wiederum hatte sich allmählich erschöpft, wobei zu bedenken ist, daß diese Jahre hindurch Aktionsbereitschaft und Aktionswillen gezeigt hatten, ohne damit irgendwelche konkreten Ergebnisse erzielen zu können.

Die Frage, ob sich Karl Liebknecht seiner Wirkungslosigkeit innerhalb der breiten Führungsschicht der SPD bewußt gewesen ist, läßt sich aufgrund fehlender Quellenaussagen nur schwer beantworten. Nur einmal blitzte in seiner Korrespondenz so etwas wie Verärgerung, wenn nicht gar Verbitterung über die passive Haltung der Parteispitze auf. Angesichts der heftigen Wahlrechtsdemonstrationen im Januar 1909 bemerkte Liebknecht in einem Schreiben an Paul Hirsch: »Natürlich keine Revolution, wovor so vielen Schlappschwänzen bangt und die trotz aller Verdrehungen ja auch Kautsky ganz und gar nicht will[193].« Trotzdem dürfte ihm die Erkenntnis seiner Isolierung allein schon dadurch erschwert worden sein, daß er in seinen Vorstellungen Übereinstimmung mit allen drei Richtungen innerhalb der Partei aufwies, was ihm zwangsläufig das Gefühl vermitteln mußte, »mitten drin« zu stehen. Mit den Vertretern des »rechten« Parteiflügels beispielsweise stimmte er darin überein, daß die Parteiführung aus ihrer bisherigen passiven Haltung herausgeführt und zu einem mitbestimmenden Faktor in der preußisch-deutschen Politik gemacht werden müsse. Mit den »linken« Vertretern verband ihn die Auffassung, daß in Preußen-Deutschland die »Machtfrage« nicht innerhalb sondern außerhalb des Parlaments entschieden wurde und daß die Partei deshalb ihre außerparlamentarischen Machtmittel, insbesondere die Mobilisierung der Massen zu forcieren hatte. Mit der Parteiführung schließlich ging Liebknecht konform, was die vermittelnde Haltung bei innerparteilichen Auseinandersetzungen anbelangte. Neben diesen Übereinstimmungen wies Liebknecht jedoch gegenüber allen drei Parteirichtungen Unterschiede auf, die ihn letztlich rundum isolierten. Die Gründe dieser Isolierung waren dabei genau dieselben, die schon 1902 zu der negativen Reaktion auf seinen programmatischen Aufsatz »Die neue Methode« geführt hatten und die auch zwischen

1904 und 1907 zur Ablehnung seiner Antimilitarismusagitation sowie der Bemühungen um eine sozialdemokratische Jugendbewegung geführt hatten. Die Vertreter des »rechten« Parteiflügels empfanden die Vorschläge des Antipreußenkämpfers als zu »radikal«, denn die Forderung nach einer konsequenten Aufklärungsagitation zur Mobilisierung der Massen gefährdete ihre Strategie der parlamentarischen Zusammenarbeit mit den bürgerlichen Parteien. Die Vertreter des »linken« Flügels dagegen hielten Liebknecht für zu »untheoretisch« und »unmarxistisch«, um sich mit ihm auseinanderzusetzen. Sein konsequent gegen Preußen gerichtetes Wirken empfanden sie sogar als konzeptionslos und eklektisch. Verärgert schrieb beispielsweise Rosa Luxemburg auf dem Höhepunkt der Wahlrechtsbewegung von 1910 an ihren polnischen Freund Leo Jogiches: »Liebknechts Haltung ist so wie immer: ein Sprung nach rechts, einer nach links[194].« Gegenüber der Parteiführung schließlich unterschied sich Liebknecht dadurch, daß er konsequenter die Schlußfolgerungen aus seinen Analysen der preußisch-deutschen Gesellschaft zog. So erkannte beispielsweise auch August Bebel den fatalen Einfluß, den Preußen auf die politische Entwicklung in Deutschland und darüber hinaus in Europa ausübte. In seinem Referat auf dem Nürnberger Parteitag prophezeite er, daß »Kopf und Kragen« riskiert werden müsse, bevor Preußen-Deutschland demokratisiert werden könne[195]. Statt aber die Partei auf die damit notwendig werdenden Auseinandersetzungen vorzubereiten, entwickelte er eine Politik, die Dieter Groh anschaulich als »negative Integration und revolutionären Attentismus« beschrieben hat[196]. Formell war sie zwar revolutionär ausgerichtet, lief inhaltlich jedoch auf die Angleichung an die bestehenden politischen Verhältnisse hinaus, ohne allerdings der politischen Gegenseite irgendwelche Konzessionen abzuverlangen.

Betrachtet man Liebknechts Vorstellungen vom Kampf gegen Preußen auf dem Hintergrund der Auffassungen, wie sie von den drei Hauptströmungen innerhalb der SPD vertreten wurden, so kommt man zu dem Schluß, daß sie durchaus eine Alternative zur offiziellen Parteipolitik hätten darstellen können. Sicherlich ist es richtig, daß seine Vorschläge zur Durchführung außerparlamentarischer Aktionen vor allem während der Festungshaft »realitätsfern« waren – er selbst hat sie während der Wahlrechtsbewegung von 1910 korrigiert. Dennoch gingen seine Überlegungen in die richtige Richtung. Wollte die SPD die gesellschaftlichen Verhältnisse ändern, so mußte sie aktiv ins politische Geschehen eingreifen. Hatte Liebknecht dies mit seiner Antimilitarismus- und Jugendagitation getan, so führte er jetzt diese Politik mit dem Kampf gegen Preußen fort. In seiner Aufklärungsagitation zeigte er dabei die Machtpositionen der herrschenden Kreise im Detail auf und entwickelte konkrete Vorstellungen, wie die Partei den Kampf gegen diese effektiver gestalten konnte. Die »rechten« Parteiführer beispielsweise konzentrierten sich dermaßen auf ihre parlamentarische Arbeit, daß sie den gesamtgesellschaftlichen Rahmen Preußen-Deutschlands übersahen und dadurch von einer Sackgasse in die andere gerieten mit dem Endergebnis, daß sie bei Ausbruch des Ersten Weltkrieges ernsthaft glaubten, die politische Gleichberechtigung des Proletariats mit Hilfe einer aktiven Beteiligung am Krieg zu erreichen. Die linken Parteiführer wiederum befaßten sich in ihren theoretischen Arbeiten mit derart weit vorausgreifenden Fragen, daß sie die Massen eher verwirrten als aufklärten. Wie das Beispiel Rosa Luxemburg zeigt, scheinen sie dabei eher in der breiten Führungsschicht der Partei als bei den Massen selbst verankert gewesen zu sein; sie waren eher »Aushängeschilder« und vielleicht auch »Starredner«, mit der praktischen Parteiarbeit hatten sie jedoch wenig zu tun. Die Parteiführung schließlich sah in zunehmendem Maße ihre Aufgabe darin, innerparteiliche Krisen zu »managen« und verlor dabei fast vollkommen die Zweck-Mittel-Relation sozialdemokratischer Politik aus den Augen. Dabei ist zu bedenken, daß sie mit ihrer passiven Haltung die Krisen in der Partei zumindest mit heraufbeschworen hatte. Sowohl der »rechte« Ludwig Frank als auch der »linke« Karl Liebknecht entwickelten ihre aktive Politik nicht zuletzt aus der Opposition gegen die inaktive Politik des Parteivorstandes heraus.

Legt man Liebknechts eigenen Werdegang zugrunde, so kann man sagen, daß sein Kampf gegen Preußen durchaus erfolgreich gewesen ist, denn die Wähler honorierten seinen unermüdlichen und opferbereiten Einsatz und wählten ihn am 25. Januar 1912 als Vertreter des Kaiserwahlkreises Potsdam – Spandau – Osthavelland in den Reichstag. Als er von einem französischen Journalisten nach den Ursachen seines Wahlerfolges gefragt wurde, erklärte er beinah lapidar: »Ganz einfach deshalb, weil die meisten Proletarier sowie die Kleinhändler und manche unteren Beamten für mich gestimmt haben[197].«

Die Agitation gegen das zaristische Rußland

Die Agitation gegen das zaristische Rußland gehörte praktisch von Anfang an zu den politischen Tätigkeitsfeldern von Karl Liebknecht, denn als Verteidiger russischer Emigranten vor preußischen Gerichten hatte er indirekt auch schon gegen das Zarenreich agitiert. Als sozialdemokratischer Politiker suchte er nun diese Agitation vom Gerichtssaal auf die allgemein politische Ebene zu verlagern. Wie er 1909 auf dem Leipziger Parteitag erklärte, sah er dabei das Ziel seiner Agitation darin, der »mittelalterlichen Roheit und Blutrünstigkeit jenes Regimes das Schandmal« aufzudrücken[198]. Zu diesem Zweck hatte er noch vor seiner Inhaftierung im Sommer 1907 entscheidend dazu beigetragen, daß die Berliner Sektion der SDAPR eine Pressekorrespondenz mit dem Titel »Russisches Bulletin«[199] gründete. Nachdem er dann im Frühjahr 1909 seine Haftstrafe verbüßt hatte und als »gefeierter Hochverräter« ins politische Leben zurückkehrte, machte er die Verhältnisse im Zarenreich in zunehmendem Maße zum Gegenstand seiner politischen Reden. Als beispielsweise Zar Nikolaus II. im Sommer 1909 mit Wilhelm II. auf den finnischen Schären zusammentraf[200], nutzte Liebknecht eine Veranstaltung in Kiel, von wo aus der deutsche Kaiser seine Reise antrat, um am 27. Juli in einer Protestversammlung über die innerrussischen Zustände zu berichten und daraus Folgerungen für die deutsch-russischen Beziehungen abzuleiten[200a]. Waren diese Verhältnisse schon zu Beginn des 20. Jahrhunderts derartig gewesen, daß sich jeder »halbwegs anständige Mensch bekreuzigte«, begann Liebknecht sein Referat, so hatten sich diese Verhältnisse im Anschluß an die gescheiterte Revolution von 1905 in unerträglicher Weise verschärft. Dies galt besonders für die Behandlung der politischen Häftlinge, die naturgemäß am meisten unter den Folgen der »Gegenrevolution« zu leiden hatten. Zu Tausenden, ja Zehntausenden starben sie in den überfüllten Gefängnissen an Hunger und Krankheit, berichtete der Antizarist seinen Zuhörern. Viele der Häftlinge begingen sogar aus Verzweiflung Selbstmord. Ähnlich brutal war auch die Behandlung der nach Sibirien Verbannten, die zum Teil an den kältesten Orten der Erde ohne ausreichenden Schutz dahinvegetierten. Für all diese Dinge machte Liebknecht den russischen Kaiser direkt verantwortlich. Auf die absolutistische Verfassung des Zarenreiches hinweisend erklärte er: »Die Auffassung, als ob der Zar keine Schuld habe an den russischen Verhältnissen, ist eine Auffassung, die dem ganzen Prinzip und der ganzen Auffassung des absolutistischen Regierungssystems, des Gottesgnadentums, widerspricht.« Waren die unmenschlichen und ungerechten Zustände im Zarenreich allein schon Grund genug, um eine antizaristische Agitation zu entfachen, so gab es für das deutsche Proletariat nach Liebknechts Dafürhalten auch noch einen direkten politischen Grund, eine solche Propaganda zu betreiben. Auf die von ihm schon im Zusammenhang mit dem Königsberger Prozeß geäußerte Interdependenz der beiden konservativen Staaten Europas hinweisend rief er aus: »Wenn in Rußland nicht die Reaktion herrschte, würde das Dreiklassenwahlrecht in Preußen nicht einen Tag mehr bestehen.« Aus diesem Grunde ließ Liebknecht auch das vor allem von bürgerlicher Seite vorgebrachte Argument der »Nicht-Einmischung« in die inneren Angelegenheiten Rußlands nicht gelten. Andernfalls, so argumentierte er, würden dann ja auch die Regierungen in die innerrussischen Angelegenheiten eingreifen, wenn sie den Zaren als Staatsgast einluden. »Wenn der Zar kommt«, erklärte Liebknecht, »dann kommt er als Repräsentant des Systems und in seinem Titel repräsentiert sich die ganze russische Schmach.« Der Antizarist rief daher die Zuhörer zu einer verstärkten Aufklärungsagitation gegen den despotischen Zarenstaat auf. »Es ist notwendig«, hieß es am Schluß seiner Rede, »daß wir den Haß und die Empörung gegen den Zarismus, die in uns lohen, zum Ausdruck bringen, daß wir der deutschen Bevölkerung zum Bewußtsein bringen, daß der Kampf auch geführt werden muß gegen die preußische Reaktion, die eine Stütze in der russischen hat, daß eine politische Quarantäne gegen Rußland errichtet wird.« Liebknecht ließ es nicht bei dieser einen Rede bewenden, sondern brachte kurze Zeit später den Zarenbesuch auch auf dem Leipziger Parteitag zur Sprache[201]. In einer Rede zur Begründung des Antrages ging er dabei vor allem auf die schikanöse Behandlung der russi-

Karl Liebknecht im Kreise russischer Emigranten um 1905. Links vor ihm kniend Leon Trotzky; rechts neben ihm seine Mutter Natalie Liebknecht. Ganz rechts außen, kniend, seine erste Frau Julia, geb. Paradies.

schen Emigranten durch die preußischen Behörden ein und meinte: »Es ist eines Kulturlandes unwürdig, daß man den Ausländern jede politische Tätigkeit in dieser Weise verbietet. Das finden Sie nicht in England, nicht in der Schweiz, nicht in Belgien, auch nicht in Skandinavien und auch nicht in Österreich. Es gibt kein anderes Land als Rußland selbst, daß sich in dieser Beziehung mit Deutschland messen kann.«

Für wie wichtig Karl Liebknecht die Agitation gegen das zaristische Rußland hielt, mag die Tatsache verdeutlichen, daß er sogar bereit war, politische Überlegungen zurückzustellen, wenn es darum ging, das deutsche Proletariat und die deutsche Öffentlichkeit über die Verhältnisse im Zarenreich zu informieren. Noch im Jahre 1909 setzte er sich dafür ein, daß eine von dem Anarchisten Fürst Peter Kropotkin verfaßte Broschüre mit dem Titel »The Terror in Russia« ins Deutsche übertragen und im Stuttgarter Dietz-Verlag publiziert wurde[202]. Die Broschüre war im Auftrage einer britischen Parlamentskommission unter Heranziehung offizieller und halboffizieller Statistiken sowie unter Zuhilfenahme von Flüchtlingsberichten erarbeitet worden und stellte einen Appell an die britische Nation dar. Wie der Korrespondenz zwischen Liebknecht und Kropotkin zu entnehmen ist[203], hatte Liebknecht zunächst beabsichtigt, die Broschüre sogar im *Vorwärts*-Verlag mit einem Vorwort von August Bebel herauszubringen, doch hatte sich diese Absicht aus bisher noch unbekannten Gründen zerschlagen.

Ein Jahr später erhielt Karl Liebknecht erneut Gelegenheit, die Aufmerksamkeit der SPD und der deutschen Öffentlichkeit auf die russischen Verhältnisse zu lenken, als Nikolaus II. auf Einladung der preußischen und hessischen Regierung zu einem offiziellen Besuch in Deutschland weilte[204]. Auf dem Magdeburger Parteitag 1910 brachte er einen Antrag ein[205], der in äußerst scharfer Form den bevorstehenden Besuch verurteilte. Seine Rede zur Begründung des Antrages[206] fiel sogar noch schärfer aus. Unter großer Bewegung der Delegierten rief der Antizarist aus: »Wenn sich das deutsche Volk in vollem Umfange bewußt wäre, daß es den Vertreter des verbrecherischsten Regierungssystems, das jemals auf der Erde herrschte, auf deutschem Boden dulden soll, wenn sich das deutsche Volk bewußt wäre, was das russische Volk unter der Knute und dem Galgen und den Staatsstreichen dieses Regimes zu leiden hat, dann würde eine solche Aufregung, ein solcher Zorn aufflammen müssen, daß der Zar, dieser gekrönte Verbrecher, nicht in der Lage wäre, den deutschen Boden durch seine Anwesenheit länger zu schänden.« Es verstand sich von selbst, daß die staatlichen Instanzen Liebknechts Vorgehen nicht einfach hinnehmen konnten. Im Februar 1911 eröffnete der Staatsanwalt ein Verfahren gegen Karl Liebknecht wegen Zarenbeleidigung[206a], allerdings nicht vor dem zuständigen Zivilgericht, sondern vor dem Ehrengerichtshof der preußischen Rechtsanwälte in Berlin. Wie man Liebknechts Ausführungen im späteren Prozeß entnehmen kann[207], hatten es die preußischen Justizorgane sogar »ausdrücklich abgelehnt«, wegen der »angeblichen strafbaren Beleidigungen« gegen ihn zu ermitteln. Vermutlich hielten es die staatlichen Instanzen eingedenk der Erfahrungen aus dem Königsberger Prozeß für angebracht, den Weg des nicht-öffentlichen Ehrengerichtsverfahrens zu beschreiten, um der Gefahr einer öffentlichen Blamage aus dem Wege zu gehen. Das Verfahren wurde am 11. Oktober 1911 vor der Anwaltskammer der Mark Brandenburg verhandelt. In seiner Verteidigungsrede, über die die *Leipziger Volkszeitung* zwei Tage später ausführlich berichtete, ging Liebknecht zunächst ausführlich auf den Vorwurf ein, daß seine Äußerungen über den Zaren von der Form her gegen die »Würde und den Anstand« des Anwaltsstandes verstoßen hätten. Dabei gestand er dem Staatsanwalt ohne weiteres zu, daß man selbst die »schwersten Angriffe« in die Form »eiserner Ruhe« kleiden konnte. Liebknecht hielt dies jedoch für eine Frage der »Naturen«, wobei er bemerkte, daß er sich selbst zu jenen »Naturen« zählen würde, »die das Bedürfnis haben, ihrem Gefühl grenzenloser Empörung auch in starken Worten Luft zu machen«. Wie er weiter ausführte, erklärte sich sein großes Engagement für die »russische Sache« nicht nur daraus, daß er sich, wie »jeder Politiker« oder »jeder Kulturmensch« für die Verhältnisse in Rußland interessierte, sondern es war auch durch seine engen persönlichen Beziehungen zur russischen Bevölkerung bedingt. »Ich bin«, bekannte er dem Gericht, »seit über acht Jahren in dauerndem, engstem Konnex mit zahlreichen Russen, Angehörigen der verschiedenen oppositionellen Parteien Rußlands, natürlich vor allem der russischen Sozialdemokratie.« Danach ging er dann auf die Zustände im Zarenreich selbst ein und beschrieb den katastrophalen und korrupten Einfluß, der seiner Meinung nach von Rußland auf Europa, insbesondere Preußen ausging. Ein Fazit seiner Argumentation ziehend, endete er: »Es gilt, sich hineinzuversetzen, wie ich mich lebendig hinein versetzt habe, will man meine Empfindungen verstehen und würdigen. Ich betrachte es als eine natürliche Pflicht jedes Kulturmenschen, seine Kräfte in den Dienst der Befreiung des russischen Volkes aus dieser Hölle zu stellen. Und der Zar ist für all diese Zustände höchst persönlich voll verantwortlich. Er ist ja der Hauptträger der Regierung nach seiner eigenen Ansicht.« Angesichts dieser Sachlage war er nicht bereit, »auch nur ein Jota« von dem zurückzunehmen, was er gesagt hatte. Liebknechts Verteidigungsrede hatte Erfolg, denn das Gericht schloß sich nicht der Ansicht des Staatsanwaltes an, sondern erteilte dem Antizaristen lediglich eine »Rüge«, wogegen sowohl er als auch der Staatsanwalt Einspruch erhoben[208]. Aufgrund der parlamentarischen Immunität von Karl Liebknecht während der Sitzungsperioden des preußischen Abgeordnetenhauses und später des Reichstages zog sich die Berufungsverhandlung bis in das Jahr 1914 hinein und trug entscheidend dazu bei, daß Liebknecht schon bald nach Kriegsausbruch die wahre Absicht der von Reichskanzler Bethmann Hollweg in der Endphase der Julikrise 1914 ausgegebenen Parole vom »Verteidigungskrieg gegen den Zarismus« durchschauen sollte.

Liebknechts antizaristische Agitation fand zwar großen Widerhall in der deutschen Sozialdemokratie – sowohl der Leipziger als auch der Magdeburger Parteitag nahmen seine Anträge »einstimmig« an[209], konnte jedoch nicht recht ins Bürgertum hineindringen. Daß aber auch bürgerliche Vertreter für eine Agitation gegen das zaristische Rußland gewonnen werden konnten, davon war Liebknecht nicht zuletzt aufgrund der Erfahrungen aus dem Königsberger Prozeß überzeugt. Voraussetzung für eine solche gemeinsame Agitation allerdings war, daß parteipolitische Überlegungen außer acht gelassen wurden. Als im Jahre 1913 Nikolaus II. aus Anlaß des dreihundertjährigen Regierungsjubiläums des Hauses Romanow eine Amnestieerklärung erließ, die die politischen Gefangenen und Verbannten nicht mit einschloß, lag ein aktueller Anlaß vor, um eine großangelegte Protestbewegung in Gang zu setzen[210]. Die Tatsache, daß es sich dabei um politische Gefangene und Verbannte handelte, hatte nur bedingt etwas mit politischen Überlegungen zu tun. »Schon darum«, erklärte er in seinem nicht mehr gehaltenen Referat zum Wiener Kongreß der II. Internationale, »aber auch im Namen der Menschlichkeit und des Kulturgewissens«[211]. Inwieweit die Idee zu dieser Aktion direkt von Liebknecht stammte, läßt sich aufgrund fehlender Quellen nicht sagen; eine solche Frage ist allerdings auch unerheblich, denn die Idee paßte auf jeden Fall in das Konzept seiner antizaristischen Agitation.

Karl Liebknecht, sein Sozius Oscar Cohn, der Deutsch-Russe Wilhelm Buchholz, der Schriftsteller Bernhard Kampffmeyer und die Frauenrechtlerin Minna Cauer bildeten zu Beginn des Jahres 1913 einen Arbeitskreis, der seine Aufgabe darin sah, den Wortlaut eines Aufrufes auszuarbeiten und eine Unterschriftensammlung dafür unter angesehenen Vertretern der Politik, Wissenschaft und Kunst zu organisieren[212]. Die Arbeit des Kreises war keineswegs straff organisiert, seine Mitglieder trafen sich in unregelmäßigen Abständen. Die Hauptarbeit scheint dabei von Wilhelm Buchholz geleistet worden zu sein, der seit etwa 1903 mit Liebknecht in »Russensachen« eng zusammenarbeitete[213]. Liebknecht selbst konnte aus verschiedenen Gründen der Aktion nicht seine ganze Aufmerksamkeit zuwenden. Als praktizierender Rechtsanwalt, als Stadtverordneter sowie Reichs- und Landtagsabgeordneter dürfte er dauernd mit dem Problem der Arbeitsüberlastung zu kämpfen gehabt haben. Darüber hinaus war er gerade zu diesem Zeitpunkt mit der Aufdeckung von Korruptionsfällen in der Rüstungsindustrie, namentlich der Krupp-Korruption[214], vollauf beschäftigt. Weiterhin dürfte er sich allerdings auch aus taktischen Erwägungen im Hintergrund gehalten haben, denn als »vorbestrafter Hochverräter« wollte er nicht von vornherein ängstliche bürgerliche Vertreter abschrecken. Sein Einfluß auf die Arbeit des Arbeitskreises war jedoch allein schon aufgrund seiner langjährigen Zusammenarbeit mit Buchholz nicht unerheblich. Dieser scheint auch ohne weiteres seine Autorität als »Russenfachmann« anerkannt zu haben. Am 21. April 1913 teilte er beispielsweise Kampffmeyer mit: »Wir werden diesmal wieder im Reichstag zusammenkommen müssen, weil bei dieser entscheidenden Sitzung die Teilnahme der Abgeordneten Cohn und Liebknecht dringend erwünscht ist[215].« Bei der Ausarbeitung des Aufrufes stützte sich der Arbeitskreis vor allem auf den Inhalt zweier Publikationen, in denen schon früher das Schicksal der politischen Gefangenen und Verbannten Rußlands dargestellt worden war. Zum einen handelte es sich um eine Schrift des Amerikaners George Kennan, dessen Schilderungen über das Leben der politischen Verbannten in Sibirien schon 1890 einen Sturm der Entrüstung in Europa entfacht hatten[216]; zum anderen stützte sich der Arbeitskreis auf die schon erwähnte Broschüre von Fürst Peter Kropotkin aus dem Jahre 1909.

Der Aufruf »Für die politischen Gefangenen und Verbannten Rußlands«[217] begann mit der Feststellung, daß seit Verkündung des Oktobermanifests im Jahre 1905 über 40 000 Personen wegen politischer Vergehen in Rußland angeklagt und verurteilt worden waren. Diese Strafen hätten bei der jüngsten Amnestieerklärung keine Berücksichtigung gefunden. Um zu zeigen, wie sehr gerade diese Gefangenen unter den unmenschlichen Zuständen in den Haftanstalten zu leiden hätten, wurden einige Angaben über ihre materielle und ärztliche Versorgung gemacht. »Zehn Kopeken, das sind 21 ½ Pfennige« würden durchschnittlich für die Beköstigung der Häftlinge pro Kopf und Tag ausgegeben. Die in Rußland übliche Korruption trug erheblich dazu bei, diesen ohnehin kleinen Betrag noch weiter zu verringern. Die dadurch hervorgerufene schlechte Ernährung der Gefangenen habe zur »Unterernährung bis zum buchstäblichen Verhungern« geführt. Diese Lage werde noch durch die »Überfüllung der Gefängnisse bis zur Unmöglichkeit [verschlechtert], auch nur den nackten Fußboden als Lagerstätte zu benutzen«. Schließlich komme noch eine »alles menschliche Gefühl verhöhnende Behandlung« hinzu, die den Inhaftierten das Leben zur Hölle mache. In bezug auf Mißhandlungen führte der Aufruf aus: »*Folterungen bei Verhören, schwere Mißhandlungen und Durchpeitschungen* von Männern und Frauen sind . . . festgestellt.« Die sanitären Einrichtungen in den Strafanstalten hätten zu schweren Epidemien geführt, denen in manchen Gefängnissen bis zu 12 Prozent der Insassen zum Opfer gefallen seien. Dies wiederum hätte zu einer wahren Selbstmordwelle geführt: »Die Unglücklichen sehen im Selbstmord die einzige Erlösung; viele von ihnen geben sich hierbei der Hoffnung hin, daß ihr freiwilliger Tod die Öffentlichkeit aufrütteln und so eine Verbesserung der unerträglichen Lage ihrer Leidensgefährten herbeiführen werde.« Der Aufruf beklagte nicht nur das erschütternde Los der politischen Gefangenen, er verwies auch auf das Schicksal der politischen Verbannten, die nicht durch Richterspruch, sondern einfach durch »administrative Willkür« verurteilt würden. Deren Lebensumstände in Sibirien wurden mit den Worten charakterisiert: »Zumeist in eisigen Gebieten und ohne die Möglichkeit auch nur der notdürftigen Ernährung, Bekleidung und Unterkunft siechen sie dahin.« Angesichts dieser Tatsachen glaubte der Aufruf den Einwand außer acht lassen zu können, daß eine Protestaktion als Einmischung in innerrussische Angelegenheiten mißverstanden werden könnte. »Diese Zustände«, argumentierte der Aufruf, »rufen vielmehr über alle politischen Meinungsverschiedenheiten hinweg das Gewissen aller Kulturvölker auf.« Der Aufruf endete daher mit der Aufforderung, durch »moralische und materielle Unterstützung zu zeigen, daß auch die Unglücklichen in den russischen Gefängnissen und in den sibirischen Einöden von menschlichem Mitgefühl umfaßt werden«.

Der inhaltliche Vergleich von Liebknechts Erklärungen im Rahmen seiner Antizarismusagitation mit dem Wortlaut des Aufrufes zeigt eine weitgehende Übereinstimmung. Die Ansicht von der politischen und kulturellen Rückständigkeit des Zarenreiches ist in der

Protesterklärung durch den Hinweis auf die nicht durchgeführten Reformen im Anschluß an die Revolution von 1905 ebenso vorhanden wie seine Angaben zu den unmenschlichen Verhältnissen, in denen die politischen Gefangenen und Verbannten zu leben hatten. Gleichfalls wird auch das Argument der »Nichteinmischung« verworfen, wobei allerdings der politische Aspekt ausgeklammert wurde. Im Mittelpunkt sowohl des Aufrufes als auch in Liebknechts Agitation stand schließlich die Forderung nach Gerechtigkeit und Menschlichkeit, die den Menschen im Zarenreich vorenthalten wurde.

Nach der Ausarbeitung des Aufrufes begannen die Mitglieder des Ausschusses zunächst mit Hilfe privater Bekanntschaften die Unterschriften namhafter Persönlichkeiten der Politik, Wissenschaft, bildenden Kunst, Literatur und Musik zu gewinnen. So hatte sich beispielsweise Bernhard Kampffmeyer am 21. April bereit erklärt, das Reichstagsmitglied Ludwig Quidde, den Monisten Ernst Haekkel sowie die Literaten Bruno Wille und Richard Dehmel für die Unterzeichnung der Erklärung zu gewinnen[218]. Inwieweit sich Liebknecht an der Unterschriftensammlung beteiligte, läßt sich nicht genau sagen. Die Namen einiger später veröffentlichter Unterzeichner legen jedoch die Vermutung nahe, daß die Unterschriften auf seine Vermittlung hin zustande gekommen waren. Der Berliner Hautarzt Alfred Blaschko beispielsweise muß ein guter Bekannter von Liebknecht gewesen sein, denn Liebknecht hatte sich 1909 mit der Bitte an ihn gewandt, seinem Bruder Kurt, der ebenfalls Mediziner war, bei der Stellungssuche behilflich zu sein[219]. Weiterhin dürfte er wegen einer Unterschrift auch bei dem Herausgeber der Berliner Zeitung *Welt am Montag*, Hellmut von Gerlach, angefragt haben. Dieser bestätigte später in seinen Erinnerungen: »Ich habe vor dem Kriege viel in Sachen der russischen Flüchtlinge mit ihm [Karl Liebknecht] gearbeitet[220].« Auch die Unterschrift des Heidelberger Juradozenten Gustav Radbruch könnte auf Beziehungen Liebknechts zurückzuführen sein. Die beiden hatten sich durch Liebknechts zweite Frau, Sophie, kennengelernt, die während des Studiums in Heidelberg zum Kreis junger Russen um Radbruch gehörte. Radbruch und Liebknecht nahmen gemeinsam an der Trauerfeier für August Bebel im August 1913 in Zürich teil[221].

Der Erfolg der Sammlungsaktion überstieg bald alle Erwartungen des vorbereitenden Arbeitskreises und machte eine Koordinierung der Unterschriftensammlung notwendig. Am 4. Mai teilte Buchholz Kampffmeyer mit: »Ich beabsichtige, das Verzeichnis der eingehenden Unterschriften zweimal wöchentlich an alle Unterschriftensammler zu versenden und bitte dringend, mir alle Unterschriften, die neu gewonnen werden, rechtzeitig zu senden, daß sie in die Liste Aufnahme finden können[222].« Nachdem die Aktion eine repräsentative Anzahl von Unterzeichnern in Deutschland erbracht hatte, dehnte der Arbeitskreis seine Tätigkeit auf die internationale Ebene aus. In einem Brief vom 8. Mai 1913 an einen unbekannten russischen Emigranten in London resümierte Kampffmeyer den Stand der Aktion folgendermaßen: »Nach unseren bisherigen Erfolgen zu urteilen, können wir mit Bestimmtheit darauf rechnen, daß die hervorragendsten Vertreter der Literatur, Kunst und Wissenschaft und eine Anzahl namhafter Politiker unseren Aufruf unterzeichnen, und daß die größten bürgerlichen wie sozialistischen Blätter Deutschlands und Österreichs unsere Kundgebung veröffentlichen[223].« Besonders wichtig schien es dem Ausschuß, Unterschriften aus Frankreich und England zu gewinnen, da ein solcher Protest angesichts des europäischen Bündnissystems, in dem sich Deutschland und Österreich-Ungarn einerseits und England, Frankreich und Rußland andererseits gegenüberstanden, einen weitaus größeren Eindruck machen würde. Während sich der Arbeitskreis in Frankreich durch die Mitarbeit von Francis de Pressensé, dem Präsidenten der »Liga der Menschenrechte«, die Hilfe einer schon bestehenden Organisation sichern konnte, mußte er in anderen Ländern wiederum mit Hilfe privater Beziehungen seiner Mitglieder vorgehen. So wandte sich Liebknecht beispielsweise am 16. Mai an die holländische Sozialistin Henriette Roland-Holst, mit der er 1907 bei der Gründung der Internationalen Verbindung der sozialistischen Jugendorganisationen zusammengearbeitet hatte und die er auch noch im gleichen Jahr wegen der Ausrichtung eines Parteitages der SDAPR angegangen war[224]. »Da ich weiß«, begann Liebknecht sein Anliegen vorzutragen, »mit welchem Interesse Sie die russischen Angelegenheiten verfolgen, erlaube ich mir, Sie im Namen des vorbereitenden Ausschusses um Ihre freundliche Mitwirkung in Holland zu bitten[225].« Der Brief enthielt dann nähere Angaben, wie sich der Arbeitskreis die Durchführung der internationalen Aktion dachte. Zunächst sollte der Aufruf mit »entsprechenden Veränderungen« in die jeweilige Landessprache übersetzt werden. Sodann waren die »Unterschriften der bekanntesten Leute Ihres Landes möglichst aus bürgerlichen Kreisen zu sammeln«. Zur Erklärung fügte Liebknecht hinzu: »Das letztere deshalb, weil der Aufruf dann mehr Eindruck in Rußland machen würde.« Sobald eine genügend große Anzahl von Unterschriften gesammelt worden war, sollte der Aufruf möglichst mit sämtlichen Unterschriften an einem Tage in der gesamten europäischen Presse veröffentlicht werden. Schließlich hoffte der Arbeitskreis, wie Liebknecht erklärte, daß es im Anschluß an die Aktion gelingen möge, Organisationen zur aktiven Unterstützung der russischen Gefangenen und Verbannten ins Leben zu rufen. Dazu sollte ein Ausschuß gewählt werden, der »öffentliche Sammlungen für die politischen Gefangenen Rußlands ausschreibt, Mitglieder wirbt, fortlaufend Nachrichten über die Gefängnisgreuel in die Presse lanciert«.

Die internationale Sammlungsaktion schien jedoch zunächst nicht recht voranzukommen, was allerdings weniger auf mangelnde Unterschriftsbereitschaft bürgerlicher Vertreter als vielmehr auf die Skepsis der russischen Emigranten zurückzuführen war, die die Unterschriften sammeln sollten. Am 4. Mai klagte Buchholz in einem Schreiben an Kampffmeyer: »Es stellt sich heraus, daß es doch nicht so leicht ist, unsere Propaganda in den anderen Ländern in die Wege zu leiten. Unsere dort lebenden russischen Genossen wünschen tiefe Klärungen, die wir ihnen wohl nur in einem offiziell von uns allen genehmigten Schreiben geben können[226].« Einer dieser russischen Emigranten, der seine Mitarbeit versagte, war Fürst Peter Kropotkin. Der seit 1886 in London lebende Anarchist hatte sich durch seinen bescheidenen Lebenswandel »Achtung und allgemeine Zuneigung« erworben[227] und wäre aufgrund seiner vielen Verbindungen ein geradezu idealer Mittelsmann gewesen. Die Gründe seiner Ablehnung teilte er Kampffmeyer in einem Schreiben vom 16. Mai mit[228]. Zum einen kritisierte er, daß die Angaben in dem Aufruf ausschließlich älteren Datums und daher nicht mehr unbedingt zutreffend waren. Die Erwähnung der Schrift von George Kennan aus dem Jahre 1890 hielt er sogar für »archaisch«. Auf die Angaben seiner eigenen Broschüre aus dem Jahre 1909 eingehend, führte er in seinem gebrochenen Deutsch aus: »Die Selbstmordepidemie, von der ich in 1909 sprach, ist nicht mehr vorhanden; über Folterungen beim Verhören habe ich während der zwei letzten Jahre weder in der Presse noch in einer Menge Privatbriefen gehört.« Den Hauptausschlag für seine ablehnende Haltung gab aber die Tatsache, daß der Arbeitskreis die bestehenden Exilorganisationen nicht in die Aktion miteinbezogen hatte. »Solcher Gesellschaften gibt es drei«, machte er auf diese Unterlassung aufmerksam, »zwei in Frankreich, eine in der Schweiz, eine in Österreich und über die Tätigkeit dieser Gesellschaften weiß ich, daß diese sehr ansehnliche Geldsummen jedes Jahr sammeln und . . . ungeachtet der Polizeischwierigkeiten in Rußland in einer klugen Weise vertreiben.« Ganz entschieden warnte Kropotkin vor einer Zentralisierung der Unterstützungsarbeit, wie sie der Ausschuß im Anschluß an die Aktion beabsichtigte, da sie die Arbeit der russischen Polizei nur erleichtern würde. Während Liebknecht und der Arbeitskreis die Mißstände im Zarenreich durch Druck der öffentlichen Meinung Europas beseitigen wollten, dachte Kropotkin in den Kategorien des illegalen Untergrundes. Als ihn der Arbeitskreis, vermutlich sogar Liebknecht selbst, umzustimmen versuchte, antwortete er am 12. Juni: »Der Grund meines Ablehnens ist, daß ich die ganze Sache als *widersprechend der einfachsten, revolutionären Ethik ansehe*[229].« Hinsichtlich Liebknechts Einsatz für die Protestaktion meinte er, daß dieser nur wenig von den russischen Hilfsorganisationen verstünde und für die ganze Sache »benutzt« worden sei.

Trotz dieser Schwierigkeiten kam die Protestaktion zu einem erfolgreichen Abschluß. Am 25. November 1913 druckte die Presse »sämtlicher Kulturländer« den Aufruf mit dem Hinweis ab, daß ca. 500 bis 600 namhafte Vertreter der Politik, Wissenschaft, Literatur, Kunst und Musik unterschrieben hatten[230]. In Deutschland erschien die Erklärung außer im sozialdemokratischen *Vorwärts*, der den Aufruf schon am 2. November publiziert hatte, auch in bürgerlichen Blättern, darunter das *Berliner Tageblatt*, die *Frankfurter Zeitung* und die *Vossische Zeitung*. In Frankreich stellte die von Jean Jaurès geleitete *L'Humanité*, in England der *Manchester Guardian* sowie der *Daily Citizen* und in Holland die sozialistische Parteizeitung *Het Volk* ihre Spalten zur Verfügung. Die meisten der Blätter brachten außerdem Auszüge aus den Unterschriftslisten. Sie zeigen, daß zu den Unterzeichnern des Aufrufes sowohl Vertreter des Bürgertums als auch des Sozialismus zählten. Die Mehrzahl der Unterschriften kam dabei eindeutig aus dem bürgerlichen Lager. Auf sozialistischer Seite unterschrieben fast alle Führer der II. Internationale. Aus Deutschland hatte unter anderem auch August Bebel noch kurz vor seinem Tode unterzeichnet. Weiterhin war der Österreicher Victor Adler vertreten sowie die Franzosen Jaurès, Edouard Vaillant und Jules Guesdes. Für die holländische Partei unterschrieb Troelstra, für die Schweizer Partei Hermann Greulich, für die skandinavischen Parteien der dänische Parteiführer Theodor Stauning. Aus England kam die Unterschrift des Führers und Parlamentsmitgliedes der Independant Labour Party, Ramsay MacDonald. Unter den bürgerlichen Vertretern befanden sich ebenfalls eine Reihe von Parlamentsmitgliedern sowohl aus Deutschland als auch aus Frankreich und England. So hatten beispielsweise in Deutschland der Vorsitzende der Freisinnigen Volkspartei, Friedrich Naumann, sowie sein Kollege Ernst Bassermann von der Nationalliberalen Partei unterschrieben. Aus dem Bereich der Wissenschaft hatte eine besonders große Anzahl von Universitätsprofessoren aller Länder ihre Zustimmung zu dem Protest erklärt. Unter den Deutschen befanden sich unter anderem der Wirtschaftshistoriker Lujo Brentano, der Monist Ernst Haeckel und die Heidelberger Juristen Heinz Potthoff und Gustav Radbruch. Aus England kamen die Unterschriften zweier Professoren aus Cambridge und Oxford sowie die des Philosophen Bertrand Russell; die französischen Gelehrten waren durch Emile Durkheim von der Sorbonne repräsentiert. Auch die Literaten waren zahlreich vertreten. Hier standen zum Beispiel neben den Unterschriften von Gerhart Hauptmann, Frank Wedekind, Georg Thoma und der des Österreichers Arthur Schnitzler die des Franzosen Romain Rolland sowie die der Engländer Sir Arthur Connan Doyle, Schöpfer des Detektivhelden Sherlock Holmes, und H. G. Wells, des utopischfuturistischen Schriftstellers. Weiterhin hatten sich dem Aufruf eine Reihe bekannter Künstler und Musiker angeschlossen. Hier stachen die Namen der Malerin Käthe Kollwitz, des Direktors der Berliner Akademie der Künste, Max Liebermann, sowie die der Komponisten Engelbert Humperdinck und Claude Debussy hervor. Schließlich enthielt der Aufruf auch noch die Unterschriften mehrerer Kirchenvertreter, darunter die der Pastoren der Kaiser-Wilhelm-Gedächtniskirche in Berlin.

Die Protestaktion stellte nicht nur in bezug auf die Anzahl und den Rang der Unterzeichner einen großen Erfolg dar; es gelang auch darüber hinaus, in mehreren Ländern Hilfsvereine für die politischen Gefangenen und Verbannten Rußlands zu gründen. Stolz verkündete der »Deutsche Hilfsverein« in seinem Gründungsaufruf: »Es blieb nicht bei diesem Protest allein. In Österreich und Frankreich, wo bereits früher Hilfsvereine bestanden, setzte eine lebhafte Werbearbeit ein. In Holland, in der Schweiz und in Deutschland entstanden Vereinigungen, die die Ziele des Aufrufes vom 25. November in die Wirklichkeit umzusetzen bestrebt sind[231].« Seine Aufgabe sah der »Deutsche Hilfsverein« darin, die politischen Gefangenen und Verbannten Rußlands materiell wie moralisch zu unterstützen. Dazu sollte einmal »einschlägiges Material« gesammelt und veröffentlicht werden, zum anderen sollten Geldsammlungen veranstaltet werden. Ausdrücklich wurde in den Statuten festgelegt, daß sich der Verein »jeder politischen und religiösen Parteistellung« enthielt. Jeder, der diese Ziele akzeptierte, konnte Mitglied werden. Ein fester Beitrag wurde nicht erhoben.

Der Vorstand des »Deutschen Hilfsvereins« setzte sich allein aus bürgerlichen Vertretern zusammen. Neben Minna Cauer und Bernhard Kampffmeyer, die schon im vorbereitenden Arbeitskreis mitgearbeitet hatten, gehörten dazu: der Bankier Hugo Simon, Käthe Kollwitz, der Berliner Pfarrer Nithack-Stahn, der Theaterkritiker Alfred Kerr, der »Herrenreiter« Karl von Tepper-Laski, der Direktor der deutschen Gesellschaft für drahtlose Telegraphie, Graf von Arco, sowie der Schriftsteller Eduard Fuchs. Weiterhin wurde ein Beirat gewählt, der dem Vorstand bei der Durchführung von Veranstaltungen und Sammlungen behilflich sein sollte. Hier zählten zu den Mitgliedern sowohl bürgerliche als auch sozialdemokratische Vertreter. Das Bürgertum beispielsweise war vertreten durch Alfred Blaschko, Lujo Brentano, Hellmut von Gerlach, Gustav Radbruch sowie durch den Herausgeber der Heilbronner Zeitschrift *März,* Theodor Heuss. Unter den sozialdemokratischen Beiräten befanden sich Karl Liebknecht, Oscar Cohn und Eduard Bernstein. Auch bei der Arbeit des Hilfsvereins hielt sich Liebknecht aus ähnlichen Gründen wie bei der Durchführung der Protestaktion im Hintergrund. Dennoch scheint er auch hier, soweit ihm seine anderen Verpflichtungen dafür Zeit ließen, aktiv mitgearbeitet zu haben. Dabei knüpfte er unter anderem freundschaftliche Beziehungen zu Frau Cauer. Als diese zu Weihnachten 1913 in ihrem Tagebuch auf die im Hilfsverein tätigen Männer zu sprechen kam, notierte sie über ihn: »sehr sympathisch, oft naiv kindlich, dann humoristisch und immer liebenswürdig«[232].

Trotz des enormen Widerhalls, den sowohl die Protestaktion als auch die spätere Arbeit des Hilfsvereins gerade auch im bürgerlichen Lager fand[233], vermochte diese Art der Antizarismusagitation nichts an der Lage der Betroffenen selbst zu ändern. In seinem schon erwähnten Referat zum Wiener Kongreß der II. Internationale mußte Karl Liebknecht feststellen, daß die politischen Gefangenen und Verbannten Rußlands »trotz eines einmütigen Appells der besten Männer Europas noch immer vergeblich auf die Revision warten«[234]. Für die Wirkungslosigkeit der Agitation machte der deutsche Sozialdemokrat allein die Bündnisverpflichtungen der europäischen Regierungen verantwortlich. Unter Hinweis auf Frankreich führte er aus: »Das Volk, dessen ruhmvolle Tradition der ritterliche Schutz der Humanität ist, das Volk, aus dem die Liga der Menschenrechte . . . hervorgegangen ist, folgt als Trabant dem Wagen des Zaren.« Ähnlich verhielt es sich mit Großbritannien, das »klassische Land der bürgerlichen Freiheit«, dessen Hände gelähmt waren durch die sogenannte englisch-russische Freundschaft. Doch nicht nur die mit Rußland befreundeten Regierungen unternahmen nichts; auch die deutsche Regierung, mit Österreich-Ungarn gegen Rußland verbündet, »rutscht trotz alledem auf den Knien vor dem Zarismus, getrieben von ureigener Sympathie mit der russischen Knute«. Dieser Unfähigkeit beziehungsweise diesem Unwillen der Regierungen und damit der herrschenden Kreise, die vom Zarismus ausgehende politische und kulturelle Korruption zu stoppen, setzte Karl Liebknecht die Friedenspolitik des Proletariats entgegen, deren Zielsetzung er folgendermaßen umriß: »Die Förderung der deutsch-französischen Freundschaft und deutsch-englischen Verständigung und die Solidarität des Proletariats der übrigen Welt mit dem russischen Proletariat, die Bekämpfung der politischen Reaktion im Innern der westeuropäischen Staaten, die Vernichtung insbesondere des deutschen und österreichischen Halbabsolutismus sind die gründlichsten Mittel zur Beseitigung der Voraussetzungen, auf denen, soweit Westeuropa in Betracht kommt, die Möglichkeit und Wirklichkeit der heutigen zarischen Barbarei beruht.«

Karl Liebknechts Agitation gegen das zaristische Rußland ist von der Geschichtsschreibung bisher in erster Linie unter dem Aspekt seiner parteipolitischen Zusammenarbeit mit Vertretern der russischen Sozialdemokratie betrachtet worden, und zwar nicht zuletzt im Hinblick auf die späteren Ereignisse der Novemberrevolution von 1918, als der Spartakus- und KPD-Führer dem deutschen Proletariat die russische Oktoberrevolution als nachahmenswertes Vorbild hinstellte. Vor allem die kommunistische Geschichtsschreibung sucht auf diese Weise eine möglichst »frühe« Kontinuität in den Beziehungen deutscher und russischer Kommunisten herzustellen. So vermittelt beispielsweise Heinz Wohlgemuth in seiner Biographie[235] den Eindruck, als hätten sich Liebknechts Beziehungen zur russischen Sozialdemokratie ausschließlich auf den radikalen – bolschewistischen – Flügel beschränkt. Dabei kommt er zu dem Schluß, daß die Zusammenarbeit in der Vorkriegszeit Liebknechts Blick für die »Fragen des Klassenkampfes, für die Vorgänge in Rußland geweitet« habe, auch wenn er viele Probleme, mit denen sich die Bolschewiki herumzuschlagen hatten, nicht verstand. »Erst allmählich«, urteilt Wohlgemuth, »– nach vielen Jahren Erfahrung – gewann Liebknecht die Einsicht, daß die von der Partei Lenins entwickelte Strategie und Taktik auch grundlegende Bedeutung für den Kampf um den Sozialismus in Deutschland besaß[236].« Wohlgemuths Erklärung ist jedoch schon allein aus faktischen Gründen falsch, denn Liebknechts »Russenbekanntschaften« umfaßten keineswegs nur Bolschewiki, sondern Vertreter aller Strömungen innerhalb der SDAPR. Seine Mitarbeiter im »Russischen Bulletin« – Wilhelm Buchholz, Alexander Stein und Georgij Tschitscherin – sind sogar eher der menschewistischen als der bolschewistischen Richtung zuzurechnen[237]; darüber hinaus hatte Liebknecht als Rechtsanwalt aber auch völlig unpolitische Studenten in Ausweisungsprozessen verteidigt. Wenn Wohlgemuth den deutschen Sozialdemokraten gleichsam zum »Lehrjungen« der russischen Parteigenossen stempelt, so verkennt er das Wesen von Liebknechts gesamter Politik. Nicht Liebknecht war es, der auf die Hilfe der russischen Parteivertreter angewiesen war, sondern diese fanden umgekehrt bei ihm Unterstützung und Hilfe. Dabei darf nicht vergessen werden, daß Liebknecht als deutscher Sozialdemokrat eine der mächtigsten und größten Parteien in der II. Internationale vertrat, während die SDAPR kaum mehr als ein politisches Schattendasein führte – oftmals sogar im Schutze der SPD[238]. Will man schon im Bilde von Wohlgemuth bleiben, so wäre Liebknecht eher als der »Lehrmeister« und die russischen Genossen als die »Lehrjungen« zu bezeichnen.

Die wahren Ursachen der von Liebknecht betriebenen Antizarismusagitation gehen weitaus tiefer und führen geradezu auf die Motive und Ziele seines politischen Handelns überhaupt. In Liebknechts Augen war das zaristische Rußland neben Preußen das reaktionärste Staatswesen in Europa. An dieser Tatsache hatte auch die Revolution von 1905 nichts geändert. Der Antizarist begrüßte zwar dieses Ereignis als »Wendepunkt für die Geschichte der Völker Europas«[239], vertrat jedoch genau wie die meisten anderen SPD-Führer die Ansicht, daß die Revolution eine bürgerliche war, die lediglich die Entwicklung der französischen Revolution von 1789 und der deutschen von 1848 nachzuvollziehen versuchte. »Wenn wir die letzte Epoche unserer westeuropäischen Geschichte ins Auge fassen«, erläuterte er 1907 in einem Vortrag das seiner Meinung nach von Westen nach Osten verlaufende kulturelle und politische Gefälle, »so sehen wir, daß bei Auflösung des feudalen und absolutistischen Staates ein Kampf ausbricht, wie er sich zur Zeit noch in Rußland abspielt[240].« Wollte man wie Liebknecht für die kulturelle und politische Höherentwicklung der Menschheit streiten, wobei die Kriterien der Höherentwicklung die Verwirklichung des humanitär-rechtlichen Ideals waren, so mußte man zwangsläufig den Kampf gegen das zaristische Rußland aufnehmen. Dieser Kampf war um so notwendiger, als das despotische Zarenreich nicht nur innerhalb der eigenen Grenzen die Ideale von Menschlichkeit und Gerechtigkeit permanent mit Füßen trat, sondern darüber hinaus auch noch die gesamte politische Entwicklung in Europa hemmte. Genaugenommen war die antizaristische Agitation nichts anderes als die außenpolitische Kehrseite des innenpolitischen Kampfes gegen Preußen, das ja einen ähnlich fatalen Einfluß auf die europäische Politik ausübte. Bedenkt man dabei, daß Liebknecht die zaristische Regierung mit Hilfe der öffentlichen Meinung unter Druck zu setzen und damit zu Reformen zu veranlassen suchte, so bestätigt sich auch hier wieder, daß Karl Liebknecht die SPD als Emanzipationsbewegung und darüber hinaus als Antriebskraft der von ihm postulierten Höherentwicklung verstanden hat. Gleichzeitig bestätigt sich damit aber auch, daß der sozialdemokratische Politiker die innergesellschaftliche Auseinandersetzung als »geistige« und nicht als »gewaltsame« Auseinandersetzung aufgefaßt hat; sein taktisches Prinzip der »aktiven Oppositionspolitik« darf also nicht als Politik der Gewalt mißverstanden werden. Als Antizarist wollte Liebknecht die Massen anhand konkreter Beispiele über die unmenschlichen und ungerechten Zustände im Zarenreich aufklären, so daß sie politisch-bewußt handeln konnten, was wiederum Druck auf den politischen Gegner ausüben und ihn zu Reformen veranlassen sollte. Langfristig gesehen hätte eine solche Strategie durchaus erfolgreich sein können, vorausgesetzt, sie wäre intensiv genug betrieben worden. Dies beweist nicht nur der relative Erfolg der Protestaktion von 1913, sondern auch die Fortführung der Arbeit in den bürgerlichen Hilfsvereinen. Manche der Vorstandsmitglieder hatten anfänglich die Arbeit in den Hilfsvereinen mehr oder weniger als Lippenbekenntnis aufgefaßt. Die Kenntnis von den Zuständen in Rußland bewirkte jedoch bei vielen von ihnen einen Gesinnungswandel. So bekannte beispielsweise die von der Frauenbewegung enttäuschte Minna Cauer am 13. März 1914 in ihrem Tagebuch: »Ich arbeitete für die Sache im Anfang nur, um loszukommen von mir selbst, von meiner steigenden Verbitterung gegen die Frauen . . . Aber etwas anderes lebt jetzt in mir, seitdem ich weiß, daß da draußen in der Welt soviel Herzzerreißendes, soviel Grausames, soviel Barbarisches geschieht und geduldet wird. Wir sind alle mitschuldig, alle. Niemand kann sich freifühlen von Schuld, wenn er weiß, wie es liegt und nicht hilft[241].« Gleichzeitig muß allerdings festgestellt werden, daß Liebknechts Antizarismusagitation, im Gesamtkontext seines späteren Werdeganges, einer gewissen Tragik nicht entbehrt. Es war nicht zuletzt die Agitation des Antizaristen, die Reichskanzler Bethmann Hollweg im Juli 1914 in die Lage versetzte, seine Parole vom »Verteidigungskrieg gegen den Zarismus« auszugeben und durch die damit gewonnene Mitarbeit der Sozialdemokratie die Voraussetzung für den Eintritt Preußen-Deutschlands in den Ersten Weltkrieg zu schaffen.

Der Kampf gegen die Kriegsgefahr

Mit der Ausweitung des politischen Wirkungskreises, insbesondere nach der Wahl in den Reichstag, wurde Karl Liebknecht in zunehmendem Maße mit allgemeinen Fragen der Innen- und Außenpolitik konfrontiert. Eine besondere Stellung mußte dabei für den sozialdemokratischen Politiker die Frage einnehmen, wie und warum es im kapitalistischen Zeitalter zum Ausbruch von Kriegen kam und wie die politische Bewegung des Proletariats derartige Kriege verhindern konnte.

Konkret befaßte sich Liebknecht mit diesem Thema zum erstenmal im Sommer 1911, als es wegen der riskanten und ungeschickten Außenpolitik der deutschen Regierung zur sogenannten »Marokkokrise«[242] kam. Die Krise, ausgelöst durch die gegensätzlichen Wirtschaftsinteressen Deutschlands und Frankreichs in Marokko, hatte zunächst als lokaler Konflikt begonnen, der sich ausweitete, als das Deutsche Reich mit der Entsendung des Kanonenbootes »Panther« nach Agadir Frankreich unter Druck setzen und damit zu Zugeständnissen zwingen wollte. Großbritannien empfand das deutsche Vorgehen als Angriff auf den Grundsatz der »balance of power« in Europa und ließ durch seinen Schatzkanzler David Lloyd George in der berühmten Mansion-House-Rede[243] die britischen Bündnisverpflichtungen gegenüber Frankreich auch für den Fall eines kriegerischen Konfliktes bestätigen. Damit konnte Frankreich, das allein einen Waffengang mit Deutschland gescheut hätte, die deutschen Forderungen nach wirtschaftlicher Expansion in Marokko ablehnen. Dies wiederum versetzte die deutsche Regierung in die mißliche Lage, einen Krieg führen zu müssen, um das Gesicht zu wahren. Das um so mehr als im eigenen Land die hinter der Regierung stehenden Kreise aus Anlaß der Krise eine extrem chauvinistische Agitation entfacht hatten, in der die »aktive Wahrung« der deutschen Interessen gefordert wurde[244].

Karl Liebknecht, der sich zum Zeitpunkt der Verschärfung der Krise auf einer Urlaubsreise durch das Emsland befand[245], nahm noch während der Reise Stellung zu den Ereignissen. Unter dem Titel »Marokko – Hundstagspolitik« verfaßte er einen Aufsatz, der am 12. August 1911 in der Göppinger *Freien Volkszeitung* erschien[246]. Darin übte er scharfe Kritik an der riskanten Außenpolitik der deutschen Regierung und warf ihr vor, »verteufelt leichtfertig am gefüllten Pulverfaß herumhantiert« zu haben. Als Agitator stets auf die Wirkung seiner Worte bedacht, fügte er ironisch hinzu: »Freue dich, Volk, und frohlocke über die Weisheit, mit der du regiert wirst.« Trotzdem machte er für die Politik weniger die Regierung selbst als vielmehr die hinter ihr stehenden Kreise verantwortlich, »die heute wie gestern zum kriegerischen Konflikt hetzen«. Auf die Propagandakampagne des aus Anlaß der Krise gegründeten Alldeutschen Verbandes – der »Allianz aus Roggen und Stahl« – hinweisend, führte er aus: »Wie sie toben, die Alldeutschen und die nationalkapitalistischen Scharfmacher . . . Die Sorge um ihre Felle, die ihnen wegschwimmen könnten, entlockt ihnen die tollsten Majestätsbeleidigungen und neuestens sogar den Ruf nach Einberufung des Reichstages.« Für Liebknecht war dieses Verhalten geradezu eine »köstliche und lehrreiche Illustration vom Wesen und Funktionieren« des preußisch-deutschen Klassenstaates, denn dieser »Kampf gegen das persönliche Regiment« des Kaisers wurde von den »gehäßigsten Feinden jeder Demokratie, jedes demokratisch-parlamentarischen Regimes« geführt, und zwar nur deshalb, »weil dieses persönliche Regiment nicht ganz so will, wie sie wollen«. Dabei machte der sozialdemokratische Politiker seine Leser darauf aufmerksam, daß die Regierung nicht nur vom »preußischen Großgrundbesitz«, sondern auch vom »industriellen Kapitalbesitz« umstrickt war. Sarkastisch bemerkte er: »Wie das preußische Junkertum, so reimt auch der weltmachthungrige Kapitalismus: Und der König absolut, wenn er unseren Willen tut.« Der sozialdemokratische Politiker rief daher das deutsche Proletariat zu erhöhter Wachsamkeit auf und mahnte, sich weder »Sand in die Augen streuen« noch »blauen Dunst vor die Augen« machen zu lassen und jederzeit »Bereitschaft zum rücksichtslosen Kriege gegen den Krieg« zu demonstrieren, da nur so die kriegerischen Tendenzen der herrschenden Kreise eingedämmt werden konnten. Grundsätzlich betonte er in diesem Kontext, daß das Proletariat weder innen- noch außenpolitisch irgendeinen Nutzen aus einer Kolonialpolitik, wie sie von den herrschenden Kreisen betrieben wurde, erhoffen durfte. Auf ein Kommuniqué der am 5. August 1911 eingesetzten deutsch-französischen Verständigungskommission eingehend, wonach Deutschland gleichsam als Kompensation für sein Zurückweichen aus Marokko französische Kolonien in Afrika erwerben sollte, erklärte er: »Neue Kolonien sollen dem deutschen Volke beschert werden, neue Kolonien, neue gewaltige Lasten, neue Volksausplünderung im Interesse einer Handvoll Kolonialinteressenten, eine Verschärfung der imperialistischen Macht- und Gewaltpolitik mit ihrem Drum und Dran von neuen Rüstungen und ihrer verhängnisvollen Rückwirkung auf die innere Politik: Stärkung aller Mächte der Unterdrückung, aller geschworenen Feinde des Proletariats.« Die Wachsamkeit des Proletariats war aber auch deshalb geboten, weil die rechten Kreise die Krise benutzen wollten, um »Stimmung« zu machen für die noch im selben Jahr erwarteten Reichstagswahlen. An die »Hottentottenwahlen« von 1907 erinnernd, die nach einem extrem chauvinistischen Wahlkampf der SPD schwere Verluste gebracht hatten, warnte Liebknecht: »Die Regierung und ihre Treiber verstehen den demagogischen Rummel chauvinistischer Aufpeitschung und Verwirrung aus dem ff. Jedes Mittel ist ihrer machiavellistischen Politik seit je recht gewesen.« Er empfahl daher, die Absicht der herrschenden Kreise zu durchkreuzen und deren Wahlkampfparole im Sinne der Sozialdemokratie und damit des »Völkerfriedens« umzufunktionieren. Euphorisch beendete er den Aufsatz mit dem Appell:

»Aus dem erhofften Kriegsabenteuer wird werden eine Kräftigung der internationalen Solidarität des Proletariats, eine Befestigung des Völkerfriedens; aus dem Bravourstück der unverantwortlichen absolutistischen Diplomatie eine Anfeuerung zum Kampf gegen das persönliche Regiment und darüber hinaus gegen den weltpolitischen Despotismus des profitgierigen Kapitalismus; aus der Wahlparole, die den Rattenfängerkünsten der Volksfeinde als betörende Melodie dienen sollte, eine Wahlparole der Sozialdemokratie, der die Massen des deutschen Volkes jubelnd und begeistert folgen, auf daß endlich des Volkes Wille das höchste Gesetz werde und alle Ketten der Ausbeutung und Unterdrückung zerbrechen.«

Nachdem Karl Liebknecht seine Urlaubsreise beendet hatte und um den 20. August[247] nach Berlin zurückgekehrt war, schaltete er sich auch in die Agitationstätigkeit der Berliner Parteiorganisation ein. So gehörte er beispielsweise am 3. September zu jenen Rednern, die im Treptower Park auf einer riesigen Friedensdemonstration sprachen[248]. Seine Ausführungen machen dabei allerdings deutlich, daß er, streng genommen, keine genauen Vorstellungen besaß, wie das Proletariat denn nun konkret den Ausbruch von Kriegsgefahren verhindern sollte. Als einziges erkennbares »Kampfmittel« empfahl er die Verwirklichung des altbekannten Grundsatzes von der Aufklärung der Massen für den Klassenkampf im Innern und die Aufrechterhaltung und Stärkung der »Internationalen Solidarität« nach außen. »Wir haben dafür zu sorgen«, heißt es nach dem Bericht des *Vorwärts* vom 4. September in seiner Rede, »daß jeder Arbeiter die Triebfedern der herrschenden Klassen kennenlernt und weiß, um was es sich bei der Marokkoaffäre handelt.« Gleichzeitig nahm er seinen Zuhörern das »Gelöbnis« ab, gemeinsam mit »allen Proletariern in England und Frankreich und mit allen Massen, die es wollen, den Frieden unter allen Umständen zu erhalten«.

Im Gegensatz zu Karl Liebknecht und anderen, vor allem linken Parteivertretern, die, wie beispielsweise die Bremer Linken, eine regelrechte »Anti-Marokko-Bewegung« forderten[249], verhielt sich die Parteiführung der SPD bei Ausbruch der Krise äußerst zurückhaltend[250]. Auch sie war, wie Liebknecht, der Ansicht, daß die Krise von den herrschenden Kreisen Preußen-Deutschlands in erster Linie aus innenpolitischen Gründen herbeigeredet worden war und daß deshalb der Konflikt nicht sonderlich ernst genommen zu werden brauchte. Um den »staatstragenden Parteien« keinen Anlaß zu geben, die Sozialdemokratie im bevorstehenden Wahlkampf als »vaterlandslose Gesellschaft« zu verhetzen, verzichtete der Vorstand auf irgendwelche Aktionen und überließ die Initiative dazu den Gewerkschaften und der Berliner Parteiführung. Entsprechend ablehnend war denn auch seine Reaktion, als sich der Sekretär des Internationalen Sozialistischen Bureau (ISB) – dem obersten Organ der II. Internationale – wegen der Einberufung des ISB an die deutsche Parteispitze wandte[251]. In einem persönlich gehaltenen Schreiben erklärte Hermann Molkenbuhr, der einzige aus dem Parteivorstand, der zur Zeit der Krise in Berlin Dienst tat, daß die deutsche Parteiführung »vorerst« die Einberufung des ISB für nicht erforderlich halte und daß sie sich mit Rücksicht auf die bevorstehenden Reichstagswahlen auch nicht allzusehr »engagieren« wolle[252]. Erst als Großbritannien in den Konflikt eingriff und die Krise zur Kriegsgefahr wurde, begann auch der Vorstand aktiv zu werden. Das von ihm verfaßte Flugblatt[253], das zu Friedensdemonstrationen aufrief, erschien jedoch am 8. August zu einem Zeitpunkt, als die Krise mit der kurz vorher eingesetzten Verständigungskommission bereits wieder im Abflauen begriffen war. »Das war eine Krähwinkelei«, schimpfte Liebknecht auf dem kurze Zeit später stattfindenden Parteitag in Jena, »wie sie schlimmer in der deutschen Partei noch nicht passiert ist. Man hat fast aufgeatmet, als nach kurzer Zeit die Sache sich wieder so heftig zuspitzte, daß diese zeitliche Inopportunität verwischt wurde[254].« Rosa Luxemburg, die als ISB-Vertreterin der SDKPiL sowohl Huysmans Anfrage als auch Molkenbuhrs Antwortschreiben erhalten hatte, war über die retardierende Haltung der deutschen Parteiführung derart beunruhigt, daß sie am 24. Juli einen Artikel in der *Leipziger Volkszeitung* veröffentlichte, in dem sie schwere Angriffe gegen den Vorstand richtete[255]. Gleichsam zur Rechtfertigung ihrer Kritik ließ sie dabei Molkenbuhrs Schreiben auszugsweise abdrucken – eine in der Geschichte der deutschen Sozialdemokratie unerhörte »Indiskretion«, die noch dadurch verschlimmert wurde, daß die beiden wichtigsten Sätze des Schreibens, in denen Molkenbuhr seine Aussagen als »persönlich« eingeschränkt hatte, weggelassen worden waren, was einer Fälschung gleichkam. Dieses ungeschickte Vorgehen kam dem Parteivorstand sehr gelegen, denn er konnte so einen »Fall Luxemburg« kreieren und von den eigenen Versäumnissen ablenken. Trotzdem bedurfte es auf dem Jenaer Parteitag der ganzen Finesse und Erfahrung von August Bebel, um die Parteiführung vor einer offiziellen »Rüge« zu bewahren[256]. Der alte Parteiführer, der privatim den Kritikern des Vorstandes durchaus recht gab[257], stellte Rosa Luxemburgs unsolidarisches Verhalten in den Mittelpunkt, um sie politisch-moralisch zu isolieren und damit den Wert ihrer Kritik zu schwächen. Um den Vorwurf der mangelnden internationalen Solidarität dem ISB gegenüber zu entkräften, ging Bebel sogar soweit, ein großes Eigenlob auszusprechen. Auf die zahlreichen Geldspenden der SPD anspielend, rief er aus: »Wenn es eine Nation gibt, die gegenüber der Internationale allzeit in erster Linie ihre verdammte Pflicht und Schuldigkeit getan hat, dann war es die deutsche Partei[258].«

Karl Liebknecht war mit dem Verhalten des Parteivorstandes in keiner Weise einverstanden. In seinem Diskussionsbeitrag auf dem Parteitag monierte er: »Hätte der Parteivorstand zugegeben, daß

Erhebliches versäumt worden ist, dann wäre die Kritik hier viel sanfter gewesen[259].« Besonders scharf polemisierte er dabei gegen August Bebel. Angesichts der Tatsache, daß es sich bei der Marokkokrise um »ernstere Dinge« gehandelt habe als die »Bewilligung von Geldern«, erklärte er: »Das internationale Proletariat war vor Aufgaben von so ungeheuerer revolutionärer Bedeutung gestellt, wie sie ihm noch nie gegenüber getreten waren.« Liebknechts Hauptvorwurf gegen das Verhalten des Vorstandes bestand vor allem darin, daß dieser die ihm zukommende Funktion als führende Instanz der Partei nicht wahrgenommen hatte. »Der Parteivorstand«, forderte er, »soll vor den Wagen und nicht hinter den Wagen gespannt sein.« Dies war seiner Meinung nach auch der Grund, weshalb die »radikalen Jeremiasse« auf eigene Faust eine Protestbewegung betrieben hatten. Aus demselben Grunde verhehlte er auch nicht sein Verständnis für Rosa Luxemburgs Vorgehen, auch wenn er ihr Verhalten nicht expressis verbis billigte. »Ich kann mir ... vorstellen«, ging er in seinem Diskussionsbeitrag auf diesen Punkt ein, »daß sich jemand sagt: ›Ich kann nicht schweigen; die Situation ist zu ernst; es steht zuviel auf dem Spiel‹ – wenn ich auch bedauere, daß die Sache in dieser Weise zur Sprache gebracht werden muß.« Trotz der scharfen Kritik beendete Liebknecht seinen Diskussionsbeitrag mit einer positiven Wendung. Zum einen hatten die Parteigenossen, allen voran die Berliner, mit ihrer sofortigen Agitationstätigkeit bewiesen, wie wachsam die Partei den kriegstreiberischen Tendenzen der herrschenden Kreise gegenüberstand; zum anderen hatte die gesamte deutsche Arbeiterbewegung einschließlich der Gewerkschaften »noch niemals so geschlossen und einig« dagestanden wie gegen Ende der Marokkokrise. Einlenkend rief er daher am Schluß seiner Ausführungen: »Wozu noch viel über das Vergangene sinnieren. Laßt das Vergangene vergangen sein. Es hat ja zum Glück nichts Nennenswertes geschadet. Jetzt gilt es, frischauf in die Zukunft zu blicken, und dann mag kommen, was da will, ob Donnerkeil oder Wetterschlag, das kämpfende Proletariat wird sich bewähren.«

Die Erfahrung der Marokkokrise veranlaßte Karl Liebknecht, sich eingehend mit der Frage des Krieges und der Kriegsverhütung im kapitalistisch-imperialistischen Zeitalter auseinanderzusetzen. Zu welchen Ergebnissen er dabei kam, läßt sich an einer Rede ablesen, die er am 17. November 1912 als Vertreter der SPD im Rahmen der vom ISB aus Anlaß des Zweiten Balkankrieges in ganz Europa veranstalteten Friedenskundgebungen in Budapest hielt[260]. Ausgangspunkt der Rede war die als Feststellung formulierte Überzeugung, daß im kapitalistischen Zeitalter die herrschenden Kreise den Frieden weder halten »konnten« noch »wollten«, und zwar deshalb, »weil sie die Welt zu einem Ausbeutungsfelde machen wollen, weil sie, in die verschiedenen kapitalistischen Cliquen der verschiedenen Länder gespalten, einander die Beute nicht gönnen wollen, die ihnen der Kapitalismus bietet, und weil sie sich nun rüsten müssen, um sich gegenseitig den größten Teil der Beute abzujagen«. Aus diesem Grunde hatte auch das Proletariat weder innen- noch außenpolitisch von diesen Kriegen etwas zu erwarten. Innenpolitisch betrachtet, durfte es zwar im Krieg die »Ehre des Vaterlandes« verteidigen, doch wenn es aus dem Felde zurückkehrte, wurde es wieder in den »Schmutz hinabgestoßen und in allem Elend weiter ausgebeutet und politisch unterdrückt«. Auf das jeder humanitärrechtlichen Vorstellung hohnsprechende Schicksal der Kriegsopfer hinweisend, erklärte er: »Die Witwen und Waisen werden ihre Tränen vergeblich vergießen, und die Krüppel, sie werden vergeblich um Brot und Arbeit rufen, sie werden einen Leierkasten bekommen, auf daß sie versuchen, sich durch Mildtätigkeit des Volkes einen Brocken zu verschaffen.« Ebensowenig konnte der kapitalistische Krieg dem Proletariat in außenpolitischer Hinsicht Nutzen bringen, denn die Ziele dieser Kriege waren »keine ideellen Ziele«, sondern wurden »dynastisch« gesetzt im Interesse der herrschenden Kreise. Voller Sarkasmus bemerkte er: »Für den Mord und den Raub [wird] man kein ideales Ziel finden.« Wenn die herrschenden Kreise trotzdem solche Ziele vorgaben, so nur, um die Masse der Bevölkerung im Interesse des Krieges zu aktivieren. Als Begründung führte Liebknecht an, daß die Zeit der Kabinettskriege vorbei war und daß deshalb kein Krieg mehr geführt werden konnte, »der nicht den begeisterten Widerhall in der Masse des Volkes findet«. Als gleichsam aktuelles Demonstrationsbeispiel für seine Argumentation verwies er auf Österreich-Ungarn, dessen Politik schon immer von den Interessen der österreichisch-deutschen Oberschicht bestimmt worden war und das jetzt Neigung zeigte, unter dem Vorwand der »Völkerbefreiung« in den Krieg zwischen der Türkei und den übrigen Balkanstaaten einzugreifen. »Ein Land«, fragte er seine Zuhörer, »das Nationalitäten in Hülle und Fülle brutal unterdrückt hat, ein solches Land wird Völkern Frieden bringen?« Im Gegensatz zum profitgierigen Kapitalismus verkörperte der Sozialismus für Liebknecht die ideellen Ziele der »Freiheit, der Gleichheit und der Brüderlichkeit«. Die Vision einer vom Kapitalismus befreiten Gesellschaft skizzierend, rief er aus: »Die Welt, die der Sozialismus zu erobern hat, wird besser aussehen, als sie heute aussieht, und er wird sie erobern unter dem Zeichen des Glückes, des Friedens und der Freiheit aller Völker.« Hierin sah denn auch der überzeugte Sozialdemokrat die Superiorität der sozialistischen gegenüber der kapitalistischen Weltanschauung und Gesellschaftsordnung, woraus wiederum der Kämpfer gegen die Kriegsgefahr die Berechtigung für sein Wirken ableitete. Um zu zeigen, wie der Kampf gegen die Kriegsgefahr konkret geführt werden sollte, knüpfte er an die Erkenntnis an, daß die herrschenden Kreise, wollten sie Kriege führen, die Kriegsbegeisterung der Bevölkerung brauchten. »Wie will man einen Krieg führen«, deutete er die Stoßrichtung seiner zukünftigen Agitation an, »wenn die Masse des Volkes nicht nur keine Begeisterung für den Krieg empfindet, wenn sie mit Abscheu, Haß und Empörung den Kriegshetzereien gegenübersteht, wenn sie entschlossenen Willen besitzt, den Weltfrieden aufrechtzuerhalten, koste es was es wolle.« Geradezu beschwörend rief er seinen Zuhörern gegen Ende der Rede zu, den Friedenswillen immer wieder nach allen Seiten hin kundzutun. Geschah dies in allen Ländern gleichzeitig, so würde es einen so »gewaltigen Zusammenklang« geben, daß die »herrschenden Klassen, die bereits das Schwert zur Hälfte aus der Scheide gezogen haben, es geschwächt werden wieder hineinstoßen müssen mit dem Gefühl: Unsre Macht hat ein Ende, das Volk hat entschieden, das Volk will Frieden!«

Die Budapester Rede zeigt, daß Karl Liebknecht den Kampf gegen die Kriegsgefahr zwar von dem alten sozialdemokratischen Grundsatz aus führen wollte: »Klassenkampf im Innern« und »Internationale Solidarität« nach außen, daß sich aber seine Vorstellungen in einem Punkt präzisiert hatten und zwar dahingehend, daß der Schwerpunkt des Kampfes im »Innern« liegen mußte. Genaugenommen verwirklichte sich für Liebknecht die »Internationale Solidarität« erst im »Klassenkampf im Innern«, denn in dem Moment, in dem es dem Proletariat eines jeden Landes gelang, die herrschenden Kreise von einer kriegstreiberischen Politik abzuhalten, war der Frieden gesichert – zum Nutzen aller. Auf dem Chemnitzer Parteitag 1912 gab er in seinem Diskussionsbeitrag zur großen Imperialismusdebatte folgende Definition für eine sozialdemokratische Politik zur Erhaltung des Friedens:

»Die historische Mission des Proletariats gegenüber dem Imperialismus ist, geschäftlich betrachtet, das soziale, politische und auch wirtschaftliche Risiko der kriegerischen Form des internationalen Konkurrenzkampfes durch seine Klassenkampfpolitik für die herrschenden Klassen der beteiligten Länder dermaßen zu erhöhen, daß ihnen selbst die friedliche Verständigung in der internationalen Konkurrenz . . . als das geschäftlich Zweckmäßigere erscheint[261].«

Ging man wie Karl Liebknecht von der These aus, daß der kapitalistische Krieg durch das Profitstreben der herrschenden Kreise ausgelöst wurde, so mußte man zwangsläufig das Augenmerk auf jene Gesellschaftsgruppen richten, die am meisten am Krieg und damit an einer kriegstreiberischen Politik »verdienten«. Dies war in erster Linie die Rüstungsindustrie und die hinter ihr stehenden Kreise[262], gegen die der sozialdemokratische Politiker von nun an eine systematische Propagandakampagne entfachte. Allerdings bot sich dieses Betätigungsfeld auch deshalb an, weil sich Liebknecht schon als Antimilitarist ein entsprechendes »Fachwissen« erworben hatte, das ihn für eine solche Agitation geradezu prädestinierte. In dem Bemühen, Agitationsmaterial im Hinblick auf die für das Frühjahr 1913 anstehenden Reichstagsverhandlungen zur Verabschiedung des neuen Wehretats zusammenzustellen, kam ihm der Zufall zu Hilfe. Im Herbst 1912 wurde ihm von anonymer Seite Material zugespielt[263], demzufolge die Firma Krupp in Essen, das größte deutsche Rüstungsunternehmen, ein Büro in Berlin unterhielt, dessen Aufgabe darin bestand, mit Hilfe von Bestechungen Informationen über die Rüstungsvorstellungen des Kriegsministeriums sowie über die Rüstungsangebote konkurrierender Firmen zu beschaffen. Der Leiter dieses Büros, Brandt, hatte diese Informationen zu Berichten zusammengefaßt und an den Essener Direktor, von Eccius, gesandt, der sie verwertete und dann unter dem Kennwort »Kornwalzer« in einem geheimen Panzerschrank aufbewahrte. Den Wert der schätzungsweise 1500 Berichte umschrieb der Staatsanwalt im späteren Prozeß folgendermaßen: »Diese Berichte geben eine Übersicht über die gesamte Tätigkeit des Kriegsministeriums, der Artilleriekommission und der Feldzeugmeisterei, und sie geben der Firma Krupp eine vollkommene Übersicht über die Lage aller artilleristischen Geschäftsbetriebe und über die Preise der Konkurrenz[264].« Nachdem Liebknecht das Material durchgearbeitet hatte, übersandte er es am 8. November 1912 dem Kriegsminister von Heeringen[265]. In seinem Begleitschreiben forderte er eine Ermittlung in der Angelegenheit und bat, ihn über das Ergebnis »bescheiden zu wollen« und fügte hinzu, daß »ich mir bei der Wichtigkeit der Sache vorbehalten muß, an geeigneter Stelle auf sie zurückzukommen«. Der Kriegsminister setzte sich sofort mit dem Kaiser in Verbindung, um ihn über den Vorfall zu unterrichten. Am 7. Februar 1913 mußte er dann »Seiner Majestät« mitteilen, daß die von Liebknecht eingesandten Dokumente »echt« und daß sieben Beamte seines Ministeriums in die Sache verwickelt waren. Acht Tage später berichtete der Minister dem Kaiser dann noch einmal, wobei er bekannte, daß unter den inkriminierten Papieren auch Dokumente waren, »deren Geheimhaltung nach dem Gutachten der zuständigen Militärbehörden unbedingt geboten ist«.

Das Krupp-Material war für Karl Liebknecht von unschätzbarem Wert. Auf der einen Seite wies es ihm den Weg, in welche Richtung er sein Augenmerk hinsichtlich der Gestaltung seiner Agitation gegen die Rüstungsindustrie zu lenken hatte, und zum anderen gewährleistete das Material, daß die Ergebnisse seiner Untersuchungen auch mit der entsprechenden Aufmerksamkeit zur Kenntnis genommen wurden. Zum erstenmal ergriff er am 18. April 1913 im Deutschen Reichstag das Wort, um bei der Zweiten Lesung zum Reichsheeresetat über die *»Praktiken und Schleichwege unserer Militärlieferanten«* zu berichten und dabei eine der »Wurzeln der Kriegsgefahren« aufzudecken[266]. Als erste Kostprobe für diese Praktiken führte er das Beispiel der »Dillinger Werke« an, die zu einem großen Teil mit französischem Kapital arbeiteten und in ihren Generalversammlungen häufig sogar die französische Sprache benutzten, weil eine nicht unerhebliche Anzahl ihrer Aktionäre Franzosen waren. Auf die antifranzösischen Ressentiments anspielend, wie sie gerade immer wieder von der rechten Presse geschürt wurden, wandte sich Liebknecht an die Vertreter zur »Rechten des

Hauses« und bemerkte spöttisch: »Man denke: ›Der Erbfeind‹! Man denke der ›großen Gefahr‹, daß ein Krieg zwischen Deutschland und Frankreich ausbricht – und nun sitzen französische Kapitalisten in dieser deutschen Gesellschaft, werden in alle Geheimnisse der deutschen Rüstung eingeweiht und sorgen im Verein mit allen Kapitalisten deutscher Nationalität dafür, daß dem deutschen Volke und dem Deutschen Reiche recht viel Geld für die Rüstungen abgenommen wird.« Die Rüstungsindustrie war aber nicht nur »vaterlandslos«, sie wirkte auch direkt kriegstreiberisch, wie Liebknecht an einem anderen Beispiel belegen wollte. Zu diesem Zweck verlas er ein Telegramm, das die »Deutschen Waffen- und Munitionsfabriken« an ihren Pariser Agenten gesandt hatten und in dem dieser aufgefordert wurde, folgende Meldung in die vielgelesene Pariser Zeitung *Figaro* zu lancieren: »Die französische Heeresverwaltung hat sich entschlossen, die Neubewaffnung der Armee mit Maschinengewehren erheblich zu beschleunigen und die doppelte Anzahl als zuerst beabsichtigt, zu bestellen.« Die Intention dieser Falschmeldung lag auf der Hand: sie sollte es den Befürwortern einer stärkeren Rüstung in Deutschland ermöglichen, die deutsche Regierung zu erhöhten Rüstungsanstrengungen zu bewegen, um den angeblichen Vorsprung der Franzosen wettzumachen. Nutznießer dieser Anstrengungen wären die »Deutschen Waffen- und Munitionsfabriken« gewesen, die sich auf die Produktion von Feuerwaffen spezialisierten.

Nach diesem Vorgeplänkel kam Karl Liebknecht dann zu seinem eigentlichen Thema der Krupp-Korruption, die er rhetorisch sehr geschickt einleitete. »Wir dürfen doch wohl hoffen«, begann er nach dem amtlichen Stenogramm, »daß die Waffen- und Munitionsfabrik ein schwarzer Schimmel ist?« Und fuhr dann fort: »Meine Herren, Hoffen und Harren macht manchen zum Narren. Ich bin leider genötigt, solche Hoffnungen zu zerstören, indem ich Ihnen ein schlüssiges Beweismaterial vorlege, daß die größte deutsche Waffenfabrik mit Manipulationen arbeitet (Zwischenrufe rechts), die sich auch nicht einmal mit einer derartigen Art Moral vereinbaren lassen, die sonst vielleicht, wie ich eben aus Zwischenrufen entnehmen zu müssen glaube, bei gewissen Parteien dieses Hauses noch Beifall finden könnte.« Unter eisiger Stille auf der Rechten des Hauses und unter wiederholten Beifallskundgebungen seiner Parteifreunde berichtete er dann über die Krupp-Korruption. Er beließ es jedoch nicht bei der bloßen Enthüllung, denn als Kämpfer gegen die Kriegsgefahr ging es ihm darum, dem Proletariat die politischen Implikationen dieser Korruption aufzuzeigen. Auf den internationalen Rüstungsmechanismus eingehend, erklärte er: »Unsere Krupp, Stumm und Genossen können nichts besseres wünschen, als daß in Frankreich tüchtig gerüstet wird, weil auch sie dann tüchtig Arbeit bekommen und viel Geld verdienen.« Liebknecht gelangte daher zu dem Schluß, daß die Rüstungsindustrie verstaatlicht werden müsse, um auf diese Weise eine »Interessentenklasse auszumerzen, deren Existenz eine ständige Kriegsgefahr für die ganze Welt bedeutet«.

Die Enthüllung der Krupp-Korruption wirkte wie ein »Schuß in eine Schar schmausender Krähen«, wie Karl Liebknecht in einer späteren Reichstagsrede ironisch feststellte[267]. Abgesehen davon, daß selbst die oberste Spitze des Reiches durch die Affäre in eine peinliche Situation geriet – sogar Wilhelm II. besaß Aktien der Firma Krupp und war mit Krupp von Bohlen und Halbach persönlich befreundet[268] –, konnte sie auch unabsehbare Folgen für die Rüstung des Reiches haben. Wie man verschiedentlichen Äußerungen von Liebknecht entnehmen kann[269], bestand eine interne Regelung, wonach Firmen, die sich der Korruption schuldig gemacht hatten, keine Aufträge aus dem Reichswehretat erhielten. Die Anwendung dieser Regelung auf die Firma Krupp hätte nicht nur einen weitgehenden Rüstungsstopp des Reiches bedeutet, sondern auch die Wehrbereitschaft des Reiches erheblich gefährdet. Eine durch die Krupp-Korruption aufgebrachte Öffentlichkeit konnte aber eine solche Entscheidung durchaus fordern. Aus diesem Grunde ergriff der Kriegsminister von Heeringen noch am selben Abend im Reichstag das Wort, um Liebknechts Ausführungen so weit wie möglich herunterzuspielen[270]. Entgegen der von ihm selbst bestätigten Tatsache, erklärte er, daß es sich bei den inkriminierten Dokumenten nicht um »Geheimdokumente« handeln würde. Der Firma Krupp sprach er sogar ein »Lob« aus, weil sie sich im Laufe der Jahre »große Verdienste« um die »deutsche Armee, insbesondere unsere Artillerie« erworben hatte. Trotzdem konnte er den Krupp-Skandal nicht verhindern[271]. Selbst die Londoner *Times* nahm Notiz von Liebknechts Enthüllungen und ließ einen Tag später über sie durch ihren Berliner Korrespondenten berichten. In der Meldung heißt es: »Heute abend gegen Ende einer recht langweiligen Verhandlung zur zweiten Vorlage des Reichswehretats, trat der sozialdemokratische Abgeordnete Dr. Liebknecht mit sensationellen Enthüllungen über das Geschäftsgebaren bestimmter Rüstungsfirmen hervor, die, so scheint es, Gegenstand staatsanwaltlicher Ermittlungen sind[271a].«

Die Stellungnahme des Ministers gab Karl Liebknecht die Möglichkeit, einen Tag später noch einmal auf die Angelegenheit zu sprechen zu kommen und somit die Krupp-Korruption weiter auszuwalzen[272]. Die Ausführungen des Ministers wies er dabei entschieden zurück. Wie sehr es sich seiner Meinung nach bei den Dokumenten um Geheimmaterial gehandelt haben mußte, konnte man allein schon daran sehen, daß die Firma Krupp selbst die Berichte als das »Geheimste, Intimste« behandelt hatte. Ebensowenig war Liebknecht mit dem Lob auf die Firma Krupp einverstanden. An die Tatsache erinnernd, daß im Deutschen Reiche die finanziellen Mittel für die Rüstung vornehmlich von der Masse der Bevölkerung aufgebracht wurden, rief er unter großem Beifall seiner Parteifreunde aus: »Die Firma Krupp sollte dem deutschen Volke danken, daß es diese Firma so hat blühen, wachsen und gedeihen lassen, wenn auch zu einem großen Teil recht widerwillig.« Angesichts der laschen Haltung, die der Kriegsminister durch seine Reichstagsrede gezeigt hatte, forderte der sozialdemokratische Abgeordnete die Einsetzung einer »Enquete-Kommission«, um das Geschäftsgebaren der gesamten deutschen Rüstungsindustrie zu untersuchen. »Wenn das [die Korruption] bei Krupp und bei den Waffen- und Munitionsfabriken passiert«, begründete er seinen Antrag, »dann garantiert uns niemand dafür, dann spricht vielmehr eine gewisse Wahrscheinlichkeit, möchte ich fast sagen, dafür, daß die anderen Firmen in ihren Geschäftspraktiken nicht wesentlich anders, anständiger als diese beiden großen Firmen sein werden.«

Die Regierung reagierte umgehend auf Liebknechts Enthüllungen und ließ schon vier Tage später die Einsetzung einer Untersuchungskommission verkünden, die neben Vertretern der Regierung aus je zwei Mitgliedern der im Reichstag vertretenen Parteien zusammengesetzt sein sollte[273]. Liebknecht nutzte diese Ankündigung, um sich am 26. April noch einmal ausführlich mit dem Thema

»Krupp und die Rüstungsindustrie« zu befassen[274]. Dabei erörterte er zunächst die Frage, welche Aufgabe und Funktion die einzusetzende Kommission haben sollte. Da seiner Meinung nach das Budgetvotum des Reichstages »auch ein politisches Votum« war, durfte sich der Reichstag nicht mit einer »Kontrolle der Wirtschaftlichkeit und Zweckmäßigkeit der Verwendung von Etatmittel« begnügen, sondern hatte sich über den »gesamten Umfang der Amtsführung des Ministers« und darüber hinaus über »alle Vorgänge in seinem Ressort nach allen Richtungen hin« zu unterrichten, um über die »Gehaltsbewilligung, als die politische Decharge, schlüssig zu werden«. Was Liebknecht hier vorschlug, war nichts anderes als die Einführung der Ministerverantwortlichkeit gegenüber dem Parlament, was einer Änderung der preußisch-deutschen Verfassung gleichgekommen wäre. Danach legte er dann in seiner Rede weiteres Material zur fatalen Rolle der Rüstungsindustrie in Europa vor. Als Beispiel führte er die »personelle Versippung« zwischen der »militärischen Bürokratie« einerseits und der »mittleren Führungsschicht« in der Rüstungsindustrie andererseits an. Anhand konkreter Fälle konnte er nachweisen, daß »gewisse Beamtenposten« in der Militärverwaltung »geradezu systematisch« Durchgangsstationen waren für gute »Pfründe« in der Privatindustrie. Daß eine solche Verquickung zu Korruptionsfällen à la Krupp führen mußte, war nur folgerichtig.

Parallel zur innenpolitischen Situation befaßte sich Liebknecht diesmal auch mit den internationalen Verflechtungen der Rüstungsindustrie. Dabei zitierte er einen »Kartellvertrag«, den die »Deutschen Waffen- und Munitionsfabriken« mit der »Österreichischen Waffenfabrikationsgesellschaft« und der belgischen »Fabrique nationale d'armes du guerre«, in der im wesentlichen französisches Kapital steckte, abgeschlossen hatte. Daraus ging hervor, daß zwischen den drei Firmen eine Absprache getroffen worden war hinsichtlich einer Aufteilung der Auftragsländer. Demzufolge war der österreichischen Firma der bulgarisch-rumänische Raum vorbehalten, während die deutsche Firma Rußland als »Auftragsgebiet« zugesprochen bekam. Die Auswirkungen dieses Vertrages spielte Liebknecht dann gleichsam im Vorgriff auf die Konstellation des Ersten Weltkrieges am Beispiel eines österreichisch-russischen Konfliktes auf dem Balkan durch. »Und wenn dann die deutschösterreichische Nibelungentreue sich weiter dahin bewähren wird«, führte er aus, »daß, bei einem gemeinsamen Krieg Deutschlands und Österreichs gegen Rußland, die deutsch-österreichischen Soldaten sterben können in dem beruhigenden Gefühl, daß die Geschosse des Feindes von einem Finanzkonzern fabriziert sind, in dem deutsches und österreichisches und französisches Kapital – in einem neuen Dreibund – gemeinsam wirkt, dann bin ich fest überzeugt, wird das sehr dazu beitragen, den Patriotismus, die Kriegsbegeisterung, den Todesmut der Söhne Österreichs und Deutschlands zu stärken!« Den Slogan der herrschenden Kreise von der äußeren Bedrohung des Vaterlandes abwandelnd, beendete er seine Rede mit dem eher an die Zuhörer draußen als drinnen gerichteten Ausruf: *»Das Vaterland ist in Gefahr. Es ist aber nicht in Gefahr vor dem äußeren Feinde, sondern vor jenen gefährlichen inneren Feinden, vor allem vor der internationalen Rüstungsindustrie.«*

Angesichts der von Karl Liebknecht geleisteten Vorarbeiten war es nur natürlich, daß ihn die sozialdemokratische Reichstagsfraktion für die von der Regierung angekündigte Enquete-Kommission nominierte, wo er neben Gustav Noske die Interessen der SPD vertreten sollte[275]. Die Regierung war jedoch mit seiner Nominierung nicht einverstanden. Wie man einem Rundschreiben des Parteivorsitzenden Hugo Haase an die Fraktionsmitglieder entnehmen kann[276], wurden er und Karl Liebknecht am 15. Oktober 1913 zu einer Besprechung ins Reichsamt gebeten. Dort sei ihnen die Bitte des »Herrn Reichskanzlers« eröffnet worden, Liebknecht möge sein Amt in der Kommission niederlegen; statt dessen solle er sich als »Sachverständiger« an der Arbeit der Kommission beteiligen. Als Begründung wurde angegeben, daß der Reichskanzler den linksstehenden Sozialdemokraten nicht in die Kommission berufen könne, da dieser eine zu »prononzierte Stellung« in der Angelegenheit eingenommen hätte. Die Funktion der Kommission sollte eine »richterliche« sein, so daß sie niemanden aufnehmen könne, der wie Liebknecht, ein »spezielles Interesse« an der »Sache« habe. Haase und Liebknecht lehnten diese Bitte ab mit der Erklärung, daß nach Ansicht der SPD die Kommission sehr wohl eine »aufklärerische und ermittelnde« Aufgabe habe und daß daher gerade die Mitarbeit des Fachmannes Liebknecht erforderlich war. Da beide Seiten auf ihrem Standpunkt verharrten, wurde die Besprechung ergebnislos abgebrochen. Die Reichstagsfraktion beriet daraufhin in ihrer Sitzung vom 13. November die Angelegenheit und faßte den Beschluß, aus Protest gegen das Verhalten der Regierung auch den zweiten Delegierten aus der Kommission abzuziehen[277]. Damit waren die bürgerlichen Parteien unter sich mit dem Ergebnis, daß die ganze Untersuchung im Sande verlief; soweit bekannt, hat die Kommission nie einen Bericht vorgelegt. Ähnlich erfolglos verliefen auch die aus Anlaß der Krupp-Korruption entstandenen Gerichtsverfahren[278]. Der erste Prozeß, der vom 31. Juli bis zum 5. August 1913 in Berlin gegen die sieben Beamten aus dem Kriegsministerium verhandelt wurde, endete mit geringfügigen Gefängnisstrafen; ähnliches gilt für den zweiten Prozeß, der vom 28. Oktober bis zum 8. November 1913 ebenfalls in Berlin gegen den Krupp-Direktor von Eccius und den Leiter des Berliner Krupp-Büros Brandt zur Verhandlung kam. Brandt erhielt vier Monate Gefängnis und von Eccius eine Geldstrafe von 1200 Mark.

Die Aufdeckung der Krupp-Korruption hat Karl Liebknecht weit über die Grenzen des Deutschen Reiches bekannt gemacht, insbesondere in den Reihen der internationalen Arbeiterbewegung. Vor allem die Genossen in Frankreich und Großbritannien fühlten sich durch Liebknechts Propagandakampagne ermutigt, nun auch ihrerseits Untersuchungen über das Verhalten der heimischen Rüstungsindustrie anzustellen. Dabei kamen sie zu durchaus ähnlichen Ergebnissen wie ihr deutscher Parteifreund. Am 13. Juni 1913 beispielsweise stellte die Zeitschrift der Independant Labour Party, der *Labour Leader*, in einem Artikel zum Thema »German Armament Disclosures« fest, daß die Vorwürfe, die Liebknecht wegen der internationalen Verflechtungen gegen die deutsche Rüstungsindustrie erhoben hatte, auch auf britische Firmen zutrafen. »Dieselben Firmen«, heißt es in dem Artikel, »die die ›Dreadnought‹-Kriegsschiffe für Großbritannien bauen, sind finanziell mit Firmen verbunden, die Kriegsschiffe für Österreich und Italien bauen[279].« Um daher das volle Ausmaß der internationalen Verflechtungen der Rüstungsindustrie offenzulegen, taten sich Karl Liebknecht, André Morizet, ein Mitarbeiter der *L'Humanité* und John Walton Turner Newbold vom *Labour Leader* zusammen, um eine Art »Kompendium« der »Rüstungsinternationale« zusammenzustellen[280]. Wie man einem Brief von Newbold an Liebknecht vom 27. Mai 1914 entnehmen kann[281], war die Arbeit an dem Projekt zu Beginn des Jahres 1914 soweit gediehen, daß ein Verleger gesucht wurde. Der Ausbruch des Ersten Weltkrieges verhinderte jedoch die Veröffentlichung. Newbold veröffentlichte seinen Teil des Manuskripts im Jahre 1916 unter dem Titel *How Europe Armed for War* und widmete ihn Karl Liebknecht[282]. Liebknecht selbst versuchte ebenfalls noch während des Krieges seinen Teil zu publizieren. Einem Kassiber zufolge, den er im April 1917 aus dem Zuchthaus von Luckau an Ernst Meyer richtete[283], sollte der ehemalige *Vorwärts*-Redakteur und Spartakus-Mitstreiter das Manuskript in eine endgültige Form bringen und als illegale Agitationsbroschüre drucken lassen. Soweit bekannt, konnte diese Absicht nicht verwirklicht werden. Auch das vollständige Manuskript ist seitdem unauffindbar, wie die Herausgeber des achten Bandes der *Gesammelten Reden und Schriften* trotz intensiver Nachforschungen feststellen mußten[283a]. Lediglich Teile des Manuskripts konnten wiedergefunden werden und sind in dem eben genannten Band abgedruckt[284]. Sie reichen auf jeden Fall aus, um Art und Zielsetzung von Liebknechts Untersuchungen erkennen zu können. Darüber hinaus hat Liebknecht nach seinen eigenen Angaben[285] einen Großteil des von ihm gesammelten Materials in den Reichstagsreden zum Reichsheeresetat im Jahre 1914 verwertet[286]. Demzufolge muß der Kämpfer gegen die Kriegsgefahr beabsichtigt haben, die betriebliche Zusammensetzung der zwölf größten Rüstungsunternehmen sowie deren internationale Verflechtungen zu analysieren. Ein besonderes Schwergewicht scheint er dabei auf die personelle Verquickung der Rüstungsindustrie mit Interessenverbänden, politischen Parteien, sowie mit Banken, der Presse und der staatlichen Verwaltung gelegt zu haben. Methodisch ging er dabei so vor, daß er zunächst die Zusammensetzung der Vorstandsgremien der einzelnen Betriebe untersuchte und dann den vorangegangenen beruflichen und politischen Werdegang der einzelnen Vorstandsmitglieder zurückverfolgte. Ziel der Analyse muß es gewesen sein, dem Proletariat anhand konkreter Beispiele das Wesen und Funktionieren der Rüstungsindustrie sowie deren Einfluß auf die offizielle preußisch-deutsche Politik zu verdeutlichen. Schon am 19. April 1913 hatte Liebknecht, die Ergebnisse seiner Analyse gleichsam vorwegnehmend, im Reichstag erklärt: »Diese Leute, wie sie in der Firma Krupp, wie sie in der Waffen- und Munitionsfabrik, wie sie in den Werken Dillingen das große Wort führen und diese Geschäftspraktiken ausüben, das sind die Hauptschreier nach Zuchthaus- und Ausnahmegesetzen. Das sind dieselben Leute, die der Sozialdemokratie den Vorwurf der Vaterlandslosigkeit zu machen sich erdreisten[287].«

Die intensive Beschäftigung mit der deutschen Rüstungsindustrie und deren internationalen Verflechtungen ließ Karl Liebknecht zu der Erkenntnis kommen, daß das Verhältnis von Deutschland und Frankreich eine Schlüsselstellung einnahm, was die Aufrechterhaltung des Friedens in Europa betraf. Gelang es, die Beziehungen zwischen diesen beiden Ländern neutral oder gar freundschaftlich zu gestalten, so wurde der fatale Mechanismus des europäischen Bündnissystems außer Kraft gesetzt. Das deutsch-französische Verhältnis war jedoch notorisch gespannt und wurde 1912 von einem immer schärfer werdenden Rüstungswettlauf bestimmt, der es gleichsam zu einer Frage der Zeit werden ließ, wann die eine oder andere Seite zum Mittel des Präventivkrieges greifen würde[288]. In Liebknechts Augen handelte es sich dabei allein um einen Gegensatz der herrschenden Kreise und nicht der Masse der Bevölkerung. Am 21. April 1913 fragte er die deutsche Regierung in einem *Vorwärts*-Artikel: »Wann wird sie [die Regierung] endlich dem stürmischen Drängen der großen Masse des deutschen Volkes nachgeben und einer Vermittlung der beiden größten Militärstaaten des europäischen Kontinents zustimmen, deren Ergebnis eine stärkere Sicherung des Weltfriedens, der Sicherheit und Kultur beider Länder sein wird[289].« Wollte man die kriegstreiberischen Bestrebungen der herrschenden Kreise beider Länder eindämmen, mußte das deutsche und französische Proletariat in eine permanente Friedensbereitschaft versetzt werden, was nur mit Hilfe einer engen Zusammenarbeit zwischen der deutschen und französischen Arbeiterpartei möglich war. Liebknecht bemühte sich daher in der Folgezeit um intensive Kontakte zur Section Française de l'Internationale Ouvrière (SFIO), wobei ihm sein Ansehen als führender deutscher Antimilitarist und konsequenter Antipreußenkämpfer zustatten kam. Mitte März 1913 begab er sich nach Paris, um gemeinsam mit den dortigen Genossen gegen die Einführung der dreijährigen Wehrpflicht in Frankreich zu agitieren. Wie man den Erinnerungen seiner Frau entnehmen kann[290], die ihren Mann auf der Reise begleitete, trat er nicht nur als Redner bei Parteiversammlungen auf, sondern führte auch hinter den Kulissen Besprechungen mit den französischen Parteifreunden, um eine »bessere Koordinierung der Wege und Pflichten der Sozialisten aller Länder« zu erreichen. Mit welchen Parteiführern er diese Gespräche führte, ist nicht bekannt; doch spricht einiges dafür, daß er auch so prominente Vertreter wie Jean Jaurès und Edouard Vaillant getroffen haben dürfte[291]. Die Besprechungen nahmen derart viel Zeit in Anspruch, daß für kulturelle Nebenaktivitäten nicht viel übrig blieb – sehr zum Ärger der Kunsthistorikerin Sophie Liebknecht, die sich die Museen Paris' alleine anschauen mußte. Knapp zwei Monate später hatte Karl Liebknecht erneut Gelegenheit zu einem Meinungsaustausch mit den französischen Genossen, denn er gehörte zu einer Parlamentarierkommission des Deutschen Reichstages, die sich auf Initiative von Ludwig Frank am 10. und 11. Mai mit Parlamentarierkollegen aus Frankreich in Bern in der Schweiz trafen[292]. Neben Liebknecht und Frank nahmen von der SPD August Bebel, Hugo Haase, Philipp Scheidemann und Hermann Molkenbuhr teil; von der SFIO waren unter anderem Jaurès und Vaillant erschienen.

Die Kontakte zu den französischen Parteifreunden machten Karl Liebknecht klar, daß die Beziehungen zwischen der SPD und SFIO nicht ungetrübt waren, und zwar gerade wegen der Frage, welche Haltung die internationale Arbeiterbewegung beim Ausbruch eines kapitalistischen Krieges einnehmen sollte. Während die französische Partei die Anwendung des »Generalstreiks« als »Antwort« des Proletariats auf den Kriegsausbruch forderte, wollte sich die deutsche Partei auf keine definitiven Mittel in einem solchen Fall festlegen. »Unsre Ansicht geht ja nun da hin«, erläuterte Hermann Molkenbuhr die Haltung der SPD-Führung auf einer gemeinsamen Sitzung des Parteivorstandes mit der Reichstragsfraktion am 28. April 1914, »daß es gilt, von vornherein alle Kriegsmöglichkeiten zu ersticken. Kommt es aber dennoch zu einem Kriege, nun so werden wir eben mit allen Opfern die Beschlüsse der Internationale durchführen. Aber ich will betonen, daß wir keine Verpflichtungen übernehmen wollen, die wir nicht durchführen können. Deshalb werden wir uns den freiesten Spielraum bei der Festlegung im Kriegsfalle sichern. Auf eine bestimmte Taktik werden wir uns darum auf keinen Fall einlassen[293].« Schon 1907 war es wegen dieser Frage auf dem Stuttgarter Kongreß der II. Internationale zu Unstimmigkeiten gekommen, die nur dadurch ausgeräumt werden konnten, daß man bei der Abfassung der Resolution zum Thema »Militarismus und internationale Konflikte« den Streitpunkt mit einer vagen Formulierung ausklammerte[294]. Drei Jahre später, auf dem Kongreß in Kopenhagen, wurde der Streit allerdings offenkundig, als Edouard Vaillant, unterstützt von dem Engländer Keir Hardie, ein Amendment zur Stuttgarter Resolution einbrachte, in dem der »allgemeine Streik der Arbeiter« zur »Verhütung des Krieges« als »besonders zweckmäßig« bezeichnet wurde[295]. Nur mit Mühe gelang es der deutschen Delegation, die Verhandlung dieses Amendments auf den nächsten Kongreß zu vertagen, der zunächst für das Jahr 1913 vorgesehen war, dann aber um ein Jahr hinausgeschoben wurde und endgültig vom 23. bis 29. August 1914 in Wien stattfinden sollte. Auf dem außerordentlichen Kongreß in Basel im Jahre 1912 wurde die Frage des »Generalstreiks« nicht offen diskutiert, doch prallten hinter den Kulissen die Meinungen hart aufeinander[296]. Lange Zeit hoffte dann die SPD-Führung, daß Vaillant auf eine erneute Einbringung des Amendments verzichten würde, doch mußte sie diese Hoffnung zu Beginn des Jahres 1914 aufgeben[297]. Um, wie Hugo Haase Ende Mai an Vaillant schrieb, in der Öffentlichkeit nicht den Eindruck der »Uneinigkeit« entstehen zu lassen[298], begann die deutsche Parteiführung nach Kompromißmöglichkeiten zu suchen, wie und mit welchem Ergebnis die Generalstreikfrage auf dem Wiener Kongreß erörtert werden konnte. Diesem Zweck diente auch die oben zitierte Sitzung des Parteivorstandes mit der Reichstagsfraktion am 28. April 1914. Mitten in diese Bemühungen platzte jedoch die Nachricht, daß die Seine-Federation, eine wichtige Teilorganisation der SFIO, auf ihrer Jahrestagung eine Resolution zugunsten des Amendments von Vaillant angenommen hatte[299]. Der Beschluß war dabei nicht zuletzt dadurch zustande gekommen, daß Vaillant und andere Redner die – irrige – Ansicht vertreten hatten, daß eine Partei wie die SPD, die zum Einsatz des Massenstreiks bereit war, um das demokratische Wahlrecht in Preußen zu erringen, dieses Mittel erst recht bei Ausbruch eines Krieges anwenden würde[300]. Karl Kautsky war über diese »schwere Verkennung« des deutschen Standpunktes aufs höchste beunruhigt und drängte den Parteivorsitzenden Hugo Haase, den Franzosen die Auffassung der deutschen Partei umgehend klar zu machen, da sonst die Gefahr bestand, daß der Gesamtkongreß der SFIO, der für den 14. bis 16. Juli in Paris angesetzt war, einen ähnlichen Beschluß fassen würde, was dann automatisch die offene Auseinandersetzung auf dem Wiener Kongreß zur Folge haben mußte[301]. Da sich außer Haase alle anderen Vorstandsmitglieder im Urlaub befanden[302] und auch Kautsky wegen der Schlichtung des innerrussischen Streites vom 16. bis 18. Juli in Brüssel unabkömmlich war[303], wandte sich der SPD-Vorsitzende an Karl Liebknecht, der für den 12. Juli zu einer Kundgebung nach Conde-sur-l'Escaut in Nordfrankreich eingeladen war[304] und somit allein schon rein zeitlich noch vor der Eröffnung des Kongresses der SFIO in Paris sein konnte. Darüber hinaus bot sich Liebknecht für diese Aufgabe auch noch aus anderen Gründen an, wobei aufgrund fehlender Quellen die Frage offen bleiben muß, ob Liebknecht auch dann mit der Mission beauftragt worden wäre, wenn andere Mitglieder des Parteivorstandes die Aufgabe hätten wahrnehmen können. Als Antimilitarist, als Antipreußenkämpfer und vor allem als Enthüller der Krupp-Korruption konnte der deutsche Kämpfer gegen die Kriegsgefahr bei den französischen Parteigenossen durchaus auf offene Ohren hoffen. Hinzu kam, daß er seit gut über einem Jahr engere Kontakte besaß und daher auch die innere Situation in der französischen Partei einigermaßen kannte. Liebknecht nahm die von Haase angetragene Aufgabe an und begab sich, wie er in seinem »Augustbrief« in der Broschüre *Klassenkampf gegen den Krieg. Material zum Fall Liebknecht*[305] berichtet, im Anschluß an die Veranstaltung in Code-sur-l'Escaut mit Jean Longuet, einem Enkel Karl Marx', am 13. Juli nach Paris, wo er noch am selben Abend zweimal mit Jean Jaurès und anderen SFIO-Führern zusammentraf. Liebknechts Mission scheint erfolgreich gewesen zu sein, denn der Kongreß nahm nicht zuletzt unter dem Einfluß von Jaurès eine Resolution an, in der die Haltung der französischen Partei in der Generalstreikfrage insofern modifiziert wurde, als der Generalstreik nicht als »Antwort« auf den Kriegsausbruch, sondern lediglich als Mittel zur »Verhütung« von Kriegen bezeichnet wurde[306].

Karl Liebknechts Kampf gegen die Kriegsgefahr wurde von Auffassungen bestimmt, die auch schon bei seinen anderen Tätigkeitsfeldern zu beobachten gewesen sind. Man kann also davon ausgehen, daß es sich dabei um seine politischen Grundanschauungen schlechthin handelte – zumindest, was den Zeitraum vor dem Ersten Weltkrieg anbelangt. Die Motive und Ziele lassen sich dabei gleichsam im Negativverfahren aus seinem Verständnis vom Krieg im kapitalistisch-imperialistischen Zeitalter ablesen. Der kapitalistisch-imperialistische Krieg mit seinen an den Interessen der herrschenden Kreise orientierten Zielen wurde von »Idealen« bestimmt, die denen der Menschlichkeit und Gerechtigkeit zuwiderliefen. Darüber hinaus machten derartige Kriege mit ihrem allgemeinen Verrohungscharakter die Errungenschaften der bisherigen kulturellen und politischen Entwicklung wieder zunichte; sie waren also die Bedrohung der von Liebknecht postulierten Höherentwicklung schlechthin. Für die Sozialdemokratie ergab sich daraus die Aufgabe, den kapitalistisch-imperialistischen Krieg konsequent zu bekämpfen. Man kann sogar sagen, daß für Karl Liebknecht der Kampf gegen die Kriegsgefahr sowie den Krieg selbst die »raison d'être« der sozialdemokratischen Bewegung darstellte, es sei denn, sie gab ihre Zweckbestimmung als Emanzipationsbewegung des Proletariats und damit als Wegbereiter der menschheitlichen Höherentwicklung auf. Hieraus erklärt sich auch, warum Liebknecht während der Marokkokrise so heftig auf die untätige Haltung der Parteiführung, insbesondere auf Bebels Eigenlob reagierte und weshalb er für Rosa Luxemburgs Indiskretion Verständnis zeigte. Gleichzeitig liegt hierin aber auch die Erklärung für den späteren Bruch mit der SPD, denn mit dem Ausbruch des Ersten Weltkrieges war es nicht mehr nur die Kriegsgefahr, die es in Liebknechts Augen zu bekämpfen galt, sondern der Krieg selbst, wodurch die eben vorgetragenen Überlegungen nur noch verstärkte Gültigkeit bekamen. Weiterhin spiegelte sich im Kampf gegen die Kriegsgefahr auch die Vorstellung von der Sozialdemokratie als Emanzipationsbewegung wieder. Indem der Kämpfer gegen die Kriegsgefahr die proletarischen Massen über das Wesen der kapitalistisch-imperialistischen Kriege aufklärte, wollte er sie gegen die Kriegsbegeisterung immunisieren und von der Notwendigkeit einer Friedensbegeisterung überzeugen.

In politisch-theoretischer und politisch-taktischer Hinsicht sind ebenfalls dieselben Grundvorstellungen auszumachen. Auch der Kampf gegen die Kriegsgefahr ging letztlich von dem unmarxistisch-reformistischen Ansatz aus, den Zusammenbruch der Gesellschaft und damit die Voraussetzung für die gewaltsame Konfrontation der Klassen in präventiver Weise zu verhindern. Insofern ist es falsch, wenn Dieter Groh in seiner Arbeit zur Vorkriegsgeschichte der SPD unter Bezugnahme auf Liebknechts Marokkoartikel aus dem Jahre 1911 behauptet, der linksstehende Sozialdemokrat habe eine direkte Verbindung zwischen Weltkrieg und Revolution gesehen[307]. Abgesehen davon, daß der fragliche Artikel einen solchen Schluß allein schon rein faktisch nicht zuläßt, ist auch darauf hinzuweisen, daß Liebknechts gesamtes politisches Handeln und Denken der Vorkriegszeit allein darauf gerichtet gewesen ist, den Zusammenbruch der Gesellschaft und damit die Voraussetzung für die von Marx postulierte »Revolution« zu verhindern. Es ist bisher kein Dokument aus der Vorkriegszeit bekannt, in dem sich Liebknecht konkret mit der Frage befaßte, welche Folgen der Ausbruch eines kapitalistisch-imperialistischen Krieges auf die Revolutionierung der Gesellschaft haben würde. Der unmarxistische Ansatz in Liebknechts politisch-theoretischem Denken wird übrigens auch noch dadurch bestätigt, daß er als Agitator gegen die Kriegsgefahr die proletarischen Massen »willentlich« gegen die kriegstreiberische Politik der herrschenden Kreise einstellen wollte; er ging also, wie schon bei der Entwicklung seiner Militarismus- und Antimilitarismusvorstellungen von der Auffassung aus, daß die gesellschaftliche Entwicklung ein mechanischer Prozeß war, der von deterministischen und voluntaristischen Faktoren bestimmt wurde, wobei er mit seiner Agitation in erster Linie auf das voluntaristische Element einwirken wollte, weil er sich von diesem auch die Veränderung der deterministischen gleich ökonomischen Faktoren erhoffte. Politisch-taktisch schließlich ist auch im Kampf gegen die Kriegsgefahr das Konzept von der »aktiven Oppositionspolitik« wiederzuerkennen. Indem Liebknecht anhand konkreter Beispiele die Rückständigkeit, Ungerechtigkeit und Unmenschlichkeit des kapitalistisch-preußisch-deutschen Staates aufzeigte, um das Proletariat von der Superiorität der sozialdemokratischen Weltanschauung zu überzeugen, suchte er aktiv ins politische Leben Preußen-Deutschlands einzugreifen und die Sozialdemokratie zu einem mitgestaltenden Faktor zu machen. Die von ihm geführte Auseinandersetzung mit den herrschenden Kreisen war dabei rein argumentativ; nirgends hat Liebknecht, weder implizit noch explizit, die bloße Anwendung von Gewalt befürwortet.

Karl Liebknecht hat sich mit seinen Vorstellungen vom Kampf gegen die Kriegsgefahr in der SPD nicht durchsetzen können. Dabei ist zu beobachten, daß die breite Führungsschicht der Partei auf Liebknechts Werben genauso negativ reagierte, wie sie es im Zusammenhang mit den anderen Tätigkeitsfeldern der Vorkriegszeit getan hatte. Der Parteivorstand beispielsweise machte sich zwar Liebknechts Enthüllung der Krupp-Korruption zunutze und ließ im Mai 1913 seine Reichstagsreden zur »Rüstungsinternationale« gemeinsam mit Erklärungen von August Bebel zur Haltung der SPD in der Frage der Vaterlandsverteidigung als Massenflugblatt[308] verbreiten, doch tat sie ansonsten wenig, um die Schwäche der Regierung im Interesse der eigenen Politik auszunutzen. Selbst die von Liebknecht schon 1908 »verfluchten Massenversammlungen« wurden kurze Zeit später wieder eingestellt, weil angeblich keine »Stimmung« dafür bei den Massen vorgelegen habe. Diese von Dieter Groh vorgebrachte Erklärung ist jedoch nur bedingt akzeptabel. Groh selbst weist in seiner Arbeit nach[309], daß die Führungsgremien der SPD zu diesem Zeitpunkt an einer grundlegenden Auseinandersetzung mit den herrschenden Kreisen nicht mehr interessiert waren. Der »negative Integrationsprozeß« befand sich in vollem Gange und man konzentrierte sich fast ausschließlich auf die parlamentarische Mitarbeit, von der man die »positive Integration« erhoffte. Am 24. und 25. April 1913 – also während Liebknecht im Reichstag seine Reden zur Rüstungsindustrie hielt – nahmen zum erstenmal sozialdemokratische Fraktionsmitglieder an den Sitzungen der Budget- und Reichshaushaltskommission teil[310] und wurden damit »Vertraute« der Regierung, ohne dafür allerdings die politische Gleichberechtigung zu erlangen. Am 30. Juni stimmte dann die Reichstagsfraktion der SPD indirekt dem Wehretat zu, als sie die Deckungsvorlage wegen der darin enthaltenen »direkten Steuern« – eine alte sozialdemokratische Forderung – bewilligte[311]. Praktisch wurde damit die Wirkung von Liebknechts Agitation wieder aufgehoben. Es sei dahingestellt, ob das Verhalten von August Bebel als repräsentativ für die Haltung der gesamten Parteiführung angesehen werden darf, trotzdem wirft es ein bezeichnendes Licht auf die Atmosphäre in der SPD-Spitze, wenn der wohl angesehenste und einflußreichste sozialdemokratische Parteiführer den Frieden in Europa am besten dadurch erhalten zu können glaubte, daß er sich auf »privatem!« Wege über den britischen Ehrenkonsul in Zürich, Heinrich Angst[312], an die Großmacht Großbritannien wandte, um diese zu einer »Präventivrüstung« gegen das Deutsche Reich zu bewegen. Wie, so muß man sich fragen, wollten die Parteiführer der SPD die Massen zur politischen Aktivität motivieren, wenn sie selbst so wenig an die Potenz der eigenen Bewegung glaubten. Dabei hatte gerade Bebel im Zusammenhang mit der preußischen Wahlrechtsbewegung von 1910 mehrfach festgestellt, daß die Massen »besser« waren als die Führer[313]. Konsequenzen zog er aus dieser Erkenntnis jedoch nicht.

Der Grund, weshalb Karl Liebknecht so wenig Unterstützung in der SPD fand, ist in erster Linie auf seine Isolation innerhalb der breiten Führungsschicht der Partei zurückzuführen. Der Gruppenbildungsprozeß in der SPD zwischen 1905 und 1913 war gleichsam an ihm vorbei vollzogen worden[314]. Er gehörte weder zum linken noch zum rechten Parteiflügel und auch nicht zum Parteizentrum; er saß, bildlich gesprochen, zwischen allen Stühlen. Die Frage, inwieweit sich Liebknecht dieser isolierten Stellung bewußt gewesen ist, läßt sich aufgrund der lückenhaften Quellenlage nicht mehr klären. Zu bedenken ist dabei allerdings, daß der Sohn des Mitbegründers der SPD innerparteiliche Auseinandersetzungen immer nur als »Streit unter Gleichgesinnten« verstanden hat, schließlich war er, wie kaum einer der Parteivertreter seiner Generation, mit der deutschen Sozialdemokratie aufgewachsen und hatte, wie er auf dem Magdeburger Parteitag 1910 einmal leicht poetisch formulierte, den Gedanken der Solidarität schon »mit der Muttermilch« eingesogen[315]. Hierin dürfte wohl auch die Erklärung für Liebknechts Entscheidung zu sehen sein, die Vermittlerrolle in der Generalstreikfrage anzunehmen. Auf keinen Fall sollte sie als Opportunismus, etwa im Interesse einer weiteren Parteikarriere abgetan werden. Die Entscheidung zeigt vielmehr, daß Liebknecht nicht nur »Kompromißbereitschaft« besaß, sondern auch über einen realpolitischen Durchblick verfügte. Auch dem Kämpfer gegen die Kriegsgefahr war klar, daß die SPD bei Ausbruch eines Krieges keinen Generalstreik »dekretieren« konnte; sie konnte zwar durch ihre Aufklärungsagitation eine solche Aktionsbereitschaft bei den Massen vorbereiten und initiieren helfen, durchgeführt werden mußte der Generalstreik aber von den Massen selbst. Das deutsche Proletariat aber besaß einen solchen Aktionswillen noch nicht in ausreichendem Maße, wie Liebknecht schon 1910 im Zusammenhang mit der preußischen Wahlrechtsbewegung festgestellt hatte. Dies durfte jedoch nicht dazu führen, daß die Partei untätig wurde und gleichsam fatalistisch auf die weitere Entwicklung starrte. Sie hatte, ganz im Gegenteil, dafür zu sorgen, daß die Massen die noch fehlende Bereitschaft zum aktiven politischen Handeln erwarben. Die dazu notwendige Aufklärungsagitation war dabei in Liebknechts Augen unabhängig davon zu leisten, ob ein Krieg ausgebrochen war oder nicht. Auf der gemeinsamen Sitzung des Parteivorstands und der Reichstagsfraktion am 28. April 1914 erklärte er: »Wir dürfen keinen Zweifel daran lassen, daß wir dem Militarismus todfeind sind und daß wir zu Konzessionen diesem gegenüber weder im Frieden noch im Krieg jemals bereit sind[316].« Das Bekenntnis zum konsequenten Kampf gegen den Krieg war denn auch für Liebknecht die Grundlage für den Ausgleich im deutsch-französischen Parteienstreit. Daß die in diesem Kampf anzuwendende Taktik »allen Ländern« gerecht werden mußte, war für den deutschen Sozialdemokraten ebenso selbstverständlich, schließlich verwirklichte sich für ihn die »Internationale Solidarität« des Proletariats im »Klassenkampf im Innern«. Bei Ausbruch des Ersten Weltkrieges zeigte sich dann allerdings, daß die deutsche Parteiführung zum konsequenten Kampf gegen den Krieg nicht mehr bereit war. Die Verwerfung der Antikriegspolitik machte Liebknecht deutlich, daß die Meinungsverschiedenheiten der Vorkriegszeit doch mehr gewesen waren als Streitigkeiten unter Gleichgesinnten; dementsprechend bitter reagierte er auch auf die Kriegspolitik der Partei. Dennoch macht es sich die marxistisch-leninistische Geschichtsschreibung zu einfach, wenn sie dem späteren Mitbegründer der KPD aufgrund seines Diskussionsbeitrages auf dem Jenaer Parteitag 1911 vorwirft, daß er zum damaligen Zeitpunkt nicht erkannt habe, wie sehr die Partei schon vom »Revisionismus« angefressen gewesen sei[317]. Abgesehen davon, daß dieser Vorwurf von einem viel zu schematischen und retrospektivischen Erklärungsmodell ausgeht, wird sie Liebknechts Verhalten auch rein faktisch nicht gerecht. Sein Optimismus in bezug auf das zukünftige Vorgehen der deutschen Parteiführung beim Herannahen von Kriegsgefahren war zum damaligen Zeitpunkt keineswegs unbegründet. Sowohl beim Ausbruch des Tripoliskrieges Ende 1911[318] als auch beim Ausbruch des Zweiten Balkankrieges 1912[319] ergriff die SPD-Führung national wie international die Initiative und betrieb eine ausgedehnte Friedensagitation, die am 24. und 25. November 1912 mit dem außerordentlichen Kongreß der II. Internationale in Basel ihren Höhepunkt erreichte. Darüber hinaus darf nicht übersehen werden, daß es gerade die Frage gewesen ist, welche Haltung die Arbeiterparteien bei Kriegsausbruch einnehmen sollten, die in der Vorkriegszeit zur Gruppenbildung innerhalb der SPD beigetragen hat[320].

Vergleicht man Liebknechts Vorstellungen vom Kampf gegen die Kriegsgefahr auf dem Hintergrund der in der SPD von den drei Hauptströmungen vertretenen Auffassungen, so muß man sagen, daß sie in mancher Hinsicht eine Befruchtung der offiziellen Politik hätten darstellen können. Zweifelsohne ist es richtig, daß Karl Liebknecht in seinem Kampf gegen die Kriegsgefahr in mancher Hinsicht von fehlerhaften Vorstellungen ausgegangen ist. So übersah er beispielsweise durch seine Konzentration auf das deutsch-französische Verhältnis die Implikationen, die sich aus dem deutsch-britischen »Flottenrüstungswettlauf«[321] für das politische Bündnissystem in Europa ergaben. Außerdem unterschätzte er innenpolitisch die Gegentendenzen, die in der preußisch-deutschen Regierung selbst gegen die Einflüsse der Rüstungsindustrie bestanden[322]. Trotzdem gingen seine Überlegungen in die richtige Richtung. Er erkannte nicht nur die verhängnisvolle Wechselwirkung innen- und außenpolitischer Faktoren für die Ausformung der preußisch-deutschen Politik, sondern er erkannte auch, daß im Zeitalter der Massenheere ein Krieg ohne Begeisterung der Bevölkerung nicht mehr geführt werden konnte. Nicht zuletzt aufgrund dieser Erkenntnis konnte er später die von Reichskanzler Bethmann Hollweg in der »Julikrise« gegenüber der SPD eingeschlagene Taktik durchschauen. In diesem Zusammenhang ist übrigens zu fragen, ob die proletarischen Massen bei Kriegsausbruch auch dann so begeistert reagiert hätten, wenn die gesamte SPD geschlossen gegen den Krieg aufgetreten wäre? Daß der »Begeisterungsprozeß« in der Endphase der »Julikrise« so reibungslos ablief, hängt sicherlich auch damit zusammen, daß die SPD fast vier Jahre lang ihre Anhänger immer wieder zu Aktivitäten aufgerufen hatte, ohne ihnen für diese Aktivitäten ein konkretes Ziel bieten zu können. Dies tat dann die Regierung mit der Einberufung zum Krieg um so konkreter und mußte den Massen gleichsam als »Erlösung« aus der bisherigen Handlungsunfähigkeit vorkommen. Die Reden gegen die Rüstungsindustrie, insbesondere die Enthüllung der Krupp-Korruption haben Karl Liebknecht bei den herrschenden Kreisen zum meist gehaßten Sozialdemokraten gemacht. Wie groß dieser Haß war, kommt gleichsam symbolisch in der Aufforderung jenes Krupp-Direktors zum Ausdruck, der sich mit ihm »duellieren« wollte, um den Kämpfer gegen die Kriegsgefahr ein für allemal zu beseitigen[323].

IV. Der Antikriegskämpfer und Revolutionär

Die Jahre von 1914 bis 1919 umfassen den letzten Abschnitt im politischen Werdegang von Karl Liebknecht und bringen mit der einsamen Abstimmung gegen die Kriegskredite am 2. Dezember 1914, der öffentlichen Protestdemonstration gegen den Krieg am 1. Mai 1916 und der Proklamation der »freien, sozialistischen Republik Deutschland« am 9. November 1918 die absoluten Höhepunkte in seiner Politikerlaufbahn. Entsprechend dieser Höhepunkte ist das Kapitel in drei Abschnitte untergliedert. Hauptgegenstand der Untersuchung soll dabei die Frage sein, ob und inwieweit der Ausbruch des Ersten Weltkrieges eine Radikalisierung in Liebknechts politischem Denken und Handeln verursacht hat; eine Frage, die sowohl von der kommunistischen als auch der nicht-kommunistischen Geschichtsschreibung bejaht wird.

Die Reaktion auf den Krieg und die Bewilligung der Kriegskredite durch die Reichstagsfraktion der SPD

Karl Liebknecht ist vom Ausbruch des Ersten Weltkrieges überrascht worden. Dieses Urteil läßt sich zwar quellenmäßig nicht belegen, doch weisen alle bekannten Dokumente in diese Richtung. Obwohl der Kämpfer gegen die Kriegsgefahr die politischen Erschütterungen, die das Attentat von Sarajewo am 28. Juni 1914 in Europa auslöste, unmittelbar von Berlin aus hat verfolgen können, hielt er die sich aus diesem Ereignis entwickelnde »Julikrise«[1] für keine akute Bedrohung des Friedens. Wie schon im vorigen Kapitel berichtet, begab er sich am 12. Juli, also 14 Tage nach der Ermordung des österreichisch-ungarischen Thronfolgers, zu seiner lange geplanten Friedenskundgebung nach Conde-sur-l'Escaut in Nordfrankreich und fuhr im Anschluß daran nach Paris, um im deutsch-französischen Parteienstreit in der Generalstreikfrage zu vermitteln. Von Paris aus reiste er am 14. Juli nach Basel in die Schweiz[2]. Was er dort tat beziehungsweise wo er sich dort genau aufhielt, ist nicht bekannt. Selbst die »biographischen Angaben« in den *Gesammelten Reden und Schriften*[3], die Liebknechts Wirken zeitweilig minuziös nachvollziehen, geben über diesen Zeitraum keine Auskunft; sie enden mit dem 14. Juli und beginnen erst wieder mit dem 3. August, als die Reichstagsfraktion der SPD zu ihrer berühmten Sitzung wegen der Bewilligung der Kriegskredite zusammentrat. Die Tatsache, daß sich eine politische Tätigkeit von Karl Liebknecht in der Zeit vom 14. Juli bis zum 3. August nicht nachweisen läßt, ist aller Wahrscheinlichkeit nach darauf zurückzuführen, daß er sich in der Schweiz im Urlaub befand und erst bei Kriegsausbruch nach Berlin zurückkehrte. Der Kämpfer gegen die Kriegsgefahr erlebte also den Kriegsausbruch bestenfalls als zeitungslesender Tourist. Bestätigt wird diese Vermutung durch Liebknechts eigene Berichterstattung über die Ereignisse in der Reichstagsfraktion bei Kriegsausbruch[4]. So berichtet er in seiner »Klassenkampf-Broschüre« recht ausführlich über die Nachmittagssitzung der Fraktion, erwähnt aber mit keinem Wort, daß auch eine Vormittagssitzung stattgefunden hat, wie das offizielle Protokoll bestätigt[5]. Er scheint also sogar erst im Laufe des 3. August in Berlin eingetroffen zu sein. Dies würde auch erklären, warum sein Name nirgendwo in den Berichten der verschiedenen Fraktionsmitglieder auftaucht, die sich an den beiden ersten Augusttagen zu »Vorgesprächen« in Berlin trafen[6].

Karl Liebknecht erlebte bei Kriegsausbruch aber nicht nur eine Überraschung, sondern gleich zwei, denn aufgrund seiner Abwesenheit von Berlin und den Parteigeschäften traf ihn die Entscheidung der Reichstagsfraktion, die von der Regierung geforderten Kriegskredite zu bewilligen, völlig unvorbereitet. Selbst in der rückschauenden Darstellung seiner »Klassenkampf-Broschüre« schwingt dieser Überraschungsefekt noch mit, wenn er erklärt, daß er vor dem 3. August zu jenen Genossen gehört habe, die sich »in dem Wahne« befunden hätten, »die Ablehnung der Kriegskredite [sei] für die Mehrheit der Reichstagsfraktion selbstverständlich und zweifellos«[7]. Die Reichstagsfraktion der SPD faßte jedoch nach ei-

Die Reichstagsfraktion der SPD im Jahre 1914. 3. Reihe von unten, vierter von rechts: Karl Liebknecht. 1. Reihe von unten, sechster von rechts: Friedrich Ebert; links neben ihm Hugo Haase, gemeinsam mit Ebert Vorsitzender der SPD. Links neben Haase Philipp Scheidemann, nach dem Bruch der Partei im Jahre 1916 Nachfolger von Haase im Amt des Parteivorsitzenden.

ner heftigen und teilweise stark emotionsgeladenen Debatte mit 78 zu 14 Stimmen den Beschluß, die Kredite zu bewilligen[8]. Das doppelte Überraschungsmoment war einfach zu stark, als daß sich Liebknecht zu einer wirksamen Opposition hätte aufschwingen können. In der Hektik der sich überschlagenden Ereignisse blieb nicht einmal Zeit für eine konzertierte Aktion des linken Fraktionsflügels. »Nur Minuten standen zur Verfügung«, beschreibt Liebknecht einen Versuch von ihm, Georg Ledebour und Paul Lensch, einen Entwurf zur Vorlage an die Fraktion auszuarbeiten, der mit der Ablehnung der Kriegskredite schloß[9]. So unterwarf sich denn auch Karl Liebknecht der Entscheidung der Fraktion, im Plenum des Reichstages Fraktionsdisziplin zu üben, und stimmte, obwohl er zu den 14 oppositionellen Mitgliedern in der Fraktion zählte[10], am 4. August 1914 für die von der preußisch-deutschen Regierung geforderten Kriegskredite[11]. In der vom Parteivorsitzenden Hugo Haase verlesenen Abstimmungsbegründung hieß es u. a.:

»Wir stehen vor einer Schicksalsstunde. Die Folgen der imperialistischen Politik, die durch eine Ära des Wettrüstens herbeigeführt wurden und die Gegensätze unter den Völkern verschärften, sind wie eine Sturmflut über Europa hereingebrochen. Die Verantwortung hierfür fällt den Trägern dieser Politik zu; wir lehnen sie ab ... Jetzt stehen wir vor der ehernen Tatsache des Krieges. Uns drohen die Schrecknisse feindlicher Invasionen. Nicht für oder gegen den Krieg haben wir heute zu entscheiden, sondern über die Frage der für die Verteidigung des Landes erforderlichen Mittel ... Für unser Volk und seine freiheitliche Zukunft steht bei einem Sieg des russischen Despotismus, der sich mit dem Blute der besten des eigenen Volkes befleckt hat, viel, wenn nicht alles auf dem Spiel. Es gilt, diese Gefahr abzuwehren, die Kultur und die Unabhängigkeit unseres eigenen Landes sicherzustellen[12].«

Rückblickend betrachtet, lassen sich vor allem drei Gründe anführen, weshalb Karl Liebknecht, selbst wenn er von den Ereignissen bei Kriegsausbruch nicht überrascht worden wäre, die Entscheidung der Reichstagsfraktion niemals hätte verhindern können. Dabei kann die grundsätzliche Frage außer acht gelassen werden, ob der »Außenseiter« Liebknecht die Haltung der Partei in einer so grundlegenden Frage überhaupt hätte beeinflussen können. Der erste Grund liegt darin, daß Liebknecht den Argumenten der Befürworter einer Kreditbewilligung, die sich an der aktuellen politischen Situation ausrichteten[13], lediglich die altbekannten Auffassungen der Vorkriegszeit entgegenhalten konnte. Diese aber mußten im gegebenen Kontext »abstrakt und wirklichkeitsfremd« erscheinen, wie Wilhelm Dittmann in bezug auf die Ausführungen von Hugo Haase in der Fraktionssitzung in seinem Tagebuch feststellte[14]. Wie wenig Liebknecht selbst von seiner Argumentation überzeugt gewesen zu sein scheint, zeigt die Tatsache, daß er seine eigenen Ausführungen wegließ, als er rückblickend über die Vorgänge berichtete[15]; er erwähnt nicht einmal, daß er als Sprecher gegen die Bewilligung der Kriegskredite aufgetreten ist, was jedoch übereinstimmend von Eduard David und Herrmann Müller bezeugt wird[16]. Der zweite Grund, weshalb Liebknecht die Entscheidung der Fraktion nicht hätte verhindern können, bestand in der objektiven Situation des Kriegsausbruches. Wie sollte der Kämpfer gegen die Kriegsgefahr die Darstellung der Regierung vom »deutschen Verteidigungskrieg gegen Rußland« glaubhaft widerlegen, ohne die Dokumente der Julikrise zu kennen, wie sie uns heute vorliegen? Hinzu kam, daß auch Liebknecht das »Recht und die Pflicht zur nationalen Selbstverteidigung und Selbstbehauptung« nicht »im mindesten« anzweifelte, wie er dem Schweizer Parteiführer, Robert Grimm, am 26. September 1914 in einem Schreiben mitteilte[17]. Die Parole vom »Kampf gegen den Zarismus« konnte der führende deutsche Antizarist erst recht nicht widerlegen, hatte er doch selbst in der Vorkriegszeit unentwegt gegen den despotischen Zarenstaat agitiert. In einer seiner Reichstagsreden zur Rüstungsindustrie im Jahre 1913 hatte er sogar wörtlich die Ansicht vertreten, daß »wenn es einen Staat gibt, in bezug auf den vielleicht eine Kriegsgefahr besteht«, dies »am ehesten noch Rußland« sei[18]. Der dritte Grund schließlich, weshalb Liebknechts Bemühungen von vornherein aussichtslos hätten sein müssen, ist in der allgemeinen Atmosphäre zu sehen, in der die Reichstagsfraktion am 3. August ihre Beratungen aufnahm[19]. Unter dem Eindruck der Kriegserklärungen, der Mobilmachungen und der Meldungen über erste angebliche Kampfhandlungen französischer und russischer Truppen an deutschen Grenzen, war es in den ersten beiden Augusttagen zu einer »wahren Kriegshysterie« gekommen, die genau am Tage der Fraktionssitzung in eine »überschäumende Kriegsbegeisterung« umschlug und der sich auch die SPD bis in ihre Spitze hinein nicht entziehen konnte. Der sich für einen Sozialdemokraten daraus ergebende Loyalitätskonflikt zwischen Vaterland und Partei ist besonders anschaulich von Konrad Haenisch, der bei Kriegsausbruch vom linken zum rechten Parteiflügel konvertierte, beschrieben worden. Dem ehemaligen Mitstreiter Karl Radek erklärte er in seinem mittlerweile berühmt gewordenen »Rechtfertigungsbrief«: »Um alles in der Welt möchte ich jene Tage inneren Kampfes nicht noch einmal durchleben! Dieses drängendheiße Sehnen, sich hineinzustürzen in den gewaltigen Strom der allgemeinen nationalen Hochflut und von der anderen Seite her die furchtbare seelische Angst, diesem Sehnen rückhaltlos zu folgen, der Stimmung ganz sich hinzugeben, die ringsum herumbrauste und brandete und die, sah man sich ganz tief ins Herz hinein, auch vom eigenen Innern ja schon längst Besitz ergriffen hatte[20].«

Alle drei Gründe haben direkt oder indirekt auch dazu beigetragen, daß sich Karl Liebknecht der Fraktionsdisziplin unterwarf und gegen seine Überzeugung im Plenum des Deutschen Reichstages stimmte. Sie verursachten nämlich bei dem gegen den Krieg eingestellten Sozialdemokraten eine innere Unsicherheit, die allein schon aus psychologischen Gründen eine andere Entscheidung ausschloß. Hinzukam, daß zum damaligen Zeitpunkt die Konsequenz dieser Entscheidung für die weitere Kriegspolitik der SPD nicht vorhersehbar gewesen ist. Rückblickend urteilte Liebknecht in seinen »Betrachtungen und Erinnerungen aus der ›großen Zeit‹«: »Noch bestand die Hoffnung, der Beschluß vom 3. August sei das Ergebnis einer vorübergehenden Panik und werde alsbald korrigiert, jedenfalls nicht wiederholt oder gar übertrumpft werden[21].« Diese Hoffnung war durchaus nicht unberechtigt, denn die im Reichstag verlesene Abstimmungserklärung war das Ergebnis eines Kompromisses, der auch die Vorstellungen der gegen die Bewilligung der Kriegskredite eingestellten Fraktionsmitglieder berücksichtigte[22]. Wenn beispielsweise gleich zu Beginn der Erklärung die Verantwortung für den Krieg abgelehnt wurde, weil es sich bei diesem um die »Folgen der imperialistischen Politik« handelte, so entsprach das durchaus auch Liebknechts Auffassung. Ebenso dürfte sich Liebknecht auch mit dem Passus identifiziert haben, der die Regierung zu einem raschen Frieden auf der Grundlage des Verzichts auf Annektionen aufrief: »Wir fordern«, heißt es in der Erklärung, »daß dem Kriege, sobald das Ziel der Sicherung [der Landesgrenzen] erreicht ist und die Gegner zum Frieden geneigt sind, ein Ende gemacht wird durch einen Frieden, der die Freundschaft mit den Nachbarvölkern ermöglicht[23].« Die Idee eines Separatvotums ist Karl Liebknecht eingestandenermaßen nicht gekommen. »Nicht übersehen werden darf«, erläuterte er rückblickend die Denkweise der meisten Fraktionsmitglieder, »welch heilige Verehrung . . . der Fraktionsdisziplin entgegengebracht wurde . . . Ein Separatvotum war eine in der Geschichte der deutschen Reichstagsfraktion seit Menschengedenken unerhörte, bei der damaligen parlamentarischen Durchschnittspsychologie schlechthin unfaßbare Sache[24].« Dies galt besonders für die Vertreter des sogenannten radikalen Flügels in der Partei, die sich auf den Parteitagen der Vorkriegszeit wiederholt gegen die Disziplinbrüche der süddeutschen Budgetbewilliger hatten zur Wehr setzen müssen. Liebknecht selbst beispielsweise hatte auf dem Magdeburger Parteitag von 1910 erklärt: »Ihre [der Partei] Disziplin ist eine freiwillig übernommene, aber freiwillige Disziplin heißt nicht lockere Disziplin, sie ist und muß gerade die schärfste sein, weil sich jeder freiwillig unterworfen hat[25].« Selbst wenn Liebknecht also die Idee eines Separatvotums gekommen wäre, hätte er dieses Mittel nicht anwenden können, weil es ihn gerade jenen Fraktionsmitgliedern gegenüber isoliert hätte, die er für den Aufbau einer innerfraktionellen Opposition brauchte. Dem Potsdamer Genossen Browodd bekannte er in einem Schreiben vom 18. Februar 1915: »Mich ganz allein von meinen engsten Freunden aus dem radikalen Lager zu trennen, schien mir damals nicht angebracht[26].«

Wie loyal sich Karl Liebknecht auch nach dem 4. August gegenüber der Parteiführung verhalten hat, verdeutlicht die folgende Episode: die ebenfalls radikale Parteivertreterin Rosa Luxemburg hatte noch am Abend der Reichstagssitzung einen Kreis außerparlamentarischer – radikaler – Parteivertreter zu sich nach Hause eingeladen, um mit ihnen zu beraten, wie auf die »vom Krieg berauschte Partei« am besten eingewirkt werden konnte[27]. Dabei kam man überein, ein Rundschreiben an alle oppositionell geltenden Parteifunktionäre zu versenden mit der Bitte, ob sie eine Erklärung an den Parteivorstand mit der Überschrift »Warum wir nicht aus der Partei ausgetreten sind« unterzeichnen würden. Wie Liebknecht in seinen Erinnerungen[28] berichtet, wurde auch er – und zwar von Paul Lensch – gebeten, die Erklärung zu unterschreiben. Er lehnte jedoch ab; rückblickend gab er dafür folgende Begründung: »Ich lehnte ab, nicht ›weil sie [die Erklärung] mir zu radikal war‹, wie die Legende sagt, sondern weil ich noch damit rechnete, daß die Partei baldigst in schwerste Verfolgungen geraten würde, so wollte ich ihr nicht ›in den Rücken fallen‹; sodann, weil ich diese Erklärung als Halbheit empfand: Dann hätte man schon austreten müssen.«

Nachdem Karl Liebknecht die erste Überraschung über den Ablauf der Ereignisse verdaut hatte, begann er, sich intensiv mit dem Krieg und der Kriegsschuldfrage zu befassen. Dabei kam ihm zugute, daß sich mit der Eröffnung der Kriegshandlungen auch die allgemeine politische Lage zu klären begann und damit Rückschlüsse zuließ über die Beweggründe der am Krieg beteiligten Regierungen. So war beispielsweise das Vorgehen der deutschen Heeresführung nur schwer in Einklang zu bringen mit der Parole vom »Verteidigungskrieg gegen Rußland«, denn die deutschen Truppen gingen in voller Stärke nach Westen vor, während die Ostgrenzen nahezu ohne jeden Schutz blieben[29]. Selbst Eduard David, einer der entschiedendsten Fürsprecher in der Reichstagsfraktion für die Bewilligung der Kriegskredite, notierte am 26. August 1914 verständnislos in seinem Tagebuch: »Wir fallen mit der ganzen Heeresmacht über Frankreich her und indessen wir Belgien verwüsten, überfluten die Russen Ostpreußen. Das ist wirklich unbegreiflich und unverantwortlich[30].« Die ersten konkreten Hinweise, daß die Darstellung der deutschen Regierung zum Ausbruch des Krieges nicht stimmen konnte, erhielt Liebknecht etwa sechs Wochen nach Kriegsausbruch. Auslösender Faktor war eine Reise, die er mit Genehmigung der Militärbehörden vom 4. bis 12. September durch das soeben besetzte Belgien unternahm, um nach dem Verbleib eines nahen Verwandten seiner russischen Frau zu forschen, der in Lüttich studierte und seit Kriegsbeginn verschollen war[31]. Wie dem Bericht des belgischen Sozialisten Camille Fabry[32] zu entnehmen ist, besuchte Liebknecht auf dieser Reise zunächst Lüttich, dann Namur, Ardenne, Huy, Thienen und natürlich auch Brüssel, wo er mit dem Sekretär des ISB, Camille Huysmans, zusammentraf. Die letzte Station seiner Reise war die alte ehrwürdige Universitätsstadt Löwen, wo Liebknecht indirekt Zeuge wurde der brutalen Vergeltungsmaßnahmen, die die deutschen Truppen wegen angeblicher partisanenartiger Aktionen der belgischen Zivilbevölkerung ausführten[33]. Er war über diese durch den Krieg ausgelöste Verrohung derart schockiert, daß er selbst vor utopisch anmutenden Überlegungen nicht zurückschreckte, um diesem »Wahnsinn« so schnell wie möglich Einhalt zu gebieten. Gleich nach Ende seiner Reise wandte er sich an den schwedischen Parteiführer Hjalmar Branting und fragte drängend: »Haben Sie den Gedanken *einer gemeinsamen Demarche* aller neutralen Mächte (oder doch der wesentlichsten) geprüft? Einer *gleichzeitigen Demarche* bei allen kriegführenden Mächten? Ich übersehe das ›Phantastische‹ dieses Vorschlages nicht; und doch[34].« Die Nachforschungen nach dem Verbleib des Angehörigen scheinen übrigens erfolgreich gewesen zu sein, denn am 20. September bat Liebknecht den schwedischen Parteiführer, folgende Nachricht an die Familie Ryss – Liebknechts Schwiegereltern – in Rostow am Don zu übermitteln: »Beba in Sicherheit. Bitte ruhig bleiben[35].«

Es verstand sich von selbst, daß Karl Liebknecht seinen Besuch in

Belgien dazu nutzte, Gespräche mit den dortigen Genossen zu führen. Einmal, um den Informationsfluß innerhalb der II. Internationale wieder in Gang zu bringen, der durch den Kriegsausbruch unterbrochen worden war, und zum anderen, um beiderseitig vorherrschende Fehlinformationen zu korrigieren[36]. Dabei teilten die belgischen Genossen dem deutschen Sozialdemokraten mit[37], daß der deutsche Angriff auf Belgien keineswegs das Ergebnis einer spontanen Entscheidung gewesen sei, ausgelöst durch die verzweifelte Notlage eines Verteidigungskrieges, wie Reichskanzler Bethmann Hollweg in seiner Reichstagsrede vom 4. August behauptet hatte[38]. Schon Ende Juli sei die deutsche Regierung wegen eines Durchmarsches ihrer Truppen bei der belgischen Regierung vorstellig geworden und habe, als die Verhandlungen am 2. August scheiterten, den Durchbruch »ultimativ« gefordert. Als Liebknecht später in seiner »Klassenkampf-Broschüre« die These vom deutschen Verteidigungskrieg zu widerlegen suchte, berief er sich unter anderem genau auf diese beiden Informationen. Die Darstellung der deutschen Regierung im »Weißbuch« kritisierend, führte er aus: »Es fehlen das ungeheuer wichtige Ultimatum an Belgien vom 2. August 1914 und jede Andeutung über die diesem Ultimatum vorangegangenen Verhandlungen mit der belgischen Regierung[39].« Der damit aufkeimende Verdacht, daß die deutsche Regierung den Krieg nicht aus defensiven sondern vielmehr aus offensiven Gründen heraus begonnen hatte, schien indirekt durch die brutale Behandlung der belgischen Bevölkerung bestätigt zu werden, zumal die einheimischen Genossen ihrem deutschen Gast auch in diesem Punkte glaubhaft versichern konnten, daß die Vergeltungsmaßnahmen unbegründet waren. Rückblickend resümierte Camille Huysmans die Ergebnisse seiner Unterredung mit Liebknecht folgendermaßen: »Er kehrte zurück in der Überzeugung, daß die belgische Zivilbevölkerung keine Partisanenverbände gebildet hatte und daß keine verwundeten deutschen Soldaten ermordet wurden und daß daher auch die deutschen Vergeltungsmaßnahmen in Belgien unbegründet waren[40].« Die Frage nach plausiblen deutschen Kriegszielen konnte Liebknecht sofort beantworten, denn aufgrund seiner intensiven Beschäftigung mit der nationalen und internationalen Rüstungsindustrie wußte er, welch enge Beziehungen zwischen deutschen und belgisch-französischen Unternehmen bestanden und daß im Falle einer Annektion des belgisch-französischen Industriegebietes der deutschen Rüstungsindustrie ein unbequemer Konkurrent und Teilhaber beseitigt würde. Als daher im Herbst 1914 – vermutlich im Zusammenhang mit der Entstehung des von Bethmann Hollweg initiierten »Septemberprogramms«[41] – die ersten Annektionsforderungen in dieser Richtung laut wurden, schrieb Liebknecht beinah triumphierend an den Parteivorstand:

»Nachdem die bürgerliche Presse der letzten Tage mit verstärkter Wucht die Annektion Belgiens, der ›Wiege des Deutschtums‹ zum Glaubenssatz ›vaterländischer‹ Politik, ›völkischer‹ Gesinnung und die deutsche Verwaltung in Belgien und Nordostfrankreich die Zwangsgermanisierung durch Einführung deutscher Ortsnamen begonnen hat, entpuppt die heutige Kriegszeitung des ›Lokal-Anzeigers‹ einen der Kerne des deutsch-imperialistischen Pudels, auf den ich vom ersten Kriegstage immer wieder hingewiesen habe und den niemand übersehen konnte: den Plan einer Annektion der französisch-lothringischen Minenfelder im Interesse *der deutschen Schwerindustrie*[42].«

Die Erkenntnisse der Belgienreise wurden gleichsam komplementär ergänzt durch die plötzliche Aufhebung des »Ehrengerichtsverfahrens« gegen Karl Liebknecht wegen Zarenbeleidigung. Das Verfahren lief seit 1911 und war lediglich wegen der parlamentarischen Immunität in den Sitzungsperioden des preußischen Landtages sowie des Reichstages immer wieder aufgehoben worden. Im Juni 1914 hatte dann allerdings das preußische Abgeordnetenhaus entgegen der sonst üblichen Praxis den Antrag der sozialdemokratischen Fraktion auf Aussetzung des Verfahrens für die Dauer der Sitzungsperiode abgelehnt[43]. Dadurch war es möglich geworden, den 19. September 1914 als Termin für die Revisionsverhandlung vor dem Ehrengerichtshof in Leipzig anzuberaumen. Nach dem Ausbruch des Krieges schienen jedoch die staatlichen Instanzen kein Interesse mehr an der Fortführung des Verfahrens zu haben und verschoben den Termin auf unbestimmte Zeit. Als Liebknecht im Anschluß an seine Belgienreise davon erfuhr, wandte er sich an den Gerichtshof und verlangte umgehend die »schleunige Anberaumung eines nahen anderweitigen Termins«[44]. Dabei bemerkte er, daß er die »jetzige, unter behördlicher Duldung und Förderung in Deutschland ausgebrochene Hetze gegen den russischen Zaren durchaus verwerflich« fand. Der »Gesinnungswandel« der herrschenden Kreise muß Karl Liebknecht zu plötzlich gekommen sein, als daß er ihn hätte ernst nehmen können. Vielmehr brachte ihm dieser Wandel zum Bewußtsein, welche Zwecke die Regierung tatsächlich mit der von ihr ausgegebenen Parole vom Verteidigungskrieg gegen den Zarismus verfolgte. Nachdem die Revisionsverhandlung am 7. November 1914 stattgefunden und mit einer Bestätigung des Urteils der ersten Instanz geendet hatte[45], erläuterte er dem Gerichtshof noch einmal nachträglich seinen Standpunkt: »Ich lehne entschieden die Gesellschaft mit den Gesellen ab, die im Juni mich in kreischender Wut kreuzigen wollten, weil ich für die getretene Menschlichkeit gegen den damals allmächtigen und angebeteten ›Blutzaren‹ auftrat, und die kaum einen Monat später, nicht zu Zwecken der Menschenliebe, sondern des Menschenhasses . . . sich in Beschimpfungen gegen den eben noch über alles Geliebten überstürzten[46].«

Eine erste Stellungnahme zur Entstehung des Krieges und seiner Ursachen und damit zur Entscheidung der sozialdemokratischen Reichstagsfraktion, die Kriegskredite zu bewilligen, gab Karl Liebknecht am 26. September 1914 in dem schon zitierten Schreiben an den Schweizer Parteiführer Robert Grimm[47]. Darin vertrat er die Auffassung, daß die SPD-Fraktion die »Pflicht« gehabt hätte, »jede Verantwortung für diesen Krieg abzulehnen, der durch eine von uns seit je bekämpfte Politik hervorgerufen ist, an dem die herrschenden Klassen Deutschlands in hohem Grade mitschuldig sind und der im allgemeinen eine Folge der von uns grundsätzlich bekämpften kapitalistisch-imperialistischen Entwicklung darstellt«. Der »Fehler«, heißt es weiter in dem Schreiben, sei um so größer gewesen, »je weniger die Darstellung unserer Regierung über die unmittelbare Veranlassung des Krieges zutrifft und je mehr es sich um einen deutschen Präventivkrieg handelt, der nach dem Willen gewisser Kreise auch ein Eroberungskrieg, ein kapitalistischer Expansionskrieg sein soll.« Selbst vom »denkbar nationalsten Standpunkt aus« hielt Liebknecht die Entscheidung der deutschen Reichstagsfraktion für falsch, denn mit der Bewilligung der Kriegskredite war nur »scheinbar« die militärische Macht des Deutschen Reiches gestärkt worden. Auf die internationalen Auswirkungen dieser Entscheidung hinweisend, erklärte er: »Sie [die Fraktion] hat *zugleich alle Dämme niedergerissen, die im Auslande dem Kriege und der äußeren und inneren Beteiligung der Volksmassen an diesem Kriege entgegenstanden.*« Seiner Meinung nach hätte der Krieg bei einer Ablehnung der Kriegskredite durch die SPD-Fraktion weder in Frankreich noch in Großbritannien und selbst in Rußland nicht so populär werden können, wie er aufgrund dieser Entscheidung geworden war. »*Meine Hoffnung ist die,* schloß er sein Schreiben, »*daß es noch jetzt, während des Krieges, gelingen möge, die dem Krieg entgegenwirkenden und ihn abschwächenden internationalen Kräfte zum Heile der gesamten Menschheit und jedes einzelnen Volkes zu entfachen.*« Der deutschen Sozialdemokratie, die mit ihrer Bewilligung der Kriegskredite entscheidend zur »Intensivierung« des Krieges beigetragen hatte, kam dabei die Aufgabe zu, den ersten Schritt zur »Abschwächung« zu tun. »Ich zweifle nicht«, schrieb er am 26. Oktober dem SPD-Vorstand, »daß die Bruderparteien der anderen kriegführenden Staaten nachfolgen werden[48].« Auf die Frage des Vorsitzenden Philipp Scheidemann, wie er sich denn diesen ersten Schritt konkret vorstelle[49], erwiderte Liebknecht: »Eine Proklamation, die den Willen zur Beendigung des Krieges, zur internationalen Solidarität, zur Selbstbestimmung der Völker und zur Bekämpfung jeder Annektion klar ausdrückt, wäre eine Erlösung, würde beim Proletariat der ganzen Welt befreiend wirken und die auf die Beendigung des Krieges gerichteten Tendenzen zum Heil aller Völker international verstärken[50].«

In diesem Sinne hatte Karl Liebknecht auch schon gleich nach Kriegsausbruch zu wirken begonnen. Als er beispielsweise am 31. August gemeinsam mit Eduard David zu einer Sitzung des Parteivorstandes hinzugezogen wurde[51], schlug er eine »Versammlungskampagne gegen die Annektionshetze« vor. In einem späteren Schreiben an den Vorstand begründete er seinen Vorschlag folgendermaßen: »Selbst die erfreulichsten Bemerkungen unserer Parteipresse gegen die Annektionspolitik können eine demonstrative und offizielle Stellungnahme nicht ersetzen[52].« Weiterhin hatte er sich am 3. September an die Redaktion der *Bremer Bürgerzeitung* gewandt, um gegen die einseitige Berichterstattung in der Parteipresse über die Vorgänge in der Reichstagsfraktion bei Kriegsausbruch zu protestieren. »Um einer unerträglichen Legendenbildung entgegen zu wirken«, heißt es in der Zuschrift, »sehe ich mich genötigt festzustellen, daß in der Fraktion . . . diametral gegensätzliche Auffassungen geherrscht haben, die in Debatten von bisher unerhörter Leidenschaftlichkeit ihren Ausdruck fanden und ein einmütiges Votum schlechterdings ausschlossen[53].« Im Anschluß an seine Belgienreise suchte Liebknecht dann auch Kontakt aufzunehmen zu jenen Fraktions- und Parteimitgliedern, die, genau wie er, für eine schnelle Beendigung des Krieges eintraten. Gleich nach seiner Rückkehr begab er sich deshalb auf eine ausgedehnte Reise durch Süd- und Westdeutschland[54]. In Stuttgart traf er dabei mit der linksradikalen Gruppe um Friedrich Westmeyer zusammen[55], die ihn für den 21. September zu einer Mitgliederversammlung eingeladen hatte, wo er zum Thema »Gegen die Annektionshetze« sprechen sollte. Die Veranstaltung wurde jedoch von der Polizei verboten, so daß Liebknecht sein Referat lediglich in einer internen Sitzung der Stuttgarter Vertrauensmänner halten konnte. Den Inhalt seiner Ausführungen hinsichtlich der Entscheidung der sozialdemokratischen Reichstagsfraktion bei Kriegsausbruch rekapitulierte er in einem Schreiben an den Parteivorstand am 2. Oktober folgendermaßen: »Ich habe erklärt, daß die deutsche Partei nach meiner innersten Überzeugung von der Haut bis zum Mark regeneriert werden muß, wenn sie das Recht nicht verwirken will, sich sozialdemokratisch zu nennen, wenn sie sich die jetzt gründlich verscherzte Achtung der Welt wiedererwerben will[56].«

Das aktive Auftreten gegen den Krieg und die Entscheidung der sozialdemokratischen Reichstagsfraktion brachte Karl Liebknecht zwangsläufig in näheren Kontakt mit Rosa Luxemburg und deren Kreis oppositioneller Parteivertreter. Eine erste Zusammenarbeit scheint Ende August/Anfang September zustande gekommen zu sein. Wie Liebknecht in seinen Erinnerungen[57] berichtet, hatte er zu jenem Zeitpunkt beim Zentralvorstand der Partei in Berlin die Durchführung von Versammlungen gegen die Annektionshetze beantragt und plante, falls sein Antrag abgelehnt werden sollte, die – radikalen – Fraktionsmitglieder Georg Ledebour und Paul Lensch sowie Rosa Luxemburg für eine solche Kampagne zu gewinnen. »Mit Rosa«, bestätigte er in diesem Zusammenhang, »hatte ich leider bis dahin noch keine nähere Fühlung.« Es kam zu einem Treffen der vier Politiker in Liebknechts Wohnung, doch waren weder Ledebour noch Lensch bereit, sich an der von Liebknecht vorgeschlagenen Kampagne zu beteiligen. »Die Folge dieser Besprechung war«, heißt es weiter in Liebknechts Erinnerungen, »daß wir zwei, Rosa und ich, nun allein vorgingen.« Die Zusammenarbeit war zunächst jedoch eher sporadisch und beschränkte sich auf gelegentliche gemeinsame Auftritte bei Parteiversammlungen oder auf gemeinsame Presseerklärungen. So verfaßte beispielsweise Karl Liebknecht gemeinsam mit Rosa Luxemburg, Franz Mehring und Clara Zetkin eine auf den 10. September datierte Erklärung[58], in der zu Äußerungen Stellung genommen wurde, die die rechten Fraktionsmitglieder Richard Fischer und Albert Südekum auf Auslandreisen gegenüber dortigen Pressevertretern getan haben sollten. »Wir sehen uns dadurch gezwungen«, heißt es in dem Schriftstück, »zu erklären, daß wir und sicherlich viele andere deutsche Sozialdemokraten den Krieg, seine Ursachen, seinen Charakter sowie die Rolle der Sozialdemokratie in der gegenwärtigen Lage von einem Standpunkte betrachten, der denjenigen der Genossen Südekum und Fischer durchaus nicht entspricht.«

Liebknechts Eintreten für eine möglichst rasche Beendigung des Krieges, stieß von vornherein auf zwei Hindernisse: den sogenannten »Burgfrieden« und den »Parteifrieden«. Schon gleich nach Kriegsausbruch hatte die Regierung parallel zur Verkündung des Kriegszustandes den »Burgfrieden« proklamiert, dessen wichtigste Bestimmungen aus sozialdemokratischer Sicht folgendermaßen lauteten:

»Der Burgfrieden findet seinen Ausdruck in dem Bestreben, den Geist der Geschlossenheit und Hingabe an die großen nationalen Ziele zu erhalten, jede Gefährdung der Einigkeit des deutschen Volkes zu vermeiden und niemals den Eindruck aufkommen zu lassen, als sei der entschlossene Volkswille zum Sieg schwankend . . . Jede Unterstellung eigennütziger oder niedriger Motive bei der Verfolgung politischer Ziele, jede unnötige Entfachung, jede Verhetzung zwischen Volksklassen, Erwerbsständen, Konfessionen oder innerhalb der Presse muß unterbleiben[59].«

Um die sich daraus für die Partei ergebenden Gefahren so gering wie möglich zu halten, rief der Parteivorstand analog zum »Burgfrieden« einen »Parteifrieden« aus, den Philipp Scheidemann in einem Schreiben an Karl Liebknecht folgendermaßen umriß: »Wir stellen unter dem Belagerungszustand an *alle* Parteigenossen das

Verlangen, praktische oder parteigrundsätzliche Differenzen nicht in die Reihen der Parteigenossen zu tragen, da unter dem Belagerungszustand ein freier Meinungsaustausch nicht möglich ist[60].« Liebknecht anerkannte durchaus die Gefahren, die der »Burgfrieden« für die Parteiorganisationen mit sich bringen konnte. Dem schwedischen Parteiführer Hjalmar Branting schrieb er am 12. Oktober 1914: »Der Belagerungszustand kann rechtfertigen, daß außer in ganz wichtigen Dingen, die einen ernsten Konflikt mit der Militärdiktatur lohnen – geschwiegen wird[61].« Die Parteiführung der SPD war jedoch bei Kriegsausbruch einen Schritt weitergegangen, denn sie fühlte sich durch den Beschluß der Reichstagsfraktion aufgerufen, den von der Regierung propagierten Verteidigungskrieg aktiv zu unterstützen[62]; eine Entscheidung, die nicht in der Kompetenz des Parteivorstandes lag, sondern gemäß den Parteistatuten allein vom Parteitag hätte gefällt werden können. Ein Parteitag konnte jedoch aufgrund der Kriegssituation nicht einberufen werden. Vor allem die gemäßigten Vertreter im Vorstand litten zumindest anfänglich unter dem Bewußtsein, eine Politik verfolgen zu müssen, die parteioffiziell nicht abgesegnet war – sehr zum Leidwesen der rechten Parteiführer, die den Kriegsausbruch bewußt zur völligen Revision der bisherigen Parteipolitik nutzen wollten. Sorgenvoll berichtete Wolfgang Heine in einem Schreiben vom 10. Dezember 1914 an Georg von Vollmar: »Scheidemann, Ebert, Molkenbuhr stehen immerfort unter dem Eindruck, der Parteitag könnte eine andere Haltung einnehmen als die Fraktion[63].« Diese Befürchtung war durchaus nicht unbegründet, denn eine Partei von der Größe der SPD, die es zudem gewohnt war, ihre Meinungsverschiedenheiten in aller Öffentlichkeit auszutragen, konnte niemals geschlossen den Parteifrieden akzeptieren. Schon am 3. August – also gleich im Anschluß an die Entscheidung der Reichstagsfraktion, die Kriegskredite zu bewilligen, hatten die *Vorwärts*-Redakteure Heinrich Cunow, Rudolf Hilferding, Ernst Däumig und Heinrich Ströbel dem Parteivorstand eine Erklärung übergeben, in der betont wurde, »daß ausschließlich die Rücksicht auf die jetzige gefährliche Lage unserer Partei und die Erhaltung unserer Presse« die Redaktion daran gehindert hätte, die Entscheidung der Reichstagsfraktion öffentlich zu kritisieren[64].

Als daher im Anschluß an Liebknechts Belgienreise eine Reihe von Meldungen in der ausländischen Presse erschienen, die dazu angetan waren, eine Diskussion zur Kriegsfrage zu entfachen und damit den Parteifrieden zu gefährden, reagierte der Parteivorstand äußerst empfindlich. Die Meldungen bezogen sich einmal auf – negative – Äußerungen, die Liebknecht während seines Belgienaufenthaltes über das Vorgehen der deutschen Truppen gegen die belgische Bevölkerung getan haben sollte. Zum anderen berichteten sie über eine unliebsame Szene, die sich angeblich zwischen dem deutschen Sozialdemokraten und Camille Huysmans abgespielt habe[65]. Demzufolge hätte der Sekretär des ISB Liebknecht beim Abschied die Hand verweigert mit der Bemerkung, er habe nicht öffentlich gegen die Kriegskredite gestimmt. Der Parteivorstand, der nach den Worten Scheidemanns das Wort Belgien nicht einmal in den »Mund« zu nehmen wagte[66], setzte sich sofort mit Liebknecht in Verbindung, um ihn zu einer öffentlichen Richtigstellung zu bewegen. Ähnliches tat übrigens auch die Regierung, der natürlich ebenfalls nicht an einer Diskussion zum Bruch der belgischen Neutralität gelegen war; um ihrer Forderung nach einem öffentlichen Dementi den nötigen Nachdruck zu verleihen, hatte sie dabei offen mit der Einberufung zum Militärdienst gedroht[67]. Liebknecht lehnte jedoch eine öffentliche Erklärung ab. Am 2. Oktober schrieb er dem Vorstand: »Was die mir mitgeteilten ausländischen Zeitungen über meine Stellungnahme zu den düsteren Ereignissen in dem bejammernswürdigen Belgien schreiben, ist zum Teil schief oder unzutreffend. Das springt für jeden Urteilsfähigen in die Augen. Ich sehe aber nicht ein, warum ich ausgerechnet eine Berichtigung loslassen soll in einer Zeit, wo unter Duldung, ja Mitwirkung der deutschen Behörden die deutsche Presse (im Ausland ist es freilich nicht viel besser) fast einen einzigen großen Lügensack bildet.« Speziell auf das Drängen der Regierung eingehend, bemerkte er kühl: »Die Drohung mit meiner militärischen Stellung kann mich nicht gefügig machen; eher das Gegenteil.« Liebknechts Weigerung mußte beim Parteivorstand zwangsläufig den Verdacht hervorrufen, daß das oppositionelle Fraktionsmitglied die Meldungen bewußt in die Presse lanciert hatte, um eine innerparteiliche Diskussion zur Kriegsfrage und damit der Kriegspolitik der SPD in Gang zu setzen. Als der Vorstand kurze Zeit später durch das Stuttgarter Fraktionsmitglied Wilhelm Keil von Liebknechts Referat vor der Stuttgarter Vertrauensmännerversammlung erfuhr[68], fühlte er sich in diesem Verdacht bestätigt und griff entsprechend hart durch, um im Hinblick auf die Einhaltung des Parteifriedens ein »Exempel« zu statuieren. Am 28. September befaßte sich der Parteiausschuß – ein Gremium, das aus dem Parteivorstand und den Vorständen der Bezirks- und Landesorganisationen zusammengesetzt war – auf Veranlassung des Vorstandes mit dem »Fall Liebknecht« und erteilte dem oppositionellen Fraktionsmitglied praktisch eine »Rüge« wegen parteischädigendem Verhalten[69]. Zwei Tage später brachte der Vorstand die Angelegenheit auch auf der Konferenz der Parteiredakteure zur Sprache, um zu zeigen, wie man im Interesse der Partei nicht handeln sollte[70].

Die Vorwürfe, die der Vorstand gegen Karl Liebknecht erhob, lassen sich indirekt einem Schreiben entnehmen, das Liebknecht im Anschluß an eine Unterredung mit dem Vorstand am 2. Oktober verfaßte und diesem zur nachträglichen Aufnahme in das Protokoll der eben erwähnten Parteiausschußsitzung zusandte[71]. Demzufolge muß ihm vorgeworfen worden sein, in den Gesprächen mit den belgischen und holländischen Genossen – Liebknecht hatte bei seiner Rückfahrt aus Belgien in Amsterdam Station gemacht und war dort mit verschiedenen Parteivertretern zusammengetroffen[72] – den Eindruck erweckt zu haben, als sei er in parteioffizieller Mission tätig gewesen. Gleich zu Beginn seines Schreibens heißt es nämlich: »Niemand konnte im unklaren darüber sein *und niemand war im unklaren darüber,* daß dieser Besuch kein parteioffizieller war.« Der zweite und dritte Vorwurf lief anscheinend darauf hinaus, daß Liebknecht sowohl in seinen Gesprächen mit den ausländischen Genossen als auch während seines Referats vor den Stuttgarter Vertrauensmännern vertrauliche Informationen aus der Fraktionssitzung am 3. August in die Öffentlichkeit getragen zu haben, wobei seine Berichterstattung einseitig und verzerrt gewesen sei. Auch diese Vorwürfe wollte Liebknecht nicht auf sich sitzen lassen. Zum einen wies er darauf hin, daß »intime Details« aus der Fraktionssitzung schon lange vor ihm von anderen Parteigenossen publik gemacht worden waren und zum anderen machte er darauf aufmerksam, lediglich mit »Parteigenossen« gesprochen zu haben, »was mein Recht ist und die Parteipflicht mir gebietet und was mir kein Teufel verwehren kann«. Die Berichterstattung über die Vorgänge in der Fraktion gegenüber den ausländischen Parteigenossen hielt Liebknecht angesichts der im In- und Ausland kursierenden Gerüchte geradezu für ein »Gebot der Selbstachtung«, vor allem aber für ein »Interesse der deutschen Partei (wie ich sie verstehe) und der Internationale (wie ich sie verstehe)«. Wie »objektiv« seine Aussagen dabei gewesen seien, glaubte Liebknecht mit dem Hinweis belegen zu können, »daß z. B. die holländischen Genossen nach ihrer Erklärung gerade aus ihnen heraus zuerst ein gewisses Verständnis für die Haltung der [Fraktions]Mehrheit gewannen«. Er wies daher die Vorwürfe des Vorstandes zurück und fragte polemisch, ob man gegen andere Genossen, die »in der deutschen Presse und bei ihren Auslandsreisen die deutsche Partei aufs schwerste diskreditiert« hätten, »mit dreifach größerer Energie« vorgegangen sei; Liebknecht spielte damit vor allem auf die Auslandsreise von Albert Südekum an[73], der ebenfalls ohne Parteiauftrag im neutralen Ausland aufgetreten war und nach Liebknechts Informationen dabei wie ein »Herold« der deutschen Regierung gewirkt hatte.

Liebknechts Erklärungen machten auf den Parteivorstand keinen Eindruck. Kühl bemerkte Scheidemann in seinem Antwortschreiben vom 7. Oktober: »Wir wollen nicht versäumen, Ihnen mitzuteilen, daß wir Ihr Vorgehen sehr bedauern, denn ebensowenig wie einen der anderen Genossen, auf die Sie hinweisen, hat die Parteileitung Sie ermächtigt, zwecks ›Wahrnehmung‹ der ›Interessen der deutschen Partei‹ im Auslande tätig zu sein[74].« Das Stuttgarter Referat verurteilte der Vorstand jetzt sogar noch schärfer, denn er sah darin einen bewußten und auch eingestandenen Verstoß gegen den Parteifrieden. »Wenn Sie sich berufen fühlen«, rügte Scheidemann, »die deutsche Sozialdemokratie gründlich zu regenerieren, dann müssen wir Sie schon bitten, diese Tätigkeit zu vertagen, bis Fragen der Taktik und des Parteiprogramms in voller Öffentlichkeit erörtert werden können, damit die Genossen, die anderer Meinung sind als Sie, die Möglichkeit haben, Ihnen entgegenzutreten.« Scheidemanns Ausführungen riefen bei Liebknecht helle Empörung hervor, denn er sah darin eine glatte Abkehr von den bisher gültigen Parteistatuten, insbesondere vom Inhalt des Parteiprogramms. Scharf erwiderte er am 10. Oktober: »Die Wahrung der Parteiinteressen ist kein Monopol der Parteileitung, wenn sie auch deren Pflicht ist. Jeder Parteigenosse teilt diese Pflicht; Presse, Versammlungen, parteigenössische Besprechungen dienen ihrer Erfüllung. Noch sind wir so verdammt demokratisch, daß jeder Parteigenosse im Parteiinteresse auch gegen die höchsten Parteiinstanzen Front machen darf[75].« In diesen Grenzen, fuhr Liebknecht fort, habe er sich sowohl bei seinen Gesprächen mit den ausländischen Genossen als auch in seinem Stuttgarter Referat gehalten. »Andere Grenzen«, bekräftigte er seinen Standpunkt, »lasse ich mir nicht vorschreiben, von niemand.« Speziell auf die Gespräche mit den ausländischen Genossen eingehend, erklärte er, daß die Internationale für ihn »trotz alledem« noch »kein leerer Wahn« sei; die »holländischen und nicht minder die belgischen Genossen«, stellte er klar, »sind für mich auch heute noch Genossen, Freunde, Brüder, nach wie vor, ohne jeden Vorbehalt«. Die Kritik Scheidemanns an seinen Stuttgarter Ausführungen wollte Liebknecht gar nicht erst »ernst« nehmen, obwohl die »Sache ernst genug« war. Den Juristen herauskehrend, belehrte er das Vorstandsmitglied: »Nicht darum handelt es sich, als fühlte ich mich ›berufen‹, ›die deutsche Sozialdemokratie gründlich zu regenerieren‹, sondern daß ich meine pflichtgemäß gewonnene Überzeugung von der Notwendigkeit einer solchen Regeneration pflichtgemäß ausgesprochen habe. Und mag meine Überzeugung noch so unmaßgeblich sein, das Recht, sie zu vertreten, beruht auf einem festeren Grunde als der jetzt vom Parteivorstand unternommene Versuch, mir dieses Recht zu verschränken.« Die Forderung Scheidemanns nach »Rücksichtnahme« auf die »Wehrlosigkeit« jener Genossen, die anderer Meinung waren als er, verblüffte Liebknecht nicht wenig. Während die Befürworter der Kreditbewilligung gleichsam unter der »Regierungssonne« ihre Vorstellungen vom Krieg und dessen Ursachen in aller Öffentlichkeit erörtern konnten, war es ihm als Gegner der Kreditbewilligung unmöglich, seine Auffassungen öffentlich zu vertreten. »Nach alledem«, kam Liebknecht zum Schluß, »lehne ich sowohl das Bedauern wie die Verurteilung, mit denen mich Ihr Schreiben bedenkt, durchaus ab. Zu bedauern ist etwas ganz anderes: das ungerechtfertigte, ja unbegreifliche Vorgehen des Parteivorstandes gegen mich.«

Liebknechts Beschwerde, daß der Parteivorstand als oberstes Parteigremium Befürworter und Gegner der parteioffiziellen Kriegspolitik ungleich behandelte, war durchaus zutreffend. Anstatt beispielsweise beim Stuttgarter Referat nach dem Grundsatz des »audiatur et altera pars« zu verfahren und Liebknecht und andere Teilnehmer der fraglichen Versammlung zu befragen, verließ sich der Vorstand bei seiner Meinungsbildung allein auf die Aussagen von Wilhelm Keil, der aber, obwohl eingeladen, gar nicht an der Sitzung teilgenommen hatte[76] und seit langem mit der Stuttgarter Parteiorganisation wegen der Führung des Parteiblattes, *Die Schwäbische Tagwacht*, in Fehde lag[77]. Erst nachdem der Parteiausschuß seine Entscheidung gefällt hatte, war der Vorstand bereit, auch Liebknecht zu hören. Verbittert bemerkte dieser in seinem Schreiben vom 10. Oktober: »Es ist schwer, dabei die Ruhe zu bewahren[78].« Ähnlich »voreingenommen« verhielt sich der Vorstand auch bei der Beurteilung von Liebknechts Gesprächen mit den belgischen und holländischen Genossen, vor allem, wenn man als Vergleich die Beurteilung von Albert Südekums Aktivitäten unmittelbar nach Kriegsausbruch heranzieht. Südekums Schwedenreise[79], die angeblich aus familiären Gründen unternommen worden war[80], trug eindeutig politischen Charakter. Dies beweisen nicht zuletzt Südekums eigene Tagebucheintragungen[81]. Der deutsche Sozialdemokrat hielt nicht nur vor schwedischen Parteigenossen einen Vortrag zur »Kriegsfrage«, er veröffentlichte auch einen Aufsatz in der dortigen Presse, in dem, wie Liebknecht später dem Vorstand mitteilte, »unter anderem der deutsche Überfall auf Belgien« gerechtfertigt wurde[82]. Südekums Auftreten in Schweden hat dem Ansehen der SPD schwer geschadet, denn es löste eine innerschwedische Diskussion aus, bei der vor allem die Vertreter der Jugendorganisation den Vorwurf erhoben, der deutsche Parteigenosse sei als »Agent« der deutschen Regierung in Schweden tätig gewesen[83]. Dieser Vorwurf war übrigens nicht unberechtigt. So berichtet Südekum in seinem Tagebuch unter dem 17. August von »Gesprächen«, die er in Stockholm wegen der »Einfuhr« von »Kohle« und »Nahrungsmittel« geführt habe[84]. Wenn auch die Bestimmung dieser »Einfuhren« nicht näher erläutert wird, so kann man doch davon ausgehen, daß es sich um schwedische Lieferungen nach Deutschland handelte, was sicherlich nicht ohne Wissen und Zutun der deutschen Regierung geschehen war. Anstatt aber Südekum um Aufklärung zu bitten, zeichnete ihn der Parteivorstand dadurch aus, daß er ihn als offiziellen Parteivertreter nach Italien entsandte, wo er die dortige Partei zu einer wohlwollenden Haltung Deutsch-

Liebknechts erbittertste Widersacher in der sozialdemokratischen Reichstagsfraktion. Links: Albert Südekum (1871–1944); rechts: Eduard David (1863–1930).

land gegenüber bewegen sollte[85] – übrigens mit dem gleichen negativen Erfolg wie in Schweden[86]. Die durch Südekums Reise verursachte schwedische Parteidiskussion scheint der Parteivorstand nicht einmal zur Kenntnis genommen zu haben, denn Liebknechts Hinweis auf den Artikel von Südekum beantwortete Scheidemann mit der lapidaren Erklärung: »Für Artikel, die Genosse Südekum unter seinem Namen veröffentlicht, trägt er allein, nicht die Parteileitung, die Verantwortung[87].«

Die Kontroverse mit dem Parteivorstand ließ Karl Liebknecht zu der Überzeugung kommen, daß das oberste Führungsorgan der Partei nicht mehr bereit war, den innerparteilichen Willensbildungsprozeß in der Kriegsfrage auf demokratischem Wege zuzulassen. Voll bitterer Ironie schrieb er dem Vorstand am 26. Oktober: »Wahrhaftig, eine Parität gegenüber den Meinungsdifferenzen ganz à la Parität der Militärdiktatur in der Annektionsfrage, ja diese übergipfelnd. Ein Parteiburgfrieden von fabelhafter Gegenseitigkeit[88].« Wollte sich Liebknecht trotzdem auch weiterhin für die von ihm als notwendig erachtete schnelle Beendigung des Krieges einsetzen, so war er gezwungen, sich an die Parteifreunde vor allem im neutralen Ausland zu wenden, um sie über die seiner Meinung nach »wahren« Meinungsverhältnisse in der deutschen Sozialdemokratie hinsichtlich der Kriegsfrage aufzuklären. Ein solches Vorgehen entsprach allerdings auch seiner Vorstellung vom Kampf gegen den Krieg, denn dadurch, daß er die Parteigenossen im Ausland über das Vorhandensein einer gegen den Krieg eingestellten Strömung innerhalb der SPD informierte, förderte er indirekt deren Kräfte gegen den Krieg. Schon während seines Aufenthalts in Amsterdam hatte er daher der holländischen Parteizeitung *Het Volk* seine Zuschrift vom 3. September an die *Bremer Bürgerzeitung* zukommen lassen mit der Bitte um Veröffentlichung, was auch am 10. September geschah[89] – die *Bremer Bürgerzeitung* hatte den Abdruck mit Hinweis auf Burg- und Parteifrieden abgelehnt. Am 12. Oktober wandte sich Liebknecht dann an den schwedischen Parteiführer Hjalmar Branting[90], der auch gleichzeitig Herausgeber der schwedischen Parteizeitung *Socialdemokraten* war. Darin berichtete er über die ausländischen Pressemeldungen anläßlich seiner Reise durch Belgien und bat, diese mit folgender Notiz indirekt zu kommentieren: »Genosse Liebknecht wird seine sicherlich kritische Ansicht schon selbst öffentlich sagen, wenn es ihm die politischen Verhältnisse in Deutschland gestatten werden.« In diesem Zusammenhang klärte er den schwedischen Parteiführer auch darüber auf, was tatsächlich vorgefallen war bei seinem Zusammensein mit Huysmans. Nicht zwischen ihm und dem ISB-Sekretär sei es zu einer peinlichen Szene gekommen, sondern zwischen dem Belgier und dem rechten SPD-Reichstagsmitglied Hermann Wendel, der als »deutscher Soldat (Landsturm)« die Verletzung der belgischen Neutralität verteidigt hatte. »Mein Zusammensein mit Huysmans«, versicherte Liebknecht, »war so herzlich wie nur irgendwie möglich.« In bezug auf die ihm nachgesagten negativen Äußerungen über das Verhalten der deutschen Truppen in Belgien bestätigte er, daß seine Ansicht für »Deutschlands Regierung und Militär ganz und gar nicht schmeichelhaft« war, doch wollte er eine offizielle Stellungnahme dazu noch nicht abgeben. Der Hauptgrund seines Schreibens bestand jedoch darin, den Führer der schwedischen Partei über das Vorhandensein einer gegen den Krieg eingestellten

Minderheit in der SPD zu unterrichten. Gleichsam als »Informationsmaterial« legte er seinem Schreiben die Zuschrift an die *Bremer Bürgerzeitung* vom 3. September, die gemeinsam von ihm, Rosa Luxemburg, Clara Zetkin und Franz Mehring unterzeichnete Erklärung vom 10. September, sein Schreiben vom 26. September an den Schweizer Parteiführer Robert Grimm sowie sein Schreiben vom 2. Oktober an den Parteivorstand bei. Die beiden ersten Dokumente bat er dabei mit folgender Vorbemerkung zu veröffentlichen: »Es ist charakteristisch für die heutige Lage der Internationale und für die allgemeine Situation, daß sich solche Diskussionen jetzt vielfach im Ausland abspielen.« Branting entsprach den Wünschen des deutschen Parteifreundes und ließ Liebknechts Zuschrift an die *Bremer Bürgerzeitung* am 16. Oktober im *Socialdemokraten* abdrucken. Am 30. Oktober veröffentlichte er dann unter der Überschrift »Minderheitsmeinungen in der deutschen Sozialdemokratie« einen längeren Artikel, in dem er unter der Einbeziehung der Erklärung vom 10. September die ihm von Liebknecht gegebenen Informationen verwertete.

So erfreulich auch das Herausdringen derartiger Informationen für Karl Liebknecht gewesen sein mögen – die Erklärung vom 10. September erschien auf Vermittlung von Rosa Luxemburg am selben Tag auch in der schweizerischen Parteizeitung *Berner Tagwacht*[91] –, die von ihm geforderte »grundsätzliche Stellungnahme« der SPD gegen den Krieg konnte dadurch nicht ersetzt werden. Eine solche Aktion, darüber war sich Liebknecht seit seiner Kontroverse mit dem Parteivorstand im klaren, konnte nur gegen den Willen der Parteiführung und der Mehrheit der Reichstagsfraktion verwirklicht werden. Aus diesem Grunde mußte eine festgefügte Opposition innerhalb der Reichstagsfraktion geschaffen werden, die bei der nächsten Abstimmung über die Kriegskredite, die für den 2. Dezember 1914 anberaumt war, öffentlich dagegen stimmte. Für die Sitzung zur Reichstagsfraktion am 29. November arbeitete Liebknecht daher umfangreiche »Thesen« aus, die er den »anderen dreizehn der Fraktionsminderheit vom August 1914 und einigen anderen Fraktionsmitgliedern übersandte«[92]. In seinem auf den 23. November datierten Begleitschreiben erklärte er: »Wenn, wie zu erwarten, die Fraktionsmehrheit beschließt, für die Kredite zu stimmen, so bin ich mit aller Entschiedenheit für ein Minoritätsvotum, etwa im Sinne der hier vorliegenden Erklärung[92a].«

Die sogenannten »November-Thesen«[93] sind als der erste Versuch von Karl Liebknecht anzusehen, die Entstehung des Krieges und seiner Ursachen in einem größeren Kontext darzustellen. Ausgangspunkt der Thesen war die Feststellung, daß in der Vorkriegszeit das Deutsche Reich aufgrund seines Strebens zur Weltmacht der »Hauptträger« des wirtschaftlichen und politischen Expansionsstrebens auf dem europäischen Festland gewesen sei. Als treibende Kräfte des deutschen Expansionsstrebens identifizierte Liebknecht die Schwerindustrie, das Finanzkapital und die »Kolonialinteressenten«. Während die Schwerindustrie seit Jahren »verlangend« nach den an Bodenschätzen und industriellen Anlagen reichen Landstrichen Belgiens und Lothringens geblickt hätte, habe für die Kolonialinteressenten der afrikanische Besitz Englands und Frankreichs im Vordergrund gestanden. Das Finanzkapital wiederum habe nach Syrien und Kleinasien vorzudringen versucht, weshalb in deren Augen der Stellung von Österreich-Ungarn auf dem Balkan große Bedeutung zukam, denn es diente als »Brücke zu den asiatischen Ausbeutungsgefilden«. Das deutsche Expansionsstreben hatte unter den europäischen Mächten zwangsläufig zu Spannungen geführt, die wiederum einen Rüstungswettlauf in Gang setzten, der bei Kriegsausbruch einen Grad erreicht hatte, »der einer Steigerung nicht mehr fähig schien«. Die Anregungen zu einer internationalen Rüstungsbeschränkung seien dabei gerade von deutscher Seite abgelehnt worden. Eng verbunden mit dem außenpolitischen Rüstungswettlauf war der innenpolitische Aufstieg des Militarismus, der vor allem in Preußen-Deutschland mit der »Offizierskamarilla« eine gesellschaftliche Gruppe geschaffen hatte, die der Idee des Krieges keineswegs ablehnend gegenüberstand. Liebknecht gab ohne weiteres zu, daß auch in den anderen kriegführenden Ländern »kapitalistische und militaristische Kriegsinteressenten« vorhanden gewesen seien. In Deutschland aber wurde diesen »kriegstreibenden Kräften« »Vorschub« geleistet durch »halbabsolutistische Verfassungszustände, die die Entscheidung über Krieg und Frieden dem Einfluß der breiten Masse entzogen und in der auswärtigen Politik ein durch keine Kontrolle des Volkes begrenztes, um so mehr aber den Einwirkungen der herrschenden Klassen unterworfenes persönliches Regiment ermöglichten«. Die herrschenden Kreise Preußen-Deutschlands hatten nach Liebknechts

Auffassung den Krieg aber nicht nur aus außenpolitischen, sondern auch aus innenpolitischen Überlegungen begonnen. Auf das reaktionäre Landjunkertum Preußens hinweisend, führte er aus: »In Deutschland entlockte ihnen [den Junkern] das rapide Wachstum der Sozialdemokratie, die ihren politischen und wirtschaftlichen Besitzstand bedrohte, bereits vor einem halben Jahrhundert den Ruf nach einem Kriege als dem einzigen Mittel zur Vernichtung der Arbeiterbewegung.« Wenn auch Karl Liebknecht betonte, daß erst die »Zukunft« die »Einzelheiten« der aktuellen Vorgeschichte des Krieges enthüllen werde, glaubte er die Grundzüge dieser Vorgeschichte schon jetzt deutlich erkennen zu können. »Es handelt sich«, urteilte er, »um einen imperialistischen Krieg reinsten Wassers, und zwar vor allem auf deutscher Seite ... Es handelt sich – vom Gesichtspunkt des Wettrüstens aus – bestenfalls um einen von der deutschen und österreichischen Kriegspartei gemeinsam hervorgerufenen Präventivkrieg, zu dem die Gelegenheit günstig schien, als die große Wehrvorlage [1913/14] verabschiedet und ein technischer Vorsprung gewonnen war.«

Da die November-Thesen auch im Hinblick auf die Debatte innerhalb der sozialdemokratischen Reichstagsfraktion konzipiert worden waren, setzte sich Liebknecht ebenfalls mit den Vorstellungen auseinander, die von den Befürwortern einer Bewilligung der Kriegskredite ins Felde geführt wurden. Im Vordergrund der Auseinandersetzung stand dabei die Behandlung der Hauptthese, daß es sich deutscherseits um einen Verteidigungskrieg gegen das zaristische Rußland handeln würde, der auch als »Kulturkrieg« zu verstehen war. In Liebknechts Augen konnte dieser Krieg allein schon deswegen kein »Kulturkrieg« sein, weil sich die größten Staaten der »gleichen Kultur« bekämpften, und zwar gerade deshalb, »weil sie Staaten der gleichen, das heißt der kapitalistischen ›Kultur‹ sind«. Auf die allgemein zu beobachtende brutale Kriegführung aufmerksam machend, bemerkte er trocken: »Die Genfer Konvention ist zu einem Kindergespött geworden, die Menschheit rebarbarisiert.« Daß ausgerechnet Preußen-Deutschland einen »Kulturkrieg« führen sollte, hielt der Antipreußenkämpfer geradezu für einen Witz, denn ein Staat, in dem die »Masse des Volkes wirtschaftlich ausgebeutet« und »politisch unterdrückt« wird, hatte keinen »Beruf zum Völkerbefreier«. Dabei erinnerte Liebknecht daran, daß es in der

Vorkriegszeit vor allem die herrschenden Kreise Preußen-Deutschlands gewesen seien, die das »zaristische Schreckensregiment gegen das geknechtete russische Volk« gestützt hatten. »Die Parole ›Gegen den Zarismus‹«, resümierte er, »diente nur dem Zweck, die edelsten Instinkte des deutschen Volkes für den Kriegszweck, für den Völkerhaß zu mobilisieren, nicht aber einem Befreiungsfeldzug für das russische Volk oder die Fremdvölker Rußlands.«

Liebknechts Hoffnung, mit Hilfe der November-Thesen eine handlungsfähige Opposition innerhalb der Reichstagsfraktion zustande zu bringen, erfüllten sich nicht. Es kam zwar am Vorabend der Fraktionssitzung in der Wohnung von Georg Ledebour zu einer Zusammenkunft oppositionell eingestellter Vertreter[94], doch nahm das Treffen nach Liebknechts eigenen Worten ein »chaotisches Ende«. Rückblickend beschrieb er den Verlauf des Treffens folgendermaßen: »Nachdem sich die meisten anfangs für ein Separatvotum ausgesprochen hatten, wurde von Geyer und dann auch von Bock die Bereitschaft dazu davon abhängig gemacht, daß wenigstens 15 Mann daran teilnehmen würden. Dies war das Signal für alle übrigen – außer Henke und mir –, den Plan fallen zu lassen.« Trotzdem versuchte es Liebknecht auch noch an den beiden Tagen der Fraktionssitzung selbst, Mitstreiter zu finden, die wenigstens die »Freigabe der Abstimmung« ermöglichen sollten[95]. Doch auch diese Bemühungen schlugen fehl. Alfred Henke brachte zwar einen entsprechenden Antrag ein, doch zog er ihn auf Drängen Hugo Haases wieder zurück; als daraufhin Liebknecht den Antrag wieder aufnahm und zur Abstimmung stellte, wurde er gegen 7 Stimmen abgelehnt[96]. Auf die Diskussion der Fraktion um das Für und Wider der Kreditbewilligung hat der gegen den Krieg eingestellte Sozialdemokrat keinen Einfluß mehr ausgeübt. Er erhielt zwar die Gelegenheit zu einem Diskussionsbeitrag, doch wurden seine Ausführungen auf der Grundlage der November-Thesen mit »erstaunter Heiterkeit« zur Kenntnis genommen, wie Eduard David ironisch in seinem Tagebuch vermerkt[97]. Daß diese Beurteilung durchaus nicht übertrieben war, mag man der Tatsache entnehmen, daß das offizielle Protokoll einen Auftritt Liebknechts nicht erwähnt[98]. Die Gesamtabstimmung der Fraktion endete wie bei der Augustabstimmung: 82 Stimmen für und 17 Stimmen gegen die Bewilligung der Kriegskredite[99]. Ebenso wurde auch diesmal wieder die Einhaltung der Fraktionsdisziplin beschlossen. Dazu war Karl Liebknecht jedoch nicht mehr bereit. Als der Präsident des Deutschen Reichstages in der Sitzung vom 2. Dezember 1914[100] die im Plenum versammelten Abgeordneten bat, sich von ihren Plätzen zu erheben, um damit ihre Zustimmung zum »Zweiten Nachtrag des Reichshaushaltsetats für das Rechnungsjahr 1914« anzuzeigen, blieb Liebknecht als einziger Abgeordneter auf seinem Platz sitzen und demonstrierte damit seine ablehnende Abstimmung. Wie das amtliche Protokoll der Sitzung zeigt, wäre dies um ein Haar übersehen worden, denn erst auf Zuruf erklärte der Reichstagspräsident bei der Bekanntgabe des Abstimmungsergebnisses: »Es ist soweit ich sehen kann, einstimmig – mit Ausnahme eines einzigen Abgeordneten[101].« Liebknechts Ablehnung des Nachtragshaushaltes bezog sich lediglich auf die Kriegskredite, nicht aber auf die ebenfalls im Nachtrag enthaltenen »Notstandskredite«. In der von ihm noch am selben Tage verfaßten Abstimmungserklärung[102] betonte er, daß er den Notstandskrediten, deren Höhe ihm »bei weitem« nicht ausreichte, voll zustimmen würde. »Nicht minder«, heißt es in der Erklärung weiter, »stimme ich allem zu, was das Los unserer Brüder im Felde, der Verwundeten und Kranken, denen mein unbegrenztes Mitleid gehört, irgend lindern kann.« Der Reichstagspräsident lehnte übrigens die Aufnahme von Liebknechts Abstimmungsbegründung in das amtliche Protokoll ab, da »in ihr Äußerungen enthalten gewesen seien, die, wenn sie im Hause gemacht worden wären, Ordnungsrufe nach sich gezogen haben würden«[103].

Die Ablehnung der Kriegskredite wird von der historischen Forschung allgemein als erstes Anzeichen einer beginnenden Radikalisierung in der politischen Entwicklung von Karl Liebknecht angesehen. Vertreter der kommunistischen Geschichtsschreibung[104] werten den Radikalisierungsprozeß »positiv«, da ihrer Meinung nach Liebknechts Handeln im Einklang gestanden habe mit den »marxistisch-leninistischen« Prämissen von der Bekämpfung des kapitalistisch-imperialistischen Krieges. Darüber hinaus habe die Abstimmung den Sammlungsprozeß der »Linken« innerhalb der SPD in Gang gesetzt und damit indirekt die Formierung der Spartakusgruppe sowie die Gründung der KPD bewirkt. Nicht-kommunistische Historiker[105] dagegen sprechen von einem »negativen«

Entwicklungsgang und weisen darauf hin, daß Liebknecht mit seiner Dezemberentscheidung den ersten Schritt zur späteren Parteispaltung getan habe. Beide Erklärungen werden Liebknechts politischer Entwicklung nicht gerecht, denn sie gehen von einem retrospektivischen Ansatz aus, der sich eher an dem orientiert, was erst noch in Liebknechts politischem Werdegang geschehen sollte. Darüber hinaus wird sein Handeln gleichsam »artfremd« erklärt, denn seine eigenen Vorstellungen bleiben völlig unberücksichtigt.

Betrachtet man Liebknechts Dezemberabstimmung rein punktuell, so kann in der Tat der Eindruck einer Radikalisierung entstehen. Hatte sich der gegen den Krieg eingestellte Sozialdemokrat im August 1914 der Fraktionsdisziplin unterworfen, so war er jetzt nicht mehr dazu bereit. Dieser Eindruck wird noch dadurch verstärkt, daß Liebknecht mit seiner Entscheidung innerhalb der Partei völlig isoliert dastand. Selbst der Kreis linksradikaler Parteivertreter um Rosa Luxemburg hatte ihm, wenn auch aus taktischen Gründen, von einem alleinigen Separatvotum abgeraten[106]. Die Erklärung für Liebknechts Verhalten ist nicht zuletzt darin zu sehen, daß er vom Ausbruch des Ersten Weltkrieges überrascht wurde und deshalb anfänglich äußerst vorsichtig, um nicht zu sagen, ängstlich reagierte. Dies allerdings läßt weniger auf »Radikalität« als vielmehr auf »Besonnenheit« schließen. Das Überraschungsmoment hatte zur Folge, daß die Augustentscheidung in Liebknechts Augen niemals eine »endgültige« Entscheidung hätte sein können. Hinzu kam, daß für ihn die Stellung der Sozialdemokratie zum Krieg ausschließlich vom Charakter des Krieges selbst abhing. Erst in dem Moment, als er erkannte, daß es sich nicht um den von der Regierung propagierten Verteidigungskrieg, sondern um den kapitalistisch-imperialistischen Krieg handelte, traten für ihn all jene Überlegungen in Kraft, die ihn auch schon zum Kampf gegen die Kriegsgefahr bewogen hatten. Daß Liebknecht in einem solchen Fall konsequent handeln würde, hatte er schon 1911 im Zusammenhang mit der Marokkokrise deutlich gemacht, als er die passive Haltung des Parteivorstandes scharf kritisierte und Verständnis für die von Rosa Luxemburg begangene Indiskretion zeigte. Die Ablehnung der Kriegskredite als Hinwendung zum Marxismus oder gar Marxismus-Leninismus zu werten, läßt sich ebenfalls nicht aufrechterhalten. Abgesehen davon, daß dieselben Argumente, die sich gegen die

These von der »negativen« Entwicklung richten auch gegen die These einer »positiven« Entwicklung angeführt werden können, offenbaren vor allem die »November-Thesen« mit ihrem vulgär-marxistischen Ansatz eher kriminalistischen Spürsinn als politisch-theoretische Versiertheit im marxistischen beziehungsweise marxistisch-leninistischen Sinne. Dies mindert allerdings keineswegs den Wert der Thesen. Ganz im Gegenteil, sie zeigen, wie intensiv sich Karl Liebknecht mit der Kriegs- und Kriegsschuldfrage auseinandergesetzt hat. Bedenkt man dabei die »Quellen«, die ihm zur Verfügung gestanden haben, so kam er den Tatsachen, wie sie uns heute bekannt sind, erstaunlich nahe. Wenn auch seine Erklärung der Kriegsursachen zu schematisch angelegt war und rein mechanisch Verbindungen herstellte zwischen den Kriegszielen, wie sie erst durch den Krieg entstanden, und der Zielsetzung der preußisch-deutschen Vorkriegspolitik, so hat er doch richtig den Präventivcharakter des Krieges sowie den Zweck der von Bethmann Hollweg ausgegebenen Parole vom Krieg gegen den Zarismus erkannt. Ohne hier im einzelnen auf die Debatte um die deutsche Kriegsschuld eingehen zu wollen, wie sie seit Jahren in der historischen Forschung geführt wird[107], sei doch folgender Hinweis erlaubt: Die Tatsache, daß die deutsche Regierung vor Ausbruch des Ersten Weltkrieges kein konkretes Kriegszielprogramm besaß, ist nicht unbedingt als Argument gegen die These von der deutschen Kriegsschuld ins Feld zu führen. Gerade die Beschäftigung mit dem politischen Werdegang von Karl Liebknecht legt die Vermutung nahe, daß nicht so sehr die Vorstellungen der Regierung für die Ausformung der preußisch-deutschen Politik entscheidend waren, sondern vielmehr die Auffassungen der herrschenden Kreise. Die Funktion der Regierung bestand nicht darin, die preußisch-deutsche Gesellschaft zu »führen«, sondern die »Interessen« der verschiedenen Gruppen innerhalb der herrschenden Kreise miteinander in Einklang zu bringen und durchzusetzen; eine Vermutung, die auch durch Bethmann Hollwegs Vorstellung von der »Politik der Diagonalen« bestätigt wird[108]. Sowohl die Schwer- und Rüstungsindustrie als auch die preußischen Landjunker und die preußisch-deutsche Militärführung haben lange vor Ausbruch des Krieges definitive Kriegsziele gehabt, die im Augenblick des Kriegsausbruches zum Tragen kamen, weil sie aufgrund der halbabsolutistischen Zustände voll auf die preußisch-deutsche Politik durchschlugen.

Stellt man Karl Liebknechts Abstimmung gegen die Kriegskredite in den Gesamtkontext seiner bisherigen politischen Entwicklung, so läßt sich weder im positiven noch im negativen eine wesensmäßige Veränderung seiner politischen Grundanschauungen feststellen. Dies gilt für die Motive und Ziele seines Handelns ebenso wie für die politisch-theoretischen und politisch-taktischen Vorstellungen. Der kapitalistisch-imperialistische Krieg stellte nicht nur das Gegenteil von dem dar, was Liebknecht mit seinem humanitär-rechtlichen Ideal verwirklichen wollte, es war auch die Bedrohung der von ihm postulierten Höherentwicklung schlechthin. Wollte die SPD ihrer Rolle als Emanzipationsbewegung des Proletariats und damit als Wegbereiter der Höherentwicklung der gesamten Menschheit gerecht werden, so mußte sie den Kampf gegen den Krieg aufnehmen. Wenn Liebknecht dies tat, so setzte er lediglich das fort, was er auch schon in der Vorkriegszeit mit seinem Kampf gegen die Kriegsgefahr getan hatte. Der einzige Unterschied bestand darin, daß es jetzt nicht mehr die Kriegsgefahr war, die es zu bekämpfen galt, sondern der Krieg selbst. Bei der Verwirklichung seiner Absicht wurde er dabei von denselben Grundsätzen geleitet. Dem Ehrengerichtshof der Rechtsanwälte in Leipzig erklärte er in seinem Schreiben vom 9. November 1914: »Ich bin ein Anhänger der internationalen Sozialdemokratie, deren Politik aus zwei Hauptwurzeln erwächst: der Tatsache des Klassenkampfes und dem Postulat der internationalen Solidarität[109].« Besonders deutlich wird dabei, daß das von Liebknecht entwickelte politisch-taktische Konzept der aktiven Oppositionspolitik nicht als Desperadopolitik der totalen Konfrontation mißverstanden werden sollte. Liebknecht übersah keineswegs die Gefahren, die sich aus dem Kriegszustand für die Partei ergaben. Dies durfte jedoch nicht dazu führen, daß die Partei untätig wurde oder gar eine Politik gegen ihre ureigensten Interessen trieb. Die beispielsweise von ihm geforderte Versammlungskampagne »Gegen die Annektionshetze« hätte sogar der Regierung recht sein müssen, vorausgesetzt, sie führte tatsächlich den von ihr propagierten Verteidigungskrieg. Genaugenommen wiederholte Liebknecht mit seinem Vorschlag nur die auch schon in der Vorkriegszeit erhobene Forderung, daß die SPD aus ihrer Objektrolle der preußisch-deutschen Politik heraus müsse, um zu einem mitbestimmenden Subjekt der Politik zu werden.

Hatte sich Liebknecht mit seiner Forderung schon in der Vorkriegszeit nicht durchsetzen können, so konnte er es jetzt, unter den verschärften Bedingungen des Kriegszustandes erst recht nicht. Damit aber wird deutlich, daß es falsch ist, von einer Wegentwicklung Liebknechts von der SPD zu sprechen. Die Gegensätze zwischen Karl Liebknecht und der Parteiführung der SPD sind nicht erst durch den Krieg verursacht worden; sie waren schon vorher vorhanden und sind durch den Krieg lediglich sichtbar geworden. Der Krieg mit seinem Ausschließlichkeitscharakter verlangte eine »Entweder-oder-Entscheidung« und ließ keine »Sowohl-als-auch-Kompromisse« mehr zu, wie sie auf den Parteitagen der Vorkriegszeit gang und gäbe gewesen waren.

Dic Kontinuität in Liebknechts Werdegang läßt sich übrigens indirekt auch am Verhalten des Parteivorstandes ablesen. Wie schon in der Vorkriegszeit, so hielt es auch jetzt die Parteiführung nicht für notwendig, sich mit Liebknechts Vorstellungen inhaltlich auseinanderzusetzen. Seine Vorschläge zur Durchführung einer auf die Beendigung des Krieges ausgerichteten Agitation wurde bestenfalls zur Kenntnis genommen; diskutiert wurden sie nicht. Statt dessen pochte der Vorstand formal auf seinen innerparteilichen »Führungsanspruch«, den anzuerkennen Liebknecht jedoch nicht mehr bereit war; für ihn war die SPD keine bloße Organisation, sondern eine Weltanschauungsbewegung, die einen »inhaltlichen« Führungsanspruch zur Grundlage hatte. »Bei der gestrigen Abstimmung«, schrieb er dem Fraktionsvorstand einen Tag nach der Dezemberabstimmung, »befand ich mich in einer Zwangslage . . . Es war mir kein Weg gelassen, um die Verantwortung für den verhängnisvollen Beschluß der Fraktion abzulehnen, eine Verantwortung, die ich nach meiner sorgfältigen und immer wiederholten Prüfung unter keinen Umständen tragen kann[110].«

Vergleicht man Liebknechts Aussagen zum Krieg und dessen Ursachen auf dem Hintergrund der Vorstellungen anderer SPD-Führer im selben Zeitraum, so wird deutlich, welch relativ große Leistung der gegen den Krieg eingestellte Sozialdemokrat mit seinen Analysen vollbrachte. Soweit bekannt, hat sich von den SPD-Führern kaum jemand so früh schon über die Entstehung des Krieges und seine Ursachen ausgelassen. Selbst Rosa Luxemburg begann ihre Arbeit an der »Junius-Broschüre«[111] erst nach ihrem Haftantritt im Februar 1915. Der Parteivorstand der SPD scheint sich mit der Kriegs- und Kriegsschuldfrage überhaupt nie näher befaßt zu haben[112]; zumindest liegen keine dementsprechenden Äußerungen vor. Der liberale Historiker Gustav Mayer[113] glaubte nach Gesprächen mit Friedrich Ebert und Philipp Scheidemann sogar die Feststellung treffen zu können, daß die beiden führenden Vertreter der SPD Fragen der Außenpolitik ziemlich »unbedarft« gegenüberstanden. Philipp Scheidemann verlor sogar unter dem Eindruck der nationalen Hochspannung bei Kriegsausbruch jede Skepsis gegenüber der eben noch bekämpften kapitalistischen preußisch-deutschen Regierung. Nach der Parteiführerbesprechung mit dem Reichskanzler am 3. August 1914 vertraute er seinem Tagebuch folgende Notiz an: »Ich habe doch im Laufe der Jahre die Augen offen gehalten und bin dabei zu der Überzeugung gekommen, daß man Bethmann Hollweg viel Unrecht getan und daß man ihn falsch eingeschätzt hat[114].« Die Vertreter des rechten Parteiflügels wiederum verfielen bei Kriegsausbruch in einen völlig unsozialdemokratischen Patriotismus. Obwohl beispielsweise Eduard David, wie schon eingangs berichtet, Schwierigkeiten hatte, die Eröffnung der deutschen Kriegshandlungen in Einklang zu bringen mit der Parole vom Verteidigungskrieg gegen den Zarismus, sah er keinen Anlaß, sich auch kritisch mit der Darstellung der Regierung zum Kriegsausbruch auseinanderzusetzen. Statt dessen erging sich der nicht gerade einflußlose »außenpolitische Sprecher« der sozialdemokratischen Reichstagsfraktion[115] in wüsten Beschimpfungen gegen die anderen am Kriege beteiligten Nationen. Über Großbritannien beispielsweise notierte er in seinem Tagebuch: »Die englische Königsfamilie ist mit der preußischen eng verschwistert und verschwägert. Seltsam, daß der Kanal eine so scharfe Grenze für die Charakterbildung bedeutet. Diesseits nur edelste Gesinnung, Wahrhaftigkeit und Tüchtigkeit, jenseits Neid, Krämergeist und Hinterlist[116].« Selbst angeblich so weitsichtige Parteivertreter wie Ludwig Frank verkannten die innenpolitische Lage Preußen-Deutschlands völlig, wenn sie glaubten, die Arbeiterbewegung könne, um die politische Gleichberechtigung zu erlangen, »statt eines Generalstreiks den Krieg führen«[117]. Die herrschenden Kreise Preußen-Deutschlands hatten den Krieg ja gerade auch deshalb begonnen, weil sie hofften, die innenpolitische Pattsituation zu ihren Gunsten zu verändern[118].

Wie wenig das deutsche Proletariat im Falle eines deutschen Siegfriedens zu erwarten gehabt hätte, zeigt nicht zuletzt der Frieden von Brest-Litowsk, bei dem nicht die »deutschen Tauben« – um einen modernen Ausdruck zu gebrauchen – sondern die »preußischen Falken« die Bedingungen für den Frieden mit Rußland diktierten.

Die Frage, ob Karl Liebknechts Dezemberabstimmung ein politischer Erfolg gewesen ist, kann ohne weiteres bejaht werden. Zwar isolierte er sich damit gleichsam auch offiziell von der Parteiführung der SPD, doch setzte er ein Zeichen, das von nun an zum Symbol der überall in Europa erwachenden Antikriegsstimmung wurde. Dankbar schrieb ihm die holländische Parteiführerin Helen Ankersmit: »Genosse Liebknecht, für Ihre Tat, Ihren Mut, unseren Dank. Wir haben die Stimme der Internationale wieder vernommen. . . . Tausenden und Tausenden unter dem Proletariat aller Länder habt Ihr neue Hoffnung gegeben[119].«

Die Agitation gegen den Krieg und die Kriegspolitik der SPD-Führung

Mit der Abstimmung gegen die Kriegskredite brach Karl Liebknecht alle Beziehungen zur Parteiführung der SPD ab. Von nun an sah er seine Aufgabe darin, die Massen gleichsam über die Köpfe der Parteiführer hinweg direkt anzusprechen, um sie über die Ursachen des Krieges aufzuklären. »*Mit* den Führern, wenn diese wollen«, skizzierte Franz Mehring die zukünftige Politik in den von ihm, Rosa Luxemburg und Karl Liebknecht verfaßten »Weihnachtsbriefen« an die ebenfalls gegen den Krieg kämpfende Independant Labour Party, »*ohne* die Führer, wenn sie untätig bleiben, *trotz* den Führern, wenn sie widerstreben[120].« Bei der Verwirklichung dieser Absicht hatte Liebknecht allerdings dieselben Hindernisse zu überwinden, die auch schon vorher seine Bemühungen um eine sozialdemokratische Antikriegspolitik zunichte gemacht hatten: der Burgfrieden und der Parteifriede. Beide Hindernisse waren sogar noch durch die Dezemberabstimmung größer geworden, denn weder die SPD-Führung noch die Regierung waren bereit, das oppositionelle Verhalten des gegen den Krieg eingestellten Sozialdemokraten zu tolerieren. Die Reichstagsfraktion der SPD trat vom 2. bis 4.

Februar 1915 zusammen[121], um neben anderen Punkten auch über den »Disziplinbruch« vom 2. Dezember zu verhandeln. Dabei wurde ein Antrag von Karl Egon Frohme[122] angenommen, der Liebknechts Abstimmung als »unvereinbar mit den Interessen der deutschen Sozialdemokratie« verurteilte. De facto nahm dieser Beschluß Liebknecht die Rechte eines Fraktionsmitgliedes, denn es verstand sich von selbst, daß er von nun an im Plenum des Reichstages nicht mehr für die Fraktion sprechen konnte und daß er auch nicht mehr an den innerfraktionellen Gesprächen teilnahm. Die Regierung reagierte noch stärker und ließ Karl Liebknecht am 7. Februar als »Armierungssoldat« zum Militärdienst einziehen. Damit unterlag er der Militärgesetzgebung, die jede politische Betätigung außerhalb des Parlaments unter Strafe stellte. Das »Procedere« seiner Vereidigung beschrieb Liebknecht in einem Brief an den Parteivorsitzenden Hugo Haase folgendermaßen: »In einer feierlichen Verhandlung des Bezirkskommandeurs mit mir (in Gegenwart eines anderen Offiziers und des Bezirksfeldwebels) eröffnete der erstere mir, daß ich von diesem Moment an Soldat sei und den Militärgesetzen unterstehe . . . Dann las er mir die Erlasse über das Verbot der Teilnahme an Versammlungen und Sitzungen (außer denen des Landtages) und das Verbot der Agitation in Wort und Schrift (›im In- und Ausland‹) sowie ›des Ausstoßens revolutionärer Rufe‹ vor und im Anschluß daran die einschlägigen Bestimmungen des Militärstrafgesetzbuches sowie des Reichsmilitärgesetzes. Alles dies motivierte er damit, daß ich mitten im politischen Leben stehe und er mich warnen wolle, ›anzuecken‹[123].«

Trotz dieser Gegenmaßnahmen war die Ausgangsposition für die von Liebknecht beabsichtigte Agitation gegen den Krieg und die Kriegspolitik der SPD-Führung nicht aussichtslos. Als Mitglied des preußischen Abgeordnetenhauses und des Deutschen Reichstages, zu deren Sitzungen er vom Militärdienst beurlaubt wurde, verfügte er zumindest nominell über zwei parlamentarische Tribünen, von denen aus er seine Auffassung vom Krieg darlegen konnte, ohne gleich – wegen der parlamentarischen Immunität – strafrechtliche Verfolgungen befürchten zu müssen. Im preußischen Abgeordnetenhaus konnte er seinen Standpunkt sogar auch als Fraktionsredner vertreten, denn hier bestand die Fraktion fast zu gleichen Teilen aus Befürwortern und Gegnern der offiziellen Parteipolitik[124].

Karl Liebknecht (r.) als Armierungssoldat 1915 an der Westfront.

Zum erstenmal nach seiner Dezemberabstimmung ergriff Karl Liebknecht in der Sitzung vom 2. März 1915 im Landtag das Wort[125], um bei den Verhandlungen zum Etat des preußischen Innenministers zu sprechen. In den Mittelpunkt seiner Ausführungen stellte er die Frage der preußischen Wahlrechtsreform, wobei er weniger zu den »Herren im Hause« als vielmehr zu den »Massen draußen« sprach. Inhaltlich setzte er sich vor allem mit der Haltung der eigenen, für die Unterstützung des Krieges eintretende Parteimehrheit auseinander, insbesondere mit deren These, daß ein »Stillhalten« im Krieg die politische Gleichberechtigung danach bringen würde. In Liebknechts Augen entbehrte diese These jeder Grundlage und gehörte in den Bereich des »Wunschdenkens«, denn seiner Meinung nach bestätigte die innenpolitische Entwicklung seit Kriegsbeginn lediglich die Tatsache, daß die herrschenden Kreise nicht an einer Liberalisierung interessiert waren. Die Verkündung des Kriegszustandes und die daraus resultierenden Burgfriedensbestimmungen hatten keine politischen Reformen gebracht, sondern eine »politische Kirchhofruhe« verursacht. Zur Bestätigung seiner düsteren Lagebeschreibung zitierte Liebknecht den preußischen Innenminister, der es noch kurze Zeit vorher, am 27. Februar 1915, ausdrücklich abgelehnt hatte, auch nur irgendeine »noch so allgemeine Zusicherung« in bezug auf eine Wahlrechtsreform zu geben. An das Schicksal der gescheiterten Wahlrechtsreform von 1910 erinnernd, konstatierte Liebknecht gegen Schluß seines Diskussionsbeitrages: *»Die kalte Wahrheit ist, in Preußen bleibt alles beim Alten.«*

Ein Jahr später, am 16. März 1916, nutzte Karl Liebknecht die Debatte zum Etat des Kultusministers, um die These vom deutschen Verteidigungs- und Kulturkrieg gegen den Zarismus zu widerlegen[126]. Ausgangspunkt seiner Rede war diesmal die Feststellung, daß der Krieg mit seinem Verrohungscharakter zu einem allgemeinen kulturellen Niedergang geführt hatte. Als Beweis führte er den Zerfall der klassischen Bildungsideale in den preußischen Schulen und Universitäten an. Auf die ehemals »edlen Prinzipien« der klassischen Bildung eingehend, führte er aus: »Das Wesen der klassischen Bildung ist der Geist des Humanismus, der Humanität, der Unabhängigkeit und Selbständigkeit, der Geist der ungehemmten Kritik, die wirkliche Freiheit des Geistes.« Waren diese Ideale in Preußen auch schon vor dem Kriege stark gefährdet gewesen, so hatte sie der Krieg endgültig beseitigt und aus ihnen den »Geist der Pickelhaube, des Bajonetts, der Granaten, der Länderverwüstung, der Giftgase und der Bomben« gemacht. Die Schlußfolgerungen dieser Ausführungen lagen auf der Hand, auch wenn sie von Liebknecht selbst nicht gezogen wurden. Wie, so mußten sich die Zuhörer fragen, wollten die herrschenden Kreise Preußen-Deutschlands einen Kulturkrieg führen, wenn sie nicht in der Lage waren, in ihrem eigenen Land die Ideale der Kultur und des Humanismus aufrechtzuerhalten. Speziell für die Sozialdemokratie ergab sich nach Liebknecht aus diesem Sachverhalt folgende Konsequenz: Wollte die SPD wirklich im Sinne ihres weltanschaulichen Zieles von der Emanzipation des Proletariats und darüber hinaus der Höherentwicklung der Menschheit wirken, durfte sie sich nicht auf die »Wohltaten« der herrschenden Kreise verlassen, sondern hatte sich auf ihre eigenen Kräfte zu besinnen. Er beendete daher seine Rede mit dem Appell: »Die geistige Befreiung der Arbeiterklasse kann nur das Werk der Arbeiterklasse selbst sein . . . Und es ist unsere Aufgabe, der Arbeiterklasse aller Länder bei dieser Gelegenheit zuzurufen: Ans Werk! Sowohl die in den Schützengräben wie im Lande – sie sollen die Waffen senken und sich gegen den gemeinsamen Feind kehren, der ihnen Licht und Luft nimmt.«

Es verstand sich von selbst, daß der Agitator Liebknecht, dessen politisches Handeln der Vorkriegszeit von dem taktischen Prinzip der »aktiven Oppositionspolitik« bestimmt worden war, seine parlamentarisch geführte Agitation gegen den Krieg und die Kriegspolitik der SPD-Führung niemals auf die Plattform des preußischen Abgeordnetenhauses beschränken würde. Bei der Suche nach geeigneten Möglichkeiten, sich trotz seiner Isolation in der sozialdemokratischen Reichstagsfraktion im Plenum des Deutschen Reichstages Gehör zu verschaffen, mußte sein Augenmerk beinah zwangsläufig auf die Einrichtung der »Kleinen Anfrage« fallen. Die »Kleine Anfrage«[127] war 1912 unter dem Druck einer sozialdemokratisch bestimmten Reichstagsmehrheit nach britischem Vorbild in die Geschäftsordnung des Deutschen Reichtages aufgenommen worden. Ihr Zweck bestand darin, in relativ kurzer Zeit die Stellungnahme der Regierung zu aktuellen Themen einholen zu können, ohne den umständlichen Apparat der »Interpellation« bemühen zu müssen. Die »Interpellation« bedurfte der Unterschrift von dreißig Abgeordneten; die Anfragen mußten dem Reichstagspräsidenten vorher eingereicht werden und in gedruckter Form vorliegen; der Regierung stand es frei, die Fragen zu beantworten; eine Verhandlung der Antworten der Regierung war nicht zulässig.

Die erste Anfrage, die Karl Liebknecht im Mai 1915 beim »Schippen« an der Front verfaßte[128], kam am 20. August 1915 zur Verhandlung[129]. Sie bezog sich auf die in der Öffentlichkeit kursierenden Annektionsgerüchte und lautete: »Ist die Regierung bei entsprechender Bereitschaft der anderen Kriegführenden bereit, auf der Grundlage des *Verzichts auf Annektionen* aller Art in *sofortige Friedensverhandlungen* einzutreten[130]?« Der Regierung kam diese Frage sehr ungelegen. Auf der einen Seite bestanden mehr oder weniger konkrete Annektionspläne, wie das »Septemberprogramm« von Reichskanzler Bethmann Hollweg[131] beweist, doch durften andererseits diese Vorstellungen auf keinen Fall in die breite Öffentlichkeit gelangen, da man den Krieg als »Verteidigungskrieg« begonnen hatte. Darüber hinaus hätte eine wirkliche Beantwortung von Liebknechts Anfrage den Kriegsgegnern wichtige Hinweise auf mögliche deutsche Kriegsziele gegeben. Staatsminister von Jagow, der als Regierungsvertreter im Plenum des Reichstages die Anfrage beantwortete, suchte denn auch die ganze Angelegenheit herunterzuspielen. »Ich glaube«, erklärte er nichtssagend, »dem Einverständnis der großen Mehrheit des Hauses zu begegnen, wenn ich auf die Anfrage des Abgeordneten Liebknecht eine Antwort als zur Zeit unzweckmäßig zu erteilen ablehne[132].« Wenn auch die anwesenden Abgeordneten Jagows Erklärung mit »ironischem Bravo und Lachen« zur Kenntnis nahmen, wie das amtliche Protokoll vermerkt, so konnten sie doch nicht ganz den fatalen Eindruck der Nichtbeantwortung verwischen. Für Liebknecht selbst kam Jagows Äußerung einem »Bekenntnis« gleich[133]. Dadurch, daß es die Regierung vorzog, seine Frage mit Schweigen zu beantworten, bewies sie, daß sie etwas zu verbergen hatte, was im fraglichen Kontext nur Annektionsabsichten sein konnten. Dies wiederum bestätigte seine These, daß es sich eben nicht um den offiziell propagierten Verteidigungskrieg handeln konnte, sondern daß es deutscherseits auch ein »Eroberungskrieg« sein sollte.

Liebknechts Anfrage brachte nicht nur die Regierung, sondern auch die SPD-Führung in arge Verlegenheit, denn deren Kriegspolitik war so angelegt, daß die herrschenden Kreise durch eine aktive Mitarbeit des Proletariats im Krieg von der »Vaterlandstreue« der Arbeiterschaft sowie der Sozialdemokratie und damit von der Notwendigkeit einer positiven Integration der Arbeiterbewegung in das wilhelminische Deutschland überzeugt werden sollten[134]. Liebknechts Vorgehen gefährdete diese Politik, denn es bestärkte jene rechten Gruppen, die schon bei Kriegsausbruch verschärfte Maßnahmen gegen die »vaterlandslosen Gesellen« von SPD und Gewerkschaften gefordert hatten. Partei- und Fraktionsvorstand versuchten daher die Verhandlung von Liebknechts Anfrage zu verhindern. Da sich der Antikriegskämpfer beim Abfassen der Anfrage an der Front befunden hatte und erst zur Reichstagssitzung nach Berlin zurückkehrte, ließen die Führungsgremien der Partei die Drucklegung der Anfrage aussetzen. Außerdem beauftragten sie, wie Liebknecht in seinen Erinnerungen schreibt[135], den Parteivorsitzenden Haase, ihn von der Verwirklichung seiner Absicht abzubringen. Karl Liebknecht ließ sich jedoch nicht in seinem Vorhaben beirren, auch von der Reichstagsfraktion nicht, die ihn in ihrer Sitzung vom 18. August – also zwei Tage vor der Verhandlung im Reichstag – offiziell zur Zurückziehung der Anfrage aufforderte[136]. Partei- und Fraktionsvorstand distanzierten sich daraufhin öffentlich von ihrem Parteimitglied[137].

Es ist unwahrscheinlich, daß Karl Liebknecht die Wirkung seiner Anfragenaktion vorausgesehen hat. Alles spricht dafür, daß er dieses Mittel lediglich aus einer Notsituation heraus angewandt hat. Die Reaktion seiner politischen Gegner veranlaßte ihn jedoch, aus der »Not« eine »Tugend« zu machen[138]. Schon zur nächsten Sitzung des Reichstages brachte er sechs neue Anfragen ein[139]. Die erste Anfrage wiederholte in leicht modifizierter Form die Frage vom 20. August; sie wurde von Liebknecht allerdings bei der Verhandlung der übrigen Anfragen am 14. Dezember 1915 zurückgezogen[140]. Die zweite Anfrage stellte eine Zusatzfrage dar und lautete: »Auf welcher sonstigen Grundlage ist die Regierung bereit, in sofortige Friedensverhandlungen einzutreten?« Die dritte Frage bezog sich auf das von der Regierung zum Ausbruch des Krieges publizierte »Weißbuch« und verlangte die Veröffentlichung sämtlicher im Besitz der deutschen Regierung befindlichen Dokumente zur unmittelbaren Entstehung des Krieges. Die vierte Anfrage forderte die Aufhebung der »Geheimdiplomatie«, die in Liebknechts Augen entscheidend zur Entfesselung des Krieges beigetragen hatte. Die fünfte Anfrage betraf die Schrecknisse des bevorstehenden Winterfeldzuges für die zivile Bevölkerung, und die sechste Anfrage schließlich erbat von der Regierung Auskunft zu dem von ihr ausgegebenen Schlagwort von der »Neuorientierung der inneren Politik«, worunter im allgemeinen die Ankündigung einer preußischen Wahlrechtsreform nach Kriegsende verstanden wurde[141].

Die neuerlichen Anfragen brachten die Regierung in noch größere Verlegenheit als die erste Anfrage, denn ihre wirkliche Beantwortung hätte nichts anderes bedeutet, als die Offenlegung der gesamten innen- und außenpolitischen Ziele. Der Direktor des Reichstages versuchte denn auch mit allerlei Geschäftsordnungstricks die Verhandlung der Anfragen zu verzögern, wenn nicht gar zu verhindern. Assistiert wurde er dabei vom Reichstagspräsidenten, der sogar so weit ging, die fünfte von Liebknechts Anfragen nicht zuzulassen, da ihre »Wirkung«, wie er Liebknecht am 30. November 1915 mitteilte, »eine schwere Schädigung der Interessen des Deutschen Reiches herbeizuführen geeignet ist«[142]. Der volle Wortlaut der Anfrage läßt die Gründe dieser Entscheidung deutlich werden:

Der Unterzeichnete fragt den Herrn Reichskanzler:

a) Ist der Regierung bekannt, daß die Masse des deutschen Volkes in- und außerhalb der Armee – ähnlich der Bevölkerung der übrigen kriegführenden Länder – dringend fordert, daß ihr die Schrecknisse eines neuen Winterfeldzuges erspart werden und daß demgegenüber diesem Ziele alle Eroberungspläne und alle kapitalistischen Rücksichten schlechthin zurückzutreten haben?

b) Was hat die Regierung bisher zur Erfüllung dieser Forderung getan?

c) Ist die Regierung bereit, dieser Forderung wenigstens noch in letzter Stunde zu genügen[143]?

Liebknecht ließ sich jedoch weder durch das Verhalten des Direktors noch durch die Entscheidung des Reichstagspräsidenten beirren oder gar einschüchtern. Als erfahrener Parlamentarier und Jurist kannte er die Geschäftsordnung und damit die Rechte des Abgeordneten ganz genau. So machte er in seinem Antwortschreiben an den Präsidenten des Reichstages vom 1. Dezember darauf aufmerksam, daß die Geschäftsordnung des Reichstages keinerlei Vorschriften enthielt, die »Euer Hochwohlgeboren berechtigte, eine derartige politische Zensur über die Abgeordneten auszuüben«[144]. Beim Direktor des Reichstages hatte er sich schon vorher über die schleppende Bearbeitung seiner Anfragen beschwert und deren »schleunige« Aufnahme in den Geschäftsgang verlangt[145]. Da dies nicht geschah, kam es zu einer heftigen schriftlich geführten Auseinandersetzung, die Liebknecht später allen Reichstagsabgeordneten als »Denkschrift«[146] zukommen ließ. »Es handelt sich um die förmliche Negation jedes geschriebenen und ungeschriebenen Rechts«, beschwerte er sich darin über das Verhalten des Reichstagspräsidenten und des Direktors des Reichstages, »um die Nichtbeachtung der Geschäftsordnung, den Umsturz eines prinzipiellen Verfassungsgrundsatzes, die Verleugnung der politischen Selbständigkeit der Abgeordneten, die Etablierung nicht nur der politischen Zensur, sondern auch der politischen Diktatur des Präsidenten über die Abgeordneten[147].« Liebknechts Hartnäckigkeit hatte insofern Erfolg, als außer der fünften Anfrage alle übrigen Fragen am 14. Dezember 1915 im Plenum des Reichstages zur Verhandlung kamen[148]. Die Antworten waren allerdings ebenso nichtssagend wie beim ersten Mal. Am 11. Januar 1916 gelang es Karl Liebknecht dann noch einmal, zwei Anfragen einzubringen[149]. Bei der Verhandlung dieser Anfragen machte der Reichstagspräsident allerdings derart rigoros von seinem Ordnungsrecht Gebrauch, daß er Ergänzungsfragen, die grundsätzlich erlaubt waren, als »nicht zur Sache gehörig« ablehnte, bevor er deren Wortlaut überhaupt gehört hatte[150]. Als sich Liebknecht daraufhin beschwerte, wurde er »zur Ordnung« gerufen. Alle späteren Anfragen unterdrückte der Reichstagspräsident vollkommen, wobei er sich auf eine Empfehlung des »Seniorenkonvents«[151] stützen konnte, der die Verhandlung weiterer Anfragen Liebknechts als unvereinbar mit den »Interessen Deutschlands« abgelehnt hatte – der Seniorenkonvent war der »Ältestenrat« des Reichstages und regelte u. a. Fragen der Geschäftsordnung. Den Höhepunkt der parlamentarisch geführten Agitation gegen den Krieg und die Kriegspolitik der SPD-Führung erreichte Karl Liebknecht jedoch nicht mit seinen »Kleinen Anfragen«, sondern mit einer Geschäftsordnungsrede zum Etat des Reichskanzlers am 8. April 1916[152] – es sollte Liebknechts letztes Auftreten im Parlament überhaupt sein. Hatte schon allein die Tatsache, daß es dem parlamentarischen Einzelkämpfer gelungen war, trotz der gegen ihn gerichteten Geschäftsordnungsschikanen überhaupt zu Wort zu kommen, im Plenum des Reichstages große Unruhe verursacht, so steigerte sich diese Unruhe zu einem wahren Tumult, als der gegen den Krieg eingestellte Sozialdemokrat auf den »Volksbetrug der Kriegsanleihen« eingehen wollte. Nach einem telegraphischen Bericht des Reichskanzlers an den Geheimen Kabinettsrat des Kaisers[153] spielte sich dabei folgende Szene ab: Ein Vertreter der – liberalen! – FVP stürzte sich auf die Rednertribüne, um Liebknecht mit Gewalt am Reden zu hindern; Tätlichkeiten konnten »nur im letzten Augenblick« verhindert werden. Als Liebknecht seine verstreuten Manuskriptseiten wieder einsammelte, die ihm durch den Angriff zu Boden gefallen waren, und danach wieder ans Rednerpult treten wollte, wurde ihm das Wort entzogen – wegen »Verlassens der Rednertribüne«. Als er sich daraufhin beschwerte, wurde ihm vom Präsidenten ein »Ordnungsruf« erteilt und, als er seine Beschwerde aufrechterhielt, »wegen ungebührlichen Benehmens« von der weiteren Sitzung ausgeschlossen.

So erfolgreich auch für Karl Liebknecht persönlich die parlamentarisch geführte Agitation gewesen sein mag, was die direkte Konfrontation mit den politischen Gegnern in Regierung und SPD-Führung anbelangte, so begrenzt war doch ihre Wirkung hinsichtlich der Aufklärung der proletarischen Massen. Allein schon die Zensurbestimmungen machten eine Berichterstattung über sein Auftreten im Parlament unmöglich; nicht einmal der bloße Wortlaut seiner Anfragen durfte abgedruckt werden[154]. Wollte Liebknecht also in die Massen hineinwirken, mußte er sich auch außerhalb des Parlaments betätigen. Damit aber wurde sein Handeln von vornherein illegal, und zwar in zweifacher Hinsicht: einmal, wegen der Burgfriedensbestimmungen und zum anderen aufgrund seines Status' als Armierungssoldat. Trotzdem war auch in dieser Hinsicht die Ausgangsposition von Karl Liebknecht nicht schlecht, denn aufgrund seiner Arbeit in der Vorkriegszeit war er fest an der Parteibasis verankert und verfügte somit über einen Kreis potentieller Mitstreiter auch für illegale Unternehmen. Dies um so mehr, als mit zunehmender Kriegsdauer die Meinungsverschiedenheiten in der SPD zur Kriegsfrage nicht mehr auf die Führungsgremien beschränkt blieben, sondern in zunehmendem Maße auch die unteren Parteiebenen ergriffen. So hatte beispielsweise der Ortsverein Berlin-Schöneberg im Zusammenhang mit Liebknechts erster Anfrage auf einer Parteiversammlung eine Resolution angenommen, in der ausdrücklich das Vorgehen des oppositionellen Reichstagsabgeordneten »begrüßt« wurde[155].

Liebknechts erste größere illegale Aktion gegen den Krieg und die Kriegspolitik der SPD-Führung war die Veröffentlichung seiner Broschüre »Klassenkampf gegen den Krieg«, die Ende März 1915 erschien[156]. Ihr Zweck bestand darin, die Dezemberabstimmung einer breiten Leserschaft gegenüber zu rechtfertigen und gleichzeitig seine Bemühungen um eine sozialdemokratische Antikriegspolitik zu dokumentieren. Die Schrift war, grob gesprochen, in drei Teile gegliedert: Der erste Teil enthielt eine Darstellung zur unmittelbaren Entstehungsgeschichte des Krieges und suchte die These vom deutschen Verteidigungskrieg zu widerlegen. Der zweite – dokumentarische – Teil bezog sich auf Liebknechts Kontroverse mit dem Parteivorstand wegen der Belgienreise sowie der Rede vor der Stuttgarter Parteifunktionärsversammlung und sollte zeigen, wie rücksichtslos die Parteiführung die Meinung der gegen den Krieg eingestellten Parteiminderheit unterdrückte. Der dritte Teil schließlich befaßte sich mit den Vorgängen um die Dezemberabstimmung und sollte über das Vorhandensein einer innerparteilichen Opposition informieren. In welcher Auflagenhöhe die Broschüre erschien, läßt sich bisher nicht sagen, da jegliche Dokumente zur organisatorischen Entstehung der Schrift – Drucklegung, Vertrieb etc. – fehlen. Man kann aber davon ausgehen, daß die Broschüre zumindest in den Parteikreisen Berlins weitgehend bekannt war.

Knapp zwei Monate später startete Karl Liebknecht seine zweite größere Aktion außerhalb des Parlaments. Anlaß war der Kriegseintritt Italiens auf Seiten der Entente-Mächte, was die deutsche Regierung zu einer Wiederbelebung des Geistes vom 4. August nutzen wollte[157]. Um dieser Absicht entgegenzutreten, verfaßte Liebknecht ein Flugblatt, das mit seinem Titel »Der Hauptfeind steht im eigenen Land«[158] berühmt geworden ist. Darin ermahnte er das deutsche Proletariat, den Aussagen der Regierung keinen Glauben mehr zu schenken, da deren Absicht die Verlängerung, nicht aber die Beendigung des Krieges war. Unter der Parole *»Alles lernen, nichts vergessen«* ließ er die Ereignisse seit Kriegsausbruch Revue passieren und meinte: »Wir haben erlebt, wie die schillernden Seifenblasen der Demagogie zerplatzten, die Narrenträume des 4. August verflogen, wie statt des Glücks Elend und Jammer über das Volk kamen . . . wie die Erhaltung der Dreiklassenschmach, die verstockte Heiligsprechung der Viereinigkeit: Halbabsolutismus – Junkerherrschaft – Militarismus – Polizeiwillkür zur bitteren Wahrheit wurde.« Liebknecht forderte daher die Leser seiner Flugschrift auf, nicht das Proletariat der anderen kriegführenden Länder zu bekämpfen, sondern die wahren Feinde, die für den Krieg verantwortlich waren. Den Slogan aus seiner Propagandakampagne gegen die Rüstungsindustrie aus dem Jahre 1913/14 wieder aufgreifend, endete er seinen Aufruf mit der Feststellung: »Der Hauptfeind jedes Volkes steht in seinem eigenen Land. *Der Hauptfeind des deutschen Volkes steht in Deutschland: der deutsche Imperialismus, die deutsche Kriegspartei, die deutsche Geheimdiplomatie.* «

Die Hinwendung zu außerparlamentarischen Aktivitäten brachte Karl Liebknecht automatisch in noch engeren Kontakt mit Rosa Luxemburg und ihrem Kreis außerparlamentarischer Parteivertreter. Inwieweit Vertreter dieses Kreises auch schon an Liebknechts ersten beiden Aktionen beteiligt gewesen sind, läßt sich aufgrund fehlender Quellen nicht nachweisen. Dennoch kann man davon ausgehen, daß der eine oder andere Mitstreiter Liebknecht behilflich gewesen ist[159]. Ähnliches gilt umgekehrt auch für Liebknecht, der sich wahrscheinlich auch an den Vorarbeiten zur Gründung der Zeitschrift *Die Internationale* beteiligt haben dürfte, deren erstes und einziges Heft Mitte April 1915 erschien und als deren offizielle Herausgeber Rosa Luxemburg und Franz Mehring fungierten[160]. Wie einer redaktionellen Notiz im ersten Heft zu entnehmen ist, hatte auch Liebknecht zunächst einen Beitrag geplant, der jedoch wegen seiner Einberufung zum Militärdienst zurückgezogen werden mußte. Trotzdem deutet manches darauf hin, daß er stärker als bisher angenommen am Zustandekommen des Projektes beteiligt gewesen ist. Allein schon die Tatsache, daß mit der Zeitschrift eine Lücke in den Zensurbestimmungen ausgenutzt wurde – Zeitschriften unterlagen nicht der Vorzensur –, läßt auf die Mitarbeit des versierten Juristen schließen. Weder Rosa Luxemburg noch Franz Mehring oder sonst einer der anderen Mitstreiter aus diesem Kreis dürfte über derartig genaue Kenntnisse der deutschen Pressgesetze verfügt haben. Die Mitarbeit des durch die Dezemberabstimmung weltweit bekanntgewordenen Antikriegskämpfers bot sich aber auch deshalb an, weil damit der neuen Zeitschrift von vornherein die notwendige Aufmerksamkeit bei den Massen gesichert wurde. Wenn auch die Zeitschrift nach der ersten Nummer ihr Erscheinen wieder einstellte, da sie der Vorzensur unterworfen werden sollte, wozu die Herausgeber nicht bereit waren, hatte sie ihren Zweck doch insofern erfüllt, als der Kreis um Rosa Luxemburg von nun als »Gruppe ›Internationale‹« identifiziert wurde[161].

Die Gruppe »Internationale« war in ideologischer Hinsicht durchaus homogen. Sowohl die alten Kämpen wie Franz Mehring, Clara Zetkin und Julian Marchlewski (Karski) als auch die jungen

Mitstreiter Ernst Meyer, Wilhelm Pieck und das Ehepaar Käte und Hermann Duncker bekannten sich zu denselben orthodox-marxistischen Vorstellungen wie Rosa Luxemburg[162]. Ein Teil der jüngeren Gruppenmitglieder, wie beispielsweise Wilhelm Pieck, war sogar in der Vorkriegszeit von der marxistischen Theoretikerin in der Berliner Parteischule unterrichtet worden[163]. Lediglich Karl Liebknecht mit seinem humanitär-rechtlichen Ideal und der Vorstellung von der Höherentwicklung der Menschheit durch die Emanzipation des Proletariats war in diesem Kreis ein ideologischer Fremdkörper. Die Unterschiede zwischen Karl Liebknecht und Rosa Luxemburg hätten, genau genommen, nicht größer sein können. Dies gilt nicht nur für die politischen Grundanschauungen, auf denen ihr Handeln beruhte, sondern auch für den vorangegangenen politischen Werdegang. War Liebknecht als Sohn des berühmten Mitbegründers der SPD gleichsam gegen den Willen der Parteiführung aktiv geworden, so hatte sich Rosa Luxemburg als polnisch-jüdische Emigrantin von der Schweiz aus den Weg zur deutschen Sozialdemokratie gebahnt und war wegen ihrer brilliant geschriebenen Aufsätze sehr rasch in der Partei als begabte Journalistin bekannt geworden. Stieg Liebknecht durch sein unermüdliches und opferbereites Wirken allmählich in der Partei auf und war als Berliner Stadtverordneter, preußischer Landtagsabgeordneter und schließlich als Reichstagsvertreter fest an der Parteibasis verankert, so hatte die Parteijournalistin fast nie festen Kontakt zu den unteren Parteiorganisationen gefunden, weshalb sie in der Vorkriegszeit verschiedentlich auch nicht als Delegierte an Parteitagen teilnehmen konnte. War der Agitator Liebknecht von der breiten Führungsschicht der Partei nie wirklich ernst genommen worden, so galt Rosa Luxemburg selbst nach ihrem Bruch mit August Bebel und Karl Kautsky als anerkannte marxistische Theoretikerin. Trat Liebknecht im internationalen Rahmen der Arbeiterbewegung erst verhältnismäßig spät auf, so gehörte Rosa Luxemburg als Vertreterin der SDKPiL seit 1900 zu den führenden Mitgliedern der II. Internationale. Beide Politiker haben in der Vorkriegszeit genau so oft mit- wie gegeneinander gestritten. Dabei ist zu bemerken, daß die marxistische Theoretikerin es den übrigen Führern der Vorkriegssozialdemokratie gleichtat: sie nahm den Agitator Liebknecht nicht recht ernst. Soweit bekannt, hat sie sich nie zu Liebknechts politisch-theoretischen oder politisch-taktischen Vorstellungen geäußert. Selbst seine Propagandakampagne gegen das zaristische Rußland ist von ihr nie kommentiert worden, was mehr als erstaunlich ist, wenn man bedenkt, daß Rosa Luxemburg lange Zeit die führende Rußlandexpertin der SPD gewesen ist. Die Skepsis der Theoretikerin dem Agitator gegenüber hielt auch noch an, als sich nach dem Kriegsausbruch eine Zusammenarbeit anbahnte. In Rosa Luxemburgs Korrespondenz dieser Zeit finden sich immer wieder äußerst kritische Urteile über den neuen Mitstreiter, darunter auch der von Peter Nettl kolportierte Ausspruch vom »Rechtsanwalt mit dem guten Herzen«[164]. Als besonders störend scheint sie Liebknechts hektische Aktivität empfunden zu haben. Ironisch schrieb sie ihrem Freund Hans Diefenbach: »Nur noch im Parlament, Sitzungen, Kommissionen, Besprechungen, in Hatz und Drang, stets auf dem Sprung von der Stadtbahn auf die Elektrische und von der Elektrischen ins Auto, alle Taschen vollgepfropft mit Notizblocks, alle Arme voll frisch gekaufter Zeitungen, die er doch unmöglich Zeit hatte, alle zu lesen[165].« Erst als Rosa Luxemburg am 18. Februar 1915 überraschend verhaftet wurde, um ihre aus dem Vorjahre stammende einjährige Gefängnisstrafe abzubüßen[166], kamen sich die beiden Politiker näher. Liebknecht protestierte nicht nur öffentlich gegen diese Maßnahme im Abgeordnetenhaus[167], er suchte seiner neuen Mitstreiterin auch den Gefängnisaufenthalt so angenehm wie möglich zu machen. Noch am Tage ihrer »Einlieferung« berichtete Rosa Luxemburg in einem Brief an ihre Sekretärin und Freundin Mathilde Jacob: »Übrigens besitze ich des ›Lebens kleine Zierden‹ in Gestalt von Nachthemden, Kämmen und Seifen alle hier – dank der engelhaften Güte und Geduld Karls[168].«

Angesichts der Tatsache, daß es so gut wie keine Dokumente gibt, die Aufschluß geben könnten über die politischen und menschlichen Beziehungen zwischen Karl Liebknecht und Rosa Luxemburg, ist es müßig, tiefschürfende Spekulationen hinsichtlich der Motive und Ziele dieser Freundschaft anzustellen. Eine »Romanze«, wie sie von den politischen Gegnern in der Novemberrevolution 1918 behauptet worden ist[169], hat es mit Sicherheit nicht gegeben. Die vorhandenen Informationen lassen bestenfalls den Schluß zu, daß der politisch-menschliche Aspekt die Beziehungen stärker bestimmt zu haben scheint als der politische Konsensus, was zumindest für die sonst so menschenscheue Rosa Luxemburg mehr als erstaunlich ist. Als mögliche Erklärung bietet sich an, daß beide ethisch veranlagte Politiker gewesen sind, die unter der sozialdemokratischen Politik mehr verstanden als eine bloße Interessensvertretung. Beide empfanden die Kriegspolitik der Parteiführung als »Verrat«. Was speziell Liebknecht an Rosa Luxemburg beeindruckt haben könnte, mag der Umstand gewesen sein, daß er in ihr einer Theoretikerin begegnete, die nicht nur brilliant schreiben konnte, wie dies beispielsweise auch Karl Kautsky tat, sondern die auch so handelte wie sie schrieb, was zumindest Kautsky in Liebknechts Augen nicht getan hatte. Rosa Luxemburg wiederum dürfte von Liebknechts ehrlichem Wollen angezogen worden sein, wobei der gemeinsame Kampf im Laufe der Zeit zu einer immer stärker werdenden Solidarität führte. Als Liebknecht am 1. Mai 1916 wegen seiner öffentlichen Protestaktion gegen den Krieg verhaftet wurde und die Vertreter der Fraktionsminderheit um Hugo Haase und Georg Ledebour, die zuvor eine Mitarbeit an der Protestaktion abgelehnt hatten, bei Rosa Luxemburg wegen einer Zusammenarbeit »vorfühlten«, lehnte diese empört ab. Aufgebracht schrieb sie am 16. Mai an Clara Zetkin: »Denke doch den moralischen Takt dieser Leute, sofort hinter dem Rücken Karls uns zum gelinden Verrat an Karl zu bewegen; d. h. an der Taktik, für die Karl sein ganzes Ich in die Schanze schlug[170].«

Wie sehr Karl Liebknecht und Rosa Luxemburg in ihrem politischen Handeln von andersartigen politisch-theoretischen und politisch-taktischen Vorstellungen ausgingen, zeigt die Diskussion um die sogenannten »Leitsätze über die Aufgaben der internationalen Sozialdemokratie«, die später die Grundlage für das Programm des Spartakusbundes und danach der KPD wurden[171]. Als Rosa Luxemburg im Februar 1915 ihre Haft antrat, nutzte sie die Ruhepause, um sich Klarheit zu verschaffen, wie es zur Entstehung des Krieges kam und welches die Ursachen gewesen waren, die zum Zusammenbruch der II. Internationale geführt hatten[172]. Die Ergebnisse ihrer Analyse faßte sie in der schon erwähnten Junius-Broschüre zusammen, die illegal unter dem Titel *Die Krise der Sozialdemokratie*[173] erschien. Gleichsam als Quintessenz dieser Schrift stellte sie »Leitsätze« zusammen, die zunächst für die Konferenz der oppositionellen Gruppen innerhalb der II. Internationale in

Zimmerwald[174] geplant waren, später aber auch von der Gruppe »Internationale« als eigene programmatische Grundlage diskutiert wurden. Die »Leitsätze« umfaßten insgesamt 18 Punkte, von denen die ersten 12 thesenartig die aktuelle politische Situation unter besonderer Berücksichtigung der Lage in den Arbeiterparteien der kriegführenden Länder kommentierten. Die restlichen 6 Punkte stellten Forderungen dar, von denen bei der Neugründung einer Internationale auszugehen war, wobei im Gegensatz zur bisherigen föderativen Organisationsstruktur der II. Internationale eine straffe zentralistische Organisation verlangt wurde, deren Entscheidungen gegenüber die jeweiligen nationalen Sektionen strikte Disziplin üben sollten.

Karl Liebknecht hatte gegen die »Leitsätze« zum Teil erhebliche Einwände, die er in einem undatierten Brief Rosa Luxemburg mitteilte[175]. Sie machen deutlich, daß sich sein politisches Handeln und Denken seit Kriegsausbruch in keiner Weise wesensmäßig verändert hatte. Ausgehend von der Vorstellung, daß die Sozialisierung der Gesellschaft einen Emanzipationsprozeß des Proletariats voraussetzte, kam Liebknecht zu einer völlig andersartigen Einschätzung, sowohl hinsichtlich der Rolle der Partei in diesem Prozeß als auch der Funktion der proletarischen Massen. Den Gedanken einer Neugründung der Internationale »neben irgendwelchen anderen möglichen Gründungen« lehnte er rundweg ab. Seiner Meinung nach gab es nur »ein« Proletariat, auf dessen Emanzipation es allein ankam. »Die internationalen Massen«, erläuterte er seinen Einwand, »sind die Internationale. Die Alternative ›Führer oder Masse‹ kann nicht in die Alternative ›die Führer der Internationale oder die Führer ihrer nationalen Sektionen‹ gekehrt werden.« Weiterhin bemängelte er, daß die marxistische Theoretikerin die Rolle der Massen viel zu deterministisch und passiv dargestellt hatte. Da es sich bei der Sozialisierung der Gesellschaft um einen Emanzipationsprozeß handelte, mußte den Massen eine »aktive« Rolle zukommen. Wenn auch die Partei eine Art »Vorhutfunktion« innehatte, so doch nicht in dem Sinne, daß sie den Übergang von der bürgerlichen zur sozialistischen Gesellschaft vollziehen sollte, sondern daß sie die Massen durch eine Aufklärungsagitation für diesen Übergang reif und willig machte. Stichwortartig faßte er seine Kritik folgendermaßen zusammen: »Die Massen zu sehr als Werkzeuge der Tat, nicht als Träger des Willens gedacht; als Werkzeuge der von der Internationale gewollten und beschlossenen Tat, nicht als Selbst-Woller, Selbst-Beschließer.« Dementsprechend ablehnend verhielt er sich auch gegenüber der von Rosa Luxemburg erhobenen strikten Disziplinforderung hinsichtlich der Beschlüsse der Internationale. Auf die diesbezüglichen Programmpunkte der »Leitsätze« eingehend, erklärte er: »Zu mechanisch-zentralistisch. Zu viel ›Disziplin‹, zu wenig Spontaneität.« Die weiteren Ausführungen machen dabei deutlich, daß Karl Liebknecht viel stärker als Rosa Luxemburg Anhänger einer Spontaneitätstheorie gewesen ist: »Spontaner Parallelismus von Empfindungen, Gedanken, Zielen, Forderungen, Taten; spontan erwachsende Koaktion, Kooperation bilden die wichtigste Grundlage, die einzige Dauergewähr des künftigen Sieges.« Aufgrund desselben Denkansatzes kam Liebknecht auch zu einer völlig andersartigen Auffassung in bezug auf den Begriff von der »Diktatur des Proletariats«. Seine schon 1902 im ersten programmatischen Aufsatz »Die neue Methode« vorgetragene Ansicht aufgreifend, die er 1907 in seiner Militarismus-Schrift präzisiert hatte, führte er aus: »›Diktatur‹ der Internationale nur möglich, falls *nicht* Diktatur, *nicht* Willensaufzwingung, sondern zweckmäßigste Methode der Aktion, der *Willensausübung*; falls *nicht* Aufnötigung eines Wohlfahrtsausschusses oder sonstigen Zentralwillens auf die Massen, sondern energischste Form der Vollziehung des organisatorisch ermittelten oder frei erkannten Massenwillens.« Der letzte Punkt in Liebknechts Kritik bezog sich auf die Vorstellung vom Übergang der Gesellschaft zum Sozialismus, also auf die Vorstellung von der »Revolution«. Da Liebknecht nicht von einem dialektischen sondern evolutionär-mechanischen Entwicklungsvorgang ausging, betrachtete er die Revolution nicht wie die marxistische Theoretikerin als dialektischen Prozeß sondern als linearen Vorgang, der sich entweder »schnell« oder »langsam« vollzog. Die Frage, ob es zu einer schnellen = revolutionären oder einer langsamen = reformerischen Entwicklung kam, hing davon ab, ob das Proletariat beispielsweise durch ein außergewöhnliches Ereignis, wie es der Krieg durchaus sein konnte, »politisch erwachen« würde oder nicht. »Am Anfang der neuen Internationale«, skizzierte er die Wechselwirkung revolutionärer und reformerischer Entwicklungsmöglichkeiten, »soll die Tat stehen, dann ist sie geboren, getauft und fertig da ... Gelingt die Tat nicht, so bleibt allein der andere, langsamere Weg zu ihrer Schöpfung, der auf den ersten Tagesreisen der Weg erbarmungsloser Kritik sein muß.« Liebknechts Bekenntnis zur »revolutionären Tat« darf nicht als Bekenntnis zur Durchführung einer gewaltsamen Revolution mißverstanden werden. Genau genommen beruhte dieses Bekenntnis auf derselben Vorstellung, die Liebknecht schon 1907 in seiner Militarismusschrift dargelegt hatte, nämlich, daß die Sozialisierung der Gesellschaft ein linearer Entwicklungsprozeß war, der von deterministischen und voluntaristischen Faktoren bestimmt wurde, wobei die voluntaristischen Elemente die letztlich entscheidenden waren. Gelang es, die proletarischen Massen aufgrund eines plötzlichen Ereignisses zu mobilisieren, so konnte der Übergang der Gesellschaft zum Sozialismus durchaus schnell, also revolutionär erfolgen. Gelang dies nicht, so mußte die Entwicklung der Gesellschaft allmählich auf reformerischem Wege zum Sozialismus gebracht werden.

Karl Liebknecht hat sich mit seinen Einwänden nicht durchsetzen können; ein Beweis seiner ideologischen Isolation. Es scheint deswegen übrigens zu einer Kontroverse zwischen ihm und Rosa Luxemburg gekommen zu sein, denn es ist ein Brief von ihr an Liebknecht erhalten[176], in dem die marxistische Theoretikerin die Differenzen bewußt herunterzuspielen versuchte, nachdem sie wohl anfänglich recht heftig auf seine Kritik reagiert haben muß. »Wie können Sie denken«, heißt es dort, »daß ich Ihnen bös' sei? Ich schrieb jene Karte, weil ich wirklich als Qual empfinde, reden und nicht reden zu können! Daß wir in allem zusammenstehen werden, halte ich für selbstverständlich und unbedingt notwendig. Gibt es manchmal kleine Divergenzen, so nur in dem Sinne, wie jeder Politiker in komplizierten Lagen mit sich selbst in Widerstreit geraten kann.«

Trotz dieser »Divergenzen« hielten beide Politiker an der Zusammenarbeit fest, denn in der Hauptfrage, dem Kampf gegen den Krieg, war man sich einig; die Meinungsverschiedenheiten dagegen bezogen sich auf Punkte, die im Kontext der Kriegssituation und der sich daraus ergebenden Notwendigkeit einer Antikriegspolitik für das politische Handeln ohne Bedeutung waren. Hinzu kam, daß beide Seiten von dieser Zusammenarbeit profitierten. Liebknecht, weil sich die Basis seiner Agitation gegen den Krieg und die Kriegspolitik der SPD-Führung verbreiterte und Rosa Luxemburg und ihr Kreis, der bis dahin so gut wie keinen direkten Zugang zu den Massen gehabt hatte, weil sie jetzt über den angesehenen Antikriegskämpfer diesen Kontakt herstellen konnten. Karl Radek, der zwar nicht direkt zur Gruppe »Internationale« gehörte, ihr aber in ideologischer Hinsicht nahestand, dürfte die anfängliche Haltung der Gruppe Liebknecht gegenüber treffend wiedergegeben haben, als er am 15. Juli 1916 in einem Brief an Alfred Henke schrieb: »Sie wissen, wie kritisch ich Karl Liebknecht gegenüberstehe . . . aber jetzt [nach dem 2. Dezember] diente er unserer Sache[177].« Daß Karl Liebknecht die Zusammenarbeit mit der Gruppe »Internationale« als Zusammenwirken gleichberechtigter Partner verstanden hat, machte die von ihm kurze Zeit später initiierte Unterschriftenaktion deutlich, in der er Vertreter der verschiedensten Richtungen auf dem linken Flügel der SPD zu einem Protest gegen die Kriegspolitik der Parteiführung vereinigte[178]. Wie Liebknecht in seinen Erinnerungen schreibt, wurde die Aktion ausgelöst durch die »steigende Korruption der Mehrheitspolitik«, die sich »immer mehr und immer ungenierter zur reinen Kriegervereinspolitik entwickelte und im Fahrwasser der immer offenherziger annektionistischen Regierung segelte«[179]. Gemeinsam mit Franz Mehring, Ernst Meyer und Julian Marchlewski entwarf er den Plan eines parteioffiziellen Protestschreibens an die Parteiführung der SPD. Daneben suchte er oppositionelle Parteimitglieder außerhalb der Gruppe »Internationale« für die Aktion zu gewinnen. So trat er beispielsweise an den *Vorwärts*-Redakteur Heinrich Ströbel heran, der politisch gesehen eher zur Gruppe der Fraktionsminderheit um Hugo Haase und Georg Ledebour zählte, die zwar ebenso wie Liebknecht die Bewilligung der Kriegskredite ablehnte, ihre Opposition aber auf das Forum der Reichstagsfraktion beschränkten, um die Partei nicht zu spalten[180]. Ströbel war auch bereit, sich an der Aktion zu beteiligen, empfand aber einen von Liebknecht erarbeiteten Entwurf für das Protestschreiben als zu scharf und arbeitete einen Gegenentwurf aus, von dem später einige Passagen in das endgültige Schreiben übernommen wurden. Außerdem bestand Ströbel darauf, daß Eduard Bernstein und Karl Kautsky wegen einer Mitarbeit gefragt werden sollten. Liebknecht kam diesem Wunsch nach und legte Bernstein den zweiten Entwurf des Protestschreibens vor; dieser erbat zunächst Bedenkzeit und lehnte später eine Mitarbeit ab. Ironisch bemerkte Liebknecht rückblickend in seinen Erinnerungen: »Das ›Gebot der Stunde‹ keimte auf[181].« Die Endredaktion des Protestschreibens fand am 9. Juni 1915 in Liebknechts Wohnung statt, wobei neben den schon erwähnten Mehring, Meyer, Marchlewski und Ströbel auch Georg Ledebour und Gustav Laukant sowie der Hamburger Linksradikale Heinrich Laufenberg teilnahmen[182]; Laufenberg war, wie Liebknecht berichtet, »zufällig nach Berlin und in meine Hände geraten«[183]. Das Protestschreiben an den Parteivorstand der SPD sprach sich in sehr scharfer Form gegen die bisherige Kriegspolitik der Parteiführung aus und verlangte die Rückkehr zu den Prinzipien der sozialdemokratischen Vorkriegspolitik: Klassenkampf im Innern und Internationale Solidarität nach außen[184]. Das Schreiben wurde als Flugblatt gedruckt und von Liebknecht und Hermann Duncker an fast »alle Partei- und Gewerkschaftsfunktionäre Deutschlands« mit der Bitte um Unterschrift versandt. Die Aktion war ein voller Erfolg; nicht nur, weil das Schreiben trotz des Parteifriedens von nahezu 1000 Funktionären unterzeichnet wurde[185], sondern auch, weil es Liebknecht gelungen war, so unterschiedliche Parteivertreter wie den linksgemäßigten Ledebour und den linksradikalen Laufenberg im Interesse der von ihm als notwendig erachteten Agitation gegen den Krieg und die Kriegspolitik der SPD-Führung zusammenzubringen. Es handelt sich hier übrigens um dieselbe Gruppierung, die Karl Liebknecht bei der Gründung der KPD 1918/19 und später beim Aufruf zum Sturz der Revolutionsregierung im Januar 1919 zusammenzubringen versuchte.

Der Erfolg der Juniaktion veranlaßte Karl Liebknecht und die Gruppe »Internationale« Überlegungen anzustellen, wie die oppositionellen Strömungen innerhalb der SPD enger aneinander herangeführt und zu einer schlagkräftigen Parteiopposition geformt werden konnte. Begünstigt wurde diese Absicht durch die Tatsache, daß die Antikriegsstimmung in der SPD in der zweiten Hälfte des Jahres 1915 stark anzusteigen begann. Hatte beispielsweise in der Reichstagsfraktion das Verhältnis von Befürwortern und Gegnern der Bewilligung der Kriegskredite bei der ersten Abstimmung am 3. August 1914 78 zu 14 betragen, so stand es bei der Abstimmung am

17. August 1915 bei 68 zu 31 und sank bei der Abstimmung am 14. Dezember 1915 auf 58 zu 38; zum Zeitpunkt der Spaltung der Partei am 24. März 1916, erreichte die Abstimmung fast ein paritätisches Verhältnis von 44 zu 36[186]. Wie aus einer chiffrierten Mitteilung, die Ernst Meyer am 1. Dezember 1915 an den Schweizer Parteiführer Robert Grimm sandte[187], hervorgeht, beabsichtigte die Gruppe »Internationale« eine Zusammenkunft durchzuführen, bei der über die Möglichkeit einer »Geschäftserweiterung« gesprochen werden sollte. Im Klartext hieß das: Ausdehnung und Konsolidierung der innerparteilichen Oppositionsströmungen. Als Termin für dieses Treffen scheint zunächst der 12. oder 19. Dezember ins Auge gefaßt worden zu sein, denn am 30. November teilte Liebknecht der Stuttgarter Parteivertreterin Bertha Thalheimer mit: »Ich kann, besonders am *12. nur hier* [in Berlin]; auch am 19. kaum anders. *Muß* nach meinem Bedürfnis dabei sein[188].« Die Zusammenkunft oppositioneller Vertreter kam auch zustande, fand allerdings erst am 1. oder 2. Januar 1916 statt, und zwar im Berliner Rechtsanwaltsbüro von Karl Liebknecht[189]. Neben Liebknecht nahmen noch folgende Vertreter teil: Franz Mehring, Ernst Meyer, Käte Duncker, Hugo Eberlein und Wilhelm Pieck (Berlin), Johann Knief (Bremen), Rudolf Lindau (Hamburg), Karl Minster (Duisburg), Fritz Rück (Stuttgart), Otto Rühle (Dresden), Georg Schumann (Leipzig), August Thalheimer (Braunschweig), Berta Thalheimer (Stuttgart-Bad Cannstatt) und Heinrich Brandler (Chemnitz). Weiterhin erschienen Vertreter aus Jena, Frankfurt/M. und Erfurt, deren Namen sich aber bisher nicht haben ermitteln lassen. Ebenso nahm auch ein namentlich unbekannter Vertreter der Minderheit in der sozialdemokratischen Reichstagsfraktion an der Zusammenkunft teil[190]. Angesichts der Beteiligung aus dem gesamten Reichsgebiet wurde das Treffen später als »Erste Reichskonferenz« der Gruppe »Internationale« bezeichnet. Über den Inhalt der Konferenz ist nur wenig bekannt, denn aus konspirativen Gründen wurde weder von den Referaten noch von den Diskussionen eine Mitschrift angefertigt. Aufgrund einiger rückblickender Berichte von Teilnehmern[191] steht fest, daß Karl Liebknecht einleitend ein Referat zur innenpolitischen Situation unter besonderer Berücksichtigung der Verhältnisse innerhalb der SPD gehalten hat. Daneben fand ein allgemeiner Informationsaustausch zum Stand der Opposition in den Orten der

jeweiligen Teilnehmer statt. Um die Oppositionspolitik und damit die Antikriegspolitik zu intensivieren, kam man überein, »politische Informationsbriefe« herauszugeben[192]. Da diese Briefe illegal erscheinen mußten, sollten sie mit dem Pseudonym des berühmten römischen Sklavenführers »Spartakus« gezeichnet werden. Der erste dieser sogenannten »Spartakusbriefe« erschien am 27. Januar 1916 unter der Redaktion von Karl Liebknecht, und zwar in hektographierter Form. Später wurden die »Briefe« dann gedruckt verbreitet und gaben der Gruppe »Internationale« den Beinamen »Spartakusgruppe«. Das von der Gruppe »Internationale« anvisierte Ziel des Treffens, die Bildung einer festgefügten oppositionellen Organisation, wurde nicht erreicht. Weder der Vertreter der Minderheit in der Reichstagsfraktion noch die Vertreter aus Bremen, Chemnitz und Hamburg waren bereit, die von Rosa Luxemburg erarbeiteten »Leitsätze zu den Aufgaben der Sozialdemokratie« als Programmgrundlage anzuerkennen. Die Gruppe »Internationale« setzte zwar im Anschluß an die Konferenz eine Kommission ein, die aus Käte Duncker, Julian Marchlewski, Ernst Meyer und Karl Liebknecht bestand, doch war von vornherein klar, daß diese Kommission, die am 22. Januar 1916 ihre Arbeit beendete[193] und die »Leitsätze« in weitgehend unveränderter Form am 3. Februar im zweiten Spartakusbrief veröffentlichte[194], keine grundlegenden Änderungen an Rosa Luxemburgs Vorschlägen vornehmen würde. Es lag ja gerade im Wesen der Gruppe, daß sich deren Mitglieder bis auf Liebknecht voll und ganz zu den marxistischen Vorstellungen von Rosa Luxemburg bekannten. Liebknecht aber hatte sich schon vorher nicht mit seinen Einwänden durchsetzen können. So wurden zwar die »Leitsätze« als programmatische Plattform der Gruppe »Internationale« verabschiedet, doch hatten sie auf die weitere Entwicklung der anderen oppositionellen Strömungen innerhalb der SPD keinerlei Auswirkung.

Die Tatsache, daß sich Karl Liebknecht als Führer der Spartakusgruppe hinter die »Leitsätze« von Rosa Luxemburg gestellt hat, mag angesichts seiner anfänglichen Kritik widersprüchlich erscheinen. Bei näherer Betrachtung erweist sich sein Verhalten jedoch als durchaus konsequent und kohärent. Auf keinen Fall kann es so interpretiert werden, als habe der Agitator seine politischen Grundanschauungen revidiert und sei auf die marxistischen Positionen von Rosa Luxemburg übergeschwenkt. Es lag für ihn kein zwingender Grund vor, seine politisch-theoretischen und politisch-taktischen Vorstellungen zu ändern, schließlich hatte er sich damit das Vertrauen weiter Kreise der Parteimassen erworben und war aufgrund seiner Dezemberabstimmung zum weltweit bekannten Antikriegskämpfer geworden. Selbst Eduard David, einer der erbittersten Widersacher Liebknechts in der Reichstagsfraktion, notierte voller Hochachtung in seinem Tagebuch: »Respekt vor der inneren Kraft dieser Persönlichkeit, was wäre sie uns wert, wenn auf unserer Seite[195].« Wie wenig Liebknecht seine Grundanschauungen geändert hatte, wurde in seinem Referat auf der »Zweiten Reichskonferenz« der Spartakusgruppe deutlich, die am 19. März 1916 im Beisein von Rosa Luxemburg in Berlin stattfand und von der im Gegensatz zur ersten Konferenz stenographische Mitschriften teilweise vorhanden sind[196]. Wenn Liebknecht beispielsweise gleich zu Beginn seiner Ausführungen erklärte, daß die Aufgabe der sozialdemokratischen Agitation nicht darin bestehen dürfe, die proletarischen Massen mit einem »Autoritätsglauben« zu erfüllen, sondern so zu wirken habe, daß »jeder einzelne selbst denkt, selbst überlegt und selbst handelt aus eigenem Entschluß«, so ist darin eindeutig die Vorstellung vom Proletariat als willentlich politisch handelndes Element und nicht als passiv folgender Faktor, wie Rosa Luxemburg in den »Leitsätzen« geschrieben hatte, wiederzuerkennen. Weiterhin bekannte sich Liebknecht in seinem Referat auch wieder zur Spontaneitätstheorie, wenn er gegen Ende seines Referats forderte: »Wir haben alles zu tun, Massenaktionen zu unterstützen, ihnen ein Ziel zu setzen. Wir haben weiter durch unsere Agitation den Boden nach Kräften zu ebnen, auf dem die Stimmung erwächst, aus der solche Aktionen herausstürmen.« Die Gründe, weshalb sich Liebknecht zu den »Leitsätzen« bekannte, sind einzig und allein auf die von ihm als notwendig erachtete Agitation gegen den Krieg und die Kriegspolitik der SPD-Führung zurückzuführen. Auf die selbst gestellte Frage »Was hat unsere Taktik gegenwärtig zu bestimmen?« antwortete er nach der stenographischen Mitschrift in seinem Referat: »Der Krieg ist der schärfste Ausdruck der Klassenherrschaft und des Imperialismus. . . . Für uns [ist] eine besonders kriegerische Lage geschaffen. Danach ist unsere Taktik vollkommen eindeutig und klar.« Um diesen Kampf entsprechend »scharf« verwirklichen zu können, war Liebknecht auch bereit, die von Rosa Luxemburg geforderte Disziplin zu akzeptieren; er hielt sie sogar im Falle der Antikriegspolitik für unumgänglich. »Die Voraussetzung der Haltung dürfen nicht solche sein«, fuhr er in seinem Referat fort, »daß nicht hier *für* und dort *gegen* den Krieg eingetreten werden kann, gleichviel wie die Kriegslage ist.«

Das Bekenntnis zum konsequenten Kampf gegen den Krieg war für Karl Liebknecht gleichsam das oberste Kriterium, um die sozialistische »Spreu« vom »Weizen« zu trennen. An die Teilnehmer der Zimmerwalder Konferenz schrieb er am 2. September 1915: »Abrechnung, unerbittliche Abrechnung mit den Fahnenflüchtigen und Überläufern der Internationale in Deutschland, England, Frankreich und anderwärts[197].« Als ihm von der Mehrheit der Reichstagsfraktion vorgeworfen wurde, durch seine parlamentarisch geführte Antikriegspolitik, insbesondere durch die rücksichtslose Anwendung der »Kleinen Anfrage« parlamentarische Rechte zu gefährden, erklärte er: »Man bleibe mir mit dem Gezeter über den ›Mißbrauch‹ vom Leibe! Nicht aus Abneigung gegen einen ›Mißbrauch‹, der gar nicht vorliegt, sondern um ihres politischen Inhalts und Zwecks willen wütet man gegen die Anfrage. Und ebenso wird man wüten gegen jede andere noch so geschäftsordnungsmäßige Methode der Opposition[198].« Aus demselben Grunde war der gegen den Krieg eingestellte Sozialdemokrat auch nicht bereit, mit den Vertretern der Fraktionsminderheit, die trotz ihrer Haltung in der Frage der Kreditbewilligung auf dem Standpunkt der »Vaterlandsverteidigung« standen, zusammenzuarbeiten. Unter deutlicher Anspielung auf Georg Ledebours Teilnahme an der Zimmerwalder Konferenz erklärte er in dem schon erwähnten Brief an Berta Thalheimer: »Die Sache wird gemacht . . . auch ohne das Schwergewicht der Zimmerwaldversager und der -halbversager[199].« Selbst als die Vertreter der Fraktionsminderheit am 21. Dezember 1915 genau wie Liebknecht im Plenum des Reichstages öffentlich gegen die Kriegskredite stimmten, war das für Liebknecht noch kein Anlaß, seine Haltung dieser Gruppe gegenüber zu ändern. Noch am Tage der Abstimmung schrieb er den neunzehn Kreditverweigerern: »So erfreulich und wertvoll die heutige Abstimmung . . . und die *Tatsache* der Abgabe einer Erklärung im Plenum ist, sie wird . . . *ihre Bedeutung erst durch die weitere Politik* . . . erhalten. Nur wenn sie [die Genossen] durch diese Politik als *Kundgebung des entschlossenen Willens zur Aufnahme des Klassenkampfes, zur grundsätzlichen Zerstörung des parlamentarischen Burgfriedens* gekennzeichnet sein wird, wird sie mehr sein als eine ›schöne Geste‹[200].«

Die Fraktionsminderheit war jedoch nicht bereit, der von Liebknecht anvisierten konsequenten Antikriegspolitik zu folgen[201]. Wie Liebknecht in seinen Erinnerungen berichtet[202], war auch er anläßlich der Abstimmung am 21. Dezember von der Fraktionsminderheit gebeten worden, neben Hugo Haase und Georg Ledebour eine Abstimmungsbegründung zu entwerfen. Der endgültige Wortlaut dieser Erklärung sollte dann auf einer Sitzung am 19. Dezember festgelegt werden. Wie Liebknecht weiterberichtet, verlief diese Sitzung in einer durchaus harmonischen Atmosphäre, auch wenn es ihm, wie er betont, nicht gelang, einige »bedenkliche Wendungen« aus der Erklärung herauszuhalten. Als jedoch am Ende der Sitzung bekannt wurde, daß an demselben Tag, an dem das Minderheitsvotum stattfinden sollte, auch die Verhandlung zweier Anfragen von Liebknecht anstand, schlug die Stimmung um, und es brach ein wahres »Ketzergericht« über Liebknecht herein. In seinen Erinnerungen heißt es dazu: »Voller Entrüstung wurde diese Eigenmächtigkeit (gegen wen?) gegeißelt . . . Einer übertraf den anderen in der Heftigkeit der Vorwürfe . . . Von allen wurde die sofortige Zurückziehung der Anfragen verlangt.« Liebknecht war zwar bereit, die Verhandlung der Anfragen zu verschieben, auf ihre Einbringung ganz verzichten wollte er jedoch nicht. Es kam zum Bruch mit dem Ergebnis, daß Liebknecht von da an nicht mehr zu den Sitzungen der Fraktionsminderheit hinzugezogen wurde. Die Gründung der Sozialdemokratischen Arbeitsgemeinschaft (SAG) im Anschluß an die Abstimmung am 24. März 1916 und damit die Spaltung der sozialdemokratischen Reichstagsfraktion geschah ohne ihn[203]. Sarkastisch kommentierte Liebknecht rückblickend: »So begann die Arbeitsgemeinschaft schon als Fötus zu – exkommunizieren. Ihre erste Tat, noch ehe sie ihre historische Laufbahn begonnen hatte, war – meine Ausschließung[204].«

Der Kampf gegen den Krieg bestimmte auch Liebknechts letzte große außerparlamentarische Aktion, die gleichzeitig auch das Ende seiner Antikriegspolitik überhaupt darstellte: Die öffentliche

Protestaktion am 1. Mai 1916 auf dem Potsdamer Platz in Berlin. Angesichts des allgemeinen Ansteigens der Antikriegsstimmung, symbolisiert durch die Spaltung der sozialdemokratischen Reichstagsfraktion einerseits und der verhältnismäßigen Konsolidierung der Spartakusgruppe auf ihrer zweiten Reichskonferenz andererseits, hielt Karl Liebknecht den Zeitpunkt für gekommen, den Massen ein deutlich sichtbares Zeichen zur Sammlung gegen den Krieg zu geben. Der 1. Mai bot sich für diesen Zweck geradezu in idealer Weise an, denn seit Bestehen der Arbeiterbewegung galt der »Maifeiertag« als »Tag des Proletariats«. In dem von Liebknecht verfaßten illegalen Flugblatt hieß es: »Arbeiter, Parteigenossen! Der 1. Mai kommt als Mahner, er pocht an eure Herzen. Der Verrat am Sozialismus, an der internationalen Solidarität der Arbeiter hat die Völker ins Verderben des Weltkrieges gestürzt. Nur die Rückkehr zum Evangelium des völkerbefreienden Sozialismus, zur proletarischen Internationale kann die Völker, die Kultur, die Arbeitersache aus dem Abgrund retten[205].« Neben dem Flugblatt verteilte die Spartakusgruppe kleine Handzettel, die folgende Aufschrift trugen:

»Zum 1. Mai Abends 8 Uhr

Wer gegen den Krieg ist
erscheint am 1. Mai
Abends acht Uhr
Potsdamer Platz (Berlin)

Brot! Freiheit! Frieden[206]!«

Trotz der scharfen Observanz von Polizei und Militär gelang es der Spartakusgruppe, eine recht ansehnliche Menschenmenge in den späten Nachmittagsstunden des 1. Mai auf dem Potsdamer Platz zu versammeln[207]. Die Angaben hinsichtlich der Teilnehmerzahl schwanken naturgemäß erheblich. Sprach Liebknecht in seiner späteren Vernehmung von »wenigstens 10 000 Menschen«, so wußte der Polizeipräsident von Berlin in seinem Ermittlungsprotokoll lediglich von »einigen Hundert meist jugendlichen Personen« zu berichten, die im Feierabendverkehr randaliert hätten. Bedenkt man, daß nach dem Polizeibericht selbst »mehrere Hundert« Beamte eingesetzt werden mußten, um den Menschenauflauf zu zerstreuen, so scheinen Liebknechts Angaben adäquater. Die Szene, die dann zur Verhaftung des Antikriegskämpfers führte, wird im Ermittlungsbericht folgendermaßen beschrieben:

»Als gerade eine Anzahl Schutzleute die auf dem Bürgersteig vor dem Hotel Fürstenhof sich stauende Menge zu zerstreuen suchte, rief der in einem Knäuel Menschen befindliche Beschuldigte mit vernehmlicher Stimme: ›Nieder mit dem Krieg! Nieder mit der Regierung!‹ Die in der Nähe befindlichen Schutzleute . . . ergriffen den ihnen dem Namen nach unbekannten Rufer, um ihn zur Wache zu führen[208].«

Die öffentliche Protestaktion gegen den Krieg wird von der historischen Forschung als ein weiterer Schritt auf dem Wege zu Liebknechts politischer Radikalisierung nach Ausbruch des Ersten Weltkriegs angesehen. Vertreter der kommunistischen Geschichtsschreibung betonen dabei wiederum die positive Tendenz der Entwicklung und verweisen vor allem auf die Übereinstimmung von Liebknechts gegen den Krieg und die Kriegspolitik der SPD-Führung gerichteten Aktionen und den marxistisch-theoretischen Vorstellungen von Rosa Luxemburg und vor allem von Lenin[209]. Mit der Zustimmung zu den »Leitsätzen« habe der Spartakusführer gleichsam offiziell seinen Wandel zum Marxismus(-Leninismus) dokumentiert. Nicht-kommunistische Historiker dagegen sehen in der Aktion lediglich einen weiteren Beweis für ihre These vom negativen Radikalisierungsprozeß, denn Liebknecht habe sich mit seiner parlamentarisch und außerparlamentarisch betriebenen Agitation mehr und mehr von der offiziellen SPD-Politik entfernt und somit zur Spaltung der Partei beigetragen[210]. Zum Beweis werden dabei gerne Aussprüche von SPD-Führern zitiert, die, wie beispielsweise Friedrich Ebert im Juli 1916 gegenüber dänischen und schwedischen Sozialisten, Liebknechts Wirken als »Spaltungspolitik« bezeichneten[211]. Beide Erklärungen werden aber Liebknechts politischer Entwicklung nicht gerecht, und zwar aus denselben Gründen, die schon im vorigen Abschnitt im Zusammenhang mit der Dezemberabstimmung 1914 erörtert worden sind. Wie wenig beispielsweise Liebknechts Agitation gegen den Krieg und die Kriegspolitik der SPD-Führung mit marxistischen Überlegungen zu tun hatte, läßt sich nicht zuletzt an seinen kritischen Einwänden gegenüber Rosa Luxemburgs »Leitsätzen« ablesen. Daran ändert auch die Tatsache nichts, daß beide Politiker in bezug auf die Notwendigkeit einer Antikriegspolitik übereinstimmten. Die Überlegungen, die zu dieser Erkenntnis führten, waren grundverschieden.

Besonders deutlich wird dies, wenn man sich klar macht, welche Zielvorstellungen die beiden Spartakusführer mit den »Leitsätzen« verbanden. Wollte Rosa Luxemburg eine straff zentralisierte Bewegung aufbauen, die im Falle ihrer Verwirklichung der von Lenin geschaffenen bolschewistischen Partei nicht unähnlich gesehen hätte, ging es Liebknecht darum, eine Basis für die Agitation gegen den Krieg und die Kriegspolitik der SPD-Führung und darüber hinaus für die Emanzipation des Proletariats zu schaffen. Die kommunistische Darstellung von der ideologischen Identität Liebknechts und Luxemburgs ist nicht zuletzt dadurch begünstigt worden, daß der Agitator Liebknecht aufgrund der Abwesenheit von Rosa Luxemburg zur Führungs- und Identifikationsfigur der Gruppe »Internationale« wurde und deren politisches Handeln nach außen hin weitgehend bestimmte. Dabei darf jedoch nicht übersehen werden, daß er auf die Ausformung der programmatischen Plattform der Gruppe keinerlei Einfluß hatte. Nicht-kommunistische Historiker wiederum gehen mit ihrem Urteil von der »Spaltungspolitik« vollkommen an den Intentionen von Liebknechts Politik vorbei. Die Frage der Parteiorganisation war für den Agitator mit der Vorstellung von der Emanzipation des Proletariats und der Höherentwicklung der Menschheit von sekundärer Bedeutung; das primäre Ziel war die Aufklärung und Emanzipation des Proletariats. »Nicht Spaltung oder Einheit«, schrieb er im Spartakusbrief vom 30. März 1916, »nicht neue oder alte Partei heißt die Parole, sondern Zurückeroberung der Partei von unten auf durch Rebellion der Massen, die die Organisation und ihre Mittel in ihre eigenen Hände nehmen müssen[217].« Karl Liebknecht konnte allein schon deshalb nicht zu einem treibenden Faktor im Spaltungsprozeß der SPD werden, weil er auf den breiten Führungskreis der Partei überhaupt keinen Einfluß ausübte – und dies übrigens nicht erst seit Kriegsausbruch, sondern auch schon in der Vorkriegszeit. Hinzu kommt, daß er diesen Einfluß auf die Parteiführer auch gar nicht mehr ausüben wollte; seine Aktionen richteten sich an die Massen und suchten diese zu mobilisieren.

Liebknechts kompromißloses Vorgehen erklärt sich nicht aus einer Radikalisierung seiner politischen Entwicklung, sondern war durch die Veränderungen der politischen Umwelt bedingt. Der Krieg mit seinem Ausschließlichkeitscharakter ließ nur »Entweder-Oder-Entscheidungen« zu: Entweder war man bereit, die Grenzen des eigenen Landes zu schützen, ganz gleich wie dieses Land innenpolitisch aussah, oder man ließ sich von der Auffassung leiten, daß man ein Staatswesen, das man bisher grundsätzlich abgelehnt und bekämpft hatte, weil es in sich schlecht war, nicht plötzlich verteidigen konnte, nur weil es sich im Krieg befand. Das Verhalten der Mehrheits- und Minderheitsvertreter in der sozialdemokratischen Reichstagsfraktion wurde eher von der ersten Überlegung bestimmt, während Liebknecht zur zweiten Ansicht neigte, wobei er als zusätzliches Argument anführen konnte, daß es sich bei dem Krieg um *den* kapitalistischen und imperialistischen Krieg handelte, den zu bekämpfen, sich die Sozialdemokratie von Anbeginn ihrer Existenz zur Aufgabe gemacht hatte. Bei der Verwirklichung der sich daraus ergebenden Antikriegspolitik ging Liebknecht genauso kompromißlos vor wie auch die anderen SPD-Führer bei der Verwirklichung ihrer Politik, ganz gleich, ob sie der Fraktionsmehrheit oder der Fraktionsminderheit angehörten. Bestärkt wurde Liebknecht in seiner kompromißlosen Haltung dadurch, daß er bei der analysierenden Rückschau der sozialdemokratischen Vorkriegspolitik zu der Erkenntnis kam, daß die »Kompromißpolitik« auf den Parteitagen vor 1914 zur Handlungsunfähigkeit der Partei bei Kriegsausbruch geführt hatte. In seinem Referat auf der zweiten Reichskonferenz der Spartakusgruppe erklärte er hierzu: »Die Schwäche unserer Partei liegt darin, daß man immer fünf hat gerade sein lassen. Einigkeit war die Hauptsache und faktisch war es nichts weiter als der tiefste Krebsschaden[213].« Die Schlußfolgerung, die Liebknecht aus dieser Erkenntnis zog, bestand darin, daß er von nun an statt der bisherigen »formalen« Einheit eine »inhaltliche« Einigkeit der Arbeiterbewegung forderte. Die Strategie einer innerparteilichen Oppositionspolitik skizzierend, führte er in einem Spartakusbrief aus: »Nicht ›Einheit‹, sondern Klarheit über alles. Keine milde Duldsamkeit – auch nicht in der Oppostion –, sondern ätzende Kritik bis in die letzte Faser . . . Durch unerbittliche Aufdeckung und Austragung der Differenzen zur prinzipiellen und taktischen Einmütigkeit und damit zur Einheit, so geht der Weg[214].«

Vergleicht man die politischen Grundanschauungen, die Karl Liebknecht bei seiner Agitation gegen den Krieg und die Kriegspolitik der SPD-Führung bestimmt haben, mit jenen Vorstellungen, die seinem politischen Handeln vor Ausbruch des Ersten Weltkrieges zugrunde gelegen haben, so lassen sich keine wesensmäßigen Veränderungen feststellen. »Nicht zu ändern gilt es unsere Lehren«, erklärte Liebknecht in seinem Teil der anfangs schon erwähnten »Weihnachtsbriefe« an die Independant Labour Party, »sondern sie lebendig zu machen, zur Tat zu gestalten[215].« Vor allem das taktische Prinzip von der »aktiven Oppositionspolitik« kam jetzt voll zum tragen, denn aufgrund seiner Befreiung aus den Partei- und Fraktionszwängen konnte er dieses Konzept weitgehend ungehindert verwirklichen. Ganz besonders gilt dies für seine parlamentarisch geführte Agitation. An die Zweck-Mittel-Relation sozialdemokratischer Politik erinnernd, erklärte er im ersten Spartakusbrief: »Für uns Sozialdemokraten ist der Parlamentarismus nichts anderes als ein Mittel der Propaganda und der Agitation, ein Mittel, für den Sozialismus zu wirken, den Interessen des Proletariats zu dienen[216].« Die Tatsache, daß Liebknechts außerparlamentarische Aktionen von vornherein illegal waren, hat nichts mit einer Radikalisierung zu tun, sondern ergab sich zwangsläufig aus den Veränderungen der politischen Umwelt. Wie sehr sich diese Umwelt verändert, um nicht zu sagen, radikalisiert hatte, demonstriert nicht zuletzt die jeder objektiven Rechtsvorstellung hohnsprechende Behandlung des Antikriegskämpfers im Reichstag. Es war ein Vertreter der »liberalen« FVP, der Liebknecht in jener denkwürdigen Sitzung vom 8. April 1916 mit Gewalt am Reden zu hindern versucht hatte. Dabei ist nur schwer einzusehen, warum Regierung, bürgerliche Parteien und sozialdemokratische Parteiführung, ja selbst die Vertreter der sozialdemokratischen Fraktionsminderheit so empfindlich auf Liebknechts Agitation reagierten. Wenn dessen Urteile und Forderungen tatsächlich so kindisch und unsinnig gewesen wären, wie diese behaupteten, so hätte es doch ein leichtes sein müssen, sie der Lächerlichkeit preiszugeben und den unbequemen Politiker unschädlich zu machen. Statt dessen aber suchte man ihn mit brachialer Gewalt zum Schweigen zu bringen. Weder die Regierung und die SPD-Führung noch die Vertreter der Fraktionsminderheit sind jemals inhaltlich auf Liebknechts Vorschläge und Auffassungen eingegangen. Es war nicht zuletzt die in dieser »schnöden Behandlung« zutage tretende Doppelbödigkeit der sich im Kriege befindlichen preußisch-deutschen Gesellschaft, die, je länger der Krieg dauerte, die Massen an die Seite des Spartakusführers trieb. Rückblickend urteilte Hellmut von Gerlach: »Das System der Lüge, das unzertrennbar vom Kriege selbst erscheint, ist bei uns zwar nicht an Qualität, wohl aber an Quantität bis zum Extrem ausgebaut worden. Dabei lechzten . . . immer mehr Menschen nach Wahrheit. Und darum flogen immer mehr Sympathien dem Manne zu, der allein den Mut der Wahrheit zu besitzen schien: Karl Liebknecht[217].«

Selbst die Rufe während der Demonstration auf dem Potsdamer Platz lassen sich nicht als Beweis für eine politische Radikalisierung anführen. Wenn auch zweifelsfrei feststeht, daß Liebknecht der Initiator der Aktion gewesen ist, so erscheint doch fraglich, ob die von ihm ausgestoßenen Rufe von vornherein als Teil der Demonstration geplant gewesen waren. Als Jurist wußte Liebknecht sehr wohl, welche Konsequenzen eine Verhaftung in einem solchen Fall nach sich ziehen würde. Schon bei seiner Vereidigung als Armierungssoldat war er auf die entsprechenden Bestimmungen der Militärgesetzgebung hingewiesen worden, und er wußte auch, daß ihn die parlamentarische Immunität in einem solchen Fall nicht schützen würde. Ironischerweise teilte er noch kurze Zeit vorher, am 18. Februar 1916, dem Minderheitsvertreter Wilhelm Dittmann, der sich der drohenden Einberufung zum Militärdienst zu entziehen suchte, auf eine entsprechende Anfrage mit: »Eine gerichtliche Entscheidung kann man nur erzielen, wenn man sich ›strafbar‹ macht. Das ist für Sie bei der Immunität nur schwer möglich – Sie müßten sich auf frischer Tat ertappen lassen[218].« Vor allem zwei Gründe lassen sich für Liebknechts Rufe anführen. Zum einen könnte der Antikriegskämpfer unter dem Eindruck der erfolgreich verlaufenden Demonstration im Affekt gehandelt haben; zum anderen nahm er das Risiko einer Verhaftung bewußt in kauf in der Hoffnung, die Polizei würde ihn in der Menschenmenge nicht ausfindig machen können. Vermutlich haben beide Dinge zusammengespielt. Dabei ist zu bedenken, daß Liebknecht von seinem psychischen und physischen Zustand her für Affekthandlungen geradezu prädestiniert war. Seit Kriegsausbruch hatte er ununterbrochen unter starker seelischer Anspannung gearbeitet; zunächst der Schock des Kriegsausbruches, dann die Frustration über die untätige Haltung der SPD-

Führung. Die Eindrücke des aufgezwungenen Militärdienstes dürften ein übriges getan haben, um die nervliche Erregung auf die Spitze zu treiben. Man kann nur ahnen, welche Gefühle Liebknecht bewegt haben mögen, als er seiner Frau am 8. Oktober 1915 jene makabre Friedhofszene schilderte, in die er mit seiner Arbeitseinheit durch einen russischen Angriff geraten war. »Gräber und Kreuze um uns«, heißt es dort, »raschelnde Zweige über uns und das Geflimmer dazwischen. Ein Kamerad neben mir bricht plötzlich tief ein: Ein Sarg unter ihm ist eingebrochen – er trampelt auf der Leiche. Dreck drauf – das Loch ausgefüllt. Und weiter geht's mit dem Spaten inmitten der Gräber und Kreuze und Leichen und des Gedröhns und Geknatters und Kugelgepfeifs! Wäre ich Shakespeare oder Dante. Ungeheure Bilder und Visionen[219].« Die psychische Anspannung wurde verschärft durch eine physische Belastung, die schon in den Jahren vor Kriegsausbruch aufgrund der Ämterhäufung nicht gering gewesen sein dürfte. Die verstärkten Anstrengungen des Antikriegskämpfers nach Kriegsausbruch ließen Liebknecht dann fast permanent an der Grenze seiner körperlichen Belastbarkeit arbeiten. Schon am 27. November 1914 gestand er seiner Frau, mit der »Spannkraft« herunter zu sein[220]. Die ungewohnt schwere Arbeit beim Militärdienst, insbesondere an der Ostfront, löste schließlich die ersten Schwächeanfälle aus, zumal Liebknecht auch während der Frontarbeit die politische Arbeit nicht lassen konnte[221]. Nachdem er mehrere Male bei der Arbeit zusammengebrochen war, wurde er am 1. November 1915 wegen »Entzündung der Beinnerven und allgemeiner Erschöpfung« ins Lazarett nach Königsberg eingeliefert[222]. Er konnte das Lazarett zwar Mitte Dezember wieder verlassen, um an den Reichstagssitzungen teilzunehmen, doch dürfte für eine wirkliche Erholung die Zeit viel zu kurz gewesen sein. Die angespannte und wohl auch schon überspannte Psyche und Physis machte sich dann vielleicht in den Rufen auf dem Potsdamer Platz Luft.

Die Tatsache, daß Liebknechts Maiaktion nicht das Ergebnis eines Radikalisierungsprozesses gewesen ist, darf nicht darüber hinwegtäuschen, daß sie in politischer Hinsicht ein schwerer Fehler war. Zwar kam es im Zusammenhang mit seiner Verhaftung und dem sich daran anschließenden Prozeß zu den ersten eindeutig politisch motivierten Massenstreiks in verschiedenen Großstädten des

Reiches, darunter auch in der Hauptstadt Berlin[223], doch war der Preis für diese Mobilisierung der Massen enorm hoch. Zum einen verlor die Spartakusgruppe ihren bis dahin aktivsten und bekanntesten Führer, zum anderen nahmen die staatlichen Instanzen die Maiaktion zum Anlaß, um verschärft gegen »oppositionelle Politiker« vorzugehen, was wiederum in erster Linie die Spartakusgruppe traf. Am 22. Mai 1916 wurde Julian Marchlewski, am 10. Juli Rosa Luxemburg und am 16. August Ernst Meyer und der greise Franz Mehring in »Schutzhaft« genommen[224]. Damit war die Gruppe praktisch führerlos geworden mit dem Ergebnis, daß auch die Antikriegsstimmung wieder zurückgeworfen wurde. Liebknechts Verhaftung selbst muß der Regierung wie ein wahres »Gottesgeschenk« vorgekommen sein. Noch am 8. April hatte Bethmann Hollweg in seinem Bericht an den Geheimen Kabinettsrat des Kaisers bedauert, daß »solange der Reichstag nicht geschlossen«, nichts gegen den Antikriegskämpfer unternommen werden konnte[225]. Jetzt aber hatte man diese »Handhabe« und nutzte sie weidlich aus. Wie ernst es dabei die Regierung mit der Beseitigung des verhaßten Politikers meinte, läßt sich daran ablesen, daß die Anklage, die zunächst nur auf »dringenden Verdacht des militärischen Ungehorsams und Widerstands gegen die Staatsgewalt« lautete, in »Landes- und Kriegsverrat« umgewandelt wurde[226]. Damit war eine langjährige Verurteilung zu Gefängnis oder Zuchthaus gesichert; nicht einmal die Verhängung der Todesstrafe war ausgeschlossen.

Der Hochverratsprozeß gegen Karl Liebknecht wurde am 28. Juni 1916 vor dem Kommandanturgericht in Berlin verhandelt – unter striktem Ausschluß der Öffentlichkeit[227]. Juristisch gesehen war die Anklage völlig unhaltbar. Auf der einen Seite hatte der Staatsanwalt nachzuweisen, daß versuchter oder vollendeter Landes- und Kriegsverrat vorlag, um andererseits von dem politischen Imperativ auszugehen, daß eine Antikriegsstimmung im Volk nicht vorhanden war und daß Liebknecht diese auch nicht hätte entfachen können. Liebknecht lehnte Gericht und Verfahren ab. »Sie und ich«, teilte er dem Gericht mit, »wir gehören zwei verschiedenen Welten an und sprechen zwei verschiedene Zungen. Ich verwahre mich dagegen, daß Sie, die Sie meine Sprache nicht verstehen, die Sie dem Lager meiner Feinde angehören, meine Worte nach Ihrem

Sinne gestalten[228].« Wenn er trotzdem gegen das Urteil von zwei Jahren Zuchthaus und sechs Monaten Einspruch erhob, so nicht deshalb, weil er sich von der Revisionsverhandlung »mehr Gerechtigkeit« versprach, sondern weil er – ähnlich wie bei seinem ersten Hochverratsprozeß 1907 – die Verhandlung als Agitationsbroschüre herausgeben wollte und zu diesem Zweck in der Untersuchungshaft »freier« arbeiten konnte als unter den strengen Zuchthausbedingungen. Die Revisionsverhandlung am 23. August 1916 war nicht viel mehr als eine Wiederholungsvorstellung der ersten Verhandlung[229]. Nur in einem, allerdings signifikanten Punkt bestand ein Unterschied: Der Gerichtshof setzte sich aus fünf Offizieren und zwei Juristen zusammen. Dementsprechend fiel auch das Urteil aus: Vier Jahre und ein Monat Zuchthaus sowie Verlust der bürgerlichen Ehrenrechte für die Zeit von sechs Jahren. »›Zuchthaus!‹ ›Verlust der Ehrenrechte!‹ ›Nun wohl!‹«, rief der Angeklagte in seinem Schlußwort aus, »Ihre Ehre ist nicht meine Ehre! Aber ich sage Ihnen: Kein General trug je seine Uniform mit soviel Ehre, wie ich den Zuchthauskittel tragen werde[230].« Auch in der Revisionsverhandlung blieb Liebknecht weitgehend passiv, um dem Gericht seine Nichtanerkennung zu demonstrieren. Nur einmal flammte bei ihm Protest auf, als sich der Anklagevertreter bei seinen Ausführungen auf die Zustimmung des Volkes berief. Den Anklagevertreter beim Wort nehmend, erwiderte er:

»Ei, tun Sie das doch nicht bloß in Worten, nicht bloß in zehnfach verriegelter Verhandlung, die sich vor dem Volke versteckt. Nehmen Sie doch dem Volke die Knebel und Handschellen des Belagerungszustandes ab! Rufen Sie das Volk zusammen, hier und wo Sie wollen und die Soldaten im Felde, wo Sie wollen! Und lassen Sie uns vor die Versammelten treten, vor ihr Gericht – auf der einen Seite Sie alle, der ganze Gerichtshof, der Anklagevertreter und auch die Herren da drüben vom Generalstab, Kriegsministerium und dem Kriegspresseamt und wen Sie sonst wollen. Auf der anderen Seite ich ganz allein, oder einer meiner Freunde. Wo die Masse des Volkes stehen wird, wenn der Vorhang des Trugs von seinen Augen gerissen wird, ob bei Ihnen oder bei mir – ich *zweifle nicht*!«

Die Novemberrevolution und der versuchte Januaraufstand

Als Karl Liebknecht am 23. Oktober 1918 nach knapp zweieinhalb Jahren aus dem Zuchthaus von Luckau entlassen wurde, hatte sich die politische Landschaft innerhalb und außerhalb des Deutschen Reiches erheblich verändert. Liebknechts vorzeitige Entlassung selbst war ein Zeichen dieser Veränderung, denn sie geschah auf Veranlassung der ersten parlamentarischen Regierung, die kurze Zeit vorher, am 3. Oktober, unter der Leitung von Reichskanzler Prinz Max von Baden gebildet worden war und der auch die beiden Sozialdemokraten Gustav Bauer und Philipp Scheidemann als Staatssekretäre angehörten[231]. Vor allem Scheidemann hatte sich dafür eingesetzt, daß für Liebknecht eine Amnestie ausgesprochen wurde, denn er hielt die Einkerkerung des Antikriegshelden für einen schweren politischen Fehler[232]. Ein weiteres Zeichen für die innenpolitische Veränderung Preußen-Deutschlands, die im Zusammenhang mit Liebknechts Entlassung deutlich wurde, war die Kriegsmüdigkeit in weiten Kreisen der Bevölkerung. Trotz Kriegszustand versammelten sich an die 20 000 Menschen auf dem Anhalter Bahnhof in Berlin[233], um in Karl Liebknecht jenen Politiker zu begrüßen, der von Anfang an gegen den Krieg gekämpft hatte und der jetzt, nach mehr als vier Kriegsjahren, geradezu zum Symbol ihrer Friedenssehnsucht geworden war. Sorgenvoll berichtete Philipp Scheidemann am 25. Oktober in der Kabinettssitzung: »Ein Zeichen, wie die Dinge stehen, war der Empfang Liebknechts, der von Soldaten mit dem Eisernen Kreuz getragen wurde, wer hätte dies noch vor drei Wochen für möglich gehalten[234].«

Die Ursachen der innenpolitischen Veränderungen Preußen-Deutschlands lagen in der außenpolitischen Entwicklung, insbesondere im Fortgang des Krieges. Zwar war es dem Deutschen Reich 1917 gelungen, Rußland im Anschluß an die bolschewistische Oktoberrevolution zum »Siegfrieden« von Brest-Litwosk[235] zu zwingen, doch mußte es mit dem kurz vorher erfolgten Kriegseintritt der Vereinigten Staaten von Amerika auf Seiten der Ententemächte jede Hoffnung auf einen Gesamtsieg aufgeben[236]. Das Ausbleiben des Sieges, der im Hochgefühl der nationalen Einigkeit im August 1914 als selbstverständlich gegolten hatte, löste Enttäuschung aus, die mit zunehmender Kriegsdauer in Kriegsmüdigkeit umschlug. Wegen der immer schlechter werdenden Lebensmittelversorgung kam es vom dritten Kriegswinter an zu sogenannten »Brotstreiks«, die im Januar 1918 mit dem großen Streik von Berlin ihren Höhepunkt erreichten[237]. Endgültig erschüttert wurde das preußisch-deutsche Regierungssystem aber erst im September 1918, als die Oberste Heeresleitung die katastrophale Position des Deutschen Reiches offenbarte und die sofortige Aufnahme von Friedensverhandlungen verlangte. Die sich daraus ergebende Regierungskrise führte dann zur Bildung der ersten parlamentarischen Regierung.

Der Fortgang des Krieges war auch auf die Entwicklung der deutschen Sozialdemokratie nicht ohne Folgen geblieben. Hatten die Differenzen in der Kriegsfrage schon 1916 mit der Bildung der SAG zur Spaltung der Reichstagsfraktion geführt, so brach ein Jahr später aufgrund derselben Gegensätze auch die Gesamtpartei auseinander[238]. Von nun an standen sich die »Mehrheitssozialdemokratie« (MSPD) und die »Unabhängige Sozialdemokratie« (USPD) gegenüber. Die Spartakusgruppe, die während Karl Liebknechts und Rosa Luxemburgs Abwesenheit von Leo Jogiches geleitet wurde, dem polnischen Mitstreiter und ehemaligen Freund von Rosa Luxemburg[239], hatte sich der USPD angeschlossen. Wie jedoch Jogiches in einem Schreiben an verschiedene Genossen in Württemberg schrieb, war dieser Anschluß nicht in der Absicht erfolgt, die Politik der SAG zu unterstützen, sondern nur »um für unsere Politik innerhalb dieser Partei zu kämpfen«[240].

Die politische Situation, die Karl Liebknecht nach seiner Entlassung aus dem Zuchthaus vorfand, trug eindeutig vorrevolutionäre Züge. Vor allem das seit Anfang Oktober kursierende Gerücht, die militärische Führung beabsichtige unter der Parole des »nationalen Aufgebots«[241] alle noch verfügbaren Kräfte in eine letzte Entscheidungsschlacht zu führen, um »ehrenvoll« unterzugehen, hatte in der Bevölkerung große Unruhe verursacht. Selbst die bis dahin gemäßigten USPD-Führer wie Hugo Haase und Georg Ledebour sagten in ihren Reichstagsreden für einen solchen Fall die »Revolution« voraus[242]. Am 11. Oktober faßte der Parteivorstand der USPD nach einer Reichskonferenz sogar offiziell den Beschluß, die Proklamation des »nationalen Aufgebots« mit dem Aufruf zum »Generalstreik« zu beantworten. Das Ziel von Liebknechts politischem Wirken war damit gleichsam per definitionem festgelegt: Vorantreiben der vorrevolutionären Situation, um den Krieg zu beenden, und darüber hinaus den Emanzipationsprozeß des Proletariats durch die Sozialisierung der Gesellschaft weiterzubringen. Gemäß seiner politisch-theoretischen und politisch-taktischen Vorstellungen mußten zu diesem Zweck Massenaktionen initiiert werden, die sich allmählich zur »revolutionären Tat« steigern sollten. Am 30. Oktober erklärte er in einer Sitzung des Berliner Zentralvorstandes der USPD: »Die Massenbewegung ist das allein Wesentliche. Große Massen auf den Straßen sind auch gegen das Militär und Polizei das Stärkste, selbst wenn unbewaffnet. Sie erschweren den polizeilichen oder militärischen Waffengebrauch und sind der stärkste Druck zur Fraternisierung (Verbrüderung) oder doch Demoralisation der bewaffneten Macht[243].« Da die Spartakusgruppe selbst über keine ausreichende organisatorische Basis verfügte, um derartige Aktionen in Gang setzen zu können, nahm Liebknecht Kontakt auf zu den »Revolutionären Obleuten«[244], eine kleine, aber einflußreiche Gruppe, die aus den oppositionellen Vertrauensleuten innerhalb der Berliner Betriebe bestand. Organisatorisch gehörten die Obleute ebenso wie die Spartakusgruppe zur USPD, standen aber in ideologischer Hinsicht den Spartakisten nahe. Trotzdem hatten sie sich beiden Seiten gegenüber eine gewisse Unabhängigkeit bewahrt. Ihr oberstes Organ war der »Vollzugsrat«, der vom »Arbeiterrat« – eine Art parlamentarische Plattform – der Betriebsvertretungen gewählt wurde. Die herausragenden Führer waren Emil Barth, Ernst Däumig und Richard Müller[245]. In dem Bemühen, die revolutionären Obleute zu gewinnen, kam Karl Liebknecht sein ungeheuer großes Ansehen bei den Massen zugute. Selbst die USPD-Führung, die bis dahin die Politik des Spartakusführers entschieden abgelehnt hatte, hielt es für angebracht, ihm einen Platz im Parteivorstand anzubieten. Wie Liebknecht in seinem »Tagebuch zur Revolution« berichtet, war er auch durchaus bereit, dieser Berufung Folge zu leisten, »falls die USP[D] auf einem sofort einzuberufenden Parteitag ihr Programm und ihre Taktik im Sinne der Gruppe ›Internationale‹ (Spartakusbund) ändern und durch entsprechende Gestaltung ihrer Leitung sichern würde«[246]. Soweit bekannt, hat die USPD-Führung zu diesen Forderungen nie Stellung genommen.

Am 26. Oktober nahm Karl Liebknecht zum erstenmal an einer Sitzung des »Arbeiterrates« teil. Dabei gelang es ihm, einen Beschluß durchzusetzen, wonach der »Arbeiterrat« von nun an auch »Arbeitervertrauensleute der Spartakusgruppe« aufnehmen sollte. Außerdem sollte die Zentrale der Spartakusgruppe an den Sitzungen des Vollzugsrates teilnehmen dürfen; eine Aufgabe, die Liebknecht seinen Tagebucheintragungen zufolge selbst wahrgenommen zu haben scheint[247]. Darüber hinaus kamen beide Seiten überein, im Falle des von der USPD-Führung beschlossenen Generalstreiks gemeinsam vorzugehen und »separate Maßnahmen nur in gegenseitigem Einvernehmen zu unternehmen«. Der Aufruf des »nationalen Aufgebotes« blieb jedoch aus, so daß auch die Generalstreikfrage von der USPD-Führung und dem Vollzugsrat der Revolutionären Obleute zunächst nicht weiter verfolgt wurde. Liebknecht lud daraufhin am 28. Oktober Däumig und Barth zu einem Gespräch ein, um Maßnahmen zu erörtern für den Fall, daß die Proklamation des »nationalen Aufgebots« überhaupt ausbleiben sollte. Laut seiner Tagebucheintragung schlug er dabei vor, am Sonntag, dem 3. November, »Versammlungen mit Demonstrationen« durchzuführen. »Wir müssen die Initiative behalten«, begründete er seinen Vorschlag, »dürfen nicht stillsitzen, bis die Feinde die nationale Verteidigung machen. Die angeblich früheren Erfahrungen, daß Demonstrationen verderben die Stimmung, gelten nicht für die jetzige Zeit, in der alles voranpeitschend wirken muß.« Die Führer der Revolutionären Obleute erklärten sich zwar mit Versammlungen einverstanden, lehnten jedoch die Durchführung von Demonstrationen ab. Zwar konnte Liebknecht den noch am Abend des 28. Oktober tagenden »Arbeiterrat« für einen Beschluß in seinem Sinne gewinnen[248], doch war dieser Erfolg nur von kurzer Dauer. Schon zwei Tage später hob der Zentralvorstand der USPD von Berlin diesen Beschluß indirekt wieder auf, indem er sich gegen Sonntagsdemonstrationen aussprach[249].

Der Grund, weshalb sich Karl Liebknecht mit seinen Vorstellungen nicht hat durchsetzen können, lag vor allem an der unterschiedlichen Auffassung in bezug auf die Durchführung der Revolution. Dachte der humanistische Agitator aufgrund seiner Spontaneitätstheorie an die Initiierung spontaner Massenaktionen, die sich allmählich zur revolutionären Tat des Proletariats steigern sollten, und maß deshalb organisatorischen Fragen kaum Bedeutung bei, so wollten die Revolutionären Obleute und die USPD-Führer die Revolution mit Hilfe einer einzigen, groß angelegten Aktion, dem Generalstreik, herbeiführen. Sie legten deshalb großen Wert auf die organisatorischen Vorbereitungen dieser Aktion und empfanden Liebknechts Drängen als störend. Enttäuscht notierte der Spartakusführer nach der Entscheidung des Berliner Zentralvorstandes in seinem Tagebuch: »Unsere Auffassung, daß es zwischen den bisher üblichen Demonstrationen und dem revolutionären Endkampf Möglichkeiten gäbe, in denen sich das Heranreifen der Bedingungen für den Endkampf beschleunigen kann, wird wiederum, wie auch bei anderen Beratungen, als revolutionäre Gymnastik ironisiert und abgelehnt.«

Am 2. November schien der Arbeiterrat noch einmal auf Liebknechts Forderung nach baldigen Demonstrationen einzugehen, als er den 4. November als Datum für den Generalstreik ins Auge faßte[250], doch mußte dieser Termin aufgrund ungünstiger Stimmungsberichte aus den Berliner Betrieben wieder fallen gelassen werden. Einen Tag später, am 3. November, einigten sich dann USPD-Führung und Vollzugsrat endgültig auf den 11. November als Datum für den Generalstreik[251]. Liebknecht versuchte zwar auch weiterhin die Obleute für Aktionen vor diesem Zeitpunkt zu gewinnen, doch blieben seine Bemühungen ohne Erfolg. Unter dem 4. und 5. November heißt es beispielsweise im Tagebuch: »Liebknechts Verlangen nach Losschlagen vor Montag (11. November) abgelehnt. Donnerstag, Freitag seien Lohnzahlungstage. Da seien die Arbeiter nicht herauszubringen. Liebknechts Ansicht, daß das für die revolutionäre Zeit nicht gelten könne, wird als unpraktisch abgelehnt[252].« Selbst als die Entwicklung im Reich[253] mit der Bildung der ersten Arbeiter- und Soldatenräte in Kiel und der Proklamation der Republik in München ganz eindeutig revolutionäre Züge anzunehmen begann, hielten die Führer der USPD und der Revolutionären Obleute an ihrer Entscheidung fest. So wurden sie denn auch vom Ausbruch der revolutionären Ereignisse in Berlin überrascht. Nichts veranschaulicht dies besser als die Tatsache, daß von der USPD-Führung an diesem Tag weder das Vorstandsmitglied Wilhelm Dittmann noch der Parteivorsitzende Hugo Haase in der Reichshauptstadt anwesend waren; der eine befand sich in Hamburg, der andere in Kiel, um die dortigen – revolutionären – Zustände in Augenschein zu nehmen[254]. Nicht ohne eine spöttische Genugtuung sprach Liebknecht in seinem Tagebuch von den »superklugen Revolutionsfabrikanten«, die von den politischen Ereignissen überrannt worden seien[255].

Am Morgen des 9. November 1918 legten die Arbeiter von Berlin spontan ihre Arbeit nieder und vereinigten sich zu riesigen Demonstrationszügen, die sich von den Außenbezirken der Stadt ins Stadtinnere wälzten[256]. Unter dem Druck dieser Ereignisse trat Reichskanzler Prinz Max von Baden zurück und übergab die Regierungsgeschäfte an Friedrich Ebert, dem Vorsitzenden der MSPD, die im Reichstag die zahlenmäßig stärkste Fraktion stellte. Gleichzeitig verkündete er eigenmächtig die Abdankung des noch zögernden Kaisers. Kurze Zeit später, etwa gegen 14.00 Uhr, hielt der andere Vorsitzende der MSPD, Philipp Scheidemann, vom Fenster des Reichstages aus eine Rede, in der er – ebenfalls eigenmächtig – die »deutsche Republik« ausrief[257]. Karl Liebknecht befand sich zu diesem Zeitpunkt an der Spitze eines Demonstrationszuges, dessen Führung er nach dem Bericht von Otto Franke, seinem späteren ständigen Begleiter in der Novemberrevolution, am Morgen des Tages in Berlin-Schöneberg übernommen hatte und den er zum Schloß der Hohenzollern leitete[258]. Als er dort mit dem Zug in den späten Nachmittagsstunden eintraf, ließ er das Schloß in den Besitz der Arbeiter- und Soldatenräte von Berlin nehmen und erklärte nach dem Bericht der *Vossischen Zeitung*: »Der Tag der Revolution ist gekommen. Wir haben den Frieden erzwungen. Der Friede ist in diesem Augenblick geschlossen. Das Alte ist nicht mehr. Die Herrschaft der Hohenzollern, die in diesem Schloß jahrhundertelang gewohnt haben, ist vorüber. In dieser Stunde proklamieren wir die freie, sozialistische Republik Deutschland[259].«

Der Ausbruch der revolutionären Ereignisse in Berlin muß Karl Liebknecht als die Erfüllung seines Lebens vorgekommen sein. Von Anfang an war sein Lebensweg, insbesondere aber sein politisches Handeln vom Kampf gegen den preußisch-deutschen Klassenstaat bestimmt worden – ein Kampf, der ihm die größten persönlichen Opfer abverlangte und nicht einmal Anfechtungen aus dem eigenen Lager ersparte. Wegen seiner Antimilitarismusagitation war er schon in der Vorkriegszeit zu eineinhalb Jahren Festungshaft verurteilt worden und hatte es sich noch obendrein gefallen lassen müssen, daß ihn die eigene Parteiführung wegen seines engagierten und opferbereiten Wirkens nicht ganz ernst nahm. Wegen seiner konsequenten Agitation gegen den Krieg war er zum meistgehaßten Politiker des wilhelminischen Deutschland geworden, den man im Reichstag verhöhnt, verlacht und sogar tätlich angegriffen hatte. Es kam zum Bruch mit der von seinem Vater mitbegründeten Partei, er wurde zum Militärdienst eingezogen, und man steckte ihn schließlich wegen seiner öffentlichen Protestaktion am 1. Mai ins Zuchthaus. Jetzt aber war der verfemte Politiker zum Helden der Revolution geworden, dessen Name in manchen Kreisen wie der eines »Heiligen« genannt wurde[260]. Von welch innerer Freude Karl Liebknecht erfüllt gewesen sein muß, veranschaulicht eine kleine Episode, die Hellmut von Gerlach berichtet. »Als ich am Nachmittag des 9. November 1918 auf der Treppe des Reichstages stand«, schreibt Gerlach, »wurde ich plötzlich von hinten umarmt. Ich drehe mich um und blicke Liebknecht in die halbfeuchten, halb strahlenden Augen. Mit warmer Stimme ruft er mir zu: ›Gerlach – endlich die Freiheit. Sie gehen nicht ganz mit mir, ich weiß. Aber heute wollen wir uns doch zusammen freuen‹[261].« Eine besondere Genugtuung dürfte Liebknecht dabei vor allem aus der Tatsache gezogen haben, daß sich die Massen genauso spontan erhoben hatten, wie er es erwartet hatte. Darüber hinaus hatte er, der gerade erst aus dem Zuchthaus entlassen worden war, die revolutionäre Stimmung richtig eingeschätzt und nicht die Führer der USPD und der Revolutionären Obleute, die ihn sogar wegen seines Drängens nach Aktionen als »revolutionären Gymnastiker« verspottet hatten. Bedenkt man schließlich, daß Liebknechts politische Tätigkeit auch moralische Verpflichtung dem Vater gegenüber gewesen ist, und daß Wilhelm Liebknecht den Kampf gegen Preußen-Deutschland mit der gleichen Unbeirrbarkeit und Opferbereitschaft wie sein Sohn geführt hatte, so muß sich Karl Liebknecht in diesem Augenblick regelrecht als Vollstrecker des väterlichen Vermächtnisses gefühlt haben. Treffend formulierte der Historiker Gustav Mayer: »Wenn es je einem Sohn vergönnt war, in der Wirklichkeit zu durchleben, was als ausschweifendster Traum des Vaters Phantasie erfüllte, so war es an diesem Novembertage der Fall[262].« Trotz dieses Hochgefühls war Karl Liebknecht keineswegs der Ansicht, daß die Ereignisse am 9. November der Abschluß des gesellschaftlichen Umwandlungsprozesses waren. Im Gegensatz zu Philipp Scheidemann, der mit seiner Proklamation die Revolution für beendet erklärt hatte, bezog Liebknecht seine Ankündigung auf den Soll- und nicht den Ist-Zustand der Gesellschaft. »Wenn auch das Alte niedergerissen ist«, rief er vom Balkon des Hohenzollernschlosses den Massen zu, »dürfen wir doch nicht glauben, daß unsere Aufgabe getan sei. Wir müssen alle Kräfte anspannen, um die Regierung der Arbeiter und Soldaten aufzubauen und eine neue staatliche Ordnung des Proletariats zu schaffen, eine Ordnung des Friedens, des Glücks und der Freiheit unserer deutschen Brüder und unserer Brüder in der ganzen Welt[263].«

Als sich Karl Liebknecht daher im Anschluß an die Demonstration in den Reichstag begab, wo die Führer der USPD und der Revolutionären Obleute über das Angebot der MSPD berieten, eine gemeinsame Revolutionsregierung zu bilden, waren seine Ziele fest umrissen[264]. Wie Eduard Bernstein in seinen Erinnerungen berichtet[265], ergriff Liebknecht sofort nach seinem Eintreffen in der schon laufenden Sitzung das Wort und »diktierte« folgende Bedingung: »Alle exekutive, alle legislative, alle richterliche Gewalt bei den Arbeiter- und Soldatenräten.« Wie Bernstein weiter berichtet, sei die Reaktion der Anwesenden zunächst betretenes Schweigen gewesen, da ihm keiner »rückhaltlos« zustimmen, »keiner sich mit ihm in eine Debatte einlassen« wollte. Zu seiner eigenen Reaktion bemerkt Bernstein in einer Fußnote: »Ich hatte bis dahin trotz weitgehender Meinungsverschiedenheiten zwischen uns viel Sympathie für Karl Liebknecht gehabt. Als er aber in der geschilderten Weise der Partei das Bolschewistensystem aufzudiktieren sich anschickte, zuckte es mir wie ein Blitz durch den Kopf: ›Er bringt uns die Konterrevolution.‹« Ohne hier schon auf die Frage eingehen zu wollen, inwieweit Karl Liebknecht der Prototyp des deutschen Bolschewisten gewesen ist, muß doch darauf hingewiesen werden, daß Bernsteins Aussage nicht schlüssig ist. Wenn man auch davon ausgehen kann, daß der Spartakusführer die Räteidee aus der russischen Revolution übernommen hat, so folgt daraus noch lange nicht, daß er eine Revolution nach bolschewistischem Vorbild habe machen wollen. Die Räteforderung bezog sich lediglich auf die »Organisationsform« der Revolution, nicht aber auf deren »Inhalt«. Nach eingehender

Erörterung schien auch die Mehrheit der anwesenden Arbeiterführer zu dieser Ansicht gelangt zu sein, denn Liebknechts Forderung wurde mit in die sechs Bedingungen aufgenommen, die noch am Abend des 9. November der MSPD übermittelt und von dieser postwendend beantwortet wurden. Der besseren Übersicht wegen seien hier USPD-Bedingungen und MSPD-Antworten gemeinsam wiedergeben:

»1. Deutschland soll eine soziale Republik sein.
[Antwort:] Diese Forderung ist das Ziel unserer eigenen Politik. Indessen hat darüber das Volk durch die konstituierende Versammlung zu entscheiden.

2. In dieser Republik soll die gesamte exekutive, legislative und die jurisdiktionelle Macht ausschließlich in den Händen von gewählten Vertrauensmännern der gesamten werktätigen Bevölkerung und der Soldaten sein.
[Antwort:] Ist mit diesem Verlangen die Diktatur eines Teils einer Klasse gemeint, hinter der nicht die Volksmehrheit steht, so müssen wir diese Forderung ablehnen, weil sie unseren Grundsätzen widerspricht.

3. Ausschluß aller bürgerlichen Mitglieder aus der Regierung.
[Antwort:] Diese Forderung müssen wir ablehnen, weil ihre Erfüllung die Volksernährung erheblich gefährden, wenn nicht unmöglich machen würde.

4. Die Beteiligung der Unabhängigen gilt nur für drei Tage als ein Provisorium, um eine für den Abschluß des Waffenstillstandes fähige Regierung zu schaffen.
[Antwort:] Wir halten ein Zusammenwirken der sozialistischen Richtungen mindestens bis zum Zusammentritt der Konstituante für erforderlich.

5. Die Ressortminister gelten nur als technische Gehilfen des eigentlichen und entscheidenden Kabinetts.
[Antwort:] Dieser Forderung stimmen wir zu.

6. Gleichberechtigung der beiden Leiter des Kabinetts.
[Antwort:] Wir sind für die Gleichberechtigung aller Kabinettsmitglieder, indessen hat die konstituierende Versammlung darüber zu entscheiden[266].«

Wie sehr sich Karl Liebknecht im Kreise der USPD-Führer und der Revolutionären Obleute tatsächlich hat durchsetzen können, zeigt ein Vergleich dieser Bedingungen mit Liebknechts Vorstellungen. Enthielt Punkt 1 mit der »sozialen Republik« jene Forderung, die Liebknecht schon in seiner Proklamation vor dem Hohenzollernschloß erhoben hatte, so war Punkt 2 nichts anderes als die Ausformulierung der oben erwähnten Forderung. Die Punkte 3 und 5 ergaben sich aus Punkt 2; die Punkte 4 und 6 hatten direkt nichts mit Liebknechts Forderung zu tun. Inwieweit sie auf seine Anregungen zurückgingen, läßt sich anhand der bisher vorliegenden Quellen nicht sagen.

Liebknechts »Erfolg« war jedoch nur relativ, denn aufgrund der Abwesenheit von Hugo Haase und Wilhelm Dittmann war die USPD-Führung gar nicht beschlußfähig; die der MSPD übermittelten Bedingungen konnten also kaum mehr als ein erstes vorläufiges Verhandlungsangebot sein. Von diesem Sachverhalt scheint auch die MSPD-Führung ausgegangen zu sein, denn ihre Antworten waren derart vage und konziliant formuliert, daß dahinter die Absicht zu vermuten ist, die Verhandlungen auf jeden Fall so lange offen zu halten, bis die USPD-Führung komplett war und konkrete Verhandlungen möglich wurden. Liebknechts unmittelbare Reaktion auf die Antworten der MSPD ist nicht bekannt. Fest steht lediglich, daß er sie nicht zum Anlaß nahm, um die Verhandlungen als von vornherein gescheitert zu erklären. Dies ist keineswegs verwunderlich, denn die Antworten waren so weit nicht von seinen eigenen Vorstellungen entfernt. Dies gilt besonders für die Beantwortung von Punkt 2, in der die Diktatur einer Minderheit über die Mehrheit der Bevölkerung abgelehnt wurde. Auch Liebknecht hat diese Vorstellung abgelehnt und den Begriff von der Diktatur des Proletariats als »Diktatur« der Mehrheit über die Minderheit verstanden, wie er 1916 in seiner Kritik an Rosa Luxemburgs »Leitsätzen« ausdrücklich betonte. Selbst die Antwort zu Punkt 3, die auf den ersten Blick kontrovers erscheint, ließ bei näherer Betrachtung durchaus Kompromißmöglichkeiten offen. Auch Liebknecht war sich im klaren darüber, daß der Wiederaufbau der Gesellschaft nach dem Kriege nicht ohne die Expertise bürgerlicher Vertreter möglich war. Am 23. Dezember 1918 erklärte er in seiner Rede zum Programm des Spartakusbundes: »Gewiß, wir werden zur Durchführung der Sozialisierung des Wirtschaftslebens die Mitwirkung auch der bürgerlichen Intelligenz, der Fachmänner, der Ingenieure brauchen[267].«

Daß Liebknecht am Fortgang der Verhandlungen interessiert war, läßt sich nicht zuletzt daran ablesen, daß er gemeinsam mit Philipp Scheidemann eine Erklärung unterzeichnete, die Paul Dittmann, ein Bruder von Wilhelm Dittmann, beauftragte, Hugo Haase mit einem Militärauto von Kiel nach Berlin zu holen. Da diese Erklärung in der historischen Forschung zu unterschiedlichen Interpretationen geführt hat, soll sie hier im vollständigen Wortlaut wiedergegeben werden:

»Inhaber dieses, Herr Paul Dittmann aus Hamburg, ist beauftragt, den Reichstagsabgeordneten Hugo Haase, der sich in Kiel befindet, sofort nach Berlin zu holen. Es sind ihm zu diesem Zwecke von der Regierung zwei Militärautos mit Bemannung zur Verfügung gestellt. Der Transport geschieht im Einverständnis mit dem Großen Hauptquartier.
K. Liebknecht, Scheidemann[268].«

Vertreter der nicht-kommunistischen Geschichtsschreibung[269] sehen in diesem Schriftstück ein »Regierungsdokument« und behaupten, daß sich der ehemalige Sozialdemokrat aus einem spontanen Solidaritätsgefühl heraus zum Eintritt in die Revolutionsregierung bereit erklärt habe. Erst als ihm am nächsten Morgen von der Spartakusführung der »Kopf gewaschen«[270] worden sei, habe er seine Zusage wieder zurückgezogen. Kommunistische Historiker dagegen[271] sehen in diesem Dokument lediglich einen »Passierschein«, der beweist, welch ungeheures Ansehen der Spartakusführer bei Ausbruch der Novemberrevolution gehabt habe. Beide Interpretationen gehen jedoch am Kern der Sache vorbei. Zweifelsohne ist es richtig, daß das Schreiben auch ein Passierschein für Paul Dittmann hatte sein sollen. Man darf dabei aber nicht übersehen, warum Dittmann beauftragt worden war, den USPD-Vorsitzenden nach Berlin zu holen, nämlich, um die Verhandlungen zur Regierungsbildung zum Abschluß zu bringen. Die These vom »Regierungsdokument« wiederum läßt die Tatsache außer acht, daß am Abend des 9. November noch gar keine feste Vorstellung von einer Regierung bestehen konnte; genau zu diesem Zweck sollte Haase ja nach Berlin geholt werden. Liebknecht kann also noch gar nicht seine Einwilligung zu einem Regierungsbeitritt gegeben haben, weil es noch gar keine Regierung gab. Der Hinweis auf die »Spartakuskopfwäsche« ist ohnehin mehr als fragwürdig. Außer Rosa Luxemburg verfügte im Führungskreis der Spartakusgruppe niemand über so viel Autorität, daß er Liebknecht, der sich auf dem Höhepunkt seiner politischen Laufbahn befand, in die Schranken hätte weisen können. Rosa Luxemburg aber befand sich zu diesem Zeitpunkt noch in Breslau, wo sie zwar am 8. November aus der Haft entlassen worden war, von wo aus sie jedoch wegen der chaotischen Verkehrsverhältnisse erst am Abend des 10. November nach Berlin zurückkehren konnte[272]. Karl Liebknecht unterschrieb das Dokument ganz einfach deshalb, weil er am Fortgang der Verhandlungen interessiert war. Die Tatsache, daß in der Erklärung die Begriffe »Regierung« und »Großes Hauptquartier« auftauchen, ist eher psychologisch als politisch zu deuten. Sie sollten dem Dokument, das übrigens den Briefkopf des Reichstages trägt, eine äußerliche, formale Autorität verleihen.

Mit der Rückkehr von Hugo Haase, der schon in der Nacht vom 9. auf den 10. November aus eigenem Antrieb nach Berlin zurückkehrte[273], änderte sich die Verhandlungsgrundlage für die Regierungsbildung vollkommen. Aufgrund der Eindrücke, die der USPD-Führer auf der Fahrt von Kiel nach Berlin gewonnen hatte, hielt er eine schnelle Regierungsbildung für unbedingt notwendig und war daher auch zu erheblichen Konzessionen bereit. So erklärte er sich beispielsweise damit einverstanden, daß Punkt 1 der ursprünglichen Bedingungen ersatzlos gestrichen wurde. Punkt 2 wurde dahingehend abgeschwächt, daß lediglich die »politische Macht« in den Händen der Arbeiter- und Soldatenräte liegen sollte[274]. Für Karl Liebknecht waren diese Änderungen jedoch unannehmbar, denn sie bezogen sich auf die Kernpunkte seiner Forderungen. Als er daher am nächsten Morgen von ihnen erfuhr, zog er sich von den Verhandlungen zurück und lehnte auch das später an ihn ergangene Angebot, in die Revolutionsregierung einzutreten, ab. Rückblickend erklärte er: »Man hat mich gefragt, warum ich nicht in die Regierung eingetreten bin. Die Antwort ist ganz einfach. Ich stellte – unter anderem – zur Bedingung, daß die gesetzgebende, ausübende, richterliche Gewalt ausschließlich in den Händen der Soldaten- und Arbeiterräte sein und bleiben müsse. Diese Bedingung wurde abgelehnt. Man suchte mich zu bewegen, mit mir handeln zu lassen. Ich lehnte jede Konzession ab[275].« MSPD und USPD bildeten daraufhin allein die Regierung, die sich in Anlehnung an die »Sowjets« der russischen Oktoberrevolution »Rat der Volksbeauftragten« nannte. Die personelle Zusammensetzung sah dabei folgendermaßen aus: Friedrich Ebert, Otto Landsberg und Philipp Scheidemann (MSPD) und Emil Barth, Wilhelm Dittmann und Hugo Haase (USPD)[276]. Der Rat der Volksbeauftragten verstand sich in erster Linie als Übergangsregierung, die neben den Waffenstillstandsverhandlungen und einigen sofortigen Reformmaßnahmen wie beispielsweise die Einführung des allgemeinen demokratischen Wahlrechts das Hauptziel seiner Aktivität in den Vorbereitungen der Wahlen zur Nationalversammlung sah, die endgültig über die politische Zukunft Deutschlands entscheiden sollte.

Liebknechts Weigerung, in den Rat der Volksbeauftragten einzutreten, wird von der historischen Forschung allgemein als ein weiteres herausragendes Merkmal für jenen Radikalisierungsprozeß angesehen, der angeblich nach dem Ausbruch des Ersten Weltkrieges einsetzte. Die kommunistische Geschichtsschreibung verweist dabei vor allem auf Liebknechts Räteforderung, die sie positiv als Entwicklung zum Bolschewismus hin wertet[277]. Die nicht-kommunistische Forschung[278] dagegen spricht negativ vom Degenerationsprozeß und wirft Liebknecht mangelnde Kompromißfähigkeit vor, die damit erklärt wird, daß sich der eben erst vom Zuchthausmartyrium befreite Spartakusführer Illusionen hingegeben habe, was die Verwirklichung der sozialen Revolution im Anschluß an den Krieg anbelangte. Beide Urteile werden aber Liebknechts politischer Entwicklung nicht gerecht, denn sie gehen von einer punktuellen Perspektive aus, die – wie das ähnlich schon in den vorangegangenen Untersuchungen zu Liebknechts Reaktion auf den Ausbruch des Krieges sowie die Bewilligung der Kriegskredite durch die sozialdemokratische Reichstagsfraktion und seiner Agitation gegen den Krieg und die Kriegspolitik der SPD-Führung zu beobachten gewesen war – nicht nur den Gesamtkontext der vorangegangenen Entwicklung außer acht läßt, sondern das politische Handeln auch artfremd erklärt. Weder die Motive und Ziele noch die politisch-theoretischen und politisch-taktischen Vorstellungen, die Liebknechts Handeln zugrunde gelegen haben, werden herangezogen. Speziell nicht-kommunistische Historiker gehen darüber hinaus auch noch von faktisch falschen Voraussetzungen aus, wenn sie dem Spartakusführer mangelnde Verhandlungsbereitschaft vorwerfen. Liebknecht zog sich erst in dem Moment von den Verhandlungen zurück, als er keine gemeinsame Verhandlungsgrundlage mehr sah. Daß er sowohl den MSPD- als auch den USPD-Führern skeptisch gegenüberstand, ist angesichts der Erfahrungen, die er mit diesen Politikern während des Krieges gemacht hatte, nicht verwunderlich. War er von den einen schon gleich nach Kriegsausbruch wegen seines Eintretens für eine schnelle Beendigung des Krieges »mundtot« gemacht worden, so hatten ihn die anderen bei der Gründung der SAG aus denselben Gründen »exkommuniziert«. Weiterhin ist es auch nicht richtig, Liebknecht Illusionismus vorzuwerfen, was die Einschätzung der politischen Lage während der Novemberrevolution anbetrifft. Durchaus im Einklang mit den Ergebnissen auch der heutigen Forschung[279] verstand Karl Liebknecht die Novemberrevolution als einen »Versuch zur Beendigung des Krieges und seiner Ursachen«. »Ihre Antriebe«, analysierte er am 21. November 1918 in der *Roten Fahne*, »waren zum großen Teil nicht proletarische Klassennöte, sondern mehr oder weniger allgemein-gesellschaftliche Gebrechen; der Sieg der Arbeiter- und Soldatenmassen war nicht so sehr ihrer Stoßkraft zu verdanken als dem inneren Zusammenbruch des früheren Systems; die politische Form der Revolution war nicht nur proletarische Aktion, sondern auch Flucht der herrschenden Klassen vor der Verantwortung für den Gang der Ereignisse; Flucht der herrschenden Klassen, die mit einem Seufzer der Erleichterung die Liquidation ihres Bankerotts dem Proletariat überließen und so der sozialen Revolution zu entgehen hoffen, deren Wetterleuchten ihnen den Angstschweiß auf die Stirn treibt[280].«

Die Beweggründe und damit Erklärungen für Karl Liebknechts Entscheidung sind weder in einer Radikalisierung noch in einer Bolschewisierung seiner politischen Entwicklung zu suchen; sie ergeben sich einzig und allein aus den Motiven und Zielen seines politischen Handelns. Karl Liebknecht hat die politische Betätigung nie unter bloßen tagespolitischen Gesichtspunkten betrachtet, sondern immer »sub specie aeternitatis«, wie er 1913 einmal einem russischen Parteifreund schrieb[281]. Sein Ziel war nicht die Erringung politischer Macht per se, sondern die Höherentwicklung der Menschheit mit Hilfe der Emanzipation des Proletariats. Ob er sich in der

Vorkriegszeit als sozialdemokratischer Rechtsanwalt betätigte, ob er gegen den Militarismus und für eine sozialdemokratische Jugendbewegung stritt, ob er seinen agitatorischen Kampf gegen Preußen oder das zaristische Rußland führte und ob er schließlich gegen die Kriegsgefahr und den Krieg selbst kämpfte, immer orientierte er sein Handeln an den Idealen von Menschlichkeit und Gerechtigkeit. In Liebknechts Augen war das humanitär-rechtliche Ideal geradezu ein Gradmesser für die menschheitliche Höherentwicklung. Dementsprechend hatte sich bei ihm ein Weltbild entwickelt, das auf der einen Seite der politischen Skala die westlichen Demokratien und auf der anderen Seite Preußen-Deutschland und das zaristische Rußland sah. Diese beiden Staaten bildeten aufgrund ihrer feudalen und halbfeudalen Zustände eine Art »Hort der Reaktion«, der jede kulturelle und politische Höherentwicklung in Europa verhinderte. Dabei hatte schon der antizaristische Agitator der Vorkriegszeit darauf hingewiesen, daß zwischen den herrschenden Kreisen Preußen-Deutschlands und den Regierenden im Zarenreich eine wechselseitige Abhängigkeit bestand, die die beiden Einzelteile jeweils stützte. Nicht zuletzt aus diesem Grunde hatte Liebknecht in der Vorkriegszeit gegen beide Gegner agitiert. Der Krieg hatte an diesem Weltbild grundsätzlich nichts verändern können, denn es handelte sich, wie Liebknecht in seinen November-Thesen 1914 festgestellt hatte, um einen kapitalistischen und imperialistischen Krieg, der der Durchsetzung territorialer und wirtschaftlicher Interessen diente, nicht aber der Verwirklichung ideeller Ziele, wie sie beispielsweise die Beseitigung der Klassenherrschaft in Rußland oder Preußen-Deutschland hätten sein können.

Der Ausbruch der Russischen Revolution war in Liebknechts Weltbild ein Ereignis von nicht zu unterschätzender Bedeutung, denn es veränderte nicht nur die innerrussischen Verhältnisse zugunsten des von ihm propagierten humanitär-rechtlichen Ideals, es beseitigte mit dem Zarismus auch einen wichtigen Bestandteil des »Horts der Reaktion« in Europa. Nachdem Liebknecht im Zuchthaus von Luckau mit Verspätung von den Vorgängen in Rußland erfahren hatte, schrieb er voller Begeisterung an seine Frau: »Die welthistorische Größe der auf allen Gebieten begonnenen kulturellen Aufräumungs- und Neuschöpfungsarbeiten erkennt und bewundert niemand mehr als ich, wenn mir auch bisher nur ihre schattenhaften Umrisse gezeigt wurden. Mein Kopf und Herz sind voll davon[282].« Um diesen ersten Schritt auf dem Wege der Höherentwicklung zu sichern, war die Revolution in Deutschland unbedingt notwendig; andernfalls bestand die Gefahr, daß die Kräfte des alten Reiches, begünstigt durch die interdependenten preußisch-deutschen Klassenverhältnisse wieder in ihre alten Schlüsselpositionen gelangten. »*Alles, alles* kommt auf das deutsche Proletariat an«, schrieb der Zuchthaushäftling in einer Notiz vom August 1918, und seiner Frau bekannte er: »Ich möchte helfen unter Opferung von tausend eigenen Leben, mithelfen an dem Einzigen, was der russischen Revolution und der Welt helfen kann. Verdammte Ohnmacht. Ich stoße an die Wände[283].« Die deutsche Revolution war in Liebknechts Weltbild vor allem auch deshalb nötig, um zu gewährleisten, daß der revolutionäre Funke von Rußland über Preußen-Deutschland auf die Entente-Länder überspringen und damit den Prozeß der Höherentwicklung der Menschheit mit Hilfe einer »Weltrevolution« vollends in Gang setzen würde. Am 27. November prophezeite der befreite Spartakusführer vor dem 53er Ausschuß der Marine: »In Rußland hat das Werk begonnen, in Deutschland muß es fortgesetzt und in den Ententeländern wird es vollendet werden[284].« Dabei begründete Liebknecht die »Weltrevolution« keineswegs mit irgendwelchen utopischen Zielen. Seiner Meinung nach war sie die einzig mögliche Alternative, um den Krieg und seine Folgen sowie die Ursachen von Kriegen überhaupt zu beseitigen. »Es gibt nur zwei Möglichkeiten«, erklärte er vor dem 53er Ausschuß der Marine, »den Krieg zu liquidieren, die kapitalistisch-imperialistische und die proletarisch-sozialistische. Die erste gibt einen menschenunwürdigen Frieden des Augenblicks, dem neue Kriege folgen. Die zweite einen Frieden der Wohlfahrt und der Dauer. Die erste erhält die kapitalistische Klassenherrschaft, die zweite rottet sie aus und befreit das Proletariat[285].« Die Tatsache, daß das Proletariat in den Ententeländern den Ausbruch der deutschen Revolution nicht sogleich mit der Revolution in ihren Ländern beantwortet hatte, war für Liebknecht keineswegs ein Beweis dafür, daß sein Weltbild und die sich daraus ergebende Vorstellung von der Höherentwicklung der Menschheit mit Hilfe einer Weltrevolution falsch war. So lange die deutsche Revolution lediglich »bürgerlich-reformerischen Charakter« trug, argumentierte er, würden die Ententevölker nicht reagieren, »da sie ja längst Republiken oder bürgerliche ›Demokratien‹ haben«[286]. Erst wenn das deutsche Proletariat die »soziale Revolution« vollbringen oder doch wenigstens »tatkräftig in Angriff« nehmen würde, konnte eine Reaktion aus den Ententeländern erwartet werden. Unter der »sozialen Revolution« verstand Liebknecht dabei nichts anderes als die Demokratisierung der gesamtgesellschaftlichen Verhältnisse, da nur so das humanitär-rechtliche Ideal im gesellschaftlichen Leben verwirklicht werden konnte. »Die bürgerliche Demokratie«, kritisierte er die vom Rat der Volksbeauftragten verfolgten Demokratisierungsbestrebungen, »ist eine verfälschte Demokratie, da die ökonomische und soziale Abhängigkeit der arbeitenden Masse auch bei formaler politischer Gleichheit den herrschenden Klassen sachlich ein ungeheures Übergewicht gibt und die ökonomische und soziale Abhängigkeit an und für sich wirkliche Demokratie ausschließt[287].«

Betrachtet man Liebknechts Weigerung, in den Rat der Volksbeauftragten einzutreten, im Lichte dieser Motive und Ziele, so wird deutlich, daß er gar nicht anders hätte handeln können. Für den Agitator mit dem humanitär-rechtlichen Ideal und der Vorstellung von der Höherentwicklung der Menschheit durch die Emanzipation des Proletariats reduzierte sich das Wesen der Politik auf die Alternative »für« oder »gegen« die Höherentwicklung. Als daher am 9. November 1918 mit dem Ausbruch der revolutionären Ereignisse in Berlin die deutsche Revolution begann und mit Preußen-Deutschland den zweiten Bestandteil des »Horts der Reaktion« ins Wanken brachte, war für Liebknecht das Ziel seines Handelns gleichsam per definitionem vorgegeben: Demokratisierung der gesamtgesellschaftlichen Verhältnisse, um den preußisch-deutschen Klassenstaat zu beseitigen und damit den in Rußland begonnenen Prozeß der »Weltrevolution« fortzuführen. Insofern ist es durchaus richtig, Liebknecht als einen »radikalen Politiker« zu bezeichnen, nur ergab sich die Radikalität seines Denkens weder aus marxistisch-leninistischen Überlegungen noch war sie auf eine Radikalisierung seiner politischen Entwicklung nach Ausbruch des Ersten Weltkrieges zurückzuführen. Die radikale Anlage seiner Politik war von Anfang an vorhanden gewesen. Solange jedoch der Sozialdemokrat im Rahmen der SPD agiert hatte, war diese Anlage nicht zum Vorschein gekommen, einmal wegen der allgemeinen sozialdemokratischen Agitation, zum anderen wegen der gesellschaftlichen Sachzwänge, schließlich war Preußen-Deutschland in der Vorkriegszeit ein in sich festgefügtes Staatswesen, das Liebknecht, selbst wenn er gewollt hätte, nur die verbale Vertretung seiner politischen Ziele erlaubte. Mit dem Zusammenbruch der alten Ordnung trat jedoch eine Situation ein, die es ihm erlaubte, die Verwirklichung der bis dahin nur verbal vorgebrachten Ziele tatsächlich in Angriff zu nehmen. Genau diesem Zweck diente seine Forderung, die gesamte legislative, exekutive und richterliche Gewalt in die Hände der Arbeiter- und Soldatenräte zu legen. Die Räteforderung war nichts anderes als die logische Schlußfolgerung seiner fast zwanzigjährigen politischen Erfahrung, insbesondere beim Umgang mit dem preußisch-deutschen Klassenstaat. Schon sein Vater hatte vorausgesagt, daß Deutschland erst dann demokratisiert werden würde, wenn das preußische Element beseitigt war. Der Sohn verfeinerte diese Auffassung, indem er mit der Justiz, dem Militarismus, der staatlichen Verwaltung und den »Kriegsinteressenten« all jene Machtfaktoren bekämpfte, die den Ausschlag für die politische Entwicklung in Preußen-Deutschland gaben. Dabei war Liebknecht klar geworden, daß die herrschenden Kreise nicht so sehr deshalb »herrschten«, weil sie im Parlament eine uneinnehmbare Vormachtstellung innehatten, sondern daß umgekehrt diese Vormachtstellung die gesamtgesellschaftlichen Machtverhältnisse widerspiegelte. Wollte man also die Macht der herrschenden Kreise brechen, mußte man die gesamtgesellschaftlichen Machtverhältnisse verändern, was mit der formalen Einführung eines demokratischen Wahlrechts nicht erreicht werden konnte. Schon 1910 – auf dem Höhepunkt der Wahlrechtsbewegung – hatte Liebknecht der SPD genau diesen Punkt klarzumachen versucht und deshalb die Demokratisierung auch der staatlichen Verwaltung gefordert. Wenn Karl Liebknecht mit seiner Räteforderung die alten Einrichtungen der Arbeiterbewegung überging, so deshalb, weil sich die Führer der MSPD und der Gewerkschaften mit ihrer Kriegspolitik selbst korrumpiert hatten und daher dem Vorantreiben des revolutionären Prozesses eher hinderlich als förderlich waren. Darüber hinaus hielt Liebknecht diese Einrichtungen allerdings auch für überholt, denn mit dem Eintreten der Revolution war die »Aufgabe« der Partei beendet, die Existenz ihrer Organisation überholt. Wenn sich Liebknecht auch nicht näher über das Funktionieren der sozialistischen Gesellschaft beziehungsweise des Rätesystems ausgelassen hat, so kann man doch davon ausgehen, daß er den Räten vor allem zwei Funktionen beim Übergang der bürgerlichen Gesellschaft zum Sozialismus zugewiesen hat. Auf der einen Seite sollten sie gewährleisten, daß die Kräfte des alten Reiches tatsächlich aus ihren gesellschaftlichen Schlüsselpositionen verdrängt wurden, und zum anderen sollten sie der neuen Gesellschaft als kleinste organisatorische Zellen dienen, in denen die proletarischen Massen das ihnen noch fehlende demokratische und soziale Verhalten übten. Wahrscheinlich sollten die Räte die gleiche Funktion übernehmen, die Liebknecht in der Vorkriegszeit der sozialdemokratischen Jugendbewegung im Rahmen einer längerfristigen gesellschaftlichen Entwicklung zugedacht hatte.

Wenn auch Liebknechts Weigerung, in den Rat der Volksbeauftragten einzutreten, nicht das Ergebnis eines wie auch immer gearteten Radikalisierungsprozesses gewesen ist, so war sie doch ein schwerer politischer Fehler. Genau genommen entzog er sich damit die Grundlage seiner eigenen Politik. Hatte er als Antikriegskämpfer die Friedenssehnsucht der kriegsmüden Massen verkörpert und damit politischen Einfluß gewonnen, so enttäuschte er jetzt die in ihn gesetzten Hoffnungen, als weltweit bekannter Antikriegsheld für einen raschen und fairen Frieden einzutreten. So prophetisch auch seine Warnung hinsichtlich der politischen Entwicklung Europas im Falle eines »kapitalistischen Friedensschlusses« gewesen sein mag, auf die Massen mußte sie ohne Wirkung bleiben, denn sie war im Gegensatz zu seiner Antikriegspolitik mit ihrer konkreten, leicht verständlichen und einsehbaren Zielsetzung viel zu abstrakt und vorausgreifend. Liebknecht enttäuschte aber nicht nur die in ihn gesetzten Hoffnungen, er widersetzte sich mit seiner Entscheidung sogar den erklärten Wünschen der Massen, die eine baldige »Wiedervereinigung« der Arbeiterbewegung wollten. Die Entfremdung zu den Massen war die logische Folge, wobei noch erschwerend hinzukam, daß der Rat der Volksbeauftragten mit seinen Reformmaßnahmen die unmittelbaren Bedürfnisse der Massen befriedigte. Schon am 19. November mußte sich der Spartakusführer in einer Versammlung der Berliner Arbeiter- und Soldatenräte gegen derartige Vorwürfe zur Wehr setzen. »Genossen«, rief er dort aus, »man sagt, der Liebknecht muß unschädlich gemacht werden, weil er gegen die Einigkeit ist. Es gibt niemanden auf der Welt, der die Einigkeit mehr herbeisehnt als ich, der bereit ist, sein Alles dafür hinzugeben . . . Aber nur für eine Einigkeit, die dem Volke hilft, die es retten kann[288].« Wenn Liebknecht trotzdem nicht sogleich in die politische Bedeutungslosigkeit hinabsank, so war dies weniger ein Verdienst seiner eigenen Politik als vielmehr der halbherzigen und teilweise sogar zwiespältigen Politik des Rates der Volksbeauftragten[289]. Schon am Abend des 10. Novembers schloß Friedrich Ebert seinen »berühmten« Pakt mit General Groener, wodurch praktisch die Autorität der alten Militärführung wiederhergestellt war[290]. Einen Tag später wurden die Staatssekretäre und Chefs der Reichsbehörde per Erlaß[291] in ihren Ämtern bestätigt, so daß auch in der staatlichen Verwaltung die alte Führungsschicht erhalten blieb. Nicht ganz zu Unrecht konnte Liebknecht daher am 21. November in einem Artikel der *Roten Fahne* feststellen, daß von »wirklicher politischer Herrschaft des Proletariats heute nur mit stärksten Vorbehalten gesprochen werden kann«[292].

Liebknechts Politik im Anschluß an den 9. November konzentrierte sich auf zwei Punkte und basierte, genaugenommen, auf dem uralten sozialdemokratischen Grundsatz von der Aufklärung der Massen und dem Aufbau der Parteiorganisation; auch dies übrigens ein Beweis für die Kontinuität in seinem politischen Denken und Handeln. In der allgemeinen Aufklärungsagitation suchte der Spartakusführer den Massen klarzumachen, daß der Rat der Volksbeauftragten keine sozialistische Politik betrieb und deshalb auch keine sozialistische Regierung war. Als Beweis führte er an, daß die Kräfte des alten Reiches nicht aus ihren Schlüsselpositionen verdrängt worden waren, daß also das Prinzip vom »Klassenkampf im Innern« keine Gültigkeit mehr besaß. Gleichsam komplementär ergänzt wurde diese Tatsache dadurch, daß der Rat der Volksbeauftragten auch den Standpunkt der »Internationalen Solidarität« nicht mehr zu kennen schien, denn die diplomatischen Beziehungen zur Sowjetrepublik, die am 5. November noch von der alten Regierung abgebrochen worden waren[293], wurden nicht wieder hergestellt. Der Rat der Volksbeauftragten hatte sogar das Angebot der russischen Revolutionsregierung zur Zusammenarbeit expressis verbis abgelehnt[294]. Parallel zur allgemeinen Agitation betrieb Liebknecht den Aufbau der eigenen Parteiorganisation, wobei er von der – wenn auch noch embryonalen – Organisationsbasis der Spartakusgruppe ausgehen konnte. Diese war nicht zuletzt wegen der staatlichen Verfolgungsmaßnahmen während des Krieges kaum mehr als eine locker zusammengeschlossene Gruppe ideologisch Gleichgesinnter, die kaum festen Kontakt zur Basis hatte, sondern lediglich vom Ansehen ihrer Führer, insbesondere Karl Liebknechts, lebte[295]. Selbst der Führungskreis der Gruppe hatte bis zum Kriegsende kaum noch direkt miteinander verhandeln können, denn neben Karl Liebknecht und Rosa Luxemburg befanden sich auch Franz Mehring und Ernst Meyer zeitweilig im Gefängnis, während andere Mitglieder, wie Hermann Duncker z. B. im Militärdienst standen oder wie Wilhelm Pieck ins neutrale Ausland geflüchtet waren. Der komplette Führungskreis der Gruppe traf erst am Abend des 10. November zum erstenmal wieder zusammen. Einen Tag später kam man dann in einer Sitzung auf Vorschlag von Leo Jogiches überein, sich als »Spartakusbund« zu konstituieren. Wie Wilhelm Pieck in seinen Erinnerungen schreibt[296], war der Spartakusbund noch keine eigene Partei, sondern verstand sich als »geschlossene Propagandavereinigung« innerhalb der USPD. Sichtbares Zeichen dieser Vereinigung sollte die von nun an erscheinende Zeitung *Die Rote Fahne* sein, als deren Herausgeber Rosa Luxemburg und Karl Liebknecht fungierten. Über die Gründe, warum der organisatorische Bruch mit der USPD vermieden wurde, notierte Clara Zetkin nach einem Telefonat mit Rosa Luxemburg: »Möglich, sogar wahrscheinlich, daß die Trennung unvermeidlich wird. Aber dann sollen wir sie vollziehen unter den Umständen, die unserer Einwirkung auf die Massen am günstigsten sind, Umstände, die die Trennung aus einer mehr oder minder großer Organisationen zur Sache größerer proletarischer Massen machen würde. Solche Umstände fehlen jetzt[297].« Sechs Wochen später schienen diese Umstände jedoch gegeben zu sein, denn beinah erfreut berichtete Rosa Luxemburg der Stuttgarter Mitstreiterin Clara Zetkin am 25. Dezember 1918: »Hier spitzen sich die Verhältnisse zu, sowohl außen – zu den Ebert-Leuten – wie innen, in der USP[D] . . . Die Partei ist in voller Auflösung[298].«

Vor allem drei Ereignisse haben im Verlauf der Novemberrevolution zur Krise der USPD geführt. Das erste Ereignis war die sogenannte Aktion »Rotes Herz«[299] am 6. Dezember 1918. Sie begann damit, daß bei einer ordnungsgemäß angemeldeten und unbewaffneten Spartakusdemonstration 18 Menschen erschossen wurden; sie sollte dann mit der Verhaftung des Vollzugsrates der Berliner Arbeiter- und Soldatenräte fortgesetzt werden, was jedoch mißlang, und fand schließlich ihren Höhepunkt in einer Kundgebung des »Kaiser-Franz-Regiments« sowie der vom Kriegsministerium finanzierten »Studentenwehr«, bei der Friedrich Ebert zum »Präsidenten« ausgerufen wurde. Der MSPD-Führer lehnte diese spontane Ernennung zwar ab, doch bezweifelte selbst der der MSPD ebenfalls angehörende Hermann Müller-Franken[300], ob Eberts Verhalten dem »Ehrenkodex« der Revolution entsprochen hätte. Vor allem die Vertreter des linken Flügels der USPD um Georg Ledebour, die den Eintritt der USPD-Vertreter in den Rat der Volksbeauftragten ohnehin abgelehnt hatten, reagierten voller Empörung auf diesen »Anschlag von Rechts« und warfen der Parteiführung vor, im Rat der Volksbeauftragten die halbherzige Revolutionspolitik der MSPD mitzumachen[301]. Wie groß die Spannungen innerhalb der USPD wegen dieses Ereignisses wurden, mag man der Tatsache entnehmen, daß es während einer Parteisitzung in Berlin beinah zu Tätlichkeiten zwischen Georg Ledebour und Hugo Haase gekommen wäre[302]. Das zweite Ereignis, das diese Spannungen noch verstärkte, war die Zustimmung der USPD-Mitglieder im Rat der Volksbeauftragten zu der Entscheidung, die Wahlen zur Nationalversammlung schon am 19. Januar 1919 stattfinden zu lassen und nicht erst am 16. Februar, wie der Parteivorstand der USPD ursprünglich beschlossen hatte[303]. Die Vorverlegung des Termins stellte für die USPD eine klare Benachteiligung dar, denn sie verfügte im Gegensatz zur MSPD über keine so gut ausgebaute Organisation und benötigte deshalb auch mehr Zeit für die Vorbereitung des Wahlkampfes. Die Revolutionären Obleute protestierten am 21. Dezember öffentlich gegen dieses »parteischädigende Verhalten« und verlangten die Einberufung eines Parteitages[304], der über das Verbleiben der USPD-Vertreter im Rat der Volksbeauftragten verhandeln sollte. Das dritte Ereignis, das die Gegensätze in der USPD auf die Spitze trieb, waren die Kämpfe zwischen der Volksmarinedivision und Regierungstruppen am 24. Dezember 1918[305].

Karl Liebknecht spricht beim Begräbnis der Opfer der Spartakusdemonstration am 6. Dezember 1918.

Die als »Blutweihnacht« in die Geschichte eingegangenen Kämpfe, bei denen 68 Menschen ums Leben kamen, waren dadurch entstanden, daß die Matrosen der Volksmarinedivision den Stadtkommandanten Otto Wels, MSPD, gefangen nahmen, weil er ihnen nicht die fällige Löhnung auszahlen wollte. Daraufhin beauftragte Friedrich Ebert den Kriegsminister Scheüch mit der Räumung des Marstalles und des Schlosses, wo sich die Unterkunft der Division befand, um den gefangenen Stadtkommandanten zu befreien. Dabei unterließ es Ebert allerdings, die übrigen Mitglieder im Rat der Volksbeauftragten von seiner Maßnahme zu unterrichten. Es kam zu einer Krise im Rat der Volksbeauftragten, die am 29. Dezember mit dem Austritt der USPD-Mitglieder endete – am 3. Januar 1919 schieden die USPD-Vertreter auch aus der preußischen Landesregierung aus[306].

Karl Liebknecht und die anderen Führer des Spartakusbundes glaubten die Spannungen innerhalb der USPD am besten dadurch ausnutzen zu können, daß sie am 27. Dezember zu einer Reichskonferenz der oppositionellen Gruppen in der Partei nach Berlin einluden[307], nachdem sie am 22. Dezember die Forderung der Revolutionären Obleute nach Einberufung eines Parteitages aufgegriffen hatten und diese zwei Tage später von der USPD-Führung abgelehnt worden war. Etwa 100 Vertreter aus dem gesamten Reichsgebiet kamen der Einladung nach und versammelten sich am 29. Dezember im Festsaal des preußischen Abgeordnetenhauses. Es kam zunächst zu einer nicht-öffentlichen Sitzung[308], bei der »gegen drei Stimmen« die Gründung einer neuen Partei beschlossen wurde. Als Namen für die neue Partei wählte man die Bezeichnung: »Kommunistische Partei Deutschlands« (KPD) mit dem Zusatz »Spartakusbund«. Einen Tag später konstituierten sich dann die Delegierten an derselben Stelle als Gründungsparteitag der KPD und tagten bis zum 1. Januar 1919. Die Verhandlungen des Parteitages konzentrierten sich neben dem Akt der Gründung vor allem auf drei Tagesordnungspunkte: auf das Verhältnis zur Sowjetrepublik, wozu Karl Radek als offizieller Vertreter ein Referat hielt; auf die Frage, ob sich die Partei an den Wahlen zur Nationalversammlung beteiligen sollte – die Frage wurde mit 62 gegen 23 Stimmen verneint – und schließlich auf die Programmdebatte, die von Rosa Luxemburg mit einem Grundsatzreferat eingeleitet wurde[309].

Karl Liebknecht ist an der Gründung der KPD maßgeblich beteiligt gewesen, auch wenn sich dies aufgrund der lückenhaften Quellenlage nicht bis ins Detail nachweisen läßt. Er führte die Anschlußverhandlungen mit den Bremer und Hamburger Linken[310] sowie mit den Revolutionären Obleuten[311] und hielt das erste Referat des Parteitages, in dem er den organisatorischen Bruch der USPD rechtfertigte[312]. Daneben beteiligte er sich auch maßgeblich an den Verhandlungen zu den übrigen Tagesordnungspunkten. So bedankte er sich beispielsweise als Vertreter der Spartakuszentrale für die Rede von Karl Radek, wobei er sich in glühenden Worten zur Russischen Revolution bekannte[313]. Ebenso nahm er an der Debatte zur Frage der Beteiligung an den Wahlen zur Nationalversammlung teil. Seine Ausführungen machen dabei deutlich, daß er mit dem ablehnenden Beschluß der Delegierten keineswegs einverstanden war. »Es sind zwei Möglichkeiten der Entwicklung in Deutschland vorhanden«, ging er auf diesen Punkt in einem Diskussionsbeitrag ein, »die eine Möglichkeit ist, daß wir in den nächsten Wochen vor der Tatsache der sozialen Revolution stehen . . . Trotzdem möchte ich darauf hinweisen, daß neben dieser einen Möglichkeit der Entwicklung doch eine zweite Möglichkeit besteht, daß sich die Konterrevolution konsolidiert in den Händen der Scheidemann, Ebert und Genossen im Bunde mit dem Bürgertum. In der nächsten Zeit werden wir vielleicht zu illegaler Tätigkeit verurteilt werden, werden wir eingesperrt usw. Das würde eine Entwicklung sein, die uns veranlassen würde, auf eine etwas längere Spanne Zeit unsere Taktik einzurichten. Und für diese letztere Möglichkeit . . . ist es, daß mir ein Beschluß auf Nichtbeteiligung an den Wahlen durchaus unzweckmäßig erscheint[314].« An der Programmdebatte dagegen hat sich Karl Liebknecht nur wenig beteiligt. Zum einen ließen ihm die parallel zu den Parteitagsverhandlungen laufenden Gespräche mit den Revolutionären Obleuten kaum Zeit dazu, und zum anderen glaubte er, daß sich die Partei vom Inhaltlichen her auch nicht als etwas »Neues« zu konstituieren hatte. »Genossen«, erklärte er in seinem Eröffnungsreferat, »wir haben ein Programm nötig . . ., aber das Programm und die taktischen Grundsätze . . . werden nichts Neues sein. Wir haben alle diese Grundsätze der Taktik und des Programms . . . bereits verfochten im Laufe unserer gesamten Entwicklung. Unsere ganze Geschichte ist Bestätigung der Grundsätze, deren Festlegung . . . jetzt durch Sie zu erfolgen haben wird[315].«

Liebknechts maßgebliche Beteiligung an der Gründung der KPD gilt allgemein als ein weiterer Beweis für den schon bisher erörterten Radikalisierungs- und Bolschewisierungsprozeß nach Ausbruch des Ersten Weltkrieges, denn als Mitbegründer der KPD habe sich der ehemalige Sozialdemokrat gleichsam auch offiziell zum bolschewistischen Vorbild bekannt. Die kommunistische Geschichtsschreibung wertet dieses Ereignis sogar als den absoluten Höhepunkt in der politischen Karriere von Karl Liebknecht[316]. Dieses Urteil hält jedoch einer ernsthaften Prüfung nicht stand, und zwar deshalb nicht, weil Liebknecht das mit der Parteigründung beabsichtigte Ziel nicht erreichte. Betrachtet man die Gruppen, mit denen er wegen eines Anschlusses verhandelte, so wird deutlich, daß er in der KPD all jene Kräfte vereinigen wollte, die im revolutionären Deutschland auf der linken Seite des politischen Spektrums standen. In diesem Kontext hätten die Bremer und Hamburger Linken den »linken« Flügel, der Spartakusbund die »Mitte« und die Revolutionären Obleute den »rechten« Flügel gebildet; Liebknecht hatte diese Gruppen übrigens schon einmal zusammengebracht, als er im Juni 1915 das Protestschreiben gegen die Kriegspolitik der SPD-Führung initiierte. Die Absage der Revolutionären Obleute vereitelte jedoch seine Absicht, wodurch es automatisch zu einer

»Linkslastigkeit« der neuen Partei kommen mußte, wie sie zum Beispiel im Boykott der Wahlen zur Nationalversammlung zum Ausdruck kam. Für wie wichtig Liebknecht den Anschluß gerade der Obleute gehalten hat, zeigt die Tatsache, daß er die Delegierten des Parteitages bat, einen Tag länger als ursprünglich vorgesehen zusammenzubleiben, um das Ergebnis der Verhandlungen abzuwarten. Und selbst als die Verhandlungen scheiterten, sprach er sich lobend über die Obleute aus. »Sie stehen«, betonte er gegenüber den Delegierten, »himmelhoch über den üblichen Organisationsbonzen der USP[D] in Berlin . . . Das ist ein Unterschied, der mit Worten gar nicht ausgedrückt werden kann. Sie sind also aller Anerkennung wert, und unsere Zusammenarbeit – das hebe ich noch einmal hervor – gehört für mich zu den erfreulichsten Kapiteln meiner ganzen Parteitätigkeit[317].« Doch selbst wenn Karl Liebknecht mit der Gründung der KPD sein Ziel erreicht hätte, wäre es falsch, dieses Ereignis als den absoluten Höhepunkt seiner Politikerlaufbahn zu bezeichnen. Gemäß seiner politisch-theoretischen und politisch-taktischen Vorstellungen bildete der Aufbau einer Parteiorganisation gemeinsam mit der allgemeinen Agitation die zwei Seiten ein und derselben Sache, nämlich der Aufklärung der Massen mit dem Ziel, diese zur »revolutionären Tat« zu motivieren. Allein das Erreichen dieses Zieles wäre als der absolute Höhepunkt zu bezeichnen – zumindest in Liebknechts Augen.

Zweifelsohne ist es richtig, daß sich Karl Liebknecht zur russischen Revolution bekannt hat. Ebenso richtig ist auch, daß er sich in der Öffentlichkeit nie kritisch über die Politik der Bolschewiki geäußert hat. Im Gegensatz zu Rosa Luxemburg, die die russischen Vorgänge zum Anlaß nahm, um sich rein theoretisch mit dem Problem der Durchführung einer sozialen Revolution zu befassen und dabei trotz aller Sympathie scharfe Kritik an der Politik der Bolschewiki übte[318], lehnte ihr Mitstreiter eine öffentliche Kritik ab. »Höchste Vorsicht und aller Takt ist für die deutsche Kritik an dem russischen Proletariat geboten«, begründete er sein Verhalten in einer Zuchthausnotiz vom August 1918 und fügte warnend hinzu, man müsse sich vor dem »prinzipiellen Anti-Leninismus« hüten[319]. Aus diesem Sachverhalt jedoch eine Verwandtschaft zwischen Liebknechts politischen Grundanschauungen und denen der Bolschewiki abzuleiten, wie dies sowohl kommunistische als auch nicht-kommunistische Historiker tun, ist eine höchst oberflächliche Betrachtungs- und Beurteilungsweise. So hat sich beispielsweise auch der Spartakusführer kritisch mit der Politik der russischen Parteifreunde auseinandergesetzt. Seine Zuchthausnotizen machen deutlich, daß er zeitweilig ganz und gar nicht mit der Haltung der Sowjetrepublik bei den Verhandlungen in Brest-Litowsk einverstanden gewesen ist. Ähnlich wie Rosa Luxemburg, die die russische Position bei diesen Verhandlungen in einem Spartakusbrief als »Russische Tragödie«[320] bezeichnete, erkannte auch Liebknecht, daß die »absolute Friedenspolitik . . . zu einer rettenden Tat für den deutschen Imperialismus . . . ganz gegen den Willen der russischen Freunde geworden war«[321]. Eine politische und ideologische Identität von Liebknecht und den Bolschewiki herzustellen, geht nicht nur vollkommen am Gehalt von Liebknechts politischer Vorstellungswelt vorbei, sondern verkennt auch das Wesen von Liebknechts Beziehungen zur russischen Arbeiterbewegung.

Karl Liebknechts Interesse für die »russische Sache« entsprang weder politischen noch parteipolitischen Erwägungen, sondern ergab sich allein aus seinem politisch-moralischen Weltbild. Wie wenig dieses Weltbild mit bolschewistischen Vorstellungen gemein hatte, ist indirekt schon im Zusammenhang mit Liebknechts Beweggründen, nicht in den Rat der Volksbeauftragten einzutreten, deutlich geworden. Der direkte Vergleich Liebknecht – Lenin bestätigt diese Unterschiede. War Lenin[322] ein Machtpolitiker und Berufsrevolutionär, der im Notfall die Emigration dem Zuchthausaufenthalt vorzog, so handelte es sich bei Liebknecht um einen ethisch veranlagten Politiker, der sich als Anwalt der entrechteten, unaufgeklärten Proletariermassen verstand und deshalb seiner Politik einen beinah fanatisch hohen moralischen Anspruch verlieh. In deutlichem Gegensatz zum russischen »Vorbild« postulierte er: »Ein Gran revolutionären Druckes von innen« ist mehr Wert als ein »Fuder revolutionärer Arbeit von außen«[323]. Aus diesem Grunde hatte Liebknecht auch als inhaftierter Antikriegskämpfer die Befreiungsbemühungen der russischen Freunde abgelehnt, die wegen eines Austausches gegen deutsche Kriegsgefangene bei den deutschen Behörden sondiert hatten. »Daß Du um alles in der Welt bei ihnen und anderen keinen Firlefanz, keine Wehleidigkeiten, kein Brimborium um mich machst«, gab er seiner Frau Verhaltensmaßregeln in dieser Angelegenheit, »meine Lage ist eine Selbstverständlichkeit und Kleinigkeit, nichts weiter. So fasse ich's, so faßt Du's, so fassen es meine Kinder auf und damit basta.« Hinsichtlich der Befreiungssache fügte er, an die russischen Freunde gewandt, in der verklausulierten Form des durch die Zuchthauszensur gegangenen Briefes hinzu: »Aber was rote Fahne, Maikommers – Karl-Marx-Amnestien – Spielereien-Spielereien – treiben sie die rechte Politik, darauf allein kommt es an. Von Dehors und honneurs mag ich heute nichts wissen.« Ein weiterer Unterschied bestand in dem völlig andersartigen Verständnis von der »Diktatur des Proletariats«. Dachte Lenin ähnlich wie Rosa Luxemburg an die Diktatur einer politisch bewußt gewordenen Minderheit im Interesse der politisch noch unbewußten Mehrheit, so lehnte Liebknecht diese Vorstellung ab. Seiner Meinung nach war die Diktatur des Proletariats nur so lange gerechtfertigt, wie sie zur Durchführung der sozialen Revolution im Interesse der Mehrheit gegen die Ansprüche weniger notwendig war. »Nicht aber«, schrieb er 1917/18 in deutlicher Anspielung auf die Haltung der Bolschewiki bei den Friedensverhandlungen von Brest-Litowsk, »wenn es [das Proletariat] die politische Herrschaft um anderer Zwecke willen (z. B. ›Frieden‹ schlechthin) ergriffen hat und auf diese gestützt zur politischen Macht gelangt ist . . . und dazu eine politische Herrschaft führt[324].« Der dritte Unterschied schließlich bezog sich auf die Vorstellung vom Sozialisierungsprozeß der Gesellschaft überhaupt. Betrachtete Lenin diesen Prozeß vorwiegend als Machtfrage und betrieb deshalb den Aufbau einer Kaderpartei, die mit Unterstützung des Proletariats die Revolution durchführen sollte, so verstand Liebknecht ihn als Emanzipationsprozeß, insbesondere des Proletariats. In einer Zuchthausnotiz aus dem Jahre 1918 schrieb er: »Wann die Gesellschaft für die soziale Revolution reif ist, hängt nicht nur vom Grade ihrer wirtschaftlichen Entfaltung ab, sondern von ihrer gesamten sozialen Entwicklung im weitesten Sinne, vor allem auch von dem Grade, den das Bewußtsein, die Einsicht, der Wille, die Entschluß- und Aktionskraft des Proletariats erreicht hat, von der geistigen, moralischen, psychischen Stufe der arbeitenden Massen[325].« Daß dieser Prozeß durch die Anwendung von bloßer Gewalt weder beschleunigt noch beendet werden konnte, verstand sich von selbst. Aus dem gleichen Grunde sah Liebknecht auch die Aufgabe der Partei nicht darin, gleichsam als »Vorhut« die Revolution zu »machen«; die Partei hatte zwar mit Hilfe ihrer Propaganda dafür zu sorgen, daß die proletarischen Massen revolutionsfähig und -willig wurden, vollzogen wurde die Revolution jedoch nicht von der Partei, sondern vom Proletariat selbst. Nicht zuletzt deshalb hat er die Russische Revolution voller Begeisterung gefeiert, denn in seinen Augen war dieses Ereignis allein die »gewaltige Leistung« des russischen Volkes. »Das russische Volk«, analysierte er auf dem Gründungsparteitag der KPD die Ursachen für den Ausbruch der Revolution, »zurückgeblieben in seiner Bildung, in seiner ganzen politischen Bildung, dieses Proletariat hat aus dieser geistigen Not, seiner politischen Not, seiner sozialen und wirtschaftlichen Not die Kraft gefunden für diese gewaltigen Leistungen[326].« Diese Tatsache hielt Liebknecht dem deutschen Proletariat als vorbildlich hin. Den Delegierten des Parteitages erklärte er, daß es vor allem zwei Dinge waren, die das deutsche Volk aus der russischen Revolution lernen konnte. Einmal, daß »nichts anderes notwendig ist, um die größten Werke zu vollbringen, als eine wirklich revolutionäre Begeisterung« und zum anderen, »daß nichts notwendig ist, als daß die Stunde, die das Proletariat vor die Notwendigkeit der Entscheidung stellt, auch ein großes Geschlecht, ein Proletariat findet, das zu handeln weiß«. Begeisterungsfähigkeit und Tatbereitschaft aber waren Eigenschaften, die nach Liebknechts Dafürhalten die deutschen Arbeiter noch nicht in ausreichendem Maße besaßen, um das russische Beispiel nachzuvollziehen. Um ihnen bei diesem Lernprozeß zu helfen, betonte der Agitator die Parallelität der deutschen und russischen Ereignisse. Damit aber wird deutlich, daß Karl Liebknecht die Russische Revolution keineswegs zum Anlaß nahm, um seine politischen Grundanschauungen zu verändern. Vielmehr war es so, daß er dieses Ereignis im Sinne seiner eigenen Auffassungen verwertete. Auch dies ist ein Beweis für die Kontinuität seines politischen Handelns und Denkens, denn sein Verhältnis zur russischen Arbeiterbewegung ist nie anders gewesen. Schon der Antizarist hatte die Zusammenarbeit mit den Vertretern der SDAPR genutzt, um seine eigenen Ziele zu verfolgen. Die Höhepunkte seiner Agitation gegen das zaristische Rußland hatte er sogar ohne die direkte Mitwirkung der russischen Parteifreunde erreicht. Der Ausbruch des Ersten Weltkrieges änderte an diesem Verhältnis gar nichts. Die Aktionen des Antikriegskämpfers mögen zwar in manchen Punkten mit den Vorstellungen von Lenin übereingestimmt haben, doch geschah dies rein zufällig und war nicht das Ergebnis einer wie auch immer gearteten Zusammenarbeit. Selbst die Tatsache, daß in Rußland die soziale Revolution anscheinend erfolgreich in Angriff genommen worden war, während sich Deutschland noch in der »bürgerlich-reformerischen Phase« befand, hat Liebknechts Haltung gegenüber den – erfolgreicheren – Bolschewiki nicht verändern können. Dabei ist zu berücksichtigen, daß ja auch Liebknecht auf dem Höhepunkt seiner politischen Laufbahn stand und die revolutionären Ereignisse am 9. November in Berlin als Bestätigung seiner politisch-theoretischen und politisch-taktischen Vorstellungen wertete. Warum also hätte er diese Vorstellungen ändern sollen? Liebknechts Eigenständigkeit gegenüber den russischen Parteifreunden kam selbst auf dem Gründungsparteitag der KPD offen zum Ausdruck und zwar gerade in seiner Dankesrede an Karl Radek, in der er sich in so überschwenglicher Weise zur Russischen Revolution bekannt hatte. Obwohl der frisch gebackene KPD-Führer dem russischen Vertreter zugestand, daß das deutsche Proletariat tief in der Schuld des russischen Volkes stand, lehnte er das Angebot einer organisatorischen Zusammenarbeit im Hinblick auf die Gründung einer neuen – kommunistischen – Internationale ab. Im Gegensatz zu Rosa Luxemburg, die Radeks Vorschlag brüsk mit dem Hinweis abtat: »Die Bolschewiki mögen mit ihrer Taktik zu Hause bleiben«[327], fand Liebknecht eine wesentlich feinere Verpackung. »Radek hat bereits erklärt«, ging er vor den Delegierten des Parteitages auf diesen Punkt ein, »daß uns dieses Bündnis nicht angeboten zu werden braucht, weil wir verbunden sind vom ersten Tage. Das ist eine Darstellung, eine Auffassung, die allzu schmeichelhaft ist für uns. Ich bin der Auffassung, daß das deutsche Proletariat bis zum heutigen Tag noch nicht bündnisfähig ist für das russische Proletariat«, und die Unreife der eigenen jungen Partei berücksichtigend, fügte er hinzu: »daß auch wir nicht in vollem Maße bündnisfähig sind für das russische Proletariat[328].« Zum einen lehnte Liebknecht ab, weil seiner Meinung nach die Revolution vom Proletariat selbst vollzogen werden mußte und nicht von einer Parteiorganisation, zum anderen, weil er das Schlagwort von der internationalen Solidarität nicht als »Marschieren in einer Reihe« auffaßte, sondern darunter die Verwirklichung des Klassenkampfes im jeweils eigenen Land verstand. »Wir werden unsere Bündnisfähigkeit bekommen«, begründete er seine Entscheidung gegenüber dem Parteitag, »wenn wir ... Deutschland umgestalten zu einem Deutschland des revolutionären sozialistischen Proletariats, der Arbeiter- und Soldatenräte.«

Wie sehr Karl Liebknecht in seinem Handeln von eigenen politischen Grundanschauungen geleitet wurde und wie wenig er den Gründungsparteitag der KPD als Höhepunkt oder gar als Abschluß betrachtet hat, wurde schon knapp eine Woche später deutlich, als es wegen der Entlassung des Berliner Polizeipräsidenten Emil Eichhorn zu einer Verschärfung der innenpolitischen Lage kam, die in Liebknechts Augen den Aufruf zur »revolutionären Tat« des Proletariats gerechtfertigt erscheinen ließ[329]. Emil Eichhorn, Mitglied der USPD, hatte das Amt des Berliner Polizeipräsidenten zu Beginn der Novemberrevolution übernommen und erfreute sich vor allem bei den linken Gruppen großer Beliebtheit, nicht zuletzt deshalb, weil unter seiner Führung die Berliner Polizei zu einer Art »Schutztruppe« der Revolution geworden war. Im Gegensatz zu den USPD-Vertretern im Rat der Volksbeauftragten und der preußischen Regierung war Eichhorn an der Jahreswende 1918/19 nicht von seinem Amt zurückgetreten, was für die MSPD-Regierung nicht nur eine Provokation sondern auch eine Bedrohung darstellte, da sie selbst über keinen direkten Zugang zu Truppen verfügte[330]. Als Eichhorns Entlassung am 4. Januar bekannt wurde, riefen die Revolutionären Obleute, der Spartakusbund und der linke USPD-Flügel um Georg Ledebour gemeinsam zu einer Demonstration vor dem Polizeipräsidium auf, um die für den Nachmittag des darauffolgenden Tages geplante Amtsenthebung zu verhindern[331]. Es kam zu einer imposanten Massenkundgebung, unter derem Eindruck Eichhorn die von dem Stadtkommandanten Richard Fischer, MSPD, beabsichtigte Übergabe der Amtsgeschäfte an Eugen Ernst, ebenfalls MSPD, verweigerte. Als Fischer daraufhin mit Blick auf die anwesenden Führer der polizeilichen Sicherheitsmannschaften Eichhorn unter Druck zu setzen suchte, erklärten diese nach dem Bericht von Richard Müller: »Sie seien eine völlig neutrale, selbständige, unpolitische Polizeitruppe, die sich jeder parteipolitischen Einmischung enthalte[332].« Karl Liebknecht hat diese Ereignisse direkt miterlebt, auch wenn sich anhand der bisher vorliegenden Quellen nicht sagen läßt, was er am 4. und 5. Januar im einzelnen getan hat. Sicher ist lediglich, daß der KPD-Führer neben Eichhorn und Ernst Däumig zu den Rednern gehörte, die am Nachmittag des 5. Januar vom Balkon des Polizeipräsidiums eine kurze Ansprache an die Demonstranten gehalten haben[333]. Ebenso war er auch anwesend – gemeinsam mit Wilhelm Pieck –, als die Führer der linken Gruppen im Anschluß an die Demonstration vor dem Polizeipräsidium zu einer Sitzung zusammenkamen, um über ihr weiteres Vorgehen gegen die geplante Entlassung Eichhorns zu beraten[334]. Daß die Gespräche dabei in einem »Hochgefühl« verliefen, war angesichts der erfolgreich verlaufenen Demonstration selbstverständlich. Verstärkt wurde dieses Gefühl noch, als gleich zu Beginn der Sitzung Meldungen eintrafen, wonach die Massen im Anschluß an die Demonstration zu wilden Aktionen übergegangen waren und spontan eine Reihe von Pressegebäuden, darunter auch das des *Vorwärts* besetzt hatten. Als dann auch noch der Führer der Volksmarinedivision, Heinrich Dorrenbach, erklärte, daß die Matrosen im Ernstfall nicht unbedingt auf Seiten der Regierung stehen würden, ergriff Liebknecht nach dem Bericht von Richard Müller das Wort und erklärte, »daß bei diesem Stand der Dinge nicht nur der Schlag gegen Eichhorn abgewehrt werden müsse, sondern der Sturz der Regierung Scheidemann – Ebert möglich und unbedingt notwendig sei«[335]. Obwohl die beiden anwesenden Führer der Revolutionären Obleute, Ernst Däumig und Richard Müller, dieser Auffassung entschieden widersprachen, konnte sich der KPD-Führer durchsetzen. Mit 64 gegen 6 Stimmen faßte man den Beschluß, den »Kampf gegen die Regierung aufzunehmen und bis zu ihrem Sturz durchzuführen«. Danach wurde ein »Revolutionsausschuß« gewählt, an dessen Spitze Paul Scholze als Vertreter der Revolutionären Obleute, Georg Ledebour als Vertreter des linken USPD-Flügels und Karl Liebknecht als Vertreter der KPD standen. Der Revolutionsausschuß verfaßte einen Aufruf für den nächsten Tag, der folgenden Wortlaut hatte:

»*Kameraden! Arbeiter!*

Die Regierung Ebert – Scheidemann hat sich unmöglich gemacht. Sie ist von dem unterzeichneten Revolutionsausschuß der Vertretung der revolutionären, sozialistischen Arbeiter und Solda-

Georg Ledebour (1850–1947), als Redner in der Novemberrevolution 1918.

ten (Unabhängige Sozialdemokratische und Kommunistische Partei) für abgesetzt erklärt. Der unterzeichnete Revolutionsausschuß hat die Regierungsgeschäfte vorläufig übernommen. *Kameraden! Arbeiter!* Schließt Euch den Maßnahmen des Revolutionsausschusses an[336].«

Die Einschätzung der revolutionären Stimmung erwies sich als falsch. Zwar kam es am Morgen des 6. Januar zu riesigen Massenaufläufen[337] – die *Rote Fahne* sprach in einer Ausgabe von ca. 200 000 Menschen, die, wie am Vortage, ihre Aktionsbereitschaft in teilweise wilden Aktionen ausagierten, doch waren die in Berlin stationierten Truppen, insbesondere die Volksmarinedivision nicht bereit, sich dem Revolutionsausschuß anzuschließen. Karl Liebknecht suchte, wie sein ständiger Begleiter in der Novemberrevolution berichtet[338], die Matrosen der Volksmarinedivision in persönlichen Gesprächen doch noch zu einem Anschluß zu bewegen, doch hatte er damit keinen Erfolg und wurde noch am Morgen des Tages aus dem Marstall ausgewiesen. Was er im Anschluß daran getan hat, ist anhand der vorliegenden Quellen bisher nicht rekonstruierbar. Nach den Tagebuchnotizen seines Begleiters begab er sich am Abend des Tages in das Polizeipräsidium, wo sich nach Aussage von Wilhelm Dittmann[339] die Zentrale des Revolutionsausschusses befand. Inwieweit er an den Vermittlungsverhandlungen beteiligt gewesen ist, die auf Initiative der USPD-Führung noch in der Nacht zum 7. Januar anliefen, läßt sich nicht sagen. Angesichts der Tatsache, daß sich Liebknecht auch am Abend des 7. und 9. Januar im Polizeipräsidium aufhielt und zwischenzeitlich Gespräche mit den aufständischen Arbeitern im Bötzowviertel führte, wo er auch in der Nacht vom 6. auf den 7. Januar übernachtete, ist es durchaus möglich, daß er sich an den Vermittlungsverhandlungen beteiligte. Zumindest dürfte er über den Fortgang der Verhandlungen informiert gewesen sein. Vom 9. Januar an versiegen dann sämtliche Informationsquellen hinsichtlich Liebknechts politischer Aktivität. Bekannt ist nur, daß er sich vom 10. Januar an gemeinsam mit Rosa Luxemburg auf der Flucht vor den »Freikorps-Truppen« befand, die unter der Leitung von Gustav Noske die Reichshauptstadt für die Wahlen zur Nationalversammlung am 19. Januar »befrieden« sollten und dabei regelrecht Jagd machten auf die beiden wohlbekannten Spartakusführer[340]. Trotz verschiedentlichen Domizilwechsels wurden sie am 15. Januar in Berlin-Wilmersdorf von Soldaten der Bürgerwehr verhaftet und zur Identifizierung ins Hotel Eden, dem Hauptquartier der Gardekavallerie-Schützendivision, gebracht. Hier wurden Liebknecht und Luxemburg vom Generalstabsoffizier Waldemar Pabst verhört, der später – nach eigenem Zeugnis[341] – gemeinsam mit weiteren Offizieren der Truppe einen Plan ausarbeitete, wie die beiden revolutionären Politiker »liquidiert« werden sollten. Rosa Luxemburg wurde dabei allerdings völlig unprogrammgemäß schon beim Verlassen des Hotels halbtot geschlagen und kurz danach von einem ihrer Wagenbegleiter erschossen[342]. Bei Liebknecht dagegen verlief alles nach Plan. Der Transportwagen, der ihn ins Untersuchungsgefängnis nach Moabit bringen sollte, hatte im Berliner Tierpark eine Panne, in deren Verlauf der zu diesem Zeitpunkt ebenfalls schwer verletzte Liebknecht auf der Flucht »ermordet« wurde[343].

Die Tatsache, daß Karl Liebknecht und Rosa Luxemburg die letzten Tage ihres Lebens gemeinsam verbrachten und gleichsam

Hämische Karikaturen der beiden Spartakusführer in der Presse der politischen Gegner.

auch gemeinsam beendeten, darf nicht darüber hinwegtäuschen, daß das Vorgehen des Agitators am 5. und 6. Januar in krassem Widerspruch stand zu der von Rosa Luxemburg bestimmten offiziellen KPD-Politik. Schon bei Bekanntwerden von Eichhorns Entlassung hatte sie in der *Roten Fahne* vor überschäumendem Aktionswillen gewarnt und die Auffassung vertreten, daß eine »auf das Proletariat gestützte Regierung« kaum mehr als »vierzehn Tage« zu leben haben würde[344]. Als die marxistische Theoretikerin daher Kenntnis erhielt von dem Aufruf des Revolutionsausschusses, kam es nach den Worten von Paul Levi[345] zwischen ihr und Liebknecht zu einer heftigen Szene, in deren Verlauf sie ihm das Schriftstück mit der Frage hinhielt: »Karl, ist das unser Programm?« Inwieweit es deswegen noch zu einem Konflikt gekommen ist, läßt sich bisher nicht sagen. Die kurze Zeit später notwendig werdende Flucht dürfte jedoch kaum mehr Zeit für theoretische Erörterungen gelassen haben. Trotzdem ist es interessant, daß Liebknechts Unterschrift unter dem Schreiben vom 10. Januar fehlt, in dem Wilhelm Pieck den Austritt der KPD-Mitglieder aus dem Revolutionsausschuß erklärte[346]. Die bisher vorgebrachte Erklärung[347], Liebknecht habe keine Zeit mehr gehabt, den Brief zu unterzeichnen, ist nur bedingt akzeptabel. Wie Liebknechts ständiger Begleiter in der

Novemberrevolution berichtet, traf er am Abend des 9. Januar mit Rosa Luxemburg zu einer längeren Unterredung zusammen. Dabei dürfte mit Sicherheit auch Piecks Schreiben zur Sprache gekommen sein, so daß Liebknecht sehr wohl die Möglichkeit gehabt hätte, es zu unterschreiben. Genau genommen kam mit Liebknechts Vorgehen am 5. und 6. Januar jener Konflikt zum Vorschein, der von Anfang an in der Zusammenarbeit der beiden ungleichen Politiker angelegt gewesen ist. Zu groß waren die Unterschiede zwischen der marxistischen Theoretikerin und dem Agitator mit dem Ziel der menschheitlichen Höherentwicklung, als daß sie nicht in dem Moment zum tragen kommen mußten, als Karl Liebknecht mit dem Aufruf zum Sturz der MSPD-Regierung die Phase der reagierenden Politik der Vorkriegs- und Kriegszeit beendete und zur agierenden Politik überging. Der frühzeitige Tod ersparte den beiden Mitbegründern der KPD den schmerzlichen Trennungsprozeß.

Liebknechts Rolle beim Ausbruch der Januarkämpfe ist von der historischen Forschung bisher kaum untersucht worden. Die kommunistische Geschichtsschreibung läßt beispielsweise ihre Darstellungen weitgehend mit der Gründung der KPD enden und interpretiert die Januarkämpfe als konterrevolutionäre Aktion gegen die junge, aufstrebende kommunistische Partei[348]. So verständlich diese Darstellung sein mag, so wenig entspricht sie den Tatsachen. Selbst Karl Radek stellte im Anschluß an den Gründungsparteitag fest: »Ich fühlte nicht, daß hier schon eine Partei vor mir war[349].« Nicht-kommunistische Historiker[350] wiederum sehen in Liebknechts Vorgehen lediglich den letzten, gleichsam krönenden Beweis ihrer These vom negativen Radikalisierungsprozeß. Mit dem Aufruf zum Sturz der MSPD-Regierung sei der ehemalige Sozialdemokrat endgültig zum Gewaltpolitiker bolschewistischer Prägung degeneriert. Da er für die Aktion am 6. Januar keinerlei organisatorische Vorbereitungen traf, wirft man ihm noch zusätzlich »machtpolitische Naivität«[351] vor. Auch diese Einschätzung hält einer ernsthaften Überprüfung nicht stand. Wäre Liebknecht tatsächlich der Gewaltpolitiker gewesen, so hätte er sich am Morgen des 6. Januar anders verhalten. Statt zu »verhandeln«, hätte er »gehandelt«. Als Gewaltpolitiker wäre er beispielsweise das Risiko eingegangen, die Massen zum Sturm auf die Kasernen zu veranlassen, um damit den Anschluß der Soldaten zu erzwingen. Daß eine solche Strategie erfolgreich hätte sein können, läßt sich angesichts der Aktionsbereitschaft eines Teils der Massen nicht so ohne weiteres ausschließen. Selbst Gustav Noske urteilte rückblickend in seinen Erinnerungen: »Wenn die Scharen entschlossene, zielklare Führer gehabt hätten, an Stelle von Schwadroneuren, so hätten sie am Mittag des Tages Berlin in der Hand gehabt[352].« Genau darum ging es Karl Liebknecht aber nicht. Da er die Sozialisierung der Gesellschaft als einen Bewußtseinsprozeß ansah, lehnte er den offensiven Einsatz von Gewalt ab. In seiner Rede zum Spartakusprogramm erklärte er: »Nicht zu Gewalt und nicht zum Blutvergießen rufen wir das Proletariat auf . . . wir rufen es auf zu revolutionärer Tatbereitschaft und zur Entfaltung all seiner Energie, auf daß es den Neubau der Welt in seine Hände nehme[353].« Dennoch war Liebknecht kein »Pazifist«, auch wenn er für seine eigene Person jede Art von Gewaltanwendung abgelehnt zu haben scheint[354]. Wie man seinem Verständnis von der Diktatur des Proletariats entnehmen kann, gab es auch für ihn die Notwendigkeit, Gewalt einzusetzen, und zwar dann, wenn sich eine kleine, gewalttätige Minderheit gegen die Durchführung der sozialen Revolution zur Wehr setzte. Auf dem Gründungsparteitag erklärte er zu diesem Punkt: »Das Proletariat als solches, wenn es nach seinem Willen geht, es wünscht keinen Terror, es braucht keinen Terror. Es ist aber weiter gesagt, daß wir uns zu gewärtigen haben, daß die herrschenden Klassen mit Zähnen und Nägeln ihre Machtstellungen verteidigen, und daß die Aufgabe des Proletariats ist, diesen Widerstand der herrschenden Klassen und alle gegenrevolutionären Versuche mit aller Rücksichtslosigkeit, mit eiserner Faust niederzuwerfen[355].« Gerade dieser Ausspruch wird von nicht-kommunistischen Historikern als Beweis dafür angeführt, daß sich Karl Liebknecht in der Frage des Terrors der Haltung von Lenin angeglichen habe[356]. Betrachtet man diesen Ausspruch jedoch im Kontext von Liebknechts gesamter bisheriger Entwicklung, so wird deutlich, daß die hier vorgetragene Auffassung alles andere als neu ist. Schon 1902 in seinem ersten programmatischen Aufsatz »Die neue Methode« hatte der junge Sozialdemokrat die Ansicht vertreten, daß es grundsätzlich zwei Wege gab, auf denen sich der Übergang von der bürgerlichen zur sozialistischen Gesellschaft vollziehen würde, einen »revolutionären« und einen »reformerischen«. Welcher dieser beiden Wege letztlich beschritten wurde, hing nach Liebknecht allein von der Konzessionsbereitschaft der herrschenden Kreise ab. Waren diese zu Konzessionen bereit, so verlief die Entwicklung »reformerisch«, waren sie es nicht, so würde das Proletariat, sobald es politisch erwacht war, seine Rechte auf gewaltsamem Wege zu erzwingen suchen. Die Tatsache, daß Liebknecht 1916 im Zusammenhang mit seiner Kritik an den Leitsätzen von Rosa Luxemburg von der »revolutionären Tat« des Proletariats gesprochen hatte, darf nicht als Veränderung dieser Auffassung gewertet werden. Bezog sich Liebknechts Aussage in dem Artikel des Jahres 1902 allgemein auf die gesellschaftliche Entwicklung, so zielten seine Ausführungen von 1916 vornehmlich auf die Vorgänge im Proletariat selbst ab, und zwar im Augenblick der Revolution. Waren die proletarischen Massen politisch erwacht, dann bedurfte es lediglich eines Anstoßes, um die »revolutionäre Tat« in Gang zu setzen: war dies nicht der Fall, dann verhallte der Ruf im Leeren, und es mußten Vorkehrungen für den reformerischen = langsamen Weg der Fortentwicklung getroffen werden. Angesichts der am 5. Januar erfolgreich verlaufenen Demonstration vor dem Polizeipräsidium, der Meldung von der spontanen Aktivität der Massen und schließlich die positive Einschätzung der Stimmung in der Volksmarinedivision, die durchaus im Einklang zu stehen schien mit der Haltung der polizeilichen Sicherheitsmannschaften während der Demonstration selbst, glaubte Karl Liebknecht jene revolutionsschwangere Situation vor sich zu sehen, die es im Sinne der »revolutionären Tat« zu nutzen galt. Wenn er dabei die Einwände der beiden Führer der Revolutionären Obleute dberging, so darf nicht vergessen werden, daß diese in Liebknechts Augen schon einmal die Entwicklung der revolutionären Stimmung falsch eingeschätzt hatten, als sie den 11. November als Termin für den Generalstreik festlegten. Er dagegen hatte die damalige Stimmung richtig erkannt. Warum sollte er also jetzt seinem Urteil weniger trauen als dem der Revolutionären Obleute? Wenn Liebknecht keinerlei organisatorische Vorbereitungen für die Erhebung am 6. Januar traf, so ganz allein deshalb, weil sie aus seiner Sicht nicht notwendig waren. Entweder war das Proletariat politisch erwacht, dann wußte es selbst, was zu tun war, oder es war es nicht und sein Aufruf verhallte im Leeren. Als am Morgen des 6. Januar deutlich wurde, daß das Proletariat nicht geschlossen seinem

Aufruf zum Sturz der Regierung folgte, brach er die Aktion ab. Der Januaraufstand war somit gescheitert, bevor er überhaupt begonnen hatte.

Die nicht-kommunistische Geschichtsschreibung ist hauptsächlich aus drei Gründen zu dem Fehlschluß gelangt, daß Liebknechts Vorgehen das Ergebnis eines Radikalisierungsprozesses gewesen sei. Der erste Grund besteht darin, daß sich der politische Rahmen, in dem Liebknecht agierte, entscheidend verändert hatte. Dies gilt ganz besonders für die Sozialdemokratie, die beim Niedergang des wilhelminischen Reiches einen grundlegenden Funktionswandel durchmachte. War sie bis zum Ausbruch des Ersten Weltkrieges im August 1914 die »staatsfeindliche« Partei gewesen, so wurde sie mit der Bewilligung der Kriegskredite zur »staatsstützenden« Partei. Im Anschluß an den 9. November 1918 entwickelte sie sich dann zur »staatstragenden« Partei. Auf dem Hintergrund dieses Funktionswandels mußte Liebknechts Politik, deren Ziel konsequent auf die Beseitigung Preußen-Deutschlands ausgerichtet war, als radikalisiert erscheinen, zumal es ja auch noch die ehemaligen Parteifreunde waren, die Liebknecht bekämpfte. Der zweite Grund ergibt sich daraus, daß Liebknechts politisches Handeln einseitig von seiner allgemeinen Agitation her beurteilt worden ist, die angesichts der revolutionären Situation natürlich auf die Initiierung der »revolutionären Tat« des Proletariats ausgerichtet gewesen ist. Dabei wird übersehen, daß Liebknecht neben der revolutionären Entwicklung auch die Möglichkeit, um nicht zu sagen, Notwendigkeit der reformerischen Entwicklung sah und dementsprechende Vorbereitungen traf. In diesem Sinne ist auch Liebknechts Drängen zur Gründung der KPD zu verstehen, denn auf diese Weise hoffte er, eine organisatorische Plattform für eine langfristige Agitation zu schaffen. Dadurch aber, daß die Revolutionären Obleute ihre Mitarbeit versagten, kam es zur Linkslastigkeit der KPD, wodurch der Eindruck von Liebknechts angeblicher Radikalisierung noch bestätigt zu werden schien. Es darf aber nicht vergessen werden, daß Liebknecht dieses Ziel gar nicht verfolgt hatte. Der dritte Grund schließlich ist darauf zurückzuführen, daß man von Liebknechts psychisch-physischer Erscheinung Rückschlüsse gezogen hat auf seine politische Entwicklung. Viereinhalb Jahre körperlicher und geistiger Anspannung, verbunden mit den Erlebnissen des Front-

1907 1912

Stationen eines Politikerlebens, abgelesen an den Gesichtszügen.

einsatzes sowie des Zuchthausaufenthaltes hatten aus einem »lebenslustigen Menschen« einen »düsteren Asketen« gemacht[357], der allein schon rein äußerlich den Eindruck eines pathologischen Fanatikers machte. Dieser Eindruck wurde noch verstärkt durch eine hektische, hypernervöse Aktivität, die nicht zuletzt durch das Fehlen einer funktionierenden Organisation hervorgerufen wurde. All dies führte zu seiner scharfen Diktion, die vor allem dann schrill wurde, wenn er auf die »verräterischen« Parteiführer der SPD zu sprechen kam. Hatte er den »Verrat« vom August 1914 mit Verachtung quittiert, so steigerte sich diese Verachtung zunehmend in Haß, insbesondere als er die soziale Revolution im Anschluß an den 9. November scheitern sah. Voller Erregung erklärte er in seinem Diskussionsbeitrag zu Radeks Rede auf dem Gründungsparteitag der KPD: »Die Vertreter des Proletariats, denen auch nur die Schuhsohlen zu küssen die Scheidemann und Genossen nicht wert sind, die Repräsentanten der Ehre der Menschheit, die Repräsentanten aller Größe des Menschengeschlechtes, müssen sich behandeln lassen in dem sozialistischen Deutschland, als ob sie Verbrecher wären, von Leuten, die in Wahrheit Verbrecher sind[358].« Nach

1914

der blutigen Unterdrückung im Anschluß an den versuchten Januaraufstand blieb nur noch abgrundtiefer, blinder Haß übrig. Voll bitterer Ironie schrieb er in seinem letzten Aufsatz, der am 15. Januar in der *Roten Fahne* erschien, über die SPD-Führer: »Nie waren solche Judasse in der Welt wie sie, die nicht nur ihr Heiligstes verrieten, sondern auch mit eigenen Händen ans Kreuz schlugen[359].« Auf die politische Analysierfähigkeit hat dieser Haß keinen sichtbaren Einfluß ausgeübt. So erkannte Liebknecht durchaus, daß die wilden Aktionen eines Teils der Berliner Arbeiter im Anschluß an den Aufruf vom 5. Januar von vornherein aussichtslos waren. »Jawohl!«, heißt es in seinem eben zitierten Aufsatz, »geschlagen wurden die revolutionären Arbeiter Berlins! . . . Und es war ein Gebot, daß sie geschlagen wurden. Denn die Zeit war noch nicht reif.« Wenn der KPD-Führer trotzdem den Arbeitern beisprang, so deshalb, weil er sie selbst mit seinem Aufruf zur Aktivität gedrängt hatte und jetzt nicht in dem Moment allein lassen wollte, als sie sich zu einer halbwegs revolutionären Tat aufgeschwungen hatten. Insofern entbehrt übrigens Liebknechts Verhalten am 5. und 6. Januar nicht einer gewissen Tragik. Von Anbeginn seiner politischen Tätigkeit hatte er für das politische Erwachen der Massen gekämpft, um in dem Moment tatenlos zusehen zu müssen, wie zumindest ein Teil dieser Massen erwacht zu sein schien. Hätte er den »Befehl« zum Sturm auf die Kasernen gegeben, um die Soldaten zum Anschluß an die Revolutionäre zu zwingen, so wäre es unweigerlich zum Blutbad im Proletariat gekommen. Dies aber konnte nicht in Liebknechts Sinne sein. Gleichzeitig aber hatte er mit seinem Aufruf zum Sturz der Regierung die politische Gegenseite zur Anwendung von Gewalt provoziert. Insofern ist der KPD-Führer zu Recht für die Eskalation der Gewalt in der Novemberrevolution verantwortlich zu machen[360]. Allein verantwortlich war Liebknecht jedoch nicht, denn die Novemberrevolution war eine Machtauseinandersetzung verschiedener politischer Anschauungen, wobei Liebknecht nicht zuletzt deshalb unterlag, weil er nicht bereit war, die von Gustav Noske treffend umschriebene Rolle vom »Bluthund«[361] zu übernehmen.

Die Tatsache, daß Karl Liebknecht als Politiker scheiterte, hat nichts damit zu tun, daß seine politische Entwicklung nach Ausbruch des Ersten Weltkrieges von einem Radikalisierungs- oder Bolschewisierungsprozeß erfaßt wurde. Die Ursachen hierfür sind direkt in seinen politisch-theoretischen und politisch-taktischen Vorstellungen zu suchen, die in sich fehlerhaft und widersprüchlich waren. Die Fehler und Widersprüche hätten Liebknecht als Politiker immer scheitern lassen müssen, ganz gleich in welchem politischen Kontext. Ihre Ursprünge lagen vor allem in der Vorstellung von der Sozialisierung der Gesellschaft als Emanzipationsprozeß, insbesondere des Proletariats. Da Liebknecht von einem Bewußtseinsprozeß ausging, hielt er die soziale Revolution für eine spontane, politisch bewußte Erhebung der Massen und entzog diesen damit im entscheidenden Moment die Führung der Partei. Die Organisation der Revolution existierte für Karl Liebknecht nicht. Darüber hinaus scheint er von der Annahme ausgegangen zu sein, daß der Emanzipationsprozeß im Proletariat einheitlich ablaufen müsse, denn er traf keinerlei taktische Vorkehrungen für den Fall, daß es bei den Massen zu einem unterschiedlichen Bewußtseinsstand kommen könnte. Der letztlich entscheidende Widerspruch aber ergab sich aus der Haltung in der Frage der Gewaltanwendung. Obwohl Liebknechts politisches Handeln aktiv auf die Umgestaltung

Gemeinsam mit seinem ältesten Sohn Wilhelm, Dezember 1918.

der gesellschaftlichen Verhältnisse ausgerichtet war, was auch den Einsatz offensiver Gewalt erforderte, konnte er sich aufgrund seiner humanitär-rechtlichen Ideale nur zur defensiven Anwendung von Gewalt bereitfinden.

Es wäre falsch, wollte man die biographische Darstellung von Karl Liebknecht mit der Feststellung enden lassen, er sei als Politiker gescheitert. Als Politiker, der sich die Höherentwicklung der Menschheit zum Ziel gesetzt hatte, kannte Liebknecht den Begriff des Scheiterns nicht, denn er war vom Guten im Menschen und damit von der Determiniertheit der menschheitlichen Entwicklung überzeugt. Beinah gelassen schrieb er auf dem Tiefpunkt der Januarniederlage: »Wir sind es gewohnt, vom Gipfel in die Tiefe geschleudert zu werden. Aber unser Schiff zieht seinen geraden Kurs fest und stolz bis zum Ziel. Und ob wir dann noch leben werden, wenn es erreicht wird – leben wird unser Programm; es wird die Welt der erlösten Menschheit herrschen[362].«

V. Karl Liebknecht und die Studien über die Bewegungsgesetze der gesellschaftlichen Entwicklung

Karl Liebknecht hat sich in der Öffentlichkeit nur selten zu Fragen der politischen Theorie geäußert. Als Politiker, der vorwiegend agitatorisch tätig war, sah er seine Aufgabe nicht so sehr in der theoretischen Erarbeitung gesellschaftlicher Probleme, sondern in der politischen Tagesarbeit. An den theoriebezogenen Auseinandersetzungen innerhalb der SPD vor dem Ersten Weltkrieg hat er sich nie wirklich beteiligt. Teilweise stand er diesen Streitigkeiten sogar verständnislos gegenüber. In der großen Imperialismusdebatte auf dem Chemnitzer Parteitag von 1912 erklärte er beispielsweise angesichts der heftigen Kontroverse zwischen Karl Kautsky einerseits und der Bremer Linken andererseits: »Mir scheint das doch kein so tragischer Konflikt, daß man nötig hätte, sich die Haare auszuraufen[1].« Dies bedeutet jedoch nicht, daß sich Karl Liebknecht überhaupt nie mit Fragen der politischen Theorie und Praxis befaßt hätte. Betrachtet man die Entstehungsgeschichte der postum veröffentlichten *Studien über die Bewegungsgesetze der gesellschaftlichen Entwicklung*[2], so kann man sagen, daß sich Liebknecht während seines gesamten politischen Lebens mit derartigen Fragen auseinandergesetzt hat.

Das fünfte und letzte Kapitel befaßt sich daher in zwei Abschnitten mit diesen »Studien«. Der erste Abschnitt beschreibt die Entstehung des postum veröffentlichten Werkes, während sich der zweite Abschnitt mit dem Inhalt auseinandersetzt. Dabei geht es weniger um eine Gesamtinterpretation des philosophisch ausgerichteten Werkes um seiner Selbstwillen, sondern vielmehr um eine vergleichende Analyse im Hinblick auf die Ergebnisse der vorangegangenen Untersuchung zu den Motiven und Zielen sowie den politisch-theoretischen und politisch-taktischen Vorstellungen des politischen Handelns von Karl Liebknecht.

Die Entstehung

Wie man einer Anmerkung im Exkurs »Grundzüge einer Marxkritik«[3] entnehmen kann, reicht die Entstehung der *Studien über die Bewegungsgesetze der gesellschaftlichen Entwicklung* bis in das Jahr 1891 zurück. Damals war Karl Liebknecht 20 Jahre alt und hatte gerade sein Studium der Rechtswissenschaften und der Nationalökonomie aufgenommen. Inwieweit ihn das nationalökonomische Studium zu der Auseinandersetzung mit der marxistischen Theorie angeregt hat oder umgekehrt Folge dieser Auseinandersetzung gewesen ist, läßt sich aufgrund fehlender Quellen nicht mehr herausfinden. Ebenso muß auch die Frage nach der Intensität der damaligen Studien offen bleiben. Wahrscheinlich aber haben andere Dinge wie das Studium, danach die Rechtsanwaltsausbildung Vorrang gehabt. Auch später dürfte Liebknecht kaum Zeit gefunden haben, die Arbeit an den Studien wieder aufzunehmen, denn mit dem offiziellen Beitritt zur SPD und dem sich daraus ergebenden Engagement wurde auch der letzte Rest seiner Freizeit in Anspruch genommen.

Die erste wirkliche Verschnaufpause, die Karl Liebknecht genügend Muße und Ruhe für die Fortführung seiner Studien bot, war der 18monatige Festungsaufenthalt in Glatz im Jahre 1907. Keineswegs unzufrieden erklärte er bei seiner »Abschiedsveranstaltung« am 21. Oktober in Berlin: »Denken Sie, ich habe mich nach Ruhe gesehnt und werde auf der Festung das nachholen an meiner inneren Ausbildung, was ich bisher habe zurückstellen müssen[4].« Die dafür notwendigen Arbeitsbedingungen waren geradezu »himmlisch«, wie der Festungshäftling am 11. November 1907 in einem Brief an Karl Kautsky feststellte[5]. Das Zimmer war »groß und geräumig« und die Verpflegung »gut«. Außerdem konnte er zweimal wöchentlich – »ohne Aufsicht« – in die Stadt gehen, was nicht zuletzt der Lektürebeschaffung förderlich gewesen sein dürfte. Wie ernst Liebknecht seine Studien nahm, kann man daran ablesen, daß ihm selbst das Angebot von Kautsky, Bücher für die *Neue*

Zeit zu rezensieren, nicht unbedingt gelegen kam. »Die Hauptsache soll für mich hier natürlich *Lernen* sein«, schrieb er am 16. November ausweichend auf ein diesbezügliches Angebot des Herausgebers des führenden Theorieorgans der SPD[6]. Als Kautskys Mitarbeiter, Emanuel Wurm, Anfang 1908 erneut mit der Bitte um Buchbesprechungen an ihn herantrat, wiederholte er seine ablehnende Antwort und betonte: »Ich *will* lernen und eine Arbeit fertigkriegen, die mich ganz absorbiert[7].« Selbst die Wahl zum Spitzenkandidaten der SPD für die preußischen Landtagswahlen hat den späteren Vollblutpolitiker Liebknecht nicht recht begeistern können. Erbost fragte er in einem Nachsatz seines Briefes an Wurm: »Welcher Mensch ist auf die Idee gekommen, *mich* zum Landtag aufzustellen!!« Da sich Karl Liebknecht als »Anfänger« der Philosophie und Ökonomie einstufte, wandte er sich gleich zu Beginn seiner Studien um Rat an die »politischen Freunde« der Familie. Zu diesen gehörte unter anderem auch August Bebel, der, da selbst kein Fachmann auf diesem Gebiet, Liebknecht an Eugene Dietzgen – den Sohn des bekannten »Arbeiterphilosophen« Joseph Dietzgen[8] – weitervermittelte. Dieser übersandte dem »philosophischen Neuling« am 31. Januar 1908 einige Schriften seines Vaters mit der Bemerkung, daß er zu deren Studium keine weiteren Belege brauche, »als die kritische Bezugnahme auf Ihre eigenen Erfahrungen, namentlich auf juristischem, ökonomischem und politischem Felde«[9]. Außerdem empfahl Dietzgen die »einschlägigen Schriften« von Marx, Engels, Kautsky und Plechanow. »Während dieser Lektüre«, fuhr Dietzgen fort, »würden Sie wiederholt auf J[oseph] D[ietzgen] zurückkommen und zuletzt auch etwas von Spencer, Haeckel, Avemaris, *Wundt,* Mach etc. kennenlernen müssen.« Liebknecht machte sich sofort an die Arbeit und las die ihm zugesandten und empfohlenen Schriften. Kritisch bemerkte er am 4. Februar in einem Schreiben an Dietzgen, daß es »auf dem Gebiet der allgemeinen Weltanschauung besonders, noch heftige Kämpfe setzen« wird. Nicht zuletzt deshalb beschränkte er sich bei seiner Lektüre nicht nur auf »Sozialistiker«, sondern las auch philosophische und ökonomische Schriften nichtsozialistischer Vertreter. Am 11. April berichtete er beispielsweise Minna Kautsky, daß er sich zur Zeit mit den naturphilosophischen Arbeiten von Hugo de Vries, dem Vertreter der Mutationslehre, Joseph Reinke, einem Verfechter der Vitalismustheorie, befaßte[10]. Zwölf Tage später bemerkte er in einem erneuten Brief, »seit Ende Januar Leibeigener . . . des Darwinismus« zu sein[11]. Speziell in ökonomischer Hinsicht setzte sich Liebknecht mit den verschiedenen Arbeiten des Österreichers Eugen Böhm-Bawerk auseinander, der als Begründer der »Grenznutzenschule« zu den anerkannten Marxkritikern seiner Zeit gehörte[12]. Verwirrt durch das intensive Lektürestudium bekannte er unter Anspielung auf die bekannte Fabel vom Reineke Fuchs in einem Brief an Minna Kautsky: »Ich bin wie Meister Pelz, einer wie Isegrim im Pfefferspeicher . . . Fresse meinen Kopf am Ende so voll, daß ich das Tageslicht der großen Übersicht nur innerlich zerschunden und zerschlagen wieder erreichen werde[13].« In den letzten sechs Monaten seines Festungsaufenthaltes ging Karl Liebknecht dann von der passiven Lektüre zur aktiven Ausarbeitung eigener Vorstellungen über. Seinem Bruder schrieb er am 24. Februar 1909: »Ich ordne und hoffe, in wenigen Tagen an die Ausarbeitung wenigstens eines umgrenzten Themas gehen zu können. Es gibt aber noch eine wilde Jagd[14].« Allerdings traten dabei unerwartete Schwierigkeiten auf, denn es gelang ihm nicht, die beabsichtigte Arbeit in der anvisierten Zeit zu beenden. Frustriert klagte er am 23. März gegenüber Kautsky: »Stets ist's mein Pech, mir zu weite Ziele zu stecken und dann zu scheitern. Für 1 ½ Jahr entwarf ich meinen Plan, der wohl 2 ½ Jahr oder mehr erfordert hätte, und so halte ich just am Ende lauter Bruchstücke und oft noch ungeklärte Entwürfe in der Hand. Das ist widerlich . . . mit ungeborenen Kindern im Leibe ist man doch zu nichts Rechtem zu gebrauchen[15].«

Liebknechts Vorahnung, daß ihm die politische Arbeit neben der Tätigkeit im Rechtsanwaltsbüro keine Zeit mehr lassen werde für eine Weiterarbeit an den Studien, erwies sich als nur zu berechtigt. Hatte er schon vor seiner Festungshaft nicht gerade unter Arbeitsmangel gelitten, so taten die Wahl in das preußische Abgeordnetenhaus im Jahre 1908 und die Wahl in den Reichstag 1912 ein übriges, um den theoretisierenden Agitator nicht zur Entfaltung kommen zu lassen. Der Ausbruch des Ersten Weltkrieges und die damit aus Liebknechts Sicht notwendig werdende Agitation gegen den Krieg und die Kriegspolitik der SPD-Führung ließ ihn dann vollends in »Hatz und Drang« arbeiten, so daß jeder Gedanke an die theoretischen Studien zurücktrat. Erst nachdem der Antikriegskämpfer im

Jahre 1916 wegen seiner Maidemonstration zu vier Jahren Zuchthaus verurteilt wurde, fand er wieder »Zeit«, die Arbeit an den Studien aufzunehmen. Diesmal waren jedoch die Arbeitsbedingungen alles andere als günstig. Zum einen mußte der Festungshäftling ungewohnte Arbeiten wie Korbflechten oder Tütenkleben verrichten und zum anderen konnte er sich nur nach »Feierabend« mit seiner theoretischen Arbeit befassen[16]. Doch selbst diese »Freizeit« wurde zumindest anfänglich noch dadurch beschnitten, daß der Spartakusführer politisch-konspirativ agierte und Arbeiten für die draußen weiterkämpfenden Mitstreiter erledigte. So kam es, daß er sich erst im Frühjahr 1917 an die Arbeit zu den Studien machen konnte. Seiner Frau berichtete er am 22. April: »Ich las in letzter Zeit sehr viel, zum Ausarbeiten kam ich dagegen nicht[17].« Trotzdem lag der Schwerpunkt seiner Arbeit jetzt nicht mehr so sehr auf der Lektüre, sondern bei der Überarbeitung und Strukturierung der in Glatz verfaßten »Aperçus und Essais«[18]. Dabei scheint er auch hier wieder mit denselben Schwierigkeiten gekämpft zu haben, die schon während der Festungshaft die Nichtbeendigung der Arbeit zur Folge gehabt hatten. »In meiner Hauptarbeit stocke ich«, bekannte er seiner Frau am 10. Juni 1917, »die Grundlagen sind im ersten Entwurf längst fertig – aber chaotisch. Jetzt gilt's ordnen, gliedern, ausbauen[19].« Dabei gestand er offen: »Das reizt mich stets weniger als das erste Produzieren, das Heraussprudeln, das eigentliche Zeugen und Gebären im Gegensatz zu jenem Ordnen, das ich als Erziehen bezeichnen möchte.«

Auch der zweijährige Zuchthausaufenthalt brachte nicht die Fertigstellung der Arbeit. Als der Spartakusführer im Oktober 1918 frühzeitig aus dem Zuchthaus entlassen wurde und sich in das Berlin der Vorrevolution stürzte, standen andere Dinge als die Studien im Vordergrund. So kam es, daß bei seinem Tode lediglich ein unvollständiges Manuskript mit dem Titel »Studien über die Bewegungsgesetze der gesellschaftlichen Entwicklung« vorlag. Liebknechts Angehörige glaubten jedoch die Arbeit postum veröffentlichen zu müssen. In der Frage der Herausgeberschaft scheint es dabei zu Diskrepanzen gekommen zu sein und zwar zwischen Karls Frau und dem älteren Bruder Theodor. Wie Susanne Leonhard, eine enge Freundin Sophie Liebknechts, dem Verfasser in einem Brief vom 5. August 1972 mitteilte, hatte ihr ursprünglich Liebknechts Frau nach Rücksprache mit Franz Pfemfert die Herausgabe des Manuskripts antragen wollen. Theodor Liebknecht erhob jedoch gegen diesen Vorschlag Einspruch. Auf Empfehlung von Gustav Radbruch, ebenfalls ein Bekannter Sophie Liebknechts, einigte man sich schließlich auf den Heidelberger Philosophiedozenten Rudolf Manasse[20]. Wie Manasse in seinem späteren Vorwort zur gedruckten Ausgabe schreibt, hat er die Publizierung des unvollendeten Manuskripts nicht zuletzt deshalb für möglich gehalten, weil seiner Meinung nach der »Kreis der Gedanken, welche für den Autor entscheidend waren, vollständig« vorgelegen hätten[21]. Dies galt besonders für den schon eingangs zitierten Exkurs »Grundzüge einer Marxkritik«, den Manasse noch im Todesjahr des Verfassers in der Zeitschrift *Archiv für Sozialwissenschaft und Sozialpolitik* als eigenständigen Aufsatz veröffentlichte[22]. Im Jahre 1922 erschien dann im Kurt-Wolff-Verlag in München das gesamte Manuskript und zwar unter dem schon von Liebknecht festgelegten Titel. Wie Manasse in seinem Vorwort weiterberichtet, sah er seine Aufgabe als Herausgeber darin, das vorliegende Manuskript zu gliedern und den Stil der Darstellung einheitlich zu gestalten. »Was das erstere anbelangt«, erläutert er, »so handelte es sich darum, dem Ganzen eine einheitliche Disposition zu geben, ohne fremde Gedanken hineinzutragen und das Werk zu vergewaltigen[23].« Hinsichtlich des zweiten Punktes hielt Manasse allerdings zahlreiche Veränderungen für notwendig, da Liebknecht zur Verdeutlichung seiner Gedanken häufig mehrere Ausdrücke oder Formulierungen, oftmals sogar ganze Redewendungen übereinandergeschrieben hatte. Dennoch bemühte sich der Herausgeber auch hier, Liebknechts charakteristischen Stil, der sich seiner Einschätzung nach durch »große Nüchternheit der Sprache und Vermeidung jeglichen überflüssigen und schwärmerischen Beiwerks sowie allerdings auch durch eine etwas schwerfällige Art auszeichnete«, soweit wie möglich zu erhalten.

Die gedruckte Fassung der Studien über die Bewegungsgesetze der gesellschaftlichen Entwicklung bestand grob gesprochen aus drei Teilen. Die ersten beiden Teile waren mit der Überschrift »Grundbegriffe und Einteilungen« sowie »Zusammenhänge und Gesetze« überschrieben, während der dritte Teil »Einzelnen Kulturerscheinungen« gewidmet war und den Stellenwert der Religion, Kunst, Moral und Politik in der gesellschaftlichen Entwicklung untersuchte. Kernstück der Arbeit war der zweite Teil mit insgesamt acht Kapiteln, in denen sich Liebknecht unter Einbeziehung naturphilosophischer und sozialistischer Theorien mit den Grundlagen der gesellschaftlichen und darüber hinaus der menschheitlichen Entwicklung überhaupt auseinandersetzte. Inwieweit die gedruckte Fassung dem ursprünglichen Manuskript entspricht, läßt sich bisher nicht nachprüfen, da das Originalmanuskript als verschollen anzusehen ist. Teile davon – vielleicht auch das Gesamtmanuskript – befinden sich im Archiv des Moskauer Instituts für Marxismus-Leninismus.

Man kann getrost davon ausgehen, daß Karl Liebknecht zu der vorliegenden Publikation niemals seine Einwilligung gegeben hätte. Abgesehen von dem Exkurs »Grundzüge einer Marxkritik« macht die Schrift in jeder Beziehung einen bruchstückhaften und unfertigen Eindruck. Unterstrichen wird dieser Eindruck noch durch eine hölzerne, schwer verständliche Sprache, die eher an verdrehtes Juristendeutsch als an die sprühenden Artikel der Spartakusblätter erinnert. Vermutlich nicht zuletzt deswegen, hat es die Liebknecht-Forschung der DDR abgelehnt, die Arbeit zur Kenntnis zu nehmen; die gedruckte Fassung wird nicht einmal erwähnt[24]. Wenn auch eine endgültige Interpretation und Würdigung der Arbeit erst nach Bekanntwerden des Urmanuskripts möglich sein dürfte, so kann aufgrund der Entstehungsgeschichte schon heute die Feststellung gewagt werden, daß es sich bei den Studien über die Bewegungsgesetze der gesellschaftlichen Entwicklung um das schriftliche Lebenswerk von Karl Liebknecht handelt. Es zeigt den vorwiegend agitatorisch tätigen Politiker in einem völlig neuen Licht und beweist, daß er weit mehr gewesen ist als nur ein Agitator. Der halbfertige Charakter der Schrift ist dabei eher als ein Glücksfall zu werten, denn er ermöglicht einen ungeschminkten Einblick in das geistige Innenleben Liebknechts, wodurch Motive und Ziele seines Handelns sowie die politisch-theoretischen und politisch-taktischen Vorstellungen in gleichsam überkonzentrierter Form deutlich werden.

Zum Inhalt

Karl Liebknecht begann seine Studien über die Bewegungsgesetze der gesellschaftlichen Entwicklung in der Absicht, die von Karl Marx entwickelte Theorie des wissenschaftlichen Sozialismus zu revidieren und weiterzuentwickeln. »Diese Schrift«, heißt es in der Vorbemerkung, »sucht eine mehr konstitutive, konstruktive Theorie, ein System zu entwickeln – im Unterschied zur Marxschen Theorie[25].« Die Gründe, die Liebknecht für sein Revisionsvorhaben anführte, bestanden im wesentlichen aus Punkten: Zum einen kritisierte er, daß sich Marx bei der Entwicklung seiner Theorie allzu sehr auf die Epoche des Kapitalismus beschränkt hatte und daher die Geschichte der gesellschaftlichen Entwicklung nicht in ihrer komplexen Gesamtheit habe erfassen können. Zum anderen hielt er sowohl die philosophischen als auch die ökonomischen Grundlagen, von denen Marx ausgegangen war, für falsch. Auf die materialistische Geschichtsauffassung eingehend fragte er kritisch: »Was ist ›materialistisch‹ selbst . . . an den wirtschaftlichen Verhältnissen? Sie haben durchweg neben dem stofflichen ein geistig-psychisches Wesen, durch das sie erst auf die menschheitliche Entwicklung bezogen werden, durch das allein sie soziale Erscheinungen sind. Im Wesen des ›Sozialen‹ liegt bereits das nichtmaterialistische Element eingeschlossen[26].« Speziell in bezug auf die marxistische Ökonomielehre lehnte Liebknecht die »Werttheorie« ab, da sie in seinen Augen von der irrigen Annahme ausging, daß die »Arbeitskraft« über ihren eigenen Wert hinaus »Wert« schaffen konnte, der »Mehrwert« also Produkt einer »ökonomischen Urzeugung« sein sollte. Liebknecht dagegen postulierte: »Die gesellschaftlichen Durchschnittsproduktionsbedingungen bestimmen, wie den Wert der anderen Güter, so auch den Wert der Arbeitskraft[27].« Demzufolge war die »Ausbeutung« ein »reines Verteilungsproblem« und »nicht ein Produktionsproblem«, wie Marx behauptet hatte. Ausdrücklich betonte Liebknecht in diesem Zusammenhang, daß der Wert nicht nur eine »kapitalistisch-gesellschaftliche Tatsache« darstellte, sondern auch »vor und nach der kapitalistischen Entwicklung« existierte[28]. Den Vorteil seines Systems sah Liebknecht vor allem darin, daß es die »Exploitation des Proletariats« als »Vergewaltigung, Benachteiligung bei der Verteilung des gesellschaftlichen Gesamtprodukts« verdeutlichte[29].

Im Gegensatz zu Karl Marx ging Karl Liebknecht von einem universalen Ansatz aus, der auf naturphilosophischen Vorstellungen beruhte. Seiner Meinung nach war die menschliche Gesellschaft »trotz der ungleichen Verteilung der gesellschaftlichen Macht« ein einheitlicher Organismus, dem wie allen Organismen ein Höherentwicklungstrieb immament war[30]. Dadurch, daß der Mensch mehr produzierte, als er zur bloßen Lebenserhaltung brauchte, entstand ein Überschuß, der eine Höherentwicklung möglich machte. Im Leben einer Gesellschaft ließ sich diese Überschußsphäre am besten an den sozialen Überschußleistungen ablesen. Die ungleichen Machtverhältnisse innerhalb einer Gesellschaft entstanden dadurch, daß die jeweils herrschenden Klassen aufgrund ihrer politischen Funktionen in der Gesellschaft am meisten von dem gesamtgesellschaftlich erwirtschafteten Reichtum profitierten. Aus diesem Grunde sah Liebknecht die Geschichte der Menschheit auch nicht als Geschichte von Klassenkämpfen an, wie Marx dies getan hatte, sondern als Geschichte von Kämpfen um die Verteilung der sozialen und politischen Funktionen innerhalb einer Gesellschaft[31]. Dabei betonte er, daß je nach den Machtverhältnissen neue Funktionen entstanden beziehungsweise umverteilt wurden. Als Ziel der menschheitlichen Höherentwicklung erkannte Liebknecht einen »neuen, allumfassenden Humanismus«, den er folgendermaßen beschrieb: »Eine künftige Menschheit wird frei in allen ihren Gliedern: gleichviel welcher Rasse, welcher Farbe, welchen Geschlechtes in überzeugter und fröhlich-starker Solidarität einander in allen Gliedern unterstützend als eine einige und unteilbare Gesellschaft des äußeren Reichtums, der inneren Wohlfahrt, des Wohlwollens, der Menschenliebe, des Glücks, in ernster Arbeit und in heiterem Genuß ihre Bahn ziehen[32].« Hatte Marx in seiner Theorie die gesellschaftliche Entwicklung als einen dialektischen Prozeß dargestellt, so verstand Liebknecht sie als einen evolutionären Vorgang, der von objektiven und subjektiven Faktoren bestimmt wurde. Die objektiven Faktoren bestanden darin, daß mit dem Fortschreiten der gesellschaftlichen Entwicklung eine allmähliche Angleichung der verschiedenen Interessengruppen innerhalb einer Gesellschaft erfolgen würde; ein Prozeß, der in erster Linie durch die »Einsicht in Wesen und Bedürfnisse der Gesellschaft« vorangetrieben würde[33]. »Das gesellschaftliche Interesse«, prophezeite Liebknecht, »deckt sich mehr und mehr und immer unverkennbarer mit dem individuellen, mit dem eines immer größeren Kreises und schließlich aller Individuen, soweit sie Gesellschaftsmitglieder sind[34].« Die subjektiven Faktoren ergaben sich aus dem willentlich politischen Handeln jener Politiker, die bewußt im Interesse der von Liebknecht postulierten Höherentwicklung agierten. Da dies gleichsam per definitionem nur die Vertreter des Proletariats sein konnten – alle anderen Gesellschaftsgruppen mußten ja bei einer Höherentwicklung der Gesamtgesellschaft einen Teil ihrer Privilegien aufgeben – sah Liebknecht in der »sozialen Bewegung des Proletariats« die »Entstehungs- und Kampfform« des neuen Humanismus[35].

Da Karl Liebknecht die gesellschaftliche Entwicklung als einen evolutionären Vorgang betrachtete, sah er weitaus stärker als Marx die Gefahr kultureller und gesellschaftlicher Rückbildungen. Ausführlich untersuchte er Arten und Formen der bisherigen Kultur- und Gesellschaftsentwicklungen, wobei er zu dem Ergebnis kam, daß die Geschichte der Menschheit ein dauerndes Auf und Ab darstellte. »Rückbildungen neben Fortbildung«, resümierte er, »Rückfälle, Rückgänge, Rückschläge, Zerstörungen, Rebarbarisierungen bereits erreichter Kulturstufen[36].« Demzufolge war die »Revolution« nicht mehr als »ein« Abschnitt im gesamten Evolutionsprozeß. »Die Revolution«, erläuterte Liebknecht, »ist die konzentrierte, intensive Form, in der sich die Evolution unter gewissen kritischen Umständen in dem Moment der Peripetie vollzieht oder vielmehr ostentativ in Erscheinung tritt[37].«

Um den äußerst komplexen Vorgang der gesellschaftlichen und damit menschheitlichen Entwicklung zu veranschaulichen, griff Liebknecht auf das Bild vom Parallelogramm der Kräfte zurück. Die Seiten dieses Parallelogramms symbolisierten die unzähligen divergierenden Gesellschaftskräfte, während die Diagonale die Kompromißlinie und damit die Linie der Höherentwicklung darstellte. Daraus folgerte Liebknecht, daß die auseinanderstrebenden Gesellschaftskräfte um so stärker auf die Richtung der Diagonale wirken würden, »je extremer sie gerichtet, d. h. je radikaler sie sind«[38]. Dabei ging Liebknecht sogar soweit, den radikalen Kräften zentrale Bedeutung für die Höherentwicklung beizumessen. »Wären die radikalen Kräfte nicht am Werk«, argumentierte er, »so würden sich die Kompromißfaktoren auf einer anderen Linie bewegen . . . sie hängen am Draht des Radikalismus und fallen vollends um, wenn dieser Draht fehlt oder reißt[39].« Dementsprechend kam Liebknecht auch zu dem Ergebnis, daß die These von der Politik als »Kunst des Möglichen« falsch sei, denn seiner Meinung nach war genau das Gegenteil richtig. Seine Gegenthese erläuternd führte er aus: »Das äußerste Mögliche ist nur erreichbar durch das Greifen nach dem Unmöglichen. Die verwirklichte Möglichkeit ist die Resultante aus erstrebten Unmöglichkeiten[40].«

Die Studien über die Bewegungsgesetze der gesellschaftlichen Entwicklung bieten nicht zuletzt wegen ihres universalen Ansatzes breite Angriffsflächen. Dies gilt besonders für die Marxkritik, die zum Teil auch noch auf mangelndem Verständnis der marxistischen Theorie beruht. Dennoch sollte man die Ergebnisse der Schrift nicht in Bausch und Bogen verwerfen, zumal Liebknecht selbst mit seiner Arbeit gar kein vollständiges und abgeschlossenes Philosophie- oder Ökonomiesystem liefern wollte. In seiner Vorbemerkung betonte er, daß die Studien »nicht mit dem Anspruch der Unfehlbarkeit und Abgeschlossenheit« auftreten und »nicht im entferntesten ein Dogma zu geben« gedenken, sondern als ein »freilich mehr ausgeführtes, ausgebautes methodisches Hilfsmittel . . . ein System von Fingerzeigen, Richtlinien, Zeitgedanken« betrachtet werden sollten[41]. Ohne hier die These aufstellen zu wollen, daß Karl Liebknecht ein herausragender Theoretiker gewesen sei, muß darauf hingewiesen werden, daß einige seiner Vorstellungen, insbesondere im Zusammenhang mit der Marxkritik interessante Punkte enthalten. Die These beispielsweise, daß die Ausbeutung nicht so sehr eine Frage der Produktionsverhältnisse ist, sondern ein Verteilungsproblem darstellt, läßt sich nicht so ohne weiteres von der Hand weisen und findet ihre Bestätigung gerade auch in der jüngsten gesellschaftlichen Entwicklung in den Ostblockstaaten. So hat beispielsweise die Veränderung der Produktionsverhältnisse in der UdSSR die unterschiedlichen Reichtumsverhältnisse nur bedingt aufheben können. Während die Führungsschicht des Landes sehr wohl über westliche Luxusgüter verfügt, müssen sich die proletarischen Massen mit einheimischen Produkten zufrieden geben. Auch die These, daß wachsende Einsicht in Wesen und Bedürfnis der Gesellschaft den evolutionären Prozeß begünstigen würde, läßt sich durch verschiedene Beispiele bestätigen. Während in der Bundesrepublik Deutschland Gewerkschaften und Unternehmer bisher weitgehend ihre Eigeninteressen koordinieren konnten und zum Wohle der Gesamtgesellschaft zusammenarbeiteten, führte in Großbritannien die dauernde Konfrontation der Industriepartner zur wirtschaftlichen Krise. Selbst die These von der Politik als »Kunst des Unmöglichen« sowie das sich daraus ergebende Konzept von der Notwendigkeit einer radikalen Politik erscheint durchaus nicht so extrem, wenn man es auf dem Hintergrund des gesellschaftspolitischen Kontextes von Preußen-Deutschland sieht. Wie sehr beispielsweise die Entwicklung des Deutschen Reiches von den extremen Kräften – Sozialdemokratie einerseits und herrschende Kreise Preußens andererseits – bestimmt wurde, zeigt die Verabschiedung des Wehretats im Jahre 1913. Während die Höhe des Etats mit Hilfe der Konservativen Partei festgesetzt wurde, brauchte Reichskanzler Bethmann Hollweg zur Deckung der Kosten die Zustimmung der sozialdemokratischen Reichstagsfraktion[42].

Vergleicht man die Aussagen der Studien mit den Ergebnissen der vorangegangenen Analyse hinsichtlich der Motive und Ziele sowie der politisch-theoretischen und politisch-taktischen Vorstellungen von Karl Liebknecht, so zeigt sich, daß hier das abstrakt formuliert wird, was der Politiker in seinem Handeln zu verwirklichen versuchte. Die Beschreibung des neuen Humanismus beispielsweise ist nichts anderes als die abstrakt-theoretische Ausformulierung des humanitär-rechtlichen Ideals, das als Grundmotiv und -ziel der Liebknechtschen Politik erkannt worden ist. Die Vorstellung von der gesellschaftlichen Entwicklung als evolutionärem Vorgang, der von objektiven = deterministischen und subjektiven = voluntaristischen Faktoren bestimmt wurde, bestätigt die in politisch-theoretischer Hinsicht gewonnenen Erkenntnisse. Wenn auch Liebknecht als Humanist vom Guten im Menschen und damit von der Determiniertheit der menschheitlichen Entwicklung überzeugt war, glaubte er doch, daß die Höherentwicklung letztlich nur von den politisch bewußten und aktionsbereiten Menschen vorangetrieben werden konnte; die objektiven = deterministischen Faktoren wurden also von den subjektiven = voluntaristischen Faktoren bestimmt. Aus der Vorstellung von der Gesellschaft als Kräfteparallelogramm und der daraus abgeleiteten Forderung nach einer »radikalen Politik« ergibt sich schließlich die Erklärung für das von Liebknecht entwickelte politisch-taktische Konzept der »aktiven Oppositionspolitik«. Dabei wird gerade hier deutlich, warum Karl Liebknecht trotz seines Bekenntnisses zur »radikalen Politik« nicht als Gewaltpolitiker eingestuft werden darf. Seine »radikale Politik« lief letztlich auf nichts anderes hinaus als auf die Optimierung des innergesellschaftlichen Kompromisses. Gleichzeitig wird allerdings auch deutlich, daß Liebknecht gar kein »aktiver« sondern vielmehr ein »reaktiver« Politiker gewesen ist, denn aufgrund seiner Vorstellung vom Kräfteparallelogramm orientierte er sein politisches Handeln an den Zielen der anderen radikalen Gesellschaftskräfte. Waren dies in der Vorkriegszeit vor allem der preußische Klassenstaat und der absolutistische Zarenstaat, so wurde es nach Kriegsausbruch mehr und mehr die SPD-Führung, die sich gegen die von Liebknecht als notwendig erachtete Antikriegspolitik widersetzte und die in der Novemberrevolution das Scheitern der sozialen Revolution verursachte.

Die Studien über die Bewegungsgesetze der gesellschaftlichen Entwicklung erhellen nicht nur die politischen Grundanschauungen von Karl Liebknecht, sie machen auch deutlich, warum er als Politiker scheitern mußte. Bedenkt man seine Definition des neuen Humanismus, so kann man nicht umhin, Liebknecht als einen Perfektionisten und Utopisten zu bezeichnen, der sich niemals mit einer existierenden Gesellschaftsform zufrieden gegeben hätte. Das Ziel der gesellschaftlichen Höherentwicklung war dabei derart vage formuliert, daß es in der entscheidenden Phase der Novemberrevolution keinerlei Anziehungskraft auf die Massen ausüben konnte. Die Reduzierung der Politik auf die Veränderung oder Erhaltung des gesellschaftlichen Zustandes wiederum hatte zur Folge, daß der voluntaristische Agitator angesichts der attentistischen Haltung der SPD-Führung während des Krieges und der Novemberrevolution schließlich »irriges, fehlsames Handeln« für immer noch besser hielt als »Willensschwäche und Untätigkeit«[43]. Wenn damit auch Liebknechts Politik letztlich in Haß und Kampf endete, sollte doch die ursprünglich lautere Intention seines Handelns nicht übersehen werden. Versunken in die Studien über die Bewegungsgesetze der gesellschaftlichen Entwicklung schrieb Karl Liebknecht am 18. März 1917 aus dem Zuchthaus an seinen Sohn: »Du mußt lernen, daß . . . die Aufgabe des Menschen, der sich bewußt ein hohes Ziel setzt und der von seinem Inneren vorangetrieben wird, das Edle zu fördern, daß dessen Aufgabe ist, sich mit allen seinen Fähigkeiten, mit seinem ganzen Wesen hineinzuwerfen in das gewaltige Ringen um die Höherentwicklung der Menschheit[44].«

Anhang

Zur Rezeptionsgeschichte von Karl Liebknecht

Karl Liebknecht gehört in der Geschichte der deutschen Arbeiterbewegung zu jenen schillernden Figuren, die bis heute eine gleichermaßen anziehende wie abstoßende Faszination ausüben. Für die einen, die Anhänger, ist er der Inbegriff des »sozialistischen Märtyrers«, der seinen konsequenten Kampf gegen Kapitalismus und Militarismus mit dem Leben bezahlen mußte. Für die anderen, die Gegner, degenerierte der linke Sozialdemokrat zum politischen Fanatiker, der mit brachialer Gewalt die Welt zu seinen Idealen bekehren wollte. Die Scheidelinie zwischen Ablehnung und Anerkennung verläuft dabei zumindest offiziell auf der Grenze zwischen den beiden deutschen Staaten. Die Deutsche Demokratische Republik (DDR) verehrt in Karl Liebknecht den Mitbegründer der Kommunistischen Partei Deutschlands (KPD) und benennt ihm zu Ehren öffentliche Gebäude, Jugendgruppen und militärische Einrichtungen[1]. Die Bundesrepublik Deutschland dagegen tut kaum etwas, um das Ansehen des radikalen Sozialdemokraten wachzuhalten. Weder Straßen noch Denkmäler tragen seinen Namen. In welchem Licht der erste deutsche Kommunistenführer hierzulande lange Zeit gesehen wurde, verdeutlicht ein Kommentar im *Bulletin des Presse- und Informationsamtes der Bundesregierung* aus dem Jahre 1962, in dem die Ermordung Liebknechts als »standrechtliche Erschießung« bezeichnet wurde[2]. Wenn auch dieses Urteil aufgrund der allgemeinen innen- und außenpolitischen Veränderungen der sechziger und siebziger Jahre in mancherlei Hinsicht korrigiert wurde, ist doch die negative Grundhaltung geblieben. Der KPD-Führer gilt auch weiterhin als »Romantiker und Revolutionär«[3], der nicht sonderlich ernst genommen wird.

Es versteht sich von selbst, daß historische Forschung von dieser zwiespältigen offiziellen Geschichtsrezeption nicht unberührt blieb. Während kommunistische Geschichtsschreiber, insbesondere die marxistisch-leninistischen Vertreter aus der DDR ausführlich auf Liebknechts Wirken als linker Sozialdemokrat, Antikriegskämpfer, Spartakus- und KPD-Führer eingehen[4], betrachten ihn nicht-kommunistische Historiker, insbesondere die der Bundesrepublik, als politische Randfigur, die weder den Niedergang des Wilhelminischen Reiches noch den Aufbau der Weimarer Republik nachhaltig beeinflußt hat[5]. Trotz dieser gegensätzlichen Beurteilung gehen beide Forschungsrichtungen bei ihrer Bewertung von ein und demselben Ansatz aus: Sie betrachten Karl Liebknecht als einen Politiker, der seine Hauptaufgabe in der politischen Tagesarbeit gesehen hat. So schreibt beispielsweise Wilhelm Pieck, ehemaliger Mitstreiter Liebknechts und erster Präsident der DDR, im Vorwort der neunbändigen Ausgabe der *Gesammelten Reden und Schriften*: »Karl Liebknecht gehörte nicht zu den Theoretikern, aber sein kämpferischer Instinkt leitete ihn sicher an die Kampfabschnitte[6].« Ähnlich urteilt auch der westdeutsche Historiker Peter Lösche, wenn er den Mitbegründer der KPD einen Politiker nennt, der die »kritische Analyse zugunsten der politischen Tat vernachlässigte«[7]. Zweifelsohne ist es richtig, daß Karl Liebknecht ein politischer Agitator gewesen ist. Er selbst bestätigte einmal in einem Brief an seine zweite Frau Sophie, daß die »Aktion« Vorrang habe vor der »Meditation«[8]. Dennoch ist es gerade die Vorstellung vom Agitator gewesen, die sowohl die kommunistische als auch die nicht-kommunistische Geschichtsschreibung zu einem fatalen Trugschluß veranlaßt hat. Da man Liebknecht als Agitator einstufte, ging man, ohne zu prüfen, von der These aus, daß sein politisches Handeln weder von eigenständigen Motiven und Zielen noch von eigenständigen politisch-theoretischen und politisch-taktischen Vorstellungen bestimmt wurde. Marxistisch-leninistische Historiker beispielsweise behaupten gleichsam per definitionem: der erste deutsche Kommunistenführer habe durch seine revolutionäre Agitation bewiesen, daß er Marxist gewesen ist, auch wenn er, wie Heinz Wohlgemuth in seiner Karl-Liebknecht-Biographie einräumt, »noch nicht in alle Grundwerke des Marxismus eingedrungen« war[9]. Vertreter der nicht-kommunistischen Geschichtsschreibung wiederum verstehen Liebknecht als einen »Gefühlspolitiker«, der sich »leicht den Aufwallungen einer Massenaktion« hingegeben habe[10]. Es klingt wie eine vorweggenommene Kritik seiner eigenen Geschichtsrezeption, wenn Karl Liebknecht in den *Studien über die Bewegungsgesetze der gesellschaftlichen Entwicklung* erklärt: »Nichts ist verkehrter, als den Grad wissenschaftlicher Einsicht in den Zusammenhang der Dinge aus der propagandistischen Argumentation zu entnehmen . . . Aus ihr kann man nur entnehmen, durch welche Mittel sie ihren Zweck am besten erreichen zu können glaubt . . . Nur allzu leicht ist der Propagandist einer falschen Beurteilung auch von seiten gewissenhaftester Historiker ausgesetzt[11].«

Die Ursachen für den verzerrten Ansatz der bisherigen Liebknecht-Forschung sind direkt auf das politische Wirken von Karl Liebknecht zurückzuführen. Genauer gesagt, sie finden ihren Ursprung in der Wirkung, die von Karl Liebknecht auf seine politische Umwelt, insbesondere in der Sozialdemokratischen Partei Deutschlands (SPD) ausgegangen ist. Liebknechts politischer Werdegang wurde von Anfang an von einem Außenseiterstatus bestimmt. Obwohl sein Vater Wilhelm Liebknecht zu den Mitbegründern der SPD zählte und von den Parteimassen inständig geliebt wurde, hat sich der weitere Führungskreis der Partei nie sonderlich für den Sohn interessiert. Die programmatischen Aussagen, die Karl Liebknecht 1902 in seinem ersten Artikel »Die neue Methode«[12], 1907 in der ersten größeren Veröffentlichung *Militarismus und Antimilitarismus unter besonderer Berücksichtigung der internationalen Jugendbewegung*[13], 1910 in dem umfangreichen Vortrag zur preußischen Verwaltungsreform[14] und 1913 schließlich in der zweiteiligen Artikelserie zur Massenstreikfrage[15] vorlegte, haben in der Theoriediskussion der Vorkriegssozialdemokratie nie eine Rolle gespielt. Auch nach dem Ausbruch des Ersten Weltkrieges blieb Liebknecht, ideologisch betrachtet, ein Einzelgänger. Obwohl er aufgrund seiner konsequenten Antikriegspolitik nach außen hin zur Identifikationsfigur der 1915/16 entstehenden Spartakusgruppe wurde, hat er auf die Programmgestaltung der Gruppe, aus der später die KPD hervorging, keinen nachhaltigen Einfluß ausgeübt. Zum einen bestand die Spartakusgruppe aus ehemaligen Sozialdemokraten, die ja ebenfalls in der Vorkriegszeit Liebknecht als Politiker nicht sonderlich ernst genommen hatten; zum anderen waren die Gruppenmitglieder in ideologischer Hinsicht alle Anhänger von Rosa Luxemburg, deren Gedankengut sowohl für das Spartakus- als auch das KPD-Programm ausschlaggebend war. Als Karl Liebknecht daher im Anschluß an den fehlgeschlagenen Januaraufstand von 1919 gemeinsam mit Rosa Luxemburg ermordet wurde, war das Bild des Agitators jedermann präsent, die politischen Grundanschauungen dagegen, die sein Handeln bestimmt hatten, waren unbekannt.

Das Bild vom »bloßen Agitator« änderte sich auch nach dem Tode von Karl Liebknecht nicht, denn weder die ehemaligen Mitstreiter in der SPD noch die neuen Mitkämpfer in der KPD fühlten sich veranlaßt, seinen politischen Nachlaß aufzuarbeiten. Die SPD hatte sich schon zu seinen Lebzeiten nicht für seine Vorstellungen interessiert, warum sollte sie es jetzt tun. Dabei ist zu bedenken, daß in den Augen der Sozialdemokratie der Agitator Liebknecht während der Novemberrevolution zu einem Anhänger der bolschewistischen Terrorpolitik degeneriert war[16]. Die KPD wiederum hatte aufgrund politisch-pädagogischer Überlegungen kein Interesse an einer Aufarbeitung des Liebknechtschen Gedankengutes. Hinzu kam, daß sie Anfang der zwanziger Jahre anläßlich der Auseinandersetzungen um die Bolschewisierung der Partei schon genug ideologische Schwierigkeiten mit Rosa Luxemburg und deren Kritik an der Politik der Bolschewiki in der Oktoberrevolution[17] hatte, die durch eine Beschäftigung mit Liebknechts – unmarxistischen – Vorstellungen nur noch verstärkt worden wären. Liebknechts politischer Nachlaß wurde daher von Personen ausgewertet, die, wie er selbst, Einzelgänger waren. Franz Pfemfert[18], der 1919 zusammen mit Sophie Liebknecht die Briefe aus dem Felde, der Untersuchungshaft und dem Zuchthaus[19] und 1921 die politischen Schriften herausgab[20], kam aus der politisch engagierten Literaturszene Berlins und schloß sich in den zwanziger Jahren verschiedenen linkskommunistischen Gruppierungen an. Harry Schumann[21], der schon im Todesjahr des KPD-Führers die erste und bis vor kurzem auch einzige vollständige Biographie verfaßte, war ein Gelehrter aus dem Bürgertum, der eher naturreligiösen als sozialistischen Vorstellungen anhing. Rudolf Manasse[22] schließlich, der 1922 Liebknechts Studien über die Bewegungsgesetze der gesellschaftlichen Entwicklung herausgab, gehörte ebenfalls nicht zur politischen Arbeiterbewegung, sondern war Privatdozent für Philosophie an der Universität Heidelberg. Für seine Herausgebertätigkeit legte er sich sogar das Pseudonym »Dr. Morris« zu, um nicht politisch abgestempelt zu werden.

Die Veröffentlichungen aus dem Nachlaß von Karl Liebknecht haben ebenfalls keine Veränderung des Liebknechtschen Geschichtsbildes bewirken können. Dabei hätten gerade die Studien über die Bewegungsgesetze mit ihrem marxkritischen Ansatz die Theoriediskussionen in der kommunistischen wie sozialdemokratischen Bewegung durchaus befruchten können. Vor allem die Kritiker der kommunistischen Bolschewisierungstaktik hätten hier ideales Anschauungs- und Argumentationsmaterial gefunden, um den Gegensatz zwischen der KPD und ihrem Mitbegründer deutlich zu machen. Daß dies nicht geschah, hing einmal damit zusammen, daß sich weder Liebknechts ehemalige Mitstreiter in der SPD noch in der KPD für seine politischen Grundvorstellungen interessierten, und zum anderen, weil die Studien aufgrund ihres unvollendeten Charakters auf den ersten Blick einen chaotischen Eindruck machten, der die Auffassung vom bloßen Agitator nur zu bestätigen schien. Es war nicht der feurige Spartakusführer, der in den Studien schrieb, sondern der Jurist, der sich in ökonomische und philosophische Fragen vertiefte. Dabei kann man sich manchmal nicht ganz des Eindrucks erwehren, daß hier jemand mit Problemen rang, die seine geistigen Fähigkeiten überstiegen. Dennoch zeigen die Studien eindeutig, daß Karl Liebknecht weitaus mehr gewesen ist als nur ein Agitator und daß sein politisches Handeln sehr wohl von eigenständigen Motiven und Zielen sowie politisch-theoretischen und politisch-taktischen Vorstellungen bestimmt wurde. Insofern hat Liebknechts erster Biograph Harry Schumann durchaus recht, wenn er behauptet: »Man kennt nicht Karl Liebknecht, wenn man nicht die Bewegungsgesetze kennt[23].« Allerdings konnte auch Schumann mit seiner Darstellung keine Revidierung des vorherrschenden Liebknecht-Bildes bewirken, ging er doch von der für die Zeitgenossen ziemlich unverständlichen These aus, daß das »politische Element« das »unwichtigste« im Vollblutpolitiker Liebknecht gewesen sei. Der KPD kam das Desinteresse auf seiten der SPD sehr gelegen, denn sie konnte so den Mitbegründer der KPD ideologisch auf dieselbe Linie wie die marxistische Theoretikerin Rosa Luxemburg ausrichten und damit das für die Propaganda notwendige Bild von der »janusköpfigen Gründergeneration« der kommunistischen Arbeiterbewegung schaffen. Voller Emphase formulierte Willi Münzenberg 1926 in seiner Auswahl von Liebknechts Reden: Rosa Luxemburg sei das »Hirn«, Karl Liebknecht das »Herz« der kommunistischen Bewegung[24].

Die Tatsache, daß Karl Liebknechts Vorstellungen trotzdem Mitte der dreißiger Jahre zeitweilig in den Mittelpunkt zumindest der innerkommunistischen Theoriediskussion gerieten, hat weniger etwas mit einer objektiven Wertschätzung seiner Auffassungen zu tun als vielmehr mit dem Übereifer eines deutschen Stalinisten. Als Kurt Sauerland[25] die Vorkriegsgeschichte der deutschen Linken nach den Vorstellungen Stalins umschrieb, setzte er sich auch mit Liebknechts Politik auseinander und stellte sogar sein politisches Gedankengut auf dieselbe Stufe wie das von Rosa Luxemburg. Speziell Liebknecht warf er dabei vor, die marxistische Theorie überhaupt nicht verstanden zu haben. Auf die These von der »Politik als Kunst des Unmöglichen« eingehend, kritisierte er: »Man glaubte also an die eigentlich verkündeten Ziele, den Sozialismus usw. kaum mehr als die Opportunisten. Da diese es aber Phantasterei nannten, für Unmögliches zu kämpfen, versuchte Liebknecht zu beweisen, daß man um Unmögliches kämpfen müsse, um möglichst viel zu erreichen. Es ist klar, daß man bei solcher Einstellung manches oder auch vieles tun konnte im Kampf gegen den Opportunismus, daß es aber ausgeschlossen war, den Opportunismus mit dieser Taktik zu schlagen[26].« Den Chefideologen der Kommunistischen Internationale ging diese Kritik jedoch zu weit. Unter dem Titel »Lenin, Liebknecht, Luxemburg« nahm A. Martynow grundsätzlich Stellung zu den Vorwürfen von Sauerland[27]. Zwar stufte auch Martynow Liebknechts Theorievorstellungen als »Krämerphilosophie« ein, relativierte diese Aussage aber dadurch, daß er mit Blick auf Rosa Luxemburg erklärte: »Dennoch waren sie viel weniger gefährlich und viel weniger schädlich, weil Karl Liebknecht als Theoretiker nie ernst genommen wurde.« Um das von Sauerland getrübte Liebknecht-Bild wieder zurechtzurücken, kehrte Martynow gleichsam dialektisch zum alten Liebknecht-Bild zurück und konstatierte unter Hinweis auf Liebknechts agitatorisches Wirken: »Liebknecht war in der Praxis Revolutionär.« In diesem Sinne sollte denn auch auf Beschluß des Zentralkomitees der KPD im Jahre 1933 eine parteioffizielle Biographie verfaßt werden[28]. Mit der Aufgabe betraut wurde das junge Parteimitglied Willy Kerff, der auch drei Jahre später die Arbeit an diesem Projekt im Institut für Marxismus-Leninismus in Moskau aufnahm. Kerff hat – aus bisher noch unbekannten Gründen – das Projekt nicht abschließen können. Wie konkret die Vorstellungen zumindest auf Seiten der Parteizentrale zur Biographie des Parteigründers gewesen sein müssen, kann man daran ablesen, daß Clara Zetkin schon 1933 eine biographische Skizze als »Einleitung« verfaßt hatte[29]. Darin verschwieg die große alte Dame der KPD keineswegs die Fehler des »revolutionären Agitators«, betonte aber, daß Karl Liebknecht von einem »scharfen politischen Instinkt . . . auf dem Boden des revolutionären Klassenkampfes« gehalten wurde. Kerffs Manuskript galt nach dem Zweiten Weltkrieg lange Zeit als verschollen und wurde erst in den sechziger Jahren von Historikern der DDR aufgespürt und 1967 unter dem Titel *Karl Liebknecht. Fragment einer Biographie*[30] veröffentlicht. Die von Clara Zetkin verfaßte Einleitung wurde jedoch nicht mitpubliziert, was sich nicht zuletzt aus den politischen Veränderungen Deutschlands nach Beendigung des Zweiten Weltkriegs erklärt.

Als die DDR 1949 mit sowjetischer Hilfe gegründet wurde, bot sich Karl Liebknecht geradezu in idealer Weise als politisch-historische Identifikations- und Integrationsfigur an. Auf der einen Seite verkörperte er als Mitbegründer der KPD die eigene – kommunistische – Tradition; auf der anderen Seite stellte er die notwendige traditionelle Verbindung zur Sowjetunion dar, denn im Gegensatz zu Rosa Luxemburg hatte er sich – zumindest öffentlich – nie negativ über die Politik der Bolschewiki geäußert. Liebknechts Verehrung als Nationalheld ging dabei so weit, daß der Parteisekretär der Sozialistischen Einheitspartei Deutschlands (SED), Walter Ulbricht, 1962 glaubte, darauf hinweisen zu müssen, die Verdienste der marxistischen Theoretikerin nicht ganz zu vergessen[31]. Die Tatsache, daß in der DDR trotzdem zuerst eine Biographie von Rosa Luxemburg[32] erschienen ist, läßt sich leicht erklären. Zum einen machte die große Biographie des »bürgerlichen« Historikers John Peter Nettl eine entsprechende Gegendarstellung aus marxistisch-leninistischer Sicht notwendig. Zum anderen war es für einen Vertreter der marxistisch-leninistischen Geschichtsschreibung weitaus leichter, eine Biographie von Rosa Luxemburg zu verfassen, die trotz aller »Abirrungen« eine marxistische Theoretikerin gewesen ist, als den Agitator Liebknecht als Anhänger und Verfechter der marxistischen Theorie darzustellen. Da die Verehrung des Nationalhelden Liebknecht keinerlei Kritik zuließ, mußte der Agitator gleichsam als Politiker »ohne Kopf« dargestellt werden. Statt sein Handeln aus seinen eigenen Grundanschauungen heraus zu erklären, beschränkte sich die Liebknecht-Forschung der DDR darauf, sein agitatorisches Wirken vor allem während der Kriegs- und Revolutionszeit zu schildern und hinsichtlich des theoretischen Überbaus auf die Vorstellungen von Rosa Luxemburg und natürlich Lenin zu verweisen. Konsequent durchgeführt wurde dieser Ansatz in der neunbändigen Ausgabe der *Gesammelten Reden und Schriften,* die sich weniger durch ihren Inhalt als vielmehr durch die ominösen »drei Punkte«-Auslassungen auszeichnet. Ironisch bemerkte der westdeutsche Journalist Gerhard Schmolze in einer Besprechung, daß die theoretischen Äußerungen des ersten KPD-Führers »fein säuberlich« mit »Pünktchen und Schere« ausgemerzt worden seien[33]. Ähnliches gilt auch für die 1973 vorgelegte Biographie von Heinz Wohlgemuth. Da man diese Arbeit als vorläufiges Endergebnis der Liebknecht-Forschung in der DDR bezeichnen kann, soll hier etwas ausführlicher darauf eingegangen werden.

Heinz Wohlgemuth ist Lehrer an der Parteihochschule »Karl Marx« beim Zentralkomitee (ZK) der SED und darf aufgrund seiner bisherigen Arbeiten als ausgesprochener Liebknecht-Spezialist angesehen werden[34]. Dennoch betrachtet Wohlgemuth selbst seine Arbeit als einen »ersten Versuch« und beschränkt sich weitgehend auf eine chronologische Darstellung biographischer Fakten. Nach einer kurzen Einleitung über den familiären Hintergrund beschreibt Wohlgemuth in dreizehn Kapiteln das politische Wirken von Karl Liebknecht. Die dabei vorgenommene Einteilung der Zeitabschnitte sieht folgendermaßen aus: 1899–1901, 1902–1904, 1905–1906, 1907–1909, 1909–1910, 1911–1914, August 1914 – März 1915, April 1915 – Mai 1916, Mai 1916 – Oktober 1917, November 1917 – Oktober 1918, Oktober 1918 – Dezember 1918, Dezember 1918 – Januar 1919. Das letzte Kapitel ist Liebknechts Tod und seinem politischen Vermächtnis gewidmet.

Die Neue Zeit

Nr. 23 (lauf. Nr. 49) 20. Jahrgang, 2. Band 1901-1902

Nachdruck der Artikel nur mit Quellenangabe gestattet.

„Die neue Methode."

Von Karl Liebknecht.

„Marxismus"! Nicht viele Bahnbrecher der Menschheit sind so mißhandelt worden wie Marx.

Aber wo Begriffe fehlen, da stellt zur rechten Zeit ein Wort sich ein: Demokratie! Mit diesem Wörtchen löst jeder Revisionist, jeder Anhänger der „neuen Methode" alle Schwierigkeiten spielend. Mit dem Wörtchen „Demokratie" sage ich; denn der Begriff dieses Wörtchens im Sprachgebrauch der Revisionisten ist gar sehr verschwommen. Welcher Sozialist hat je prinzipiell (von Entgleisungen in der Propaganda natürlich zu geschweigen!) auf eine Katastrophe hingearbeitet, oder seine Taktik nur auf eine solche Katastrophe eingerichtet? Wir müssen nur auf der Hut sein, Mißtrauen gilt mit Recht als gute demokratische Eigenschaft. Mögen die Gegner zu uns kommen, mögen sie ihre Konzessionen machen — wir weisen sie nicht von der Hand, aber kein Einlullenlassen durch Friedensschalmeien, kein Eiapopeia von der gütigen allmächtigen Göttin Demokratie, keine Abrüstung. Nur unsere „kriegerische" Tüchtigkeit macht uns im sozialen Leben bündnißfähig, vermag uns den Rupprechtsack der politischen, sozialen und wirthschaftlichen Reformen zu öffnen, könnte, wenn überhaupt möglich, zur Abwendung von Katastrophen führen.

was nützte es der Sozialdemokratie, wenn sie eine ganze Welt aller erdenklichen Reförmchen gewänne und nähme doch Schaden an ihrer Seele, das heißt: würde verwirrt, verkleinlicht, kleinmüthig und selbstzufrieden, verlöre ihr Edelstes und Bestes, den Elan ihrer revolutionären Energie, die auch den Boden für Reformen am fruchtbarsten düngt — man vergleiche nur die Ernte der Sozialgesetzgebung bis zum Jahre 1890 und seitdem!

Karl Liebknechts erster programmatischer Aufsatz aus dem Jahre 1902 in der verschandelten Wiedergabe von Heinz Wohlgemuth in seiner Karl-Liebknecht-Biographie. Die Kürzungen sind unübersehbar.

Obwohl Wohlgemuth bei seiner chronistischen Darstellungsweise eine Fülle von Detailinformationen vorlegen kann, fehlt ein zusammenhängendes Konzept, das Liebknechts politisches Handeln und Denken erklärt. Dabei enthält natürlich auch Wohlgemuths Darstellung eine »Wertung«, nämlich die, daß Karl Liebknecht Marxist gewesen ist. Dieses Urteil aber, das doch erst das Ergebnis einer Analyse sein könnte, wird an keiner Stelle begründet. Eine Erörterung von Liebknechts philosophischen oder politisch-theoretischen und politisch-taktischen Vorstellungen findet nicht statt. Die Studien über die Bewegungsgesetze der gesellschaftlichen Entwicklung, immerhin Liebknechts Lebenswerk, werden mit der lapidaren Erklärung übergangen, daß sie »mehr zur Selbstverständigung« als zur »Veröffentlichung« geschrieben worden seien. Die postume Publikation in der Herausgabe von Rudolf Manasse wird mit keinem Wort erwähnt. Dabei kann auch Wohlgemuth nicht umhin, bei der Beschreibung von Liebknechts Festungshaft 1907 bis 1909 darauf hinzuweisen, daß der Festungshäftling in dieser Zeit ausgedehnte philosophische und ökonomische Studien betrieben hat. Er stellt in diesem Zusammenhang sogar fest, daß ein »Widerspruch« zwischen Liebknechts »praktischer Politik« und »gewissen weltanschaulichen Ansichten« bestanden habe. Wie dieser »Widerspruch« konkret ausgesehen hat, erklärt Wohlgemuth nicht.

Wohlgemuths Biographie ist aber nicht nur durch einen verkürzten Ansatz gekennzeichnet, sie geht auch von einer falschen Perspektive aus, denn Liebknechts Werdegang wird gleichsam vom Endpunkt her betrachtet. Dadurch, daß Wohlgemuth gemäß der marxistisch-leninistischen Geschichtsschreibung die Gründung der KPD als absoluten Höhepunkt in Liebknechts politischer Entwicklung wertet, läßt er die gesamte biographische Darstellung auf diesen Punkt zulaufen. Liebknechts Rolle beim Ausbruch der Januarkämpfe 1919 wird zwar erwähnt, nicht aber untersucht. Auf diese Weise müssen zwangsläufig wichtige Entwicklungsstadien sowohl der Vorkriegs- als auch der Kriegs- und Revolutionszeit übergangen werden. Selbst Annelies Laschitza[35], wie Wohlgemuth Vertreter der marxistisch-leninistischen Geschichtsschreibung, kam in einer Besprechung von Wohlgemuths Arbeit zu dem Ergebnis, daß eine sinnvolle Beurteilung von Liebknechts politischem Wirken während der Kriegs- und Revolutionszeit nur möglich ist auf der

Grundlage einer Zusammenschau seines gesamten politischen Handelns.

Die verzerrte Darstellung und Beurteilung von Karl Liebknecht seitens der kommunistischen Geschichtsschreibung ist durch das weitgehende Desinteresse der nicht-kommunistischen Historiker begünstigt worden. Da man den Agitator für einen nicht ernst zu nehmenden Politiker hält, setzt man sich auch gar nicht erst mit seinem Denken und Handeln auseinander. Statt dessen übernimmt man Urteile jener Zeitgenossen, die Liebknecht ablehnend gegenüber gestanden haben. Besonders deutlich ist dies beispielsweise bei John Peter Nettl zu beobachten, der im Falle von Rosa Luxemburg ein so feinfühliges Bild zeichnet, bei der Beurteilung von Karl Liebknecht aber in ein plumpes Schwarz-Weiß-Schema verfällt und sich bei seiner Beurteilung auf jene Sozialdemokraten beruft, für die Liebknecht ein »unreifer Mensch, kein würdiger Nachfolger seines großen Vaters« gewesen ist[36]. Während die politischen Vorstellungen von Rosa Luxemburg bis heute gerade auch von nicht-kommunistischer Seite erforscht werden[37], schenkt man Liebknechts Gedankengut wenig Aufmerksamkeit. An diesem Sachverhalt hat auch die Bewegung der »Neuen Linken« Ende der sechziger, Anfang der siebziger Jahre nichts geändert. Die Studentenführer von 1968 elektrisierten zwar die Massen mit den Versen:

»Wer hat uns verraten?
Sozialdemokraten!
Wer hat Recht?
Karl Liebknecht[38]!«

taten aber ansonsten wenig, um das geistige Erbe des ersten deutschen Kommunistenführers aufzuarbeiten. Auch sie beriefen sich in politisch-theoretischer Hinsicht genau wie die Marxisten-Leninisten auf Rosa Luxemburg. Ohne hier die historische Bedeutung der marxistischen Theoretikerin schmälern zu wollen, muß doch darauf hingewiesen werden, daß es der Agitator Liebknecht gewesen ist, der in der aktuellen politischen Situation gewirkt hat. So erklärte beispielsweise Friedrich Stampfer rückblickend auf die Frage des Engländers George N. Shuster, ob die Spartakusbewegung während des Ersten Weltkrieges ohne Karl Liebknecht wirkungsvoller gewesen wäre: »Die Spartakusbewegung wäre ohne Karl Liebknecht bestimmt nicht stärker gewesen, sondern viel schwächer.

Denn Karl Liebknecht war der einzige Mann in der Bewegung, der bei einem Teil der Berliner Arbeiterschaft Ansehen und Vertrauen besaß. Rosa Luxemburg war sicher nicht geeignet, die Zentralfigur der spartakistischen Bewegung zu bilden[39].« Wäre Karl Liebknecht in der damaligen politischen Situation tatsächlich so einflußlos gewesen, hätte sich dann Philipp Scheidemann gleich nach seinem Eintritt in die Regierung des Prinzen Max von Baden im Oktober 1918 so entschieden für eine Amnestie des Antikriegskämpfers und Spartakusführers eingesetzt? Hätte sich Friedrich Ebert am 9. November 1918 bereit erklärt, den ihm sicherlich verhaßten »Parteiquerulanten« in die Revolutionsregierung zu berufen? Man kann in diesem Zusammenhang vor allem den Historikern der Arbeiterbewegung nicht ganz den Vorwurf ersparen, daß sie ihr Interesse nur allzu leicht jenen Politikern zuwenden, deren Anschauungen aufgrund leicht zugänglicher Quellen und mit Hilfe einer theoretisch ausgerichteten Lektüre analysiert werden können. Praktisch arbeitende Politiker dagegen, deren Gedankengut erst mühsam aus Reden und Korrespondenzen zusammengesucht werden muß, werden gerne »draußen vor« gelassen. Dies gilt für linke Sozialdemokraten wie Karl Liebknecht ebenso wie für rechte Parteivertreter wie beispielsweise Ignaz Auer[40].

Das Desinteresse der nicht-kommunistischen Geschichtsschreibung hatte zur Folge, daß die Ergebnisse der kommunistischen Liebknecht-Forschung weitgehend ungeprüft übernommen wurden. Lediglich die Bewertung fällt negativ und nicht positiv aus. So nennt beispielsweise Helga Grebing in ihrer 1966 erstmals erschienenen Geschichte der Sozialdemokratie[41] Karl Liebknecht und Rosa Luxemburg in einem Atemzug, verweist aber zur Erklärung seiner Aktivitäten auf Zitate, die von der marxistischen Theoretikerin stammen. Dieter Groh gar kommt in seiner sonst so ausgezeichneten Arbeit zur Geschichte der Sozialdemokratie am Vorabend des Ersten Weltkrieges zu dem erstaunlichen Ergebnis, daß in der DDR die Reden und Schriften von Karl Liebknecht »sorgfältiger« ediert worden seien als die von Rosa Luxemburg[42]. Wie wir jedoch schon gesehen haben, kann man das Wörtchen »sorgfältig« bestenfalls auf die »Auslassungstechnik«, nicht aber auf die Auswahlbemühungen der marxistisch-leninistischen Herausgeber beziehen.

Die zukünftige Liebknecht-Forschung wird nur dann eine adäquate Analyse und damit Bewertung des Geschichtsbildes von Karl Liebknecht liefern können, wenn sie unvoreingenommen und auf der Grundlage aller heute noch erreichbaren Primärquellen an das Thema herangeht. Dabei kann allerdings schon jetzt die Feststellung getroffen werden, daß eine Gesamtbiographie des Mitbegründers der KPD nicht mehr geschrieben werden kann. Der Großteil seines Nachlasses muß als verlorengegangen angesehen werden. Wie Susanne Leonhard[43], enge Freundin Sophie Liebknechts, in einer im Selbstverlag herausgegebenen Broschüre berichtet, wurde der Nachlaß von Karl Liebknecht schon zu seinen Lebzeiten in drei Teile aufgeteilt, von denen zwei während des Zweiten Weltkrieges total zerstört wurden. Als der Antikriegskämpfer im Frühjahr 1915 zum Militärdienst eingezogen wurde, entschloß er sich, »eine große ›Schatulle‹ mit vielen Familienfotos und mit allen Briefen seiner ersten Frau . . . seinem jüngsten Bruder, dem Arzt Dr. Curt Liebknecht, der gerade auf Urlaub von der Front nach Berlin kam, zur Aufbewahrung zu übergeben«. Die Schatulle blieb nach dem Tode von Karl Liebknecht im Besitz des Bruders, dessen Haus jedoch einem Bombenangriff des Zweiten Weltkrieges zum Opfer fiel. Der zweite Teil des Nachlasses – »ein großes Album mit Fotos, eine Menge persönlicher Papiere, vor allem alles, was sich auf die Jugendzeit, auf die erste Ehe Karls und auf die Kinder bezog« – befand sich in der Wohnung von Karl und Sophie Liebknecht in Berlin-Steglitz und wurde 1925 von Sophie Liebknecht bei der Aufgabe der Wohnung in das Anwaltsbüro der Gebrüder Liebknecht in der Chausseestraße Nr. 121 gebracht. Auch das Anwaltsbüro wurde während des Zweiten Weltkrieges zerstört, einschließlich der darin lagernden Dokumente. Lediglich der dritte Teil des Nachlasses, der sich auf die Kriegs- und Revolutionszeit bezog, konnte dank der Geistesgegenwart von Sophie Liebknecht gerettet werden. Sie bewahrte ihn Anfang der dreißiger Jahre vor dem Zugriff der Nationalsozialisten und ließ ihn als »diplomatisches Gepäck« über die sowjetische Botschaft in Berlin nach Moskau bringen, wo er heute im Archiv des Instituts für Marxismus-Leninismus lagert. Duplikate der Dokumente befinden sich im Ostberliner Parteiarchiv und bilden den Grundstock für den »Karl-Liebknecht-Fond«. Mit Ausnahme der Studien über die Bewegungsgesetze der gesellschaftlichen Entwicklung ist der Großteil der Dokumente – mit den schon erläuterten Einschränkungen – veröffentlicht worden[44]. Aus diesem Grunde trägt die hier vorliegende Biographie auch den Untertitel »Eine politische Biographie«. Damit soll zum Ausdruck gebracht werden, daß es sich hier nicht um den Versuch einer biographischen Gesamtdarstellung handelt. Angesichts des jetzigen Standes der Liebknecht-Forschung sah der Autor vielmehr seine Aufgabe darin, unter Einbeziehung aller erreichbaren Quellenbestände den politischen Entwicklungsgang von Karl Liebknecht nachzuzeichnen; außerpolitische Faktoren wurden – sofern vorhanden – nur dann berücksichtigt, wenn sie für den politischen Werdegang bedeutsam waren. Bei diesem Vorhaben, dessen Ergebnisse der Liebknecht-Forschung vor allem einen adäquaten Ansatz sowie ein angemessenes Erklärungsraster für das politische Handeln von Karl Liebknecht liefern soll, konnte sich der Autor auf eine Reihe eigener Vorarbeiten stützen[45].

Will man ein Fazit der hier vorliegenden Arbeit ziehen, so läßt sich sagen, daß Karl Liebknecht ein Politiker gewesen ist, dessen Handeln von durchaus eigenständigen Grundanschauungen bestimmt worden ist. Ideologisch betrachtet war Karl Liebknecht ein humanistischer Aufklärer, der mit der Emanzipation des Proletariats zur Höherentwicklung der gesamten Menschheit beitragen wollte. Kriterien der menschheitlichen Höherentwicklung waren dabei die von Liebknecht selbst definierten Ideale von Menschlichkeit und Gerechtigkeit. Ob Liebknecht als sozialdemokratischer Rechtsanwalt, als sozialdemokratischer Politiker, als Antikriegskämpfer und schließlich als Revolutionär agierte, immer ging es ihm darum, die proletarischen Massen über die ungerechten und unmenschlichen Zustände des preußisch-deutschen Klassenstaates und darüber hinaus der kapitalistisch-imperialistischen Welt aufzuklären und von der Superiorität der sozialdemokratischen Weltanschauung zu überzeugen. Die Motivation und Zielsetzung seines politischen Handelns entstammte also nicht der sozialistischen Theorie, sondern ging auf das Gedankengut des deutschen Idealismus im 19. Jahrhundert zurück. Ähnliches gilt für die politisch-theoretischen Vorstellungen, die ebenfalls nicht der Ideenwelt des Sozialismus entnommen waren. Der Mitbegründer der KPD hat die marxistische Theorie expressis verbis abgelehnt, denn im Gegensatz zu Marx wollte er die Entwicklungsgeschichte der Menschheit in ihrer dynamischen Gesamtheit erfassen. Dabei kam er zu dem Ergebnis, daß die menschheitliche und damit gesellschaftliche Entwicklung kein dialektischer Prozeß war, sondern ein evolutionärer Vorgang, der von deterministischen und voluntaristischen Faktoren bestimmt wurde. Kann man Liebknecht von der Zielsetzung seines politischen Handelns her als Determinist einstufen, da er als humanistischer Aufklärer letztlich vom Guten im Menschen und damit von der Determiniertheit der menschheitlichen Entwicklung überzeugt war, muß man ihn von der Praxis her als reinen Voluntaristen ansehen, da er als Agitator die gesellschaftliche Entwicklung allein in Abhängigkeit vom politischen Willen der Menschen einer Gesellschaft gesehen hat. Selbst die von ihm als deterministisch angesehenen – wirtschaftlichen – Faktoren waren im Grunde genommen voluntaristisch, da sie vom politisch willentlichen Handeln der Menschen bestimmt wurden. In politisch-taktischer Hinsicht ging Liebknecht von der Vorstellung aus, daß es grundsätzlich zwei Möglichkeiten gab, wie sich der Übergang von der bürgerlichen zur sozialistischen Gesellschaft vollziehen konnte: eine reformerische und eine revolutionäre Möglichkeit. Welche dieser beiden Möglichkeiten tatsächlich zum Tragen kam, hing in erster Linie vom Verhalten der herrschenden Kreise ab. Waren diese zu Konzessionen bereit, so verlief die Entwicklung auf reformerischem-gewaltlosem Wege, waren sie es nicht, kam es zu einer revolutionären-gewaltsamen Entwicklung, da die Masse der Bevölkerung ihre Forderung nach Gleichberechtigung irgendwann mit Gewalt durchzusetzen versuchen würde. Dabei war Liebknecht überzeugt, daß die herrschenden Kreise letztlich doch zu Konzessionen = Reformen gedrängt werden konnten, vorausgesetzt, das Proletariat verlieh seinen Forderungen den entsprechenden Nachdruck. Aus diesem Grunde empfahl Liebknecht von Anbeginn seiner politischen Tätigkeit eine »kriegerische Tüchtigkeit«, die darauf abzielte, nicht nur Macht anzusammeln, sondern sie auch in der innergesellschaftlichen Auseinandersetzung einzusetzen. »Die Grundlage . . . aller Verhältnisse ist Macht«, formulierte er in seinen Studien über die Bewegungsgesetze der gesellschaftlichen Entwicklung, »deren *ultima ratio,* deren tiefste Grundlage im bisherigen Geschichtsverlauf wiederum Gewalt, Gewalt im gröbsten, materiellen, körperlichen Sinn, Gewalt, die als drohende Potenz selbst hinter den scheinbar idealsten Beziehungen lauert[46]«. Als Machtmittel sah Liebknecht die aufgeklärten und damit politisch willentlich handelnden Proletariermassen, weshalb seiner Meinung nach der »Machtkampf« mit den herrschenden Kreisen auch nicht innerhalb, sondern außerhalb des Parlaments entschieden wurde. Die Machtverhältnisse im Parlament spiegelten lediglich die gesamtgesellschaftlichen Machtverhältnisse wider. Bedenkt man die »attentistische Politik« der SPD-Führung vor und während des Ersten Weltkrieges, so kann man Liebknechts politisch-taktisches Prinzip als »aktive Oppositionspolitik« auffassen, deren Ziel darin bestand, die Partei zu einem mitgestaltenden Faktor in der politischen Entwicklung Preußen-Deutschlands zu machen. Liebknechts Politik war sicherlich »revolutionär«, aber nicht aufgrund marxistischer oder gar marxistisch-leninistischer Vorstellungen, sondern aufgrund des reaktionären preußisch-deutschen Kontextes, der jede noch so kleine Reform unmöglich machte. Die Frage, ob und inwieweit der Ausbruch des Ersten Weltkrieges eine Radikalisierung in der politischen Entwicklung von Karl Liebknecht ausgelöst hat, muß aufgrund der hier vorliegenden Ergebnisse verneint werden. Weder die Motive und Ziele noch die politisch-theoretischen oder politisch-taktischen Grundanschauungen sind durch dieses Ereignis wesensmäßig verändert worden. Der Grund, weshalb Liebknechts Wirken in der Kriegs- und Revolutionszeit trotzdem den Eindruck der Radikalisierung erweckt, ist nicht zuletzt auf die Veränderungen seiner politischen Umwelt, insbesondere innerhalb der SPD zurückzuführen. War die Partei des Proletariats bis 1914 der »Staatsfeind« par excellence, so wurde sie nach dem Ausbruch des Ersten Weltkrieges zu einer »staatsstützenden« und in der Novemberrevolution sogar zu einer »staatstragenden« Einrichtung.

Die Tatsache, daß Karl Liebknecht als Politiker scheiterte, hat weder etwas mit einer Radikalisierung seiner politischen Entwicklung zu tun, noch ist sie auf sein menschliches Schicksal zurückzuführen, dessen Bedeutung nicht überschätzt werden sollte[47]. Der Sohn Wilhelm Liebknechts hat zwar den Aufstieg der SPD als Familienschicksal erfahren und den Umschwung der sozialdemokratischen Politik bei Kriegsausbruch als »Verrat« empfunden; seine politische Urteilsfähigkeit hat dies jedoch kaum beeinflußt. Die Analysen des Spartakusführers zu den Ursachen der Novemberrevolution stimmen durchaus mit den Ergebnissen auch der heutigen Forschung überein. Die Niederlage der rebellierenden Arbeiter von Berlin im Januar 1919 nannte der KPD-Führer eine »historische Notwendigkeit«. Karl Liebknecht scheiterte als Politiker, weil er scheitern mußte, denn seine politischen Grundanschauungen waren in sich zu widersprüchlich und fehlerhaft. Der wohl entscheidende Widerspruch lag dabei in Liebknechts Haltung zur Frage der Gewaltanwendung. Liebknecht hat zwar theoretisch die Notwendigkeit der aktiven Gewaltanwendung anerkannt und befürwortet; die humanitär-rechtliche Motivation und Zielsetzung seines Handelns ließ ihn jedoch letztlich davor zurückschrecken, die Macht auch tatsächlich anzuwenden. Statt am 6. Januar 1919 die revolutionäre Aktionsbereitschaft zumindest eines Teils der Berliner Arbeiter auszunutzen und zum »Sturm« auf die Kasernen zu blasen, verhandelte er mit den Matrosen der Volksmarinedivision, um sie geistig für den Anschluß an den Revolutionären Ausschuß zu gewinnen. Nicht die Erringung politischer Macht per se war es, was Liebknecht wollte, sondern die Emanzipation des Proletariats und darüber hinaus die Höherentwicklung der gesamten Menschheit. Insofern übrigens weist Liebknechts Werdegang durchaus tragische Züge auf. Von Anbeginn seiner politischen Tätigkeit hatte er für das politische Erwachen des Proletariats gekämpft, um dann tatenlos zusehen zu müssen, wie ein Teil dieses Proletariats erwachte und sich in eine halbwegs revolutionäre und gleichzeitig bereits zum Scheitern verurteilte Tat stürzte. Dennoch wäre es falsch, wollte man die historische Bedeutung von Karl Liebknecht allein an der Tatsache messen, daß er als Politiker scheiterte. Sowohl in der Vorkriegszeit als auch während des Krieges selbst hat Liebknecht eine Reihe von Vorschlägen entwickelt, wie die SPD aus ihrer passiven Haltung zu einem aktiven Faktor der preußisch-deutschen Politik hätte werden können und die man auf dem Hintergrund der offiziellen Parteipolitik als durchaus akzeptable Alternativen bezeichnen kann. Die SPD, und dies gilt für alle Gruppierungen innerhalb der Partei, hat es nicht für nötig befunden, sich mit diesen Vorschlägen auseinanderzusetzen. Die Parteimassen dagegen haben von Anfang an positiv auf das engagierte Wirken des Agitators mit dem humanitärrechtlichen Ideal reagiert. Dies beweist nicht zuletzt Liebknechts eigener Aufstieg zu einem der führenden Sozialdemokraten gleichsam gegen den Willen der Parteiführung.

Der Politiker Karl Liebknecht hat für den heutigen Betrachter weniger aktuelle als vielmehr politisch-historische Bedeutung. Weder seine philosophischen noch seine politisch-theoretischen und politisch-taktischen Vorstellungen sind für die Analyse der gegenwärtigen Entwicklung in den östlichen wie westlichen Gesellschaften relevant. Allein schon deswegen ist es unsinnig, wenn Vertreter der DDR behaupten, das geistige Erbe von Karl Liebknecht verwirklicht zu haben. Bedenkt man dann noch die humanitär-rechtliche Motivation und Zielsetzung seines Handelns, so erscheint der Anspruch der DDR geradezu als blanker Hohn: Ein Staat, der seine Menschen mit brutaler Gewalt in seinen Grenzen zu halten sucht, beruft sich auf das Erbe eines Politikers, der sein höchstes Ziel in der Verwirklichung der Ideale von Menschlichkeit und Gerechtigkeit gesehen hat. Die Intentionen des Liebknechtschen Handelns sollten uns denn auch heute noch zu denken geben. Nur allzu oft wird die Tatsache außer acht gelassen, daß die Gesellschaft aus Menschen besteht und daß deshalb die Entwicklung dieser Gesellschaft im Interesse eben dieser Menschen erfolgen sollte. Verweisen westliche Politiker auf die angeblich unlösbaren »Sachzwänge«, um ihre Entscheidungsunwilligkeit oder -unfähigkeit zu kaschieren, so treffen östliche Politiker ihre Entscheidungen in erster Linie gemäß der jeweils vorherrschenden Staatsdoktrin. Die Intentionen der Liebknechtschen Politik sollten denn auch als durchaus positiv eingestuft werden. Die Wirkung seines politischen Handelns, insbesondere im Anschluß an die Novemberrevolution, war dagegen im Endeffekt negativ. Mit seinem Aufruf zum Sturz der Regierung »Ebert – Scheidemann« trug der KPD-Führer entscheidend zur Gewaltanwendung in der Novemberrevolution bei. Es ist diese vom Inhalt durchaus überzeugende, in ihrer tatsächlichen Auswirkung aber eher abzulehnende Politik, die dazu geführt hat, daß der Politiker Karl Liebknecht bis heute eine gleichermaßen anziehende wie abstoßende Faszination ausübt.

Werkausgaben zu Karl Liebknecht

Vorbemerkung: Eine vollständige Ausgabe der Werke von Karl Liebknecht ist nicht vorhanden. Entsprechend der Rezeptionsgeschichte sind die vorliegenden Werkausgaben entweder aus politisch-pädagogischen Überlegungen »selektiert« – dies gilt vor allem für die neunbändige DDR-Ausgabe – oder zu wenig »gehaltvoll«, da westdeutsche Arbeiten die verstümmelten Editionen der DDR-Ausgabe wiedergeben. Selbst die einzige Ausnahme, die 1974 von Ossip K. Flechtheim herausgegebenen *Studien über die Bewegungsgesetze der gesellschaftlichen Entwicklung*, kann nur bedingt positiv bewertet werden. Statt dem Leser dieses sehr schwer verständliche philosophische und ökonomische Werk durch ausführliche Kommentare zugänglich zu machen, beschränkt sich der Herausgeber auf eine kurze Einleitung.

Das Quellenstudium zu der hier vorliegenden »politischen Biographie« hat deutlich gemacht, daß noch lange nicht alle Reden und Schriften von Karl Liebknecht bekannt sind. Dasselbe gilt für erhalten gebliebene Briefe. Hier allerdings ist zu sagen, daß die DDR-Forschung eine größere Anzahl solcher Briefe kennt, sie aber bisher nicht veröffentlicht hat.

Die folgenden Angaben zu Werkausgaben von Karl Liebknecht müssen unter den eben skizzierten Einschränkungen gesehen werden. Sie sollen lediglich als Hinweise auf einen ersten Einstieg in die Thematik verstanden werden. Aus diesem Grunde wurden auch drei ältere Ausgaben aufgenommen, die heute nur noch in Bibliotheken erreichbar sind, die aber unbedingt als Ergänzung zu den heute zugänglichen Werkausgaben herangezogen werden müssen.

1. *Gesammelte Reden und Schriften*, Bd. 1–9, hrsg. vom IML beim ZK der SED, Berlin – DDR 1958 ff.

Es handelt sich hierbei um die bisher umfassendste Ausgabe. Sie enthält Briefe, Reden und Schriften aus der Zeit von 1900 bis 1919. Die Bände 8 und 9, die der Kriegs- und Revolutionszeit gewidmet sind, können als

»fast« vollständig gewertet werden. Die ersten Bände sind dagegen äußerst schwach und werden durch eine »rücksichtslose« Auslassungstechnik bestimmt.

2. *Ausgewählte Reden und Schriften I.* Hrsg. u. eingel. von Helmut Böhme, Frankfurt/M., Wien 1969.

Wie man der Einleitung des Herausgebers entnehmen kann, war ursprünglich an eine zweibändige Ausgabe gedacht, von der aber nur der erste Band erschien. Die Ausgabe enthält Reden und Schriften aus der Zeit von 1902 bis 1910. Die entsprechenden Überschriften machen dabei die jeweils angesprochene Thematik deutlich: »Zur Theorie, zur Taktik, zum Imperialismusproblem«; »Zum Militarismus«; »Zu Klassenjustiz und Justizreform«; »Zur Staats- und Verwaltungsreform«; »Zur Universitätsreform«; »Zur Schulreform«; »Zur Praxis«. Schwer verständlich ist, warum die Dokumente in der verstümmelten Form der DDR-Ausgabe wiedergegeben werden.

3. *Studien über die Bewegungsgesetze der gesellschaftlichen Entwicklung*, hrsg. von Ossip K. Flechtheim, Hamburg 1974.

Vollständiger Neudruck der Ausgabe von 1922.

4. *Gedanke und Tat. Schriften, Reden, Briefe zur Theorie und Praxis der Politik*, hrsg. von Ossip K. Flechtheim, Frankfurt/M., Berlin, Wien 1976.

Entsprechend der Ankündigung im Titel soll die Ausgabe den Menschen, Politiker und Theoretiker Karl Liebknecht zeigen. Zu diesem Zweck werden Briefe, Reden und Schriften aus der Zeit von 1902 bis 1919 wiedergegeben. Auch hier sind die Dokumente im wesentlichen so wiedergegeben, wie sie sich in der DDR-Ausgabe finden.

5. Ältere Werke, die unbedingt bei einer Beschäftigung mit dem Politiker Karl Liebknecht herangezogen werden sollten:

   a) *Reden und Aufsätze*, hrsg. von Julian Gumperz, Hamburg 1921.

b) *Briefe aus dem Felde, aus der Untersuchungshaft und aus dem Zuchthaus*, hrsg. von Franz Pfemfert, Berlin 1920.

c) *Politische Aufzeichnungen aus seinem Nachlaß. Geschrieben in den Jahren 1917/18.* Unter Mitarbeit von Sophie Liebknecht hrsg. von Franz Pfemfert, Berlin-Wilmersdorf 1921.

Anmerkungen

I. Der familiäre Hintergrund

1 *Gesammelte Reden und Schriften* (im folgenden: GRS), hrsg. vom IML beim ZK der SED, Bd. 1–9, Berlin (DDR) 1958 ff. Hier zitiert n. GRS 3, S. 489 f.

Die »politische Familie«

2 Siehe den Gedenkartikel »Natalie Liebknecht« in: *Die Neue Zeit* (im folgenden NZ), Stuttgart 1 (1908/9), S. 693 ff.

3 Eine ausgewogene Darstellung zum politischen Werdegang von Wilhelm Liebknecht steht noch aus. Zu einer ersten vorläufigen Information siehe aus marxistisch-leninistischer Sicht Wadim Tschubinski, *Wilhelm Liebknecht. Eine Biographie*, Berlin 1973. Von der nicht-kommunistischen Geschichtsschreibung haben sich u. a. Hans-Josef Steinberg (*Sozialismus und deutsche Sozialdemokratie. Zur Ideologie der Partei vor dem 1. Weltkrieg*, Bonn – Bad Godesberg 1972). Roger Morgan (*The German Social Democrats and the First International 1864–1872*, Cambridge), Susanne Miller (*Das Problem der Freiheit im Sozialismus. Freiheit, Staat und Revolution in der Programmatik der Sozialdemokratie von Lassalle bis zum Revisionismusstreit*, Frankfurt/M. 1964), Gerhard A. Ritter (*Die Arbeiterbewegung im Wilhelminischen Reich. Die Sozialdemokratische Partei und die Freien Gewerkschaften 1890–1900*, Berlin 1959) sowie Georg Eckert in seinen Einleitungen zu den Dokumentbänden Wilhelm Liebknecht, *Briefwechsel mit Karl Marx und Friedrich Engels* (im folgenden: Briefwechsel I), The Hague 1963 und Wilhelm Liebknecht, *Briefwechsel mit Deutschen Sozialdemokraten* (im folgenden: Briefwechsel II), Bd. I (1862–1878), Assen 1973 mit den politischen Vorstellungen von Wilhelm Liebknecht befaßt.

4 Zitiert n. *Die I. Internationale in Deutschland (1864–1872). Dokumente und Materialien*, Berlin – DDR 1964, S. 515 f.

5 Zitiert n. Wadim Tschubinski, Wilhelm Liebknecht, S. 120. Zu Liebknechts Haltung speziell in der Frage der Annexion von Elsaß-Lothringen siehe Hans-Ulrich Wehler, *Sozialdemokratie und Nationalstaat. Nationalitätenfragen in Deutschland 1840–1914*, Göttingen 1971, S. 58 ff.

6 Siehe die in Anm. 2 zitierte biographische Skizze von August Bebel und im Anschluß daran Kurt Adamy, »Sie hat sich um die große Sache des Proletariats verdient gemacht. Natalie Liebknecht«, *Beiträge zur Geschichte der deutschen Arbeiterbewegung* (im folgenden: BzG), Berlin – DDR 4 (1974), S. 673 ff.

7 Siehe Bebels Bericht in der in Anm. 2 zitierten Skizze.

8 Zur Biographie von Liebknechts erster Frau siehe Briefwechsel II, S. XXII.

9 Zur Genealogie der thüringisch-hessischen Familie Liebknecht siehe Friedrich Wilhelm Euler, »Karl Liebknecht«, *Genealogie. Deutsche Zeitschrift für Familienkunde*, Neustadt/Aisch 3 (1969), S. 481 ff.

10 Briefwechsel II, S. 400, Anm. 2.

11 Siehe Liebknechts Darstellung in: *Der Hochverratsprozeß wider Liebknecht, Bebel, Hepner vor dem Schwurgericht zu Leipzig vom 11. bis 26. März 1872*, Berlin

1894; zitiert n. dem Neudruck unter dem Titel *Der Leipziger Hochverratsprozeß vom Jahre 1872*, hrsg. v. Karl-Heinz Leidigkeit, Berlin – DDR 1970, S. 19 ff.

12 Siehe Liebknechts Charakterisierung durch August Bebel in dessen Erinnerungen *Aus meinem Leben*, Stuttgart 1910/14; hier zitiert n. dem Neudruck Berlin – DDR 1964 S. 129 f.

13 Siehe die Angaben ebda, S. 455 f.

14 Briefwechsel I, S. 279, Dok. Nr. 149.

15 Siehe beispielsweise *Die wahrhaftige Lebensgeschichte des Josua Davidsohn (von Mrs. Linton)*. Aus dem Englischen übersetzt von Natalie Liebknecht. Mit einem Vorwort versehen von Wilhelm Liebknecht, 1. Aufl. 1884, neue Ausgabe Nürnberg 1891; *Die Ritter der Arbeit*. Nach dem Amerikanischen von Natalie Liebknecht. Mit einem Vorwort von Wilhelm Liebknecht, Berlin 1888; *Sozialismus und Sklaverei. Aus ›Merrie England‹ von Blatchford, dem Herausgeber des ›Clarion‹*. Deutsch von Natalie Liebknecht, o. O. 1896.

16 Siehe Anm. 14; zur Bekanntschaft der Liebknechts mit den Schweichels siehe Briefwechsel II, S. XXIX.

17 Die Adressenangabe »Leipzig, Braustraße« findet sich zum erstenmal in einem Schreiben Liebknechts vom 8. 6. 1867. Siehe Briefwechsel II, S. 212, Dok. Nr. 102. Vorher hatte Liebknecht in der »Bayrischen Straße 10« gewohnt; ebda, S. 211.

18 Zu Wilhelm Liebknechts Zeit in Borsdorf siehe Kurt Eisner, *Wilhelm Liebknecht. Sein Leben und sein Wirken*, Berlin 1900, S. 52 ff. und Harry Schumann, *Karl Liebknecht*, Dresden 1919, S. 26 ff.

19 Zitiert n. Harry Schumann, Karl Liebknecht, S. 28. Die beiden Töchter, Alice und Gertrud, lebten zu diesem Zeitpunkt schon außerhalb der Familie. Beide heirateten aktive SPD-Mitglieder. Alice Liebknecht war mit Bruno Geiser und Gertrud Liebknecht mit Wilhelm Swienty verheiratet.

20 Zitiert n. GRS 9, S. 515 ff.

21 Das Gedicht befindet sich in einem Brief v. 24. 2. 1909 an den Bruder Theodor; Theodor-Liebknecht-Kollektion, Internationales Institut für Sozialgeschichte (im folgenden: IISG), Amsterdam.

22 Zitiert n. Karl Liebknecht, *Briefe aus dem Felde, aus der Untersuchungshaft und aus dem Zuchthaus* (im folgenden: Briefe), Berlin 1920 S. 56 f.

23 Wilhelm Liebknecht-Nachlaß, ISSG, Nr. 397/12.

24 Briefwechsel I, S. 256.

25 Wilhelm Liebknecht-Nachlaß, IISG, Nr. 397/10.

26 Eine auszugsweise Abschrift dieses Briefes befindet sich in der Theodor-Liebknecht-Kollektion, IISG.

27 Siehe Sophie Liebknechts »Erinnerungen« in: *Karl und Rosa. Erinnerungen. Zum 100. Geburtstag von Karl Liebknecht und Rosa Luxemburg*, Berlin – DDR 1971, S. 134 f.

28 Brief v. 11. 5. 1918; GRS 9, S. 515.

29 Briefwechsel I, S. 388.

30 Ebda, S. 389 f.

31 Eine Kopie dieser Urkunde befindet sich in der Theodor-Liebknecht-Kollektion, IISG.

32 Briefwechsel I, S. 390.

33 Ebda, S. 393 f.

34 Die Kenntnis dieses Vorfalles verdanke ich Frau Irmgard Ebbers aus Paderborn, deren Onkel Otto Pape war; Mitteilung des Archivs der Stadt Hagen v. 8. 3. 1972.

35 Der Brief befindet sich im Stadtarchiv Hagen.

36 Siehe Kurt Eisner, Wilhelm Liebknecht, S. 21.

37 Siehe Anm. 26.

38 Wilhelm Liebknecht-Nachlaß, IISG, Nr. 380.

39 So Karl Liebknecht wörtlich in einem Brief v. 8. 5. 1908 an Minna Kautsky; Minna-Kautsky-Archiv, IISG.

40 Karl Liebknecht, *Studien über die Bewegungsgesetz der gesellschaftlichen Entwicklung*, München 1922. Ein gleichnamiger Neudruck, herausgegeben von Ossip K. Flechtheim, erschien 1974 in Hamburg.

41 Bericht der *Leipziger Volkszeitung* v. 12. 11. 1900; zitiert n. GRS 1, S. 12.

42 Karl Liebknecht, *Rechtsstaat und Klassenjustiz. Vortrag, gehalten zu Stuttgart am 23. 8. 1907*, Stuttgart 1907; zitiert n. GRS 1, S. 27.

43 Siehe Anm. 38.

44 Siehe ihren Brief vom 30. 3. 1917 an Hans Diefenbach; dieselbe, *Briefe an Freunde*, nach dem von Luise Kautsky fertiggestellten Ms. hrsg. v. Benedikt Kautsky, Hamburg 1950, S. 93 f.

45 Zitiert n. GRS 8, S. 173 f.

46 Siehe seine Angaben in den Schreiben v. 5. und 10. 1. 1915 an Simon Katzenstein; GRS 8, S. 184 und 186.

47 Minna-Kautsky-Archiv, IISG.

48 Siehe sein Schreiben v. 10. 1. 1915 an Simon Katzenstein; GRS 8, S. 187.

49 Vgl. hierzu Heinz Wohlgemuth, *Karl Liebknecht. Eine Biographie*, Berlin – DDR 1973, S. 110.

50 Siehe beispielsweise die Briefe v. 20. 9. 1915, 18. 3. 1917, 22. 4. 1917 und 14. 12. 1917; Karl Liebknecht, Briefe, S. 21, 63, 74 und 99.

51 Siehe Anm. 49.

52 Siehe Gustav Radbruch, *Der innere Weg. Aufriß eines Lebens*, Stuttgart 1951, S. 92 f. und ders., *Briefe*, Göttingen 1968, S. 33 (Brief v. 25. 8. 1913 an Karl Jaspers).

53 Siehe Sophie Liebknechts Brief v. 18. 8. 1917 an Rilke und dessen Brief an Tora Holmström v. 9. 5. 1921; die Briefe sind abgedruckt in: *Rainer Maria Rilke 1875–1975. Katalog zur Ausstellung*, veranstaltet v. Deutschen Literaturarchiv im Schiller-Nationalmuseum Marbach a. N., Munchen, Stuttgart 1975, S. 209 und 228 ff.

54 Zitiert n. GRS 9, S. 515.

55 Zitiert n. Rosa Luxemburg u. a., *Briefe an Mathilde Jakob (1913–1918)*, hrsg. und mit einem Vorwort versehen v. Narihiko Ito, Tokio 1972, S. 76 (Dok. Nr. 57).

56 Im einzelnen hierzu siehe Sophie Liebknechts »Erinnerungen« in: Karl und Rosa, S. 134 ff.

57 Karl Liebknecht, Briefe, S. 58. Die Broschüre zum Hochverratsprozeß erschien erst nach Liebknechts Tod; siehe *Das Zuchthausurteil gegen Karl Liebknecht. Wörtliche Wiedergabe der Prozeßakten, Urteile und Eingaben Karl Liebknechts*, hrsg. v. der KPD (Spartakusbund), Berlin 1919, Neudruck GRS 9, S. 3 ff.

58 Briefwechsel I, S. 353 (Dok. Nr. 195).

59 Im einzelnen dazu siehe Karl Obermann, »Die Amerikareise Wilhelm Liebknechts im Jahre 1886«, *Zeitschrift für Geschichtswissenschaft* (im folgenden: ZfG), Berlin (DDR) 4 (1966), S. 611 ff. und Gerhard Becker, »Die Agitationsreise Wilhelm Liebknechts durch die USA 1886«, ebda 5 (1967), S. 842 ff.

60 Wilhelm-Liebknecht-Nachlaß, IISG, Nr. 62/50.

61 Brief v. 19. 7. 1889; ebda, Nr. 395/3.

62 Karl Liebknecht, Briefe, S. 80.

63 Zitiert n. Wadim Tschubinski, Wilhelm Liebknecht, S. 28.

64 Franz Mehring, *Zur Geschichte der Deutschen Sozialdemokratie. Ein historischer Versuch*, Magdeburg 1877, S. 65 ff.

65 Zitiert n. Briefwechsel II, S. 388 (Dok. Nr. 251), Anm. 1.

66 Siehe Liebknechts Brief an Marx Ende September; Wilhelm-Liebknecht-Nachlaß, IISG, Nr. 344/7.

67 Zitiert n. Otto Rückert, *Zur Geschichte der Arbeiterbewegung im Reichstagswahlkreis Potsdam – Spandau – Osthavelland (1871–1917) unter besonderer Berücksichtigung der Tätigkeit Karl Liebknechts*, Teil 1–3, Potsdam 1965, S. 63.

68 Heinz Wohlgemuth, Karl Liebknecht, S. 16.

69 Wilhelm-Liebknecht-Nachlaß, IISG, Nr. 383/1.

70 Zum biographischen Werdegang von Julius Motteler siehe die zeitgenössische Skizze von Max Grünwald, »Julius Motteler«, NZ 1 (1907/8), S. 1 ff. Zu einer historischen Betrachtung siehe Ernst Engelberg, »Julius Motteler – ein revolutionärer Sozialist«, BzG 2 (1973), S. 305 ff.

71 Siehe hierzu Ernst Engelberg, *Revolutionäre Politik und Rote Feldpost 1878–1900*, Berlin – DDR 1959.

72 Vgl. Victor Adler, *Briefwechsel mit August Bebel und Karl Kautsky* u. a.; gesammelt und erläutert v. Friedrich Adler, Wien 1954, S. 6 (Dok. Nr. K 1 f.).

73 *August Bebels Briefwechsel mit Friedrich Engels*, hrsg. v. Werner Blumenberg, The Hague 1965, S. 501.

74 August Bebel, »Eine Berichtigung in Sachen Motteler«, NZ 1 (1908/9), S. 77 ff. Zur Geschichte des Parteiarchivs siehe Paul Mayers Aufsatz in: *Archiv für Sozialgeschichte* (im folgenden: AfS), Bonn-Bad Godesberg, 6/7 (1966/7), S. 31 ff.

75 Wilhelm-Liebknecht-Nachlaß, IISG, Nr. 425; ebenso auch am 18. 5. 1900 an Wilhelm Liebknecht, siehe ebda, Nr. 387/1.

76 Siehe Karls Brief v. 26. 8. 1900; ebda, S. 383/2.

77 Julius-Motteler-Nachlaß, IISG, Nr. 81/1.

78 Wilhelm-Liebknecht-Nachlaß, IISG, Nr. 383/3.

79 Zur Datierung siehe Natalie Liebknechts Briefe an die Mottelers vom 4. 5. und 10. 7. 1901; ebda, Nr. 392/5 und 6. Auch August Bebel erwähnt in einem Brief v. 16. 1. 1901 an Victor Adler, daß Motteler wieder nach Deutschland zurückkehren werde; siehe Victor Adler, Briefwechsel, S. 349 f.

80 Wilhelm Liebknecht-Nachlaß, IISG, Nr. 392/60.

81 Vgl. August Bebel, Aus meinem Leben, Neudruck 1964, S. 127 ff.

82 Siehe Julie Bebels Brief v. 18. 7. 1884 an Natalie Liebknecht; Wilhelm-Liebknecht-Nachlaß, IISG, Nr. 397/2.

83 Ebda, Nr. 397/4.
84 Ebda, Nr. 397/6.
85 Brief v. 17. 3. 1890; ebda, 396/12.
86 Brief v. 17. 7. 1893; ebda, Nr. 396/26.
87 Die »Villa Julie« am Züricher See wurde 1897 erbaut. Siehe *August Bebel. In Selbstzeugnissen und Bilddokumenten,* dargestellt v. Helmut Hirsch, Reinbek bei Hamburg 1973, S. 132. Zu Julie Bebels Erkrankung und Tod am 22. 11. 1910 siehe Karl Kautsky jr., *August Bebels Briefwechsel mit Karl Kautsky,* Assen 1971, S. 195 (Dok. Nr. 141/142) und S. 243 (Dok. Nr. 179).
88 Wilhelm-Liebknecht-Nachlaß, IISG, Nr. 396/60.
89 Siehe Victor Adler, Briefwechsel, S. 582.
90 Franz Mehring, »Karl Liebknecht«, *Der Jugendliche Arbeiter,* Dezember 1916, S. 2 ff.; hier zitiert n. ders., *Gesammelte Schriften,* Bd. 15, Berlin – DDR 1966, S. 698.
91 Siehe den undat. Brief Mottelers an Karl Liebknecht im Wilhelm-Liebknecht-Nachlaß, IISG, Nr. 387/3.
92 Karl-Kautsky-Nachlaß, IISG, Nr. DXV/483.
93 Ebda, Nr. DXV/486.
94 Ebda, Nr. DXV/495.
95 Ebda, Nr. DXV/498.
96 Zur Biographie von Minna Kautsky siehe die Einleitung von Cäcilia Friedrich in: *Minna Kautsky, Auswahl aus ihrem Werk,* Berlin – DDR 1965.
97 Eine Liste der Publikationen findet sich ebda, S. 163 ff.
98 Siehe die im Minna-Kautsky-Archiv, IISG, lagernden vier Briefe von Karl Liebknecht.
99 Siehe Brief v. 21. 8. 1908; ebda. Liebknechts Vorschlag bezog sich vermutlich auf ein vom *Vorwärts* am 8. 12. 1907 veröffentlichtes Verzeichnis »empfehlenswerter Jugendschriften«, in dem die Werke von Minna Kautsky nicht mit aufgeführt worden waren.
100 Zitiert n. dem Vorwort zu GRS 1, S. 56.
101 Wilhelm Swienty jr., *Karl Liebknecht* (*Rote Reihe,* Heft 3), Berlin o. J. [1932], S. 9 f. Swientys Vater, Wilhelm Swienty sen., war mit Karl Liebknechts Halbschwester, Alice, verheiratet; er starb 1902 26jährig und hinterließ eine fast mittellose Familie. Siehe Natalie Liebknechts Brief an Julius Motteler, Wilhelm-Liebknecht-Nachlaß, IISG, Nr. 392/18 sowie den Nachruf im *Vorwärts* v. 4. und 5. 7. 1902.
102 Karl Liebknecht, Studien, S. 249; zitiert n. der Originalausgabe.
103 Brief v. 21. 12. 1898; Karl Kautsky-Nachlaß, IISG, Nr. DXV/558. Oppenheimers Arbeit wurde von Julian Marchlewski »negativ« besprochen; siehe NZ 1 (1898/99), S. 524 f. Zum Revisionismusstreit siehe den nächsten Abschnitt sowie den Abschnitt »Die politischen Grundanschauungen« im nächsten Kapitel.

Der Sohn als politischer Nachfolger des Vaters

104 Undat. Brief; Wilhelm-Liebknecht-Nachlaß, IISG, Nr. 61/107.
105 Abschrift eines undat. Briefes; Theodor Liebknecht-Kollektion, IISG.

106 Brief v. 29. 1. 1901; Wilhelm-Liebknecht-Nachlaß, IISG, Nr. 387/7.

107 Zur sozialen Herkunft der Familie Liebknecht siehe den in Anm. 9 zitierten Aufsatz von Euler.

108 Siehe dazu Harry Schumann, Karl Liebknecht, S. 8 f.

109 Im einzelnen hierzu siehe Eulers Ausführungen, Anm. 9.

110 Der Kupferstich ist faksimiliert bei Kurt Eisner, Wilhelm Liebknecht, S. 9.

111 Brief v. 4. 9. 1900; Karl-Kautsky-Nachlaß, IISG, Nr. DXV/483.

112 Die Angaben wurden mir freundlicherweise von Wilhelm Weitershaus zur Verfügung gestellt, der an einer größeren Schrift zur Genealogie der Familie Liebknecht arbeitet.

113 Wilhelm-Liebknecht-Nachlaß, IISG, Nr. 383/2.

114 Heinz Wohlgemuth, Karl Liebknecht, S. 26.

115 Vgl. *Die Reichstagsfraktion der deutschen Sozialdemokratie 1898 bis 1918*, (im folgenden: Die Reichstagsfraktion I und II) hrsg. v. Erich Mathias und Eberhard Pikart, Düsseldorf 1966, Teil 1, Einleitung, S. LXII.

116 Siehe Clara Zetkin, »Vorwort zu einer Karl-Liebknecht-Biographie«, in: dies., *Rosa Luxemburg, Karl Liebknecht. Den Führern des Spartakusbundes und Gründern der KPD*, hrsg. von Wilhelm Pieck u. Fritz Heckert, Moskau – Leningrad 1934, S. 164 f.

117 *Sozialistische Monatshefte*, Berlin, 2 (1898), S. 212 ff.

118 Theodor Liebknecht hatte seine Assessorenprüfung im Frühsommer 1898 bestanden; siehe Postkarte von Natalie Liebknecht an die Mottelers v. 11. 6. 1898, Wilhelm-Liebknecht-Nachlaß, IISG, Nr. 392/1. Karl Liebknecht legte die Prüfung im April 1899 ab; siehe die »biographischen Angaben« in: GRS 1, S. 478.

119 Heinz Wohlgemuth, Karl Liebknecht, S. 38.

120 Beim Tode des Vaters waren die beiden jüngeren Söhne 23 (Wilhelm) und 21 (Kurt) Jahre alt. Siehe Anm. 112.

121 Der Brief ist abgedruckt in: *Geschichte der deutschen Arbeiterbewegung*, hrsg. v. Institut für Marxismus-Leninismus (im folgenden: IML), Bd. 2, Berlin – DDR 1966, S. 330.

122 Wilhelm-Liebknecht-Nachlaß, ISSG, Nr. 423/9.

123 Zur politischen Tätigkeit von Theodor Liebknecht siehe Ursula Ratz, *Georg Ledebour 1850–1947. Weg und Wirken eines sozialistischen Politikers*, Berlin-West 1969, S. 216 ff. und David W. Morgan, *The Socialist Left and the German Revolution. A History of the German Independant Social Democratic Party, 1917–1922*, Ithaca, London 1975, S. 373 und 437 f.

124 Zitiert n. Heinz Wohlgemuth, Karl Liebknecht, S. 27.

125 Zitiert n. GRS 1, S. 114 f.

126 Im einzelnen hierzu siehe die Ausgaben des *Vorwärts* v. 8. bis 12. 8. 1900.

127 Siehe den Bericht in der *Vorwärts*-Ausgabe v. 14. 8. 1900. Die enorme Menschenansammlung überforderte zwangsläufig die sonst so gerühmten organisatorischen Fähigkeiten der Parteiorganisation, so daß es am Rande zu durchaus amüsanten Episoden kam. So beschrieb der spätere Leiter der Londoner Emigrantengruppe der SPD, Vogel, der beim Tode Liebknechts als Bildhauer in Berlin arbeitete, in einem Brief v. 28. 11. 1944 an den Franzosen Derigneux folgendes Erlebnis: »Das war an dem heißen Augusttage ein schwerer Gang von Schöneberg bis hinaus nach

Friedrichsfelde. Ich ging ziemlich am Ende des Zuges mit, so daß alle Kneipen bei unserem Passieren leer getrunken waren und wir froh waren, daß Arbeiterfrauen mit Wassereimern Spalier bildeten und uns Wasser zum Trinken anboten.« Nachlaß Emigration SOPADE, Archiv der sozialen Demokratie (im folgenden: AdsD), Friedrich-Ebert-Stiftung, Bonn-Bad Godesberg, Mappe 142, Allg. Korr.

128 Wilhelm-Liebknecht-Nachlaß, IISG, Nr. 383/3.

129 Die Vorbereitungsarbeiten für diesen Teil des Parteitages waren noch von Liebknecht selbst mitgeleitet worden. Siehe Eduard Davids Begrüßungsrede in: *Protokoll über die Verhandlungen des Parteitages der Sozialdemokratischen Partei Deutschlands* (im folgenden: Parteitag – SPD), *abgehalten zu Mainz v. 17. bis 21. 9. 1900*, Berlin 1900, S. 100.

130 Ebda, S. 104.

131 Brief v. 24. 12. 1900; Wilhelm-Liebknecht-Nachlaß, IISG, Nr. 383/4.

132 Siehe Heinz Wohlgemuth, Karl Liebknecht, S. 46. Wilhelm Liebknechts Nachfolger als Partei- und Reichstagsvertreter wurde Georg Ledebour.

133 Wilhelm-Liebknecht-Nachlaß, IISG, Nr. 383/6.

134 Ebda, Nr. 387/5; zu Kurt Eisners Werdegang siehe u. a. Falk Wiesemann, »Kurt Eisner. Studie zu einer politischen Biographie« in: Karl Bosl (Hrsg.), *Bayern im Umbruch*, München, Wien 1969.

135 Karl-Kautsky-Nachlaß, IISG, Nr. DXV/483.

136 Brief v. 26. 8. 1900; Wilhelm-Liebknecht-Nachlaß, IISG, Nr. 387/5. Zum Marx-Engels-Nachlaß siehe den schon in Anm. 74 zitierten Aufsatz von Gustav Mayer.

137 Brief v. 19. 1. 1901; Wilhelm-Liebknecht-Nachlaß, IISG, Nr. 387/8.

138 Wilhelm-Liebknecht-Nachlaß, IISG, Nr. 383/4.

139 August Bebel, »Erinnerungen an Liebknecht«, *Der Wahre Jacob*, Nr. 368, Stuttgart 1900, S. 3328 ff.

140 Robert Schweichel, »Zum Gedächtnis Wilhelm Liebknechts« NZ 2 (1900/01), S. 539 ff., 572 ff. und 602 ff.

141 Brief v. 24. 12. 1900; Wilhelm-Liebknecht-Nachlaß, IISG, Nr. 383/3.

142 Ebenda, Nr. 387/6.

143 Wilhelm-Liebknecht-Nachlaß, IISG, Nr. 392/11. Im Brief v. 14. 6. 1902 (ebenda, Nr. 392/14) spricht Natalie Liebknecht von »Kisten von Briefen«, die zwischen Berlin und Leipzig hin- und hergegangen seien.

144 Brief v. 4. 9. 1900; Karl-Kautsky-Nachlaß, IISG, Nr. DXV/483.

145 Wilhelm-Liebknecht-Nachlaß, IISG, Nr. 392/13.

146 Besonders ist hier auf die von Franz Mehring 1877 verfaßte *Geschichte der Deutschen Sozialdemokratie* (Magdeburg) hinzuweisen, in der Mehring Wilhelm Liebknecht hämisch als den »deutschen Apostel der Internationale« (S. 67) bezeichnet. Doch auch in seiner parteioffiziellen *Geschichte der Sozialdemokratie*, Stuttgart 1898 (Neudruck Berlin – DDR 1960), läßt Mehring den Mitbegründer der SPD nicht immer in einem besonders günstigen Licht erscheinen; ganz besonders gilt dies für die Darstellung der Streitigkeiten zwischen ADAV und SDAP Ende der 60er Jahre (siehe Neudruck Bd. 2, S. 214 f.).

147 Brief v. 7. 4. 1902; Karl-Kautsky-Nachlaß, IISG, Nr. DXV/484.

148 Neben Mehrings zeitgenössischer Darstellung siehe auch Gustav Mayer, *Er-*

innerungen. Vom Journalisten zum Historiker der deutschen Arbeiterbewegung, München 1949, S. 184 ff. und Wadim Tschubinski, Wilhelm Liebknecht, S. 51 ff. sowie Roger Morgan, The German Social Democrats, S. 7 ff.

149 Siehe Anm. 147.

150 Franz Mehring, »Wie Parteilegenden entstehen«, NZ 1 (1901/02), S. 225 ff.

151 Siehe NZ 1 (1901/02), S. 260 f. Bebel hatte sich in der Angelegenheit auch privatim an Mehring gewandt. Siehe seinen Brief v. 30. 11. 1901; zitiert bei Josef Schleifstein, *Franz Mehring. Sein marxistisches Schaffen 1891–1919*, Berlin – DDR 1959, S. 245 f. Außerdem vgl. auch Bebels Angaben in einem Brief an Kautsky; Karl Kautsky jr., August Bebels Briefwechsel, S. 144 f.

152 »Briefe an Dr. Kugelmann«, NZ 2 (1901/02), S. 26 ff., 60 ff., 91 ff., 125 ff., 188 ff., 221 ff., 381 ff., 472 ff., 604 ff., 797 ff.

153 *Letters to Kugelmann*, Moskau 1932.

154 Ebda, S. 82. Der Originalwortlaut geht folgendermaßen: »I must say that Schweitzer is right on one point, that is Liebknechts incapacity. His paper [gemeint ist der *Volksstaat*] is really pitiful. How a man whom I crammed oraly for fifteen years (he was always too lazy to work) can print such rubbish as for example *Society and State* would be incomprehensible, if Liebknecht were not a South German and, as it seems, had always mistaken me for his old superior, the ›noble‹ Gustav Struve!« Die deutsche Übersetzung stammt von mir.

155 NZ 2 (1901/02), S. 713 ff. Vollständig abgedruckt in: *Karl Liebknecht. Gedanke und Tat. Schriften, Reden, Briefe zur Theorie und Praxis der Politik*; hrsg. von Ossip K. Flechtheim, Frankfurt/M., Berlin, Wien 1976, S. 133 ff.

156 *Aus Theorie und Praxis. Sozialistische Studien von Jean Jaurès.* Übersetzt. v. Albert Südekum. Verlag der Sozialistischen Monatshefte, Berlin 1902.

157 Vgl. hierzu Wadim Tschubinski, Wilhelm Liebknecht, S. 214.

158 Siehe Anm. 155; alle weiteren Zitate ebda.

159 Siehe Protokoll – SPD 1902, S. 123.

160 Ebenda, S. 126.

161 Victor Adler, Briefwechsel, S. 319 und 322; vgl. außerdem auch Adlers Darstellung in seinem Gedenkartikel »Wilhelm Liebknecht«, *Der Wahre Jacob*, Nr. 392 (30. 6. 1901).

162 *Acht-Uhr-Blatt*, 16. 1. 1919; zitiert n. Kurt Koszyk, *Zwischen Kaiserreich und Diktatur. Die sozialdemokratische Presse von 1914 bis 1933*, Heidelberg 1958, S. 120.

163 Vgl. hierzu vor allem die Arbeit v. Gerhard A. Ritter, Die Arbeiterbewegung im Wilhelminischen Reich, S. 92 ff.

164 Siehe *Karl Kautsky. Texte zu den Programmen der deutschen Sozialdemokratie 1891–1925*, eingel. u. hrsg. v. Albrecht Langner, Köln 1968, S. 29 ff.

165 Siehe das Verzeichnis der »Vornamen, Kosenamen, Spitznamen, Pseudonyme« in: Victor Adler, Briefwechsel, S. XXVII.

166 Siehe Karl Marx/Friedrich Engels, Briefwechsel, 4 Bde, hrsg. v. V. Adoratskij, Berlin 1929/31; August Bebels Briefwechsel, hrsg. v. Werner Blumenberg; Karl Kautsky jr., August Bebels Briefwechsel und Victor Adler, Briefwechsel. Zur Auswertung des Marx-Engels-Briefwechsels in bezug auf Wilhelm Liebknecht vgl. auch Roger Morgan, The German Social Democrats, S. 248 ff.

II. Der sozialdemokratische Rechtsanwalt

1 Zitiert n. GRS 4, S. 485.

Die politische Tätigkeit

2 Heinz Wohlgemuth, Karl Liebknecht, S. 38.

3 Zitiert n. GRS 2, S. 3 ff.

4 Karl-Kautsky-Nachlaß, IISG, Nr. DXV/483.

5 Zu Liebknechts Arbeit im Reichstagswahlkreis Potsdam – Spandau – Osthavelland siehe die sehr ausführliche Darstellung bei Otto Rückert, Zur Geschichte der Arbeiterbewegung im Reichstagswahlkreis Potsdam – Spandau – Osthavelland, S. 71 ff.

6 Ebda, S. 76.

7 Ebda, S. 77.

8 Siehe Heinz Wohlgemuth, Karl Liebknecht, S. 71.

9 Zum Wahlergebnis im einzelnen siehe *Geschichte der deutschen Arbeiterbewegung. Chronik. Teil I. Von den Anfängen bis 1917*, hrsg. vom IML beim ZK der SED, Berlin – DDR 1965, S. 187.

10 § 95 des Strafgesetzbuches lautete: »Wer den Kaiser, seinen Landesherrn oder während seines Aufenthaltes in einem Bundesstaat dessen Landesherrn beleidigt, wird mit Gefängnis nicht unter zwei Monaten oder mit Festungshaft von zwei Monaten bis zu fünf Jahren bestraft. Neben der Gefängnisstrafe kann auf Verlust der bekleideten öffentlichen Ämter sowie der aus öffentlichen Wahlen hervorgegangenen Rechte erkannt werden.« Zitiert n. GRS 1, S. 462, Anm. 18.

11 Siehe die Berichte im *Vorwärts* vom 26. 9. und 16. 10. 1903.

12 *Vorwärts* vom 16. 10. 1903.

13 Karl Liebknecht, »Zum Kaiserinselprozeß. Eine neue Ära Tessendorff«, NZ 1 (1903/4), S. 129 ff. Der Aufsatz ist vollständig abgedruckt in: GRS 1, S. 37 ff. Alle weiteren Zitate ebda.

14 Wilhelm Dittmann, Erinnerungen, Ms., IISG, S. 154; zitiert n. Heinz Wohlgemuth, Karl Liebknecht, S. 485, Anm. 38.

15 So Martha Nothnagel, Sekretärin im Rechtsanwaltsbüro der Brüder Liebknecht, in ihren »Erinnerungen«; Karl und Rosa, S. 182 ff.

16 Siehe hierzu vor allem Botho Brachmann, »Russische Sozialdemokraten in Berlin 1905–1907«, ZfG 6 (1958); ders., *Russische Sozialdemokraten in Berlin. Mit Berücksichtigung der Studentenbewegung in Preußen und Sachsen*, Berlin – DDR 1962 und Peter Lösche, *Der Bolschewismus im Urteil der deutschen Sozialdemokratie 1903–1920*, Berlin-West 1967, S. 49 ff.

17 Siehe Barbara Vogel, »Die deutsche Regierung und die russische Revolution von 1905« in: Immanuel Geiss und Bernd Jürgen Wendt (Hrsg.), *Deutschland in der Weltpolitik des 19. und 20. Jahrhunderts*, Düsseldorf 1973, S. 222 ff.

18 Rede vom 27. 7. 1909 in Kiel; zitiert n. GRS 2, S. 308 ff.

19 Siehe den Bericht im *Vorwärts* vom 28. 10. 1903.

20 Zitiert n. Botho Brachmann, Russische Sozialdemokraten in Berlin 1895–1914, S. 88.

21 Einen nahezu vollständigen Bericht über den Verlauf des Prozesses sowie die Reaktion der Bevölkerung, insbesondere der Presse auf den Prozeß gibt Kurt Eisner, *Der Geheimbund des Zaren. Der Königsberger Prozeß wegen Geheimbündelei, Hochverrat gegen Rußland und Zarenbeleidigung vom 12. bis 15. Juli 1904*, Berlin 1904. Liebknechts Plädoyer ist auszugsweise wiedergegeben in: GRS 1, S. 68 ff.

22 Vor allem die Bewegung »Narodnaja Wolja« (Der Volkswille) bekannte sich offen zur Anwendung terroristischer Mittel. Ihr bekanntestes Opfer war Zar Alexander II., der 1881 auf offener Straße ermordet wurde. Siehe Vera Figner, Memories of a revolutionary, New York 1928. Generell zum Thema Terrorismus in Verbindung mit der Bewegung des Anarchismus siehe James Joll, *Die Anarchisten*, Frankfurt/M., Berlin-West 1964, S. 90 ff.

23 Zu Liebknechts Beziehungen zur russischen Kolonie in Berlin siehe Ossip Pjatnitzki, *Aufzeichnungen eines Bolschewiks. Erinnerungen aus den Jahren 1896–1917*, Neudruck Berlin-West 1972, S. 84 f. sowie die bei Heinz Wohlgemuth (Karl Liebknecht, S. 110 ff.) zitierten Auszüge aus den Erinnerungen von Ljadow, einem engen Mitarbeiter von Lenin.

24 Zitiert n. GRS 1, S. 69. Alle weiteren Zitate ebda.

25 Siehe Kurt Eisner, Der Geheimbund des Zaren, S. 316 ff.

26 Ebda, S. 362 ff.

27 Ebda, S. 375.

28 Zu den Pressereaktionen siehe ebda, S. 502 ff.

29 Ebda, S. 440.

30 Wilhelm-Liebknecht-Nachlaß, IISG, Nr. 396/58.

31 Rosa Luxemburg, Briefe an Karl und Luise Kautsky, S. 60.

32 *Vorwärts* vom 30. 7. 1904.

33 Karl Liebknecht, »Ein Dokument zur Zeitgeschichte. Der Königsberger Prozeß«, NZ 1 (1904/5), S. 756 ff.

Die politischen Grundanschauungen

34 Zitiert n. GRS 1, S. 8.

35 Zitiert n. Otto Rückert, Zur Geschichte der Arbeiterbewegung im Reichstagswahlkreis Potsdam – Spandau – Osthavelland, S. 291.

36 Victor Adler, Briefwechsel, S. 284. Mehr als 50 Jahre später bestätigte auch der einer völlig anderen Generation angehörende – kommunistische – Parteiarbeiter Karl Retzlaw in seinen Erinnerungen: »Ich habe überhaupt in diesen Jugendjahren niemanden gekannt, der durch das Marx-Studium zum Sozialismus kam. Alle bekannten sich aus humanitären und Gerechtigkeitsgründen zum Sozialismus, um dann Marx zu studieren und zu erkennen, ›wo das Brot herkommt‹.« *Spartakus. Aufstieg und Niedergang. Erinnerungen eines Parteiarbeiters*, Frankfurt/M. 1972, S. 49.

37 Liebknechts Aufsatz wird hier n. dem Neudruck von Ossip K. Flechtheim (Gedanke und Tat, S. 133 ff.) zitiert. Alle weiteren Zitate ebda.

38 So am 30. 1. 1912 in einem Interview mit dem Berliner Korrespondenten der französischen Parteizeitung *L'Humanité*. In deutscher Übersetzung ist das Interview abgedruckt in: GRS 4, S. 499 f.

39 Siehe die »Einleitung« von Erich Mathias und Eberhard Pikart in: Die Reichstagsfraktion I, S. LXX.

40 Vgl. Heinz Wohlgemuth, Karl Liebknecht, S. 53 ff.

III. Der sozialdemokratische Politiker

Der Kampf gegen den Militarismus

1 Siehe Antrag Nr. 105 – »Parteigenossen Elbing und Potsdam – Spandau – Osthavelland«, Parteitag – SPD 1904, S. 131; hier zitiert n. GRS 1, S. 464, Anm. 36.

2 Parteitag – SPD 1904, S. 178 f.; abgedruckt auch in: GRS 1, S. 80 ff. Alle weiteren Zitate ebda.

3 Antrag Nr. 19 – »Parteigenossen des Wahlkreises Teltow – Beeskow – Storkow«, Parteitag – SPD 1905, S. 99; hier zitiert n. GRS 1, S. 470, Anm. 60.

4 Parteitag – SPD 1905, S. 283 f.; abgedruckt auch in: GRS 1, S. 157 f. Alle weiteren Zitate ebda.

5 Antrag Nr. 103 – »Potsdam – Spandau – Osthavelland«, Parteitag – SPD 1906, S. 127; hier zitiert n. GRS 1, S. 472 f., Anm. 68.

6 Parteitag – SPD 1906, S. 383 ff.; abgedruckt auch in: GRS 1, S. 198 ff. Alle weiteren Zitate ebda.

7 Im einzelnen hierzu siehe den nächsten Abschnitt »Die Bemühungen um eine sozialdemokratische Jugendbewegung«.

8 *Die Junge Garde* Nr. 7, 22. 9. 1906; hier zitiert n. der Wiedergabe in: GRS 1, S. 183 ff. Alle weiteren Zitate ebda.

9 Siehe Walter Sieger, *Das erste Jahrzehnt der deutschen Arbeiterjugendbewegung 1904–1914*, Berlin – DDR 1958, S. 53 f.

10 Der Wortlaut von Liebknechts Referat liegt nicht vor.

11 Siehe die Angaben in Liebknechts Vorwort zu der in Anm. 12 zitierten Schrift.

12 Liebknechts Schrift wird hier zitiert n. der vollständigen Wiedergabe in: GRS 1, S. 246 ff.

13 Ebda, S. 254 f.

14 Ebda, S. 291.

15 Ebda, S. 278.

16 Siehe hierzu vor allem den Abschnitt »Militärische Pädagogik« (S. 289 ff.), insbesondere S. 294.

17 Ebda, S. 302.

18 Ebda, S. 304.

19 Ebda, S. 366.

20 Zu Engels' Militarismus- und Antimilitarismusvorstellungen siehe Werner Hahlweg, »Sozialismus und Militärwissenschaft bei Friedrich Engels«, *Internationale wissenschaftliche Konferenz in Wuppertal (Mai 1970)*, Hannover 1971, S. 63 ff. und Heinz Helmert, *Friedrich Engels – Die Anfänge der proletarischen Militärtheorie*, Berlin – DDR 1970.

21 GRS 1, S. 449.

22 Ebda, S. 446.

23 Ebda, S. 453.

24 So formuliert 1910 in den »Thesen für die Zweite Internationale Konferenz der Sozialistischen Jugendorganisationen in Kopenhagen«, abgedruckt in: Geschichte der deutschen Arbeiterbewegung, Bd. 2, S. 389.

25 GRS 1, S. 454.

26 Ebda, S. 440.

27 Zitiert n. Richard Höhn, *Sozialismus und Heer*, Bd. 3, Köln, Opladen 1969, S. 170.

28 Vgl. Heinz Wohlgemuth, Karl Liebknecht, S. 131 ff.

29 Im einzelnen zu den Anklagepunkten siehe den von Karl Liebknecht selbst edierten Prozeßbericht *Der Hochverratsprozeß gegen Liebknecht vor dem Reichsgericht*, Berlin 1907. Vollständiger Neudruck in: GRS 2, S. 81 ff. Dort findet sich auch der volle Wortlaut der Anklage; siehe S. 83.

30 Ebda, S. 81 f.

31 *Bericht über die erste internationale Konferenz der sozialistischen Jugendorganisationen. Abgehalten zu Stuttgart vom 24. bis 26. August 1907*, Stuttgart 1907, S. 49; hier zitiert n. GRS 2, S. 62.

32 Ebda, S. 156.

33 Ebda, S. 161 f.

34 Karl Kautsky jr., August Bebels Briefwechsel, S. 189 f.

35 Zum Wortlaut des Urteils siehe GRS 2, S. 163 ff.

36 Ebda, S. 217. In der schriftlichen Urteilsbegründung wurde übrigens diese Aussage dahingehend abgeschwächt, daß *»nicht nachweisbar«* sei, inwieweit der Angeklagte bei der Abfassung seiner Schrift allein von seiner politischen Überzeugung bestimmt worden war.

37 Das »Quartier« war Liebknecht schon vor der Urteilsverkündung »ausgesucht« worden; siehe Heinz Wohlgemuth, Karl Liebknecht, S. 141.

38 Siehe den Bericht im *Vorwärts* v. 19. 11. 1907.

39 Karl-Kautsky-Nachlaß, IISG, Nr. DXV/492.

40 Carl-Herz-Nachlaß, IISG, Nr. 47/1.

41 Ebda; Liebknechts Bekanntschaft mit Herz stammte aus dem Jahre 1905, als beide gemeinsam lettische Sozialdemokraten in einem Ausweisungsprozeß in Hamburg verteidigt hatten. Siehe den Beitrag von W. Drechsler in: *Die Auswirkungen der Ersten Russischen Revolution von 1905–1907 auf Deutschland.* (Archivalische Forschungen zur Geschichte der deutschen Arbeiterbewegung Bd. 2/2), hrsg. von Leo Stern, Berlin – DDR 1956, S. XLVII.

42 Siehe den Bericht im *Vorwärts* v. 2. 5. 1908. Weitere Informationen dazu enthält eine Rede von Paul Hirsch vor dem preußischen Abgeordnetenhaus am 27. 10. 1908. *Stenographische Berichte über die Verhandlungen des Preußischen Hauses der Abgeordneten* (im folgenden: Sten. Ber. – Preußen), 21. Legislaturperiode, II. Session 1908/9, Sp. 105.

43 Minna-Kautsky-Archiv, IISG.

44 Siehe GRS 2, S. 495, Anm. 34.

45 Zitiert n. GRS 2, S. 429.

46 Siehe seine Ausführungen am dritten Tag des Bremer Parteitages; hier zitiert n. GRS 1, S. 82. Zur Reaktion des Parteitages auf Liebknechts Antrag siehe vor allem

die Ausführungen von Richard Fischer, Albert Südekum und Georg v. Vollmar; Protokoll – SPD 1904, S. 179 ff.

47 Siehe Walter Wittwer, *Streit um Schicksalsfragen. Die deutsche Sozialdemokratie zu Krieg und Vaterlandsverteidigung 1907–1914*, Berlin – DDR 1967, S. 34 f.

48 Protokoll – SPD 1907, S. 247 f., 258 f. und 263.

49 Hier zitiert n. GRS 2, S. 77; das folgende Zitat ebda.

50 Protokoll – SPD 1906, S. 383 f.

51 Zitiert n. GRS 2, S. 136 f.

52 Protokoll – SPD 1906, S. 230.

53 Wie August Bebel auf dem Essener Parteitag von 1907 berichtete, war Noskes Reichstagsrede ausdrücklich von der Reichstagsfraktion gebilligt worden. Siehe den bei W. Schröder (*Handbuch der sozialdemokratischen Parteitage von 1863 bis 1909*, München 1910, S. 331) zitierten Ausschnitt aus Bebels Rede.

54 Heinz Wohlgemuth, Karl Liebknecht, S. 151.

55 Bebels Brief wurde erstmals veröffentlicht von Martha Globig (»Du bist der einzige, auf den ich meine Hoffnung setze . . . – Ein unbekannter Brief August Bebels an Karl Liebknecht vom 10. November 1907«) in: BzG, Sonderheft 1961, S. 156.

56 Zu Bebels Erkrankungen siehe seine Briefe an Victor Adler in: Victor Adler, Briefwechsel, S. 483 (Brief v. 1. 2. 1908), S. 484 (Brief v. 31. 5. 1908), S. 491 (Brief v. 1. 9. 1908), S. 494 (Brief v. 28. 2. 1909), S. 498 (Brief v. 29. 7. 1909) und S. 511 (Brief v. 16. 8. 1909). Zu Singers Erkrankung und schließlich auch Tod finden sich Angaben ebda, S. 506 f. (Brief Bebel an Adler v. 2. 8. 1910), S. 514 (Brief Singer an Adler v. 13. 8. 1910), S. 522 (Brief Bebel an Adler v. 8. 1. 1911) und S. 523 (Brief Bebel an Adler v. 5. 2. 1911).

56a August Bebel hat sich ähnlich positiv auch über Ludwig Frank und Gustav Noske ausgesprochen. Siehe Protokoll – SPD 1910, S. 244 und Gustav Noske, *Aufstieg und Niedergang der Deutschen Sozialdemokratie. Erlebtes aus Aufstieg und Niedergang*, Zürich 1947, S. 29.

57 Brief v. 22. 11. 1911; Karl Kautsky jr., August Bebels Briefwechsel, S. 271.

58 Ludwig Frank, *Die Prozesse gegen Liebknecht und Harden. Rede gehalten vor der Volksversammlung im Kollosseum zu Karlsruhe am 10. November 1907*, Mannheim o. J. [1908], S. 6.

59 Dieter Groh, *Negative Integration und revolutionärer Attentismus. Die deutsche Sozialdemokratie am Vorabend des Ersten Weltkrieges*, Frankfurt/M., Berlin und Wien 1973.

60 Siehe *Vorwärts* v. 13. 10. 1907.

61 Karl-Kautsky-Nachlaß, IISG, Nr. DXV/491.

62 Punkte in der Quelle.

63 Siehe dazu Ursula Ratz, »Briefe zum Erscheinen von Karl Kautskys ›Weg zur Macht‹«, *International Review of Social History* (im folgenden: IRSH) 12/13 (1967), S. 432 ff. und Georg Fülberths Einleitung zu *Karl Kautsky, Der Weg zur Macht*, Frankfurt/M. 1972, S. VII ff.

64 Karl-Kautsky-Nachlaß, IISG, Nr. DXV/492.

65 Wilhelm Dittmann, Erinnerungen, Ms., IISG, S. 222; zitiert n. Heinz Wohlgemuth, Karl Liebknecht, S. 492, Anm. 89.

66 Siehe *Vorwärts* v. 23. 10. 1907.

67 Zitiert n. GRS 2, S. 224.

68 Siehe *Vorwärts* v. 19. 5. 1908.

69 Im einzelnen hierzu siehe den Abschnitt »Der Kampf gegen Preußen«.

Die Bemühungen um eine sozialdemokratische Jugendbewegung

70 Zitiert n. GRS 1, S. 81.

71 Ebda, S. 82.

72 Zur Entstehung der beiden Organisationen im einzelnen siehe Walter Sieger, Das erste Jahrzehnt der deutschen Arbeiterjugend und Susan Tegel, *Ludwig Frank and the German Social Democrats 1904–1914*, Ph. D. London 1971, S. 47 ff. Sowohl Sieger als auch Tegel fußen ihre Untersuchung vor allem auf die faktischen Informationen, wie sie bei Karl Korn (*Die Arbeiterjugendbewegung*, Teil I u. II, Berlin 1923) zu finden sind.

73 Walter Sieger, Das erste Jahrzehnt der Arbeiterjugendbewegung, S. 47.

74 Der entscheidende Passus im preußischen Vereinsrecht – § 8 – lautete: »Für Vereine, welche bezwecken, politische Gegenstände in Versammlungen zu erörtern, gelten . . . nachstehende Beschränkungen: a) Sie dürfen keine Frauenspersonen, Schüler und Lehrlinge aufnehmen . . . Frauenspersonen, Schüler und Lehrlinge dürfen den Versammlungen und Sitzungen solcher politischen Vereine nicht beiwohnen.« *Preußisch-Deutscher Gesetz-Codex*, hrsg. v. Paul Stoepel, Bd. 2, 1846–1867, Frankfurt a. O. 1881, S. 167.

75 Siehe Resolution Nr. 148; Parteitag – SPD 1906, S. 134 ff.; hier zitiert n. Wilhelm Schröder, Handbuch der sozialdemokratischen Parteitage, S. 225.

76 Parteitag – SPD 1907, S. 283 f.; hier zitiert n. GRS 2, S. 74 u. 490, Anm. 15.

77 Zur Entstehung des neuen Vereinsgesetzes siehe vor allem Walter Sieger, Das erste Jahrzehnt der deutschen Arbeiterjugendbewegung, S. 111 ff.

78 Zur Entstehung der »Internationalen Verbindung der sozialistischen Jugendorganisationen« siehe: *Bericht des Sekretariats der internationalen Verbindung der sozialistischen Jugendorganisationen August 1907*, Leipzig 1907, S. 41 ff.; Robert Danneberg, *Die Jugendbewegung der Sozialistischen Internationale*, Wien 1910, S. 27 ff. und Walter Sieger, Das erste Jahrzehnt der deutschen Arbeiterjugendbewegung, S. 68 ff.

79 Soweit bekannt, sind die »Bulletins« bisher nicht vollständig gesammelt worden. Einzelexemplare befinden sich im Archiv der Sozialistischen Jugendinternationale, IISG.

80 *Bericht über die erste internationale Konferenz der sozialistischen Jugendorganisationen. Abgehalten zu Stuttgart vom 24. bis 26. August 1907*, Stuttgart 1907.

81 Siehe den Bericht von Robert Danneberg als Sekretär des »Internationalen Büros« auf der Zweiten Internationalen Konferenz 1910 in Kopenhagen; abgedruckt in: *Der Jugendliche Arbeiter*, Wien, Nr. 10 (Oktober 1910), S. 5 ff.

82 Die Geschichte der »Internationalen Verbindung der sozialistischen Jugendorganisationen« ist bisher nicht zufriedenstellend untersucht worden. Die vorhandenen Darstellungen sind entweder stark politisch motiviert und zwar im Hinblick

auf die spätere kommunistische Jugendinternationale – siehe beispielsweise Wilhelm Münzenberg, *Die Sozialistische Jugendinternationale* (Internationale Sozialistische Jugendbibliothek, Heft 3), Berlin o. J. und Richard Schüller, *Von den Anfängen der proletarischen Jugendbewegung bis zur Gründung der Kommunistischen Jugendinternationale*, Berlin 1929 – oder viel zu allgemein gehalten wie beispielsweise Radomir Luza, *History of the International Socialist Youth Movement*, Leyden 1970. Dies ist sehr bedauerlich, denn gerade am Beispiel der »Internationalen Verbindung« könnte man die tiefgreifenden Differenzen zwischen den westlichen Arbeiterparteien einerseits und der SPD andererseits deutlich machen. Im einzelnen hierzu siehe die Briefe von und an Robert Danneberg im Archiv der Sozialistischen Jugendinternationale, IISG, Nr. 10/16, 10/17, 13/3, 16/18, 18/1 und 2.

83 Der Wortlaut des Gesetzes ist wiedergegeben bei Walter Sieger, Das erste Jahrzehnt der Arbeiterjugendbewegung, S. 117, Anm. 33.

84 Siehe ebda, S. 126 ff.

85 Siehe hierzu vor allem Susan Tegel, Ludwig Frank, S. 60 ff.

86 Siehe *Protokoll der Verhandlungen des 6. Kongresses der Gewerkschaften Deutschlands. Abgehalten zu Hamburg vom 22. bis 27. Juli 1908*, Berlin 1908, S. 319 ff.

87 Ebda, S. 45.

88 Siehe beispielsweise die Ausgaben des *Vorwärts* v. 27. 8., 1. 9., 3. 9., 8. 9., 13. 9. und 15. 9. 1908. Auch in der *Neuen Zeit* erschienen eine Reihe von Aufsätzen zu diesem Thema. Als Beispiele seien hier genannt: Anton Pannekoek, »Zur Frage der Jugendorganisation«, NZ 2 (1907/8), S. 559 ff.; Ludwig Frank, »Die Zukunft der Jugendorganisationen«, NZ 2 (1907/8), S. 233 ff. und Henrik de Man, »Die internationale Jugendbewegung«, NZ 2 (1907/8), S. 798 ff.

89 Das Schreiben ist abgedruckt in: GRS 2, S. 226 ff.; alle weiteren Zitate ebda.

90 Zitiert n. GRS 2, S. 230.

91 Ebda, S. 238.

92 Ebda, S. 232 f.

93 Siehe den Bericht im *Vorwärts* (1. Beilage) v. 1. 9. 1908.

94 Hier zitiert n. GRS 2, S. 245 ff.; alle weiteren Zitate ebda.

95 Antrag Nr. 30, Parteitag – SPD 1908, S. 172; alle weiteren Zitate ebda.

96 Karl-Kautsky-Nachlaß, IISG, Nr. DXV/489.

97 Ebda, Nr. DXV/495.

98 Siehe Parteitag – SPD 1908, S. 450 ff.

99 Im einzelnen hierzu siehe den nächsten Abschnitt »Der Kampf gegen Preußen«.

100 Insgesamt lagen dem Parteitag 24 Anträge zur Jugendfrage vor; siehe Parteitag – SPD 1908, S. 171 ff.

101 Ebda, S. 226.

102 Antrag Nr. 26; ebda, S. 171.

103 Siehe Antrag Nr. 139; ebda, S. 191.

104 Ebda, S. 450.

105 Liebknechts Brief wurde zum erstenmal veröffentlicht in: *Arbeiter-Jugend*, Berlin, 1 (1929), S. 3 f.; hier zitiert n. Walter Sieger, Das erste Jahrzehnt der deutschen Arbeiterjugendbewegung, S. 205, Anhang Nr. 15. Zu Peters Reaktion siehe

Georgij Tschitscherin, *Skizzen aus der Geschichte der Jugend-Internationale*, Berlin o. J., S. 59.

106 Zur Entwicklung der Zeitschrift siehe die Darstellung des ehemaligen Redakteurs Karl Korn (Die Arbeiterjugendbewegung, Teil II, S. 175 ff.).

107 Kurt Rosenfeld, »Die Jugendausschüsse«, NZ 2 (1908/9), S. 685 ff.

108 Parteitag – SPD 1909, S. 274; hier zitiert n. GRS 2, S. 332.

109 Siehe den Bericht über die Konferenz in: Der Jugendliche Arbeiter 10 (1910), S. 5.

110 Ebda.

111 Archiv der Sozialistischen Jugendinternationale, IISG, Nr. 18/2.

112 Karl-Kautsky-Nachlaß, IISG, Nr. DX/438.

113 Siehe Peter Nettl, *Rosa Luxemburg*, Köln, Berlin 1965, S. 374 ff. und Annelies Laschitza/Günter Radczun, *Rosa Luxemburg, Ihr Wirken in der deutschen Arbeiterbewegung*, Berlin – DDR 1971, S. 201 ff.

114 Ebda, S. 166 ff. und Peter Nettl, Rosa Luxemburg, S. 353 ff.

115 Ich folge hier im wesentlichen der Darstellung von Susan Tegel (Ludwig Frank, S. 65).

116 Vgl. Henryk Skrzypczak, »Die Maifeier-Diskussion auf der deutschen Vorkonferenz zum Internationalen Sozialistenkongreß in Stuttgart und Kommentar«, *Internationale Wissenschaftliche Korrespondenz zur Geschichte der deutschen Arbeiterbewegung* (im folgenden: IWK), Berlin-West 16 (1972), S. 1 ff.

117 Georgij Tschitscherin, Skizzen aus der Geschichte der Jugend-Internationale, S. 29.

Der Kampf gegen Preußen

118 Briefwechsel II, S. XXI.

119 Zur Geschichte des Zweiten Deutschen Kaiserreiches siehe beispielsweise Hans-Ulrich Wehler, *Das Deutsche Kaiserreich 1871–1918*, Göttingen 1975 und Horst Bartel/Ernst Engelberg (Hrsg.), *Die großpreußisch-militaristische Reichsgründung*, 2 Bde, Berlin 1971.

120 Zum preußischen Verfassungssystem und Wahlrecht siehe Paul Hirsch, *Der preußische Landtag. Handbuch für sozialdemokratische Landtagswähler*, Berlin 1908.

121 So am 13. 2. 1910 in Solingen; *Bergische Volksstimme* v. 14. 2. 1910.

122 Paul Hirsch, Der preußische Landtag, S. 86 f.; alle weiteren Zitate ebda.

123 Der Eulenburg-Prozeß war durch eine Veröffentlichung von Maximilian Harden, dem Herausgeber der Zeitschrift *Die Zukunft* im Frühjahr 1907 ausgelöst worden. In dieser Veröffentlichung wurden dem Kaiserfreund »Meineid und homosexuelle Verfehlungen« nachgesagt. Eulenburg strengte zwar einen Beleidigungsprozeß gegen Harden an, doch wurde sein politisches Ansehen durch die Anschuldigungen schwer geschädigt. Es kam zum Bruch mit Wilhelm II., was gleichbedeutend war mit dem Ende seiner politischen Karriere. Siehe die biographische Skizze von John C. Röhl in: *Philipp Eulenburgs politische Korrespondenz*, Bd. I, *Von der*

Reichsgründung bis zum Neuen Kurs 1866–1891; hrsg. v. demselben, Boppard a. Rh. 1976, S. 9 ff., hier insbesondere die Seiten 35 ff.

124 Zitiert n. *Deutsche Verfassungen. Die grundlegenden Dokumente deutscher Demokratie von der Paulskirche bis zum Grundgesetz*, hrsg. v. D. Kakies, eingel. v. Hermann Proebst, München o. J.

125 In der entsprechenden Resolution war u. a. die Forderung enthalten, »den Kampf gegen das bestehende elendste und erbärmlichste aller Systeme mit allen dem organisierten Proletariat zu Gebote stehenden und zweckentsprechenden Mitteln zu führen«. Siehe den Vorstandsbericht zum Nürnberger Parteitag; Parteitag – SPD 1908, S. 27.

126 Vgl. Dieter Groh, Negative Integration, S. 501 f.

127 Siehe den Bericht im *Vorwärts* v. 27. 11. 1907.

128 Im einzelnen zu diesen Wahlen siehe George D. Crothers, *The German Elections 1907*, New York 1941.

129 Karl-Kautsky-Nachlaß, IISG, Nr. DXV/493. Alle weiteren Zitate ebda.

130 Die Wahl der Vertreter erfolgte in folgenden Wahlkreisen: Hermann Borgmann (Berlin VII), Hugo Heimann (Berlin VI), Paul Hirsch (Berlin VII), Adolph Hoffmann (Berlin XII), Paul Leinert (Hannover-Linden), Karl Liebknecht (Berlin XI) und Heinrich Ströbel (Berlin X). Das Mandat von Adolph Hoffmann ging 1909 bei Neuwahlen wieder verloren. Die Neuwahlen waren notwendig geworden, weil die Freie Volkspartei (FVP) die Gültigkeit von vier sozialdemokratischen Mandaten in Berlin wegen »angeblichen Wahlterrors« der SPD erfolgreich angefochten hatte; siehe *Vorwärts* v. 17. und 21. 1. 1909 und GRS 2, S. 496, Anm. 40.

131 Karl-Kautsky-Nachlaß, IISG, Nr. DXV/494. Alle weiteren Zitate ebda.

132 Parteitag – pr. SPD 1913, S. 284; hier zitiert n. GRS 6, S. 5.

133 Im einzelnen hierzu siehe Wilhelm Schüssler, *Die Daily Telegraph-Affäre. Fürst Bülow, Kaiser Wilhelm und die Krise des Zweiten Reiches 1908*, Göttingen 1952.

134 Wilhelm-Liebknecht-Nachlaß, IISG, Nr. 381. Alle weiteren Zitate ebda.

135 Die Gruppe der sozialdemokratischen Abgeordneten wurde wegen ihrer zahlenmäßig geringen Stärke durch allerlei Geschäftsordnungstricks drangsaliert. Siehe Heinrich Ströbel, »Aus dem Dreiklassenhaus«, NZ 2 (1909), S. 377 ff.

136 Carl-Herz-Nachlaß, IISG, Nr. 47/2. Alle weiteren Zitate ebda.

137 Wilhelm-Liebknecht-Nachlaß, IISG, Nr. 383. Alle weiteren Zitate ebda.

138 Siehe Sten. Ber. – Preußen, 21. Leg. 1. Sess. (1908), Sp. 3 ff.

139 Siehe den in Anm. 137 zitierten Brief.

140 Siehe *Vorwärts* v. 10. 1. 1909 und *Sozialdemokratische Partei-Correspondenz* Nr. 39 (26. 12. 1908, S. 619) und Nr. 5 (19. 2. 1910, S. 78).

141 Siehe die entsprechenden Berichte in: *Vorwärts* v. 19. 10. 1907 und *Leipziger Volkszeitung* v. 30. 10. und 2. 11. 1908.

142 Siehe Anm. 137.

143 Siehe Heinz Wohlgemuth, Karl Liebknecht, S. 153 f.

144 Sten. Ber. – Preußen, 21. Leg. 2. Sess. (1908/9), Anlagen Nr. 15.

146 Sten. Ber. – Preußen, 21. Leg. 2. Sess. (1908/9), Sp. 89 ff. Alle weiteren Zitate ebda.

146 Ebda, Sp. 116.

147 Sten. Ber. – Preußen, 21. Leg. 2. Sess. (1908/9), Anlagen Nr. 56. Alle weiteren Zitate ebda.

148 Siehe Anm. 137.

149 Zitiert n. Heinz Wohlgemuth, Karl Liebknecht, S. 149.

150 Siehe Anm. 137.

151 Sten. Ber. – Preußen, 21. Leg. 2. Sess. (1908/9), Sp. 1480 ff.; vgl. auch den Bericht über die Sitzung im *Vorwärts* v. 31. 1. 1909.

152 Ebda, Sp. 1486 sowie Anlagen Nr. 76 und 101.

153 Siehe die Angaben in: GRS 2, S. 495, Anm. 36.

154 Rede v. 23. 6. 1909; hier zitiert n. GRS 2, S. 277.

155 Da gemäß Artikel 44 der preußischen Verfassung die Minister nicht dem Parlament, sondern dem König verantwortlich waren, nutzten die sozialdemokratischen Abgeordneten die Etatverhandlungen – der Etat unterlag der Zustimmung des Parlaments, um grundsätzlich Stellung zu nehmen zur Amtsführung des jeweiligen Ministers sowie der Politik der gesamten Regierung. Vgl. hierzu Erich Mathias u. Eberhard Pikart in: Die Reichstagsfraktion I, S. LXXV ff.

156 Siehe Heinz Wohlgemuth, Karl Liebknecht, S. 165.

157 Parteitag – pr. SPD 1910, S. 230 ff.; hier zitiert n. GRS 2, S. 361 ff. Alle weiteren Zitate ebda.

158 Wilhelm II. hatte in seiner Thronrede v. 20. 10. 1908 neben der Reform des preußischen Wahlrechts auch eine Reform der staatlichen Verwaltung in Preußen angekündigt. Siehe Sten. Ber. – Preußen, 21. Leg. (1908), Sp. 4.

159 Parteitag – pr. SPD 1910, S. 127 ff.; hier zitiert n. GRS 2, S. 342.

160 Ebda, S. 422.

161 Siehe *Schultheß' Europäischer Geschichtskalender 1910*, München 1911, S. 99 ff. Allgemein zur Wahlrechtsbewegung im Jahre 1910 siehe die ausführlichen Darstellungen bei Annelies Laschitza, *Deutsche Linke im Kampf für eine demokratische Republik. Zur Entwicklung der deutschen Linken als politisch-ideologische Strömung der deutschen Sozialdemokratie (1909/10)*, Berlin – DDR 1969, S. 33 ff. und Dieter Groh, Negative Integration, S. 134 ff.

162 Im einzelnen hierzu siehe die Angaben bei Erna Herbig, »Über Karl Liebknechts Referententätigkeit«, BzG 4 (1971), S. 581 ff.

163 Siehe GRS 3, S. 529, Anm. 35 und Dieter Groh, Negative Integration, S. 137.

164 Dieter Groh, Negative Integration, S. 137.

165 Antrag Nr. 100, Parteitag – SPD 1910, S. 181. Liebknechts Diskussionsbeitrag zu diesem Antrag findet sich ebda, S. 447 ff.; hier zitiert n. GRS 3, S. 498 ff.

166 Die *Vorwärts*-Artikel sind abgedruckt in: GRS 6, S. 350 ff. Alle weiteren Zitate ebda.

167 Siehe GRS 2, S. 424, Anm. 1.

168 Rosa Luxemburg, »Was weiter?« in: dies., *Ausgewählte Reden und Schriften*, Bd. 2, hrsg. v. Marx-Engels-Lenin Institut beim ZK der SED, Berlin – DDR 1951, S. 329.

169 Joseph Bloch, »Zur preußischen Wahlrechtsreform«, *Sozialistische Monatshefte* 1 (1910), S. 5 ff.

170 Zitiert n. Annelies Laschitza, Deutsche Linke, S. 203.

171 Victor Adler, Briefwechsel, S. 483; das folgende Zitat ebda.

172 Parteitag – SPD 1908, S. 40.

173 Eine umfassende Geschichte zur Entwicklung der Sozialdemokratie in Süddeutschland während der wilhelminischen Zeit steht noch aus. Den hier in Frage kommenden Aspekt der Zusammenarbeit mit bürgerlichen Parteien behandelt u. a. Jürgen Thiel, *Die Großblockpolitik der Nationalliberalen Partei Badens 1905–1914. Ein Beitrag zur Zusammenarbeit von Liberalismus und Sozialdemokratie in der Spätphase des Wilhelminischen Deutschlands,* Stuttgart 1976.

174 Die bayrische Landtagsfraktion stimmte am 11. 8. und die badische Fraktion am 13. 8. 1908 für das Budget. Siehe Franz Osterroth/Dieter Schuster, *Chronik der deutschen Sozialdemokratie,* Hannover 1963, S. 125.

175 Die entscheidende Passage in den beiden Resolutionen lautete: »Die Gesamtabstimmung [über die Budgets] ist zu verweigern, es sei denn, daß die Ablehnung derselben durch unsere Genossen die Annahme eines für die Arbeiterklasse ungünstigen Budgets zur Folge haben würde«; Parteitag – SPD 1901, S. 99 (Antrag Nr. 110) und Parteitag – SPD 1903, S. 418 f. (Resolution Nr. 130).

176 Siehe die Berichte im *Vorwäts* v. 30. 8., 2. und 3. 9. 1908.

177 Parteitag – SPD 1910, S. 335; hier zitiert n. GRS 3, S. 485.

178 Karl-Kautsky-Nachlaß, IISG, Nr. DXV/489.

178a Ebda, Nr. DXV/497.

179 Siehe Bebels Brief an Kautsky v. 18. 8. 1908; Karl Kautsky jr., August Bebels Briefwechsel, S. 196 (Dok. Nr. 144).

180 Siehe Liebknechts Briefe an Paris und Kautsky v. 31. 8., 2., 8. und 12. 9. 1908, Karl-Kautsky-Nachlaß, IISG, Nr. DXV/489, 490, 496 und 497.

181 Siehe die Tagesordnung des Parteitages; Parteitag – SPD 1908, S. 11.

182 Ebda, S. 285 ff.

183 Ebda, S. 332.

184 Ebda, S. 317 ff.

185 Wörtlich heißt es in dem angenommenen Antrag: »Die Bewilligung des Budgets in den Landtagen von Württemberg, Baden und Bayern ist unvereinbar mit den Resolutionen von Lübeck und Dresden«; ebda, S. 189 (Antrag Nr. 126).

186 Ebda, S. 426.

187 August Bebel beispielsweise nahm am Nürnberger Parteitag gegen den Willen seiner Ärzte teil; siehe Victor Adlers Brief an Bebel v. 30. 8. 1908, Victor Adler, Briefwechsel, S. 488 (Dok. Nr. A. 94). Auch Singer sollte zunächst wegen Erkrankung nicht teilnehmen; siehe Karl Liebknechts Brief v. 31. 8. 1908 an August Paris; Karl-Kautsky-Nachlaß, IISG, Nr. DXV/489.

188 Zu Eberts Werdegang siehe Helga Grebing, »Friedrich Ebert. Kritische Gedanken zur historischen Einordnung eines deutschen Sozialisten« und Peter-Christian Witt, »Friedrich Ebert. Parteiführer – Reichskanzler – Volksbeauftragter – Reichspräsident«, *Schriften der Bundeszentrale für politische Bildung,* Bonn 1971 und Dieter K. Buse, *Friedrich Ebert and German Socialism 1871–1919*, Ph. D. Oregon 1972. Zu Hermann Müller-Franken siehe die biographischen Skizzen in: *Geschichte der deutschen Arbeiterbewegung. Biographisches Lexikon,* hrsg. v. IML beim ZK der SED, Berlin – DDR 1970, S. 338 ff. und Franz Osterroth, *Biographisches Lexikon des Sozialismus,* Hannover 1960, S. 228 ff.

189 Siehe hierzu den schon in Anm. 116 zitierten Aufsatz von Henry Skrzypczak sowie Dieter Groh, Negative Integration, S. 140 und 145 ff.

190 Siehe hierzu vor allem die ausgezeichnete Darstellung bei Dieter Groh, Negative Integration, S. 128 ff.

191 Ebda, S. 154 f.

192 Ebda, S. 476 ff. und Susan Tegel, Ludwig Frank, S. 250 ff.

193 Brief vom 21. 1. 1909; Wilhelm-Liebknecht-Nachlaß, IISG, Nr. 383.

194 Undat. Brief; Rosa Luxemburg, *Briefe an Leon Jogiches*, Frankfurt/M. 1971, S. 281 (Dok. Nr. 81).

195 Parteitag – SPD 1908, S. 292 f.

196 Negative Integration, S. 186 ff.

197 Zitiert n. GRS 4, S. 499 f.

Die Agitation gegen das zaristische Rußland

198 Parteitag – SPD 1909, S. 263.

199 Vgl. im einzelnen hierzu Peter Lösche, Der Bolschewismus, S. 49 ff. und Heinz Wohlgemuth, Karl Liebknecht, S. 110 ff.

200 Siehe Schultheß' Europäischer Geschichtskalender 1909, S. XIII u. 567 ff.

200a Siehe den Bericht über die Rede in der *Leipziger Volkszeitung* v. 29. 7. 1909; hier zitiert n. GRS 2, S. 308 ff. Alle weiteren Zitate ebda.

201 Resolution Nr. 247; Parteitag – SPD 1909, S. 217. Zu Liebknechts Rede siehe ebda, S. 366 ff.; das folgende Zitat ebda.

202 Prince Kropotkin, *The Terror in Russia. An Appeal to the British nation*, o. O. [London] 1909. Zur Entstehung der Broschüre siehe S. E. Starostin, »Karl Liebknecht und das Pamphlet von P. Kropotkin«, *Prometei*, Moskau, 8 (1971), S. 210 f. (in russischer Sprache).

203 Die Korrespondenz ist auszugsweise abgedruckt bei S. E. Starostin.

204 Am 4. 11. 1910 kam es zu einer »familiären Zusammenkunft« von Nikolaus II. und Wilhelm II. in Potsdam. Zuvor hatte der russische Kaiser dem hessischen Fürstenhaus einen privaten Besuch abgestattet. Siehe Schultheß' ›Europäischer Geschichtskalender 1911, S. 362.

205 Antrag Nr. 75, Parteitag – SPD 1910, S. 174.

206 Ebda, S. 400 ff.; hier zitiert n. GRS 3, S. 491 ff. Das folgende Zitat ebda.

206a Siehe GRS 4, S. 510, Anm. 21.

207 Siehe *Leipziger Volkszeitung* v. 23. 10. 1911; abgedruckt in: GRS 4, S. 474 ff. Alle weiteren Zitate ebda.

208 Siehe Anm. 206a.

209 Siehe GRS 2, S. 338, Anm. 1 und GRS 3, S. 497, Anm. 1.

210 Die nachfolgende Darstellung orientiert sich an meinem Aufsatz »Karl Liebknecht und der ›Deutsche Hilfsverein für die politischen Gefangenen und Verbannten Rußlands‹« in: IWK 3 (1976), S. 353 ff.

211 Karl Liebknecht, »Die russischen Gefängnisgreuel«, Bericht an den Wiener Kongreß der II. Internationale (23.–29. 8. 1914); zitiert n. GRS 7, S. 422 ff.

212 Ob der Arbeitskreis noch weitere Mitglieder umfaßte, läßt sich aufgrund der bisherigen Quellenlage nicht sagen. Die Mitarbeit von Liebknecht, Cohn, Buchholz

und Kampffmeyer geht aus den im folgenden zitierten Korrespondenzen hervor. Zu Minna Cauers Beteiligung siehe Else Lüders, *Minna Cauer. Leben und Werk*, Gotha 1925, S. 168.

213 Als Liebknecht beispielsweise während seiner Festungshaft im Jahre 1908 von dem Abschiebungsfall des Russen Geschkow erfuhr (Siehe *Vorwärts* v. 20. 11. 1908), bat er Paul Hirsch im Brief v. 21. 1. 1909, eine entsprechende Interpellation im preußischen Landtag einzubringen. Hinsichtlich der Materialfrage zu ähnlich gelagerten Fällen fügte Liebknecht hinzu: »Buchholz kann Dir da vieles mitteilen«. Theodor-Liebknecht-Kollektion, IISG.

214 Vgl. hierzu den folgenden Abschnitt »Der Kampf gegen die Kriegsgefahr«.

215 Kleine Korrespondenz (im folgenden: Kl. Korr.), IISG.

216 George Kennan, *Sibirien!*, übers. v. E. Altenburg, Berlin 1890; Neudruck unter dem Titel *Siberia and the exile system*, Chicago 1958.

217 Der Aufruf ist abgedruckt in meinem in Anm. 210 zitierten Aufsatz; alle weiteren Zitate ebda.

218 Kl. Korr., IISG.

219 Brief v. 30. 3. 1909 an Theodor Liebknecht; Theodor-Liebknecht-Kollektion, IISG.

220 Hellmut v. Gerlach, *Erinnerungen eines Junkers*, Berlin o. J., S. 103 und ders., *Von Rechts nach Links*, Zürich 1937, S. 245.

221 Siehe Brief v. 25. 8. 1913 an Karl Jaspers; Briefe, S. 33. Radbruch verfaßte übrigens anläßlich dieser Teilnahme einen Gedenkartikel für August Bebel; siehe seine Angaben in dem eben genannten Brief.

222 Kl. Korr., IISG.

223 Ebda.

224 Das Schreiben befindet sich in der Roland-Holst-Schenkung, IISG und wurde auszugsweise veröffentlicht von Annelies Laschitza (»Karl Liebknecht und Rosa Luxemburg über die Dialektik von Frieden und Sozialismus«) in: ZfG 9 (1971), S. 1117 ff.

225 Das Schreiben ist vollständig abgedruckt in meinem in Anm. 210 genannten Aufsatz. Die folgenden Zitate ebda.

226 Kl. Korr., IISG.

227 Siehe James Joll, Die Anarchisten, S. 112 f.

228 Kl. Korr., IISG.

229 Ebda.

230 Im einzelnen hierzu siehe meinen in Anm. 210 zitierten Aufsatz.

231 Ebda.

232 Zitiert n. Else Lüders, Minna Cauer, S. 167.

233 Siehe hierzu Minna Cauers Berichte über einige vom Hilfsverein durchgeführte Veranstaltungen; ebda, S. 168.

234 Siehe Anm. 211.

235 Heinz Wohlgemuth, Karl Liebknecht, S. 89 ff.

236 Ebda, S. 113.

237 Zu Buchholz siehe *Briefwechsel zwischen Axelrod und Martow*, Berlin 1924, S. 29, Anm. 2 (in russischer Sprache); zu Stein dessen »Erinnerungen«, als Ms. im Besitz von Boris Sapir, IISG, und zu Tschitscherin dessen Angaben in den Skizzen

aus der Geschichte der Jugendinternationale. Außerdem vgl. hierzu auch Peter Lösche, Der Bolschewismus, S. 49 ff.

238 Als Beispiel sei hier nur die Verwaltung der sog. »Schmidtschen Erbschaft« durch Kautsky, Mehring und Clara Zetkin im Interesse der SDAPR erwähnt. Siehe Peter Nettl, Rosa Luxemburg, S. 551 ff. sowie Karl Kautsky jr., August Bebels Briefwechsel, S. 270, Anm. 3.

239 Siehe den Bericht in der *Leipziger Volkszeitung* v. 13. 2. 1905 über eine Rede in Leipzig; zitiert n. GRS 1, S. 127 ff.

240 Karl Liebknecht, »Rechtsstaat und Klassenjustiz«; zitiert n. GRS 2, S. 17 ff.

241 Zitiert n. Else Lüders, Minna Cauer, S. 168.

Der Kampf gegen die Kriegsgefahr

242 Siehe u. a. Fritz Fischer, *Krieg der Illusionen. Die deutsche Politik von 1911 bis 1914*, Düsseldorf 1969, S. 117 ff. und James Joll, *Europe Since 1870. An International History*, Harmondsworth (Penguin) 1976, S. 171 und 177 ff.

243 Siehe Klaus Wernecke, *Der Wille zur Weltgeltung. Außenpolitik und Öffentlichkeit im Kaiserreich am Vorabend des 1. Weltkrieges*, Düsseldorf 1970, S. 57 f.

244 Ebda, S. 174 ff.; vgl. außerdem auch Dirk Stegmann, *Die Erben Bismarcks. Sammlungspolitik 1897–1918*, Berlin, Köln 1970, S. 277 f. und Dieter Groh, Negative Integration, S. 341 f.

245 Siehe Karl Kautsky jr., August Bebels Briefwechsel, S. 272.

246 Hier zitiert n. GRS 4, S. 451 ff.; alle weiteren Zitate ebda.

247 Nach den »biographischen Angaben« in: GRS 4 (S. 520) sprach Liebknecht am 13. 8. 1911 auf einer Friedenskundgebung in Göttingen. Am 20. 8. wurde er auf der Generalversammlung seines Wahlkreises Potsdam – Spandau – Osthavelland zum Delegierten des kommenden Parteitages gewählt. Ob er bei dieser Wahl anwesend war, ist unklar, denn anläßlich des Todes seiner ersten Frau am 22. 8. schrieb er den Kautskys eine Postkarte aus Bad Ems, wo sich seine Frau einer Gallenoperation unterzogen hatte. Siehe Karl Kautsky jr., August Bebels Briefwechsel, S. 272.

248 Siehe den Bericht im *Vorwärts* v. 4. 9. 1911. Liebknechts Ausführungen sind wiedergegeben in: GRS 4, S. 455; die folgenden Zitate ebda.

249 Siehe Karl-Ernst Moring, *Die Sozialdemokratische Partei in Bremen 1890–1914. Reformismus und Radikalismus in der Sozialdemokratischen Partei Bremens*, Hannover 1968, S. 144 f.

250 Siehe Dieter Groh, Negative Integration, S. 234 ff.

251 Im einzelnen hierzu siehe Georges Haupt, *Der Kongreß fand nicht statt. Die Sozialistische Internationale 1914*, Wien, Frankfurt/M., Zürich 1967, S. 35 ff.

252 Huysmans und Molkenbuhrs Schreiben sind abgedruckt in: Parteitag – SPD 1911, S. 464 f.

253 Zum Wortlaut des Aufrufes siehe *Vorwärts* v. 8. 8. 1911.

254 Zitiert n. GRS 4, S. 457.

255 Siehe Peter Nettl, Rosa Luxemburg, S. 426 f.

256 Ebda, S. 428 ff.

257 So schrieb er beispielsweise am 26. 8. an Karl Kautsky: »Leider hat sich der Vorstand, speziell Molkenbuhr, in diesem Streit gänzlich unzulänglich erwiesen. Ich

bin in einer scheußlichen Situation, ich muß die Verantwortung mittragen und bin obendrein zum Schweigen verurteilt, auch wenn ich am liebsten selbst gegen den Vorstand vorgehen möchte.« Zitiert n. Georges Haupt, Der Kongreß, S. 42.

258 Parteitag – SPD 1911, S. 216.

259 GRS 4, S. 458; alle weiteren Zitate ebda.

260 Liebknechts Rede wurde zuerst veröffentlicht in *Volksstimme* (deutschsprachige Ausgabe der Nepszava), Zentralorgan der Sozialistischen Partei Ungarns, Nr. 13, 19. 11. 1912. Hier zitiert n. GRS 5, S. 424 ff. Alle weiteren Zitate ebda. Zum allgemeinen Hintergrund der Kampagne siehe jetzt Dieter Groh, Negative Integration, S. 357 ff.

261 Zitiert n. GRS 5, S. 405.

262 Siehe hierzu besonders Alfred Kruck, *Geschichte des Alldeutschen Verbandes, 1890–1939*, Wiesbaden 1954.

263 Vgl. Heinz Wohlgemuth, Karl Liebknecht, S. 217 f.

264 Zitiert n. Bernhard Menne, *Krupp. Deutschlands Kanonenkönige*, Zürich 1937, S. 280 f.

265 Siehe die Angaben bei Heinz Wohlgemuth, Karl Liebknecht, S. 217 f.; vgl. außerdem auch Walter Bartel, *Die Linken in der deutschen Sozialdemokratie im Kampf gegen Militarismus und Krieg*, Berlin – DDR 1958, S. 96 ff.

266 Hier zitiert n. GRS 6, S. 258 ff.; alle weiteren Zitate ebda.

267 Siehe seine Rede v. 26. 4. 1913; abgedruckt in: GRS 6, S. 280.

268 Siehe William Manchester, *The Arms of Krupp*, New York 1973, S. 308 ff.

269 Siehe die Angaben in der Reichstagsrede v. 18. 3. 1913, GRS 6, S. 269, sowie in den »Hokuspokus«-Artikeln des *Vorwärts*; GRS 6, S. 269 und 371 ff.

270 *Verhandlungen des Deutschen Reichstages* (im folgenden: Verh. Dt. RT.), 13. Leg. I. Sess., Sten. Ber., Bd. 289, S. 4913 ff.

271 Zur innerdeutschen Reaktion auf Liebknechts Enthüllungen siehe *Liebknecht contra Rüstungskapital. Liebknechts Kampf gegen Krupp, Imperialismus und Kriegsgefahr 1913/14* (Kämpfe der Arbeiterklasse – 3), hrsg. v. Werner Otto, Berlin – DDR 1961.

271a Die Übersetzung aus dem Englischen stammt von mir. In der englischen Originalfassung heißt es: »Late this evening at the end of an otherwise dull discussion on the second reading of the ordinary Army Estates, the Socialist Deputy, Dr. Liebknecht, made a sensational disclosure about the operations of certain armament firms which are, it appears, the subject of offical enquiries and impending legal proceedings.«

272 GRS 6, S. 270 ff.; alle weiteren Zitate ebda.

273 Kriegsminister v. Heeringen trat wegen der Affäre am 4. 7. 1913 zurück; siehe die Angaben unter dem 27. 8. 1914 in: Schultheß' Europäischer Geschichtskalender, 1. Hälfte 1914, S. 395.

274 GRS 6, S. 280 ff.; alle weiteren Zitate ebda.

275 Siehe die Sitzungen der Reichstagsfraktion v. 13. und 25. 11. 1913; Die Reichstagsfraktion I, S. 299 ff.

276 Exemplare des Rundschreibens, das auf den 20. 10. 1913 datiert ist, finden sich im Nachlaß von Eduard Bernstein, IISG, Nr. D 236 und Carl Giebel, AdsD, Kassette II, Teil II, Nr. 1. Alle weiteren Zitate ebda.

277 Siehe Anm. 275.

278 Siehe Liebknecht contra Rüstungskapital, S. 73.

279 Siehe *Labour Leader* v. 22. 6., 5. und 12. 6. 1913. Die Übersetzung stammt von mir. Im Originalwortlaut heißt es: »The same firms which are building Dreadnoughts for Great Britain are financially connected with firms which are building warships for Austria and Italy.«

280 Siehe Vorwort GRS 7, S. 10. Der damalige Herausgeber des *Labour Leader*, Fenner Brockway, jetzt Lord Brockway, bestätigte mir 1972 in einem Interview, daß Verbindungen zwischen Newbold und Liebknecht bestanden haben. Seinen Erinnerungen zufolge habe er sogar persönlich diese Beziehungen angeregt. Zu Morizets Mitarbeit an dem Projekt siehe das eben erwähnte Vorwort zu GRS 7.

281 Zitiert n. dem Vorwort zu GRS, S. 10 f.

282 John T. W. Newbold, *How Europe Armed for War (1871–1914)*, London 1916.

283 GRS 9, S. 335 f.; vgl. auch ebda, S. 727, Anm. 43.

283a Siehe GRS 7, Vorwort, S. 10. Außerdem vgl. Erna Herbig, »Über Karl Liebknechts unveröffentlichtes Fragment ›Die Internationale des Rüstungskapitals‹«, *Karl Liebknechts Vermächtnis für die deutsche Nation*, hrsg. v. IML beim ZK der SED, Berlin – DDR 1962, S. 100 ff.

284 GRS 7, S. 3 ff.

285 Siehe den in Anm. 283 zitierten Kassiber an Ernst Meyer.

286 Siehe die Reden v. 11. und 13. 5. 1914; GRS 7, S. 241 ff.

287 GRS 6, S. 300.

288 Zur Problematik des Rüstungswettlaufes in Europa siehe Volker R. Berghahn, *Rüstung und Machtpolitik. Zur Anatomie des ›Kalten Krieges‹ vor 1914*, Düsseldorf 1973 und George W. F. Hallgarten, *Das Wettrüsten. Seine Geschichte bis zur Gegenwart*, Frankfurt/M. 1967, Teil 1, S. 512 ff.

Eine aufschlußreiche zeitgenössische Analyse aus sozialdemokratischer Sicht bietet das Referat von Hugo Haase auf dem Chemnitzer Parteitag 1912; siehe Parteitag – SPD 1912, S. 403 ff.

289 Karl Liebknecht, »Was ist? Was wird sein?«, zitiert n. GRS 6, S. 297 ff.

290 Karl und Rosa, S. 141 f. Allgemein zur Agitationskampagne siehe Georges Haupt, Der Kongreß, S. 88 ff.

291 Liebknechts Parisbesuch kann durchaus offiziell im Namen der SPD gewesen sein, denn am 1. 3. 1913 verfaßten SPD und SFIO ein gemeinsames Manifest gegen den Krieg, in dem ein gemeinsamer Kampf gegen Militarismus und Krieg angekündigt wurde. Das die französische Seite den Besuch mehr oder weniger als offiziell empfand, bestätigt ein Interview, das Liebknecht während seines Aufenthaltes der französischen Parteizeitung gab. Siehe »Entretien avec Karl Liebknecht«, *L'Humanité* v. 22. 3. 1914.

292 Siehe hierzu vor allem Georges Haupt, Der Kongreß, S. 93 und 209 f., Anm. 26. Dort auch Angaben zu weiterführender Literatur.

293 Zitiert n. ebda, S. 136 f. und 215, Anm. 12.

294 Die Resolution ist vollständig abgedruckt bei James Joll, *The Second International 1889–1914*, London 1974, S. 206 ff.

Nicht zuletzt wegen der Uneinigkeit zwischen den deutschen und französischen

Delegierten gelang es Rosa Luxemburg und den beiden russischen Vertretern Martow und Lenin ihren berühmten Zusatz zur Resolution durchzubringen. Die dadurch zustandegekommene Formulierung, »falls der Krieg dennoch ausbrechen sollte«, für dessen »rasche Beendigung« einzutreten und »mit allen Kräften danach zu streben, die durch den Krieg herbeigeführte wirtschaftliche und politische Krise zur Aufrüttelung des Volkes auszunutzen und dadurch die Beseitigung der kapitalistischen Klassenherrschaft zu beschleunigen«, ging weit über die ursprünglichen Intentionen sowohl der deutschen als auch der französischen Parteiführer hinaus. Insofern ist der Auffassung von Georges Haupt zuzustimmen, wenn er sagt, daß sich die Delegierten der Implikationen ihres Beschlusses nicht bewußt gewesen sind. Siehe Der Kongreß, S. 26 f.

295 Siehe ebda, S. 132 ff. und Dieter Groh, Negative Integration, S. 211.

296 Georges Haupt, Der Kongreß, S. 68 f.; allgemein zum Baseler Kongreß siehe James Joll, The Second International, S. 155 ff.

297 Georges Haupt, Der Kongreß, S. 132 ff.

298 Ebda, S. 136.

299 Zur Datierung des Kongresses siehe Dieter Groh, Negative Integration, S. 609, Anm. 82.

300 Das Mißverständnis war nicht zuletzt dadurch zustande gekommen, daß die Generalversammlung der sozialdemokratischen Wahlvereine von Groß-Berlin und Umgebung am 14. 6. 1914 auf Anregung von Rosa Luxemburg eine Resolution angenommen hatte, in der die Anwendung des Massenstreiks als »Mittel zu Erkämpfung eines demokratischen Wahlrechts« in Preußen bezeichnet wurde. Siehe den Bericht über die Versammlung im *Vorwärts* (1. Beilage) v. 15. 6. 1914.

301 Siehe hierzu auch Dieter Groh, Negative Integration, S. 609 f.

302 Siehe die Angaben bei Georges Haupt, Der Kongreß, S. 149.

303 Ebda, S. 148.

304 Liebknechts Einladung war am 26. 2. 1914 ausgesprochen worden. Siehe das in GRS 7 (S. 416 f.) abgedruckte Einladungsschreiben.

305 Siehe den Neudruck in: GRS 8, S. 5 ff.

306 Siehe auch Dieter Groh (Negative Integration, S. 614, Anm. 101), der zurecht die Erklärung von Georges Haupt (»Une recontre Jaures – Karl Liebknecht en Juillet 1914«, *Bulletin de la Societe d'Etudes Jauresiennes* 6 [1965], S. 3 f.), wonach der deutsche Linke die SFIO-Führung in ihrer Haltung habe bestärken wollen, ablehnt.

307 Negative Integration, S. 241.

308 Ebda, S. 421 und 431 f.

309 Siehe vor allem den Abschnitt »Zwischen Theorie und Praxis«, ebda, S. 554 ff.

310 Ebda, S. 427.

311 Zum Streit in der Reichstagsfraktion um die Deckungsvorlage des Wehretats siehe Molkenbuhrs Angaben in seinem Tagebuch; Die Reichstagsfraktion I, S. 301, Anm. 2.

312 Siehe Helmut Bley, *August Bebel und die Strategie der Kriegsverhütung. Eine Studie über Bebels Geheimkontakte mit der britischen Regierung und Edition der Dokumente*, Göttingen 1975, S. 42 ff.

313 Siehe seine Briefe an Hermann Schlüter, auszugsweise zitiert bei Dieter

Groh, Negative Integration, S. 133, Anm. 175 und 176 sowie S. 139, Anm. 190.

314 Diesen Prozeß ausgewogen und auf breiter Quellenbasis dargestellt zu haben, ist das große Verdienst der Arbeit von Dieter Groh (Negative Integration). Frühere Untersuchungen, wie beispielsweise die von Carl E. Schorske (*German Social Democracy, 1905–1917. The Development of the Great Schism*, Cambridge, Mass. 1955), kamen nicht zuletzt aufgrund unvollständiger Quellenauswertung zu überzeichneten Ergebnissen.

315 Zitiert n. GRS 3, S. 489.

316 Siehe Anm. 293.

317 Siehe Vorwort, GRS 4, S. 12.

318 Siehe Dieter Groh, Negative Integration, S. 254 ff.

319 Siehe Georges Haupt, Der Kongreß, S. 33 ff.

320 Siehe Dieter Groh, Negative Integration, S. 476 ff.

321 Siehe Volker R. Berghahn, *Germany and the Approach of War in 1914*, London, Basingstoke 1973, S. 43 ff.

322 Selbst Reichskanzler Bethmann Hollweg klagte darüber, daß die konservativen Kräfte Preußen-Deutschlands nicht über das nötige »aufgeklärte Selbstinteresse« verfügten. Siehe Dieter Groh, Negative Integration, S. 107 ff.

323 Siehe *Vorwärts* v. 8. 9. 1913. Die rechtsstehende Presse entfachte während der Prozesse wegen der Krupp-Korruption eine regelrechte Hetzkampagne gegen Liebknecht, um von dem eigentlichen Thema der Krupp-Korruption abzulenken. Siehe Sozialdemokratische Pressekorrespondenz Nr. 17 (23. 8. 1913) und Nr. 23 (15. 11. 1913).

IV. Der Antikriegskämpfer und Revolutionär

Die Reaktion auf den Krieg und die Bewilligung der Kriegskredite durch die Reichstagsfraktion der SPD

1 Siehe Imanuel Geiss (Hrsg.), *Juli 1914. Die europäische Krise und der Ausbruch des Ersten Weltkrieges*, München 1965.

2 Siehe die Angaben im »Augustbrief«; GRS 8, S. 19.

3 GRS 7, S. 454 und GRS 8, S. 637.

4 Hier zitiert n. GRS 8, S. 1 ff.; Zitat siehe S. 19 ff.

5 Die Reichstagsfraktion II, S. 3 f.

6 Im einzelnen hierzu jetzt zusammenfassend Susanne Miller, *Burgfrieden und Klassenkampf. Die deutsche Sozialdemokratie im Ersten Weltkrieg*, Düsseldorf 1974, S. 31 ff.

7 GRS 8, S. 19.

8 Die Augustentscheidung der sozialdemokratischen Reichstagsfraktion ist wie kaum ein Ereignis in der Geschichte der deutschen Arbeiterbewegung untersucht worden. Zu den Ergebnissen siehe u. a. auf marxistisch-leninistischer Seite *Deutschland im Ersten Weltkrieg*. Bd. I, *Vorbereitung, Entfesselung und Verlauf des Krieges bis Ende 1914*, hrsg. von einem Autorenkollektiv unter der Leitung von Fritz Klein, Berlin – DDR 1968, S. 209 ff.; auf nicht-kommunistischer Seite ist neben der schon

in Anm. 6 erwähnten Arbeit von Susanne Miller auch noch Dieter Groh (Negative Integration, S. 675 ff.) zu nennen. »Meilensteine« auf dem Wege der Forschung zum heutigen Stand waren u. a.: Jürgen Kuczynski, *Der Ausbruch des Ersten Weltkrieges und die deutsche Sozialdemokratie. Chronik und Analyse,* Berlin – DDR 1957 und Hermann Heidegger, *Die deutsche Sozialdemokratie und der nationale Staat 1870–1920. Unter besonderer Berücksichtigung der Kriegs- und Revolutionsjahre,* Göttingen, Berlin, Frankfurt/M. 1956.

9 GRS 8, S. 19 f.

10 Zur Identifizierung der »vierzehn Dissidenten« siehe Susanne Miller, Burgfrieden, S. 62 f.

11 Siehe Verh. Dt. RT., Bd. 306, S. 6 ff.

12 Die Erklärung ist vollständig abgedruckt in: Dieter Groh, Negative Integration, S. 703 f. und Susanne Miller, Burgfrieden, S. 62 f.

13 Zum Meinungsbildungsprozeß in der Reichstagsfraktion am Vorabend der Augustsitzung siehe Dieter Groh, Negative Integration, S. 675 ff.

14 Wilhelm Dittmann, Erinnerungen, MS., IISG, S. 426 f.

15 Siehe GRS 8, S. 20 f.

16 Zu Davids Angaben siehe *Das Kriegstagebuch des Reichstagsabgeordneten Eduard David,* bearb. v. Erich Mathias und Susanne Miller, Düsseldorf 1966, S. 13; zu Müllers Aussage siehe Dieter Groh, Negative Integration, S. 689.

17 Zitiert n. GRS 8, S. 26 ff. Zur Frage des Adressaten des Briefes siehe Heinz Wohlgemuth, Burgkrieg, nicht Burgfriede, S. 210 f.

18 Zitiert n. GRS 6, S. 289.

19 Vgl. hierzu die sehr einfühlsame Darstellung bei Dieter Groh, Negative Integration, S. 672 ff.

20 Der Brief ist abgedruckt und ausführlich kommentiert bei Günter Krüschet, »Ein Brief Konrad Haenischs an Karl Radek. Zur Politik des 4. August«, IWK 14 (1971), S. 1 ff.

21 Zitiert n. GRS 9, S. 265.

22 Siehe hierzu vor allem Susanne Miller, Burgfrieden, S. 61 ff.

23 Zitiert n. Dieter Groh, Negative Integration, S. 704.

24 Zitiert n. GRS 9, S. 266.

25 Zitiert n. GRS 3, S. 487.

26 Zitiert n. GRS 8, S. 195.

27 Siehe Annelies Laschitza/Günter Radczun, Rosa Luxemburg, S. 325 f. und Dieter Groh, Negative Integration, S. 713, Anm. 213.

28 Siehe GRS 9, S. 276 f.; das folgende Zitat ebda.

29 Zum Verlauf der Kampfhandlungen, insbesondere der deutschen Strategie siehe Hans Herzfeld, *Der Erste Weltkrieg,* München 1968, S. 47 ff., Walter Hubatsch, *Deutschland im Ersten Weltkrieg 1914–1918,* Frankfurt/M., Berlin 1966, S. 38 ff. und B. H. Liddell Hart, *History of the First World War,* London, Sidney 1972, S. 49 ff.

30 Das Kriegstagebuch, S. 26.

31 Siehe Liebknechts Schreiben an den Vorstand v. 2. 10. 1914; GRS 8, S. 32 ff.; Wilhelm Swienty, Karl Liebknecht, S. 23 und Camille Fabry, *Karl Liebknecht en Belgique pendant la Guerre* (Figures de l'Internationale), o. O. und o. J.

32 Zum Zusammentreffen mit Huysmans siehe auch dessen undatierten Brief an Pierre Renaudel, dem Herausgeber der l'Humanité; abgedruckt in: *Karl Liebknecht. The Future belongs to the People*, ed. and transl. by S. Zimand with an introduction by Walter Weigl, New York 1918.

33 Zu den als »belgische Greuel« bekannt gewordenen Maßnahmen siehe Hans Herzfeld, Der Erste Weltkrieg, S. 56.

34 Hjalmar-Branting-Nachlaß, Arbetarrörelsens Arkiv, Stockholm.

35 Ebda; der Vor- oder Spitzname des Verwandten taucht verschiedentlich in Liebknechts Briefen von der Front auf. Siehe Briefe v. 20. 9., 6. und 8. 10. 1915, zitiert n. GRS 8, S. 312, 322 und 323. Es ist durchaus möglich, daß es sich bei dem Verwandten um einen Bruder oder Halbbruder Sophie Liebknechts gehandelt haben könnte.

36 Mit der Verkündung der Mobilmachung hatte in allen kriegführenden Ländern eine Nachrichtensperre eingesetzt, was zwangsläufig Gerüchte hervorrufen mußte. So wurde beispielsweise in der französischen, englischen und italienischen Presse die Meldung verbreitet, Karl Liebknecht sei gemeinsam mit Rosa Luxemburg ermordet worden. Siehe *New Statesman*, London, v. 29. 8. 1914 sowie die Angaben in: Das Kriegstagebuch, S. 21. Zu den Auswirkungen dieser Nachrichtensperre auf den Zusammenhalt der II. Internationale siehe Georges Haupt, »Krieg oder Revolution«, *Internationale Tagung der Historiker der Arbeiterbewegung* (»5. Linzer Konferenz«), Linz, 16. bis 20. 9. 1969 (Geschichte der Arbeiterbewegung, ITH-Berichte 3), Wien 1971, S. 9 ff.

37 Zum Bruch der belgischen Neutralität siehe Fritz Fischer, *Griff nach der Weltmacht. Die Kriegspolitik des kaiserlichen Deutschland 1914/1918*, Düsseldorf 1967, S. 91 f.; ders., Krieg der Illusionen, S. 729 ff. und Konrad H. Jarausch, *The Enigmatic Chancellor Bethmann Hollweg and the Hybris of Imperial Germany*, New Haven, London 1973, S. 174 ff.

38 Verh. Dt. RT., Bd. 306, S. 6.

39 Zitiert n. GRS 8, S. 16.

40 Siehe Anm. 32. Die deutsche Übersetzung stammt von mir. Der Originaltext lautet: »He went away convinced that the Belgians had not organized bands of francs tireurs, that they had not assassinated the German wounded and that the German executions in Belgium were unjustifiable.«

41 Siehe Fritz Fischer, Griff nach der Weltmacht, S. 219 ff.

42 Schreiben v. 31. 10. 1914; GRS 8, S. 52.

43 Der Beschluß war vom preußischen Abgeordnetenhaus am 16. 6. 1914 gefaßt worden; siehe GRS 8, S. 147, Anm. 1.

44 Ebda, S. 145; das folgende Zitat ebda.

45 Siehe Ebda, S. 628, Anm. 19.

46 Schreiben v. 9. 11. 1914, zitiert n. GRS 8, S. 146.

47 Zitiert n. dem Abdruck in: GRS 8, S. 26 ff.; alle weiteren Zitate ebda.

48 GRS 8, S. 50.

49 Schreiben v. 17. 10. 1914, zitiert n. GRS 8, S. 44.

50 Siehe Anm. 48.

51 Siehe Das Kriegstagebuch, S. 29.

52 Schreiben v. 26. 10. 1914; GRS 8, S. 46.

53 Zitiert n. ebda, S. 25.

54 Siehe hierzu Liebknechts Angaben in seinen »Betrachtungen und Erinnerungen aus der ›großen Zeit‹«, zitiert n. dem Neudruck in: GRS 9, S. 277.

55 Siehe hierzu vor allem Susanne Miller, Burgfrieden, S. 82 ff.; dort auch Angaben zu weiterführender Literatur.

56 Zitiert n. GRS 8, S. 32 ff.

57 Siehe GRS 9, S. 277; alle weiteren Zitate ebda.

58 GRS 8, S. 34; das folgende Zitat ebda.

59 Zitiert n. *Illustrierte Geschichte der Deutschen Revolution*, Berlin 1929. Neudruck Frankfurt/M. 1970, S. 106.

60 Schreiben v. 17. 10. 1914; zitiert n. GRS 8, S. 44.

61 Hjalmar-Branting-Nachlaß, Arbetarrörelsens Arkiv, Stockholm.

62 Zur Politik des Parteivorstandes während des Ersten Weltkrieges siehe Susanne Miller, Burgfrieden, S. 75 ff.

63 Zitiert n. Die Reichstagsfraktion II, S. 9 ff.

64 Zitiert n. Kurt Koszyk, Zwischen Kaiserreich und Diktatur, S. 56.

65 Siehe Liebknechts Schreiben an den Parteivorstand v. 2. 10. 1914; GRS 8, S. 32 ff. und sein Schreiben v. 12. 10. 1914 an Hjalmar Branting, Hjalmar-Branting-Nachlaß, Arbetarrörelsens Arkiv.

66 Siehe Susanne Miller, Burgfrieden, S. 205 ff.

67 Siehe Liebknechts Schreiben an den Vorstand v. 2. 10. 1914; GRS 8, S. 32 ff. Alle weiteren Zitate ebda.

68 Siehe Wilhelm Keil, *Erlebnisse eines Sozialdemokraten*, Bd. I, Stuttgart 1947/48, S. 306 f.

69 Siehe Liebknechts Schreiben v. 2. und 10. 10. 1914 an den Parteivorstand; GRS 8, S. 32 ff. und 39.

70 Ebda, S. 34.

71 Siehe Anm. 39.

72 Siehe Liebknechts Schreiben v. 23. 9. 1914 an Hjalmar Branting. Demzufolge war er in Amsterdam mit W. H. Vliegen, F. van de Goes, M. Mendels und F. M. Wibaut zusammengetroffen. Hjalmar-Branting-Nachlaß, Arbetarrörelsens Arkiv.

73 Im einzelnen hierzu siehe weiter unten.

74 Zitiert n. GRS 8, S. 36.

75 Ebda, S. 37 f.; alle weiteren Zitate ebda.

76 Siehe Liebknechts Angaben im Schreiben an den Vorstand v. 2. 10. 1914; GRS 8, S. 33.

77 Siehe Kurt Koszyk, Zwischen Kaiserreich und Diktatur, S. 48 ff.; Otto-Ernst Schüddekopf, »Der Revolution entgegen. Materialien und Dokumente zur Geschichte des linken Flügels der deutschen Sozialdemokratie vor dem Ersten Weltkrieg«, AfS 9 (1969), S. 451 und Susanne Miller, Burgfrieden, S. 82 ff.

78 GRS 8, S. 39.

79 Siehe Annelies Laschitza/Jan Peters, »Südekums Auftrag in Schweden. Dokumente zur sozialchauvinistischen Funktion Albert Südekums im Ersten Weltkrieg«, BzG 4 (1976), S. 600 ff.

80 So Philipp Scheidemann in seinem Schreiben an Liebknecht v. 23. 10. 1914; zitiert n. GRS 8, S. 45.

81 Siehe Albert-Südekum-Nachlaß Nr. 66 und 67; Bundesarchiv Koblenz. Hier zitiert n. der Klarschrift ebda, Nr. 166 und 167.

82 Schreiben v. 16. 10. 1914; GRS 8, S. 42.

83 So Liebknecht in einem Schreiben an den Vorstand v. 16. 10. 1914; GRS 8, S. 41 f.

84 Albert-Südekum-Nachlaß Nr. 167/15.

85 In Italien traf Südekum u. a. mit Angelica Balabanoff und Benito Mussolini zusammen. Siehe seine Tagebuchaufzeichnungen v. 27. 8. 1914, Albert-Südekum-Nachlaß Nr. 166/15.

86 Siehe Das Kriegstagebuch, S. 35.

87 Schreiben v. 23. 10. 1914; GRS 8, S. 45.

88 GRS 8, S. 46 ff.

89 Siehe die Anmerkung der Herausgeber in *Het Volk* vom 10. 9. 1914. Der deutsche Wortlaut ist wiedergegeben in: GRS 8, S. 25.

90 Hjalmar-Branting-Nachlaß, Arbetarrörelsens Arkiv; alle weiteren Zitate ebda.

91 Siehe Annelies Laschitza/Günter Radczun, Rosa Luxemburg, S. 335.

92 Siehe sein Schreiben v. 23. 11. 1914; GRS 8, S. 160. Das folgende Zitat ebda.

92a Ebda, S. 162.

93 Die Thesen sind vollständig abgedruckt in: GRS 8, S. 162 ff.; alle weiteren Zitate ebda.

94 Zu Liebknechts Darstellung der Sitzung siehe GRS 8, S. 61 f.; das folgende Zitat ebda. Teilnehmer des Treffens waren neben Liebknecht und Ledebour: Karl Albrecht, Wilhelm Bock, Friedrich Geyer, Alfred Henke, Joseph Herzfeld, Fritz Kunert, Paul Lensch und Ewald Vogtherr.

95 Siehe Liebknechts Darstellung in: GRS 9, S. 270.

96 Die Reichstagsfraktion II, S. 6 f.

97 Das Kriegstagebuch, S. 73.

98 Siehe Anm. 86.

99 Vgl. hierzu auch Susanne Miller, Burgfrieden, S. 92 ff.

100 Verh. Dt. RT., Sten. Ber., 13. Leg. II. Sess., S. 13 ff. Das folgende Zitat ebda, S. 21.

101 Der Unterstaatssekretär im Reichskanzleramt, Wahnschaffe, hatte schon am 1. 12. 1914 den Entwurf eines Telegramms des Kanzlers an den Kaiser verfaßt, in dem voreilig die »Einstimmigkeit« der Kriegskreditbewilligung festgestellt wurde. Siehe Heinz Wohlgemuth, Karl Liebknecht, S. 264.

102 Siehe GRS 8, S. 63.

103 Ebda, S. 65.

104 Gleichsam stellvertretend hierzu siehe die Darstellung bei Heinz Wohlgemuth (Karl Liebknecht, S. 254 ff.).

105 Siehe beispielsweise Hermann Heidegger, Die deutsche Sozialdemokratie, S. 80 ff. und Carl E. Schorske, German Social Democracy, S. 300 f.

106 Siehe GRS 9, S. 267.

107 Aus der Flut der Literatur seien hier lediglich angeführt: Wolfgang J. Mommsen, »Die deutsche Kriegszielpolitik 1914–1918« in: *Kriegsausbruch 1914*, München 1967, S. 60 ff., Wolfgang Schieder, »Ergebnisse und Möglichkeiten der Diskussion

über den Ersten Weltkrieg« in: *Erster Weltkrieg. Ursachen. Entstehung und Kriegsziele*, hrsg. v. dems., Köln, Berlin 1969, S. 11 ff., Hans-Ulrich Wehler, Das Deutsche Kaiserreich, S. 192 ff. und Dietrich Erdmann in der Einleitung zu Kurt Riezler, *Tagebücher, Aufsätze, Dokumente*, Göttingen 1972, S. 51 ff. Speziell zur Fischer-Kontroverse im Rahmen der Kriegsschulddiskussion siehe jetzt Arnold Sywotteks Beitrag in: Deutschland in der Weltpolitik des 19. und 20. Jahrhunderts, S. 19 ff. Zur marxistisch-leninistischen Beteiligung an der Kriegsschulddiskussion siehe Walter Bartel, Die Linken in der Sozialdemokratie, S. 141 ff. und Fritz Klein, »Erster Weltkrieg« in: *Kritik der bürgerlichen Geschichtsschreibung*, hrsg. v. Werner Berthold u. a., Köln 1970, S. 166 ff. In der anglo-amerikanischen Geschichtsschreibung hat Fischers Kriegsschuldthese kein so großes Aufsehen erregt. Siehe George F. Hallgarten, »Deutsche Selbstschau nach 50 Jahren: Fritz Fischer, seine Gegner und Vorläufer« in: ders., *Das Schicksal des Imperialismus im 20. Jahrhundert*, Frankfurt/M. 1969, S. 57 ff. und James Joll in seiner Einleitung zur englischsprachigen Ausgabe von Fischers Schrift Griff nach der Weltmacht (Germany's Aims in the First World War, London 1967).

108 Siehe Konrad H. Jarausch, The Enigmatic Chancellor, S. 349 ff.

109 Zitiert n. GRS 8, S. 146.

110 Zitiert n. GRS 8, S. 65.

111 Rosa Luxemburg, *Die Krise der Sozialdemokratie*, Berlin 1916.

112 Vgl. Susanne Miller, Burgfrieden, S. 184 ff.

113 So in: Erinnerungen, S. 238.

114 Zitiert n. *Der Zusammenbruch*, Berlin 1921, S. 10.

115 Siehe Susanne Millers Einleitung zu Das Kriegstagebuch, S. XXX.

116 Ebda, S. 19.

117 Vgl. Susan Tegel, Ludwig Frank, S. 276 f.

118 Siehe Dieter Groh, Negative Integration, S. 385 ff.

119 Zitiert n. Walter Bartel, »Unbekannte Briefe an Karl Liebknecht anläßlich seiner Ablehnung der Kriegskredite im Deutschen Reichstag am 2. Dezember 1914«, ZfG 1959, S. 597 ff.

Die Agitation gegen den Krieg und die Kriegspolitik der SPD-Führung

120 Die drei als »Labour – Leader-Briefe« bekannt gewordenen Schreiben sind vollständig abgedruckt in: Liebknechts »Klassenkampf-Borschüre«; GRS 8, S. 68 ff. Das Zitat findet sich auf S. 68 f.

121 Siehe das offizielle Protokoll, Die Reichstagsfraktion II, S. 27 ff. und Liebknechts eigene Darstellung in der »Klassenkampf-Broschüre«, GRS 8, S. 78 ff. Zum allgemeinen Hintergrund der Sitzung siehe Susanne Miller, Burgfrieden, S. 97 ff.

122 Zum Wortlaut des Beschlusses siehe Die Reichstagsfraktion II, S. 29.

123 Schreiben v. 9. 2. 1915; GRS 8, S. 193.

124 Zu den Verhältnissen in der preußischen Landtagsfraktion siehe Paul Hirsch, *Der Weg der Sozialdemokratie zur Macht in Preußen*, Berlin 1929, S. 65 ff.

125 Hier zitiert n. der Wiedergabe in: GRS 8, S. 200 ff. Alle weiteren Zitate ebda.

126 Hier zitiert n. der Wiedergabe in: GRS 8, S. 521 ff. Alle weiteren Zitate ebda.

127 Vgl. Bernhard Jungheim (Hrsg.), *Die Geschäftsordnung für den Reichstag. Mit Anmerkungen*, Berlin 1916, S. 80 ff.

128 Siehe Liebknechts Erinnerungen, GRS 9, S. 279.

129 Die Verhandlung der Anfrage ist wiedergegeben in: GRS 8, S. 297.

130 Ebda.

131 Zur Entstehung dieses Programms siehe u. a. Fritz Fischer, Griff nach der Weltmacht, S. 208 und Dietrich Erdmann in: Kurt Riezlev, Tagebücher, S. 56 ff.

132 Siehe Anm. 129.

133 Ebda.

134 Zur Kriegspolitik der SPD-Führung im einzelnen siehe die schon mehrfach zitierte Arbeit von Susanne Miller (Burgfrieden), deren großes Verdienst es ist, das Für und Wider dieser Politik so neutral wie möglich und auf breiter Quellenbasis aufgezeigt zu haben.

135 GRS 9, S. 280 f.

136 Siehe Die Reichstagsfraktion II, S. 85.

137 Ebda, S. 137.

138 Im Gegensatz zu dieser Interpretation siehe Erna Stier, »Die Kleinen Anfragen Karl Liebknechts – Ein Kampfmittel gegen den imperialistischen Krieg«, *Karl Liebknechts Vermächtnis für die deutsche Nation*, Berlin – DDR 1962, S. 136 ff.

139 Der ursprüngliche Wortlaut der Anfragen ist abgedruckt in: GRS 8, S. 366 ff. Zur Behandlung der Anfragen siehe den ebda, S. 428 ff., abgedruckten Protokollauszug der Reichstagsverhandlungen. Alle weiteren Zitate ebda.

140 Ebda, S. 428.

141 Im einzelnen hierzu siehe Willibald Gutsche, »Bethmann Hollweg und die Politik der ›Neuorientierung‹«, ZfG 2 (1965), S. 213 ff.

142 Zitiert n. GRS 8, S. 404.

143 Siehe Anm. 139.

144 GRS 8, S. 413.

145 Siehe die Schreiben v. 21. und 26. 11. 1915; ebda, S. 407 f.

146 Karl Liebknecht, *Denkschrift über die Kleinen Anfragen. Korrespondenz mit dem Direktor und dem Präsidenten des Deutschen Reichstages*, Berlin-Schöneberg, 4. 12. 1915. Die Denkschrift ist vollständig abgedruckt in: GRS 8, S. 404 ff.

147 Ebda, S. 414.

148 Siehe Anm. 139.

149 Zum Wortlaut der Anfragen sowie zu ihrer Verhandlung siehe GRS 8, S. 428 ff.

150 Ebda, S. 441.

151 Siehe Scheidemanns Bericht vor der Reichstagsfraktion am 12. 1. 1916; Die Reichstagsfraktion II, S. 153.

152 Das amtliche Protokoll ist vollständig wiedergegeben in: GRS 8, S. 600 ff. Siehe auch Liebknechts eigene Darstellung im Spartakusbrief v. 22. 4. 1916; Wiederabdruck ebda.

153 Der Bericht ist abgedruckt in: *Dokumente und Materialien zur Geschichte der Deutschen Arbeiterbewegung. Reihe II, Bd. I (Juli 1914–Oktober 1917)*, Berlin – DDR 1958, S. 355.

154 Siehe Liebknechts Mitteilung im Spartakusbrief v. 27. 1. 1916; GRS 8, S. 470.

155 Zitiert n. Erika Stiers Aufsatz; Anm. 138.

156 Die Broschüre ist vollständig abgedruckt in: GRS 8, S. 1 ff. Soweit ich feststellen konnte, liegt das Originalmanuskript in der Theodor-Liebknecht-Kollektion, IISG. Vermutlich hat Theodor Liebknecht, als er nach dem Tode seines Bruders die Kollektion zusammenzustellen begann, das Manuskript aus dem Nachlaß, den Sophie Liebknecht nach Moskau brachte, herausgenommen.

157 Siehe u. a. Hans Herzfeld, Der Erste Weltkrieg, S. 124 ff. Allgemein zum Hintergrund des italienischen Kriegseintrittes aus europäischer Sicht siehe James Joll, Europe since 1870, S. 203 ff.

158 Das Flugblatt ist vollständig abgedruckt in: GRS 8, S. 225 ff. Alle weiteren Zitate ebda.

159 So half beispielsweise Wilhelm Pieck bei der Flugblattaktion. Siehe seine Angaben in: *Gesammelte Reden und Schriften,* Bd. I, Berlin – DDR 1959, S. 336.

160 Zur Entstehung der Zeitschrift siehe Peter Nettl, Rosa Luxemburg, S. 591 f., Walter Bartel, Die Linken in der deutschen Sozialdemokratie, S. 222 ff. und Die Geschichte der deutschen Arbeiterbewegung, Bd. 2, S. 242 ff.

161 Vgl. hierzu Susanne Miller, Burgfrieden, S. 113.

162 Zum politischen Werdegang der hier genannten siehe: Josef Schleifstein, Franz Mehring; Luise Dornemann, *Clara Zetkin. Ein Lebensbild,* Berlin – DDR 1973, Horst Schumacher/Feliks Tych, *Julian Marchlewski. Eine Biographie,* Berlin – DDR 1966, Kurt Wrobel, »›. . . in diesem Kampf keine Neutralität‹. Ernst Meyer«, BzG 5 (1967), S. 880 ff., Heinz Voßke/Gerhard Nitzsche, *Wilhelm Pieck. Biographischer Abriß,* Berlin – DDR 1976 und Günther Grieb, »Hermann Duncker – ein Lehrer und Kämpfer des deutschen Proletariats« in: Hermann Duncker, *Einführungen in den Marxismus. Ausgewählte Schriften und Reden,* Bd. I, Berlin – DDR 1963. Zu Käte Duncker liegen meines Wissens keine biographischen Arbeiten vor. Siehe daher die Angaben in: Geschichte der deutschen Arbeiterbewegung. Biographisches Lexikon, S. 101 ff.

163 Siehe Peter Nettl, Rosa Luxemburg, S. 377 und Annelies Laschitza/Günter Radczun, Rosa Luxemburg, S. 201 ff.

164 Peter Nettl, Rosa Luxemburg, S. 589.

165 Brief v. 30. 3. 1917; Rosa Luxemburg, Briefe an Freunde, S. 93 f.

166 Rosa Luxemburg war am 20. 2. 1914 in einem aufsehenerregenden Prozeß wegen einer antimilitaristischen Rede zu einem Jahr Gefängnis verurteilt worden. Die Berufungsverhandlung am 20. 10. 1914 bestätigte das Urteil in erster Instanz. Siehe Peter Nettl, Rosa Luxemburg, S. 462.

167 Siehe seine Reden v. 4. und 9. 3. 1915; GRS 8, S. 210 ff.

168 Zitiert n. Rosa Luxemburg u. a., Briefe an Mathilde Jacob, S. 7. Zur Biographie von Mathilde Jacob siehe Agnes Peterson, »Working Woman: Mathilde Jacob«, IWK 18 (1973), S. 51 ff.

169 Siehe hierzu vor allem Peter Nettl, Rosa Luxemburg, S. 731 f.

170 Zitiert n. Heinz Wohlgemuth, Karl Liebknecht, S. 335.

171 Zum Wortlaut der »Leitsätze« siehe GRS 8, S. 383 ff.

172 Zur Entstehung der »Leitsätze« siehe Peter Nettl, Rosa Luxemburg, S. 610 ff. und Annelies Laschitza/Günter Radczun, Rosa Luxemburg, S. 365 ff.

173 Rosa Luxemburg, *Die Krise der Sozialdemokratie;* Neudruck dies., *Politi-*

sche Schriften, hrsg. u. eingel. v. Ossip K. Flechtheim, Frankfurt/M. 1966, Bd. 2, S. 152 ff.

174 Im einzelnen hierzu siehe Horst Lademacher (Hrsg.), *Die Zimmerwalder Bewegung*, Bd. 1 und 2, Den Haag, Paris 1967 und Arnold Reisberg, *Lenin und die Zimmerwalder Bewegung*, Berlin – DDR 1966.

175 Siehe Ernst Meyer, »Unveröffentlichte Briefe von Karl Liebknecht und Rosa Luxemburg«, *Unter dem Banner des Marxismus*, Berlin, Wien, 2 (1925); hier zitiert nach der Wiedergabe in: GRS 8, S. 383 ff. Alle weiteren Zitate ebda.

176 Zitiert n. Ernst Meyer, Unveröffentlichte Briefe, S. 423; das folgende Zitat ebda.

177 Alfred-Henke-Nachlaß, AdsD, Kassette I/Nr. 109. Zu Radeks politischem Werdegang siehe Warren Lerner, *Karl Radek. The Last Internationalist*, Stanford 1970 und Marie-Luise Goldbach, *Karl Radek und die deutsch-sowjetischen Beziehungen 1918–1923*, Bonn-Bad Godesberg 1973.

178 Vgl. die recht ausführliche Darstellung bei Susanne Miller, Burgfrieden, S. 104 ff.

179 GRS 9, S. 282; alle weiteren Zitate ebda.

180 Zur Spaltung der SPD-Reichstagsfraktion siehe Carl E. Schorske, Social Democracy, S. 294 ff. und Susanne Miller, Burgfrieden, S. 75 ff.

181 Hier zitiert n. GRS 9, S. 283. Zu dem von Hugo Haase, Eduard Bernstein u. Karl Kautsky verfaßten Aufruf »Das Gebot der Stunde« siehe jezt zusammenfassend Susanne Miller, Burgfrieden, S. 109 ff.

182 Siehe Anm. 179.

183 Ebda.

184 Das Schreiben ist abgedruckt in: Dokumente und Materialien, Reihe 2, Bd. II, S. 169 ff.

185 Eine detaillierte Auswertung der Unterschriften findet sich bei Susanne Miller, Burgfrieden, S. 108 ff.

186 Die Zahlenangaben sind den entsprechenden Sitzungsprotokollen entnommen; siehe Die Reichstagsfraktion II.

187 Siehe Heinz Wohlgemuth, Karl Liebknecht, S. 313.

188 Zitiert n. GRS 8, S. 381.

189 Siehe die ausführliche Darstellung bei Heinz Wohlgemuth, Karl Liebknecht, S. 302 ff. Zur Frage der Datierung des Treffens siehe ebda, S. 507, Anm. 203.

190 Siehe die Angaben von Rudolf Lindau in seinem rückblickenden Bericht aus dem Jahre 1956 in: Dokumente und Materialien, Reihe 2, Bd. I, S. 283 f.

191 Vgl. hierzu die Angaben bei Heinz Wohlgemuth, Karl Liebknecht, S. 302 ff.

192 Vgl. hierzu das Vorwort von Ernst Meyer zu *Spartakusbriefe*, Bd. I, Berlin 1926; hier zitiert n. dem gleichnamigen Neudruck Berlin – DDR 1958, S. XXXIV ff.

193 Siehe Heinz Wohlgemuth, Karl Liebknecht, S. 316.

194 Siehe Spartakusbriefe, S. 113 ff.

195 Siehe Eintragungen v. 24.–27. 11. 1915, Das Kriegstagebuch, S. 145.

196 Allgemein zum zweiten Treffen siehe Spartakusbrief v. 30. 3. 1916; Spartakusbriefe, S. 134 ff. Die stenographische Mitschrift v. Liebknechts Referat ist abgedruckt in: GRS 8, S. 547 ff.

197 Hier zitiert n. GRS 8, S. 305.

198 Ebda, S. 470.

199 Ebda, S. 381.

200 Ebda, S. 436 f.

201 Vgl. hierzu die Darstellung bei Ursula Ratz, Georg Ledebour, S. 161 ff.

202 GRS 9, S. 272 ff. Alle weiteren Zitate ebda.

203 Neben den schon in Anm. 180 genannten Arbeiten sei hier noch genannt David W. Morgan, The Socialist Left, S. 19 ff.

204 GRS 9, S. 27.

205 Zum Wortlaut des Flugblattes siehe GRS 8, S. 613 ff.

206 Zitiert n. ebda, S. 619.

207 Über den Verlauf der Demonstration liegen zwei Berichte vor; der eine stammt von der Spartakusgruppe – siehe Spartakusbrief v. 15. 5. 1916; Spartakusbriefe, S. 165 ff. – der andere findet sich im Ermittlungsbericht des Berliner Polizeipräsidenten; siehe *Das Zuchthausurteil gegen Karl Liebknecht. Wörtliche Wiedergabe der Prozeßakten, Urteile und Eingaben Liebknechts*, Berlin 1919, Neudruck in: GRS 9, S. 5 ff. Zitat S. 28.

208 Ebda.

209 Dies ist beispielsweise der Ansatz der Arbeit Burgkrieg, nicht Burgfriede von Heinz Wohlgemuth.

210 Besonders deutlich vertreten diese These Carl E. Schorske (German Social Democracy, S. 297 ff.) und Hermann Heidegger (Die Sozialdemokratie und der nationale Staat, S. 104 ff.). Susanne Miller (Burgfrieden, S. 100) enthält sich in bezug auf Liebknecht einer direkten Wertung und erklärt lediglich, daß der spätere KPD-Führer den »Konflikt zwischen Parteidisziplin und eigener Überzeugung kompromißlos zugunsten letzterer« entschieden habe.

211 Zitiert n. Agnes Blänsdorf, »Friedrich Ebert und die Internationale«, AfS 9 (1969), S. 376.

212 Hier zitiert n. GRS 8, S. 565.

213 Ebda, S. 548.

214 Spartakusbrief v. 3. 2. 1916; Spartakusbriefe, S. 112.

215 GRS 8, S. 71.

216 Zitiert n. Spartakusbriefe, S. 95.

217 *Die Zeit der großen Lüge*, Charlottenburg 1926, S. 107 f.

218 Wilhelm-Dittmann-Nachlaß, AdsD, Kassette I/Nr. 41.

219 Karl Liebknecht, Briefe, S. 27 ff.

220 GRS 8, S. 173 f.

221 Siehe seinen Brief an die Polin Fanny Jezierska, die während des Krieges zur Spartakusgruppe gehörte. Erstmals veröffentlicht von Werner Blumenberg in: IRSH 1 (1963), S. 94 ff.; weiterhin ist der Brief abgedruckt in: GRS 8, S. 332.

222 Siehe die Angaben in: GRS 8, S. 643.

223 Siehe Walter Bartel, Die Linken in der deutschen Sozialdemokratie, S. 322 ff. und Susanne Miller, Burgfrieden, S. 138.

224 Siehe Illustrierte Geschichte der deutschen Revolution, S. 140 ff. und Horst Schumacher/Feliks Tych, Julian Marchlewski-Karski, S. 248.

225 Zitiert n. Dokumente und Materialien, Reihe 2, Bd. I, S. 355.

226 Siehe GRS 9, S. 3 ff. und S. 11, Anm. 1.

227 Direkt zum Prozeßverlauf siehe ebda, S. 73 ff. Der Prozeß ist genauestens dokumentiert durch die von Karl Liebknecht zusammengestellte Broschüre; bibliographische Angaben siehe Anm. 207.

228 Ebda, S. 169.

229 Ebda, S. 166 ff.

230 Ebda, S. 170; das folgende Zitat ebda.

Die Novemberrevolution

231 Siehe *Die Regierung des Prinzen Max von Baden,* bearb. v. Erich Mathias u. Rudolf Morsey, Bd. 1, Düsseldorf 1962, S. XI ff. u. Philipp Scheidemann, *Memoiren eines Sozialdemokraten,* Dresden 1928, Bd. 2, S. 140 ff.

232 Siehe beispielsweise seine Ausführungen in der Fraktionssitzung vom 22. 10. 1918; Die Reichstagsfraktion II, S. 502.

233 Siehe die Darstellung bei Heinz Wohlgemuth, Karl Liebknecht, S. 397 ff. Dort auch Angaben zu weiteren Primärquellen.

234 Zitiert n. ebda, S. 398.

235 Siehe u. a. Werner Hahlweg, *Der Diktatfrieden von Brest-Litwosk 1918 und die bolschewistische Weltrevolution,* Münster 1960.

236 Siehe Hans Herzfeld, Der Erste Weltkrieg, S. 197 ff.

237 Siehe Illustrierte Geschichte der deutschen Revolution, S. 161 f.; Walter Bartel, »Der Januarstreik in Berlin«, Albert Schreiner (Hrsg.), *Revolutionäre Ereignisse und Probleme in Deutschland während der Periode der Großen Oktoberrevolution 1917/18,* Berlin – DDR 1958 und Susanne Miller, Burgfrieden, S. 371 ff.

238 Siehe Susanne Miller, Burgfrieden, S. 75 ff. und David Morgan, The Socialist Left, S. 39 ff.

239 Jogiches Beziehungen zu Rosa Luxemburg sind eingehend dargestellt bei Peter Nettl, Rosa Luxemburg, S. 144 ff. u. 365 ff. Zu seinem politischen Werdegang siehe Karl Radek, *Rosa Luxemburg, Karl Liebknecht, Leo Jogiches,* Hamburg 1921; Neudruck Berlin-West 1969 und Horst Schumacher, »Zum 100. Geburtstag von Leo Jogiches«, BzG 9 (1967), S. 132 ff.

240 Zitiert n. Illustrierte Geschichte der deutschen Revolution, S. 147.

241 Im einzelnen hierzu vgl. jetzt die recht ausführliche Darstellung bei David W. Morgan, The Socialist Left, S. 111 ff.

242 Siehe die Zitate ebda, S. 112.

243 Zitiert n. Karl Liebknecht, »Tagebuch zur Revolution im November«; erstmals veröffentlicht von Ernst Meyer unter dem Titel »Wie es zum Losschlagen kam . . .« in: *Neue Zeitung,* München, 10. 11. 1925 – ein Exemplar dieses Aufsatzes befindet sich im Archiv der Hoover Institution on War, Revolution and Peace, Stanford, Kalifornien, USA. Neudruck in: GRS 9, S. 580 ff.

244 Zur Entstehung und Geschichte der Revolutionären Obleute siehe Eberhard Kolb, *Die Arbeiterräte in der deutschen Innenpolitik 1918–1919,* Düsseldorf 1962, S. 38 ff. u. 410 ff.

245 Zum politischen Werdegang von Barth und Däumig siehe Geschichte der

deutschen Arbeiterbewegung. Biographisches Lexikon, S. 10 f. u. 83 f. Zu Richard Müller finden sich weder im Biographischen Lexikon noch bei Franz Osterroth (Biographisches Lexikon) Angaben.

246 GRS 9, S. 580.

247 Siehe Eintragungen v. 26. u. 28. 10. 1918; ebda, S. 580 f. Die folgenden Zitate ebenfalls ebda.

248 Eintragung v. 28. 10. 1918, ebda, S. 581.

249 Eintragung v. 30. 10. 1918.

250 Siehe Eintragung v. 2. 11. 1918; GRS 9, S. 582; Ursula Ratz, Georg Ledebour, S. 178 und David W. Morgan, The Socialist Left, S. 112 f.

251 Siehe Eintragung v. 2. 11. 1918; GRS 9, S. 582 und Emil Barth, *Aus der Werkstatt der deutschen Revolution*, Berlin 1919, S. 47 ff.

252 GRS 9, S. 583.

253 Vgl. hierzu David W. Morgan, The Socialist Left, S. 112 ff. Die wichtigsten Dokumente der Revolution sind wiedergegeben in: Susanne Miller, Gerhard A. Ritter (Hrsg.), *Die deutsche Revolution 1918/19. Dokumente*, Frankfurt/M., Hamburg 1968, S. 38 ff.

254 Siehe Wilhelm Dittmann, Erinnerungen, Ms. IISG, S. 864 ff.

255 GRS 9, S. 584.

256 Zum Ablauf der Ereignisse siehe Heinrich Marx, *Handbuch der deutschen Revolution 1918/19*, Bd. 1, Berlin 1919 S. 147 ff. und Illustrierte Geschichte der deutschen Revolution, S. 206 ff. Ein journalistisch aufgemachtes Stimmungsbild bietet Wolfgang Malanowski, *Novemberrevolution 1918. Die Rolle der SPD*, Frankfurt/M., Berlin-West 1968, S. 51 ff. Die Dokumente des Tages sind abgedruckt bei Miller/Ritter, Die deutsche Revolution, S. 62 ff. Eine Darstellung aus marxistisch-leninistischer Sicht liefert J. S. Drabkin, *Die Novemberrevolution 1918 in Deutschland*, Berlin – DDR 1968, S. 147 ff.

257 Siehe Philipp Scheidemann, Memoiren eines Sozialdemokraten, Bd. 2, S. 310 ff. Das eigenmächtige Vorgehen brachte Scheidemann übrigens schwere Kritik von Friedrich Ebert ein, wie er, ebda., berichtet.

258 Karl und Rosa, S. 69 ff.

259 Hier zitiert n. der Wiedergabe in: GRS 9, S. 594 ff.

260 Vgl. Ludwig Lewinsohn, *Die Revolution an der Westfront*, Charlottenburg o. J., S. 26.

261 *Erinnerungen eines Junkers*, Berlin o. J., S. 104 f.

262 Gustav Mayer, *Arbeiterbewegung und Obrigkeitsstaat*, hrsg. v. Hans-Ulrich Wehler, Bonn-Bad Godesberg 1972, S. 165.

263 GRS 9, S. 595.

264 Zur Bildung der Revolutionsregierung siehe Eberhard Kolb, *Die Arbeiterräte in der deutschen Innenpolitik 1918–1919*, Düsseldorf 1962, S. 39 und David W. Morgan, The Socialist Left, S. 124 f.

265 Eduard Bernstein, *Die deutsche Revolution*. Bd. 1: Geschichte der Entstehung und der ersten Arbeitsperiode der deutschen Republik, Berlin 1921; hier zitiert n. der Wiedergabe in: Miller/Ritter, Die deutsche Revolution, S. 79. Die folgenden Zitate ebda.

266 Zitiert n. ebda., S. 82 f.

267 Zitiert n. GRS 9, S. 654.

268 Wilhelm-Dittmann-Nachlaß, AdsD, Kassette I/Nr. 27/28.

269 Siehe beispielsweise den Kommentar zum Abdruck des »Regierungsdokuments« in: *75 Jahre Industriegewerkschaft. 1891–1916. Vom Deutschen Metallverband zur Industriegewerkschaft Metall. Ein Bericht in Wort und Schrift,* hrsg. von der Industriegewerkschaft Metall für die Bundesrepublik Deutschland, Frankfurt/M. 1966, S. 199.

270 Peter Lösche, Der Bolschewismus, S. 183 und in Anlehnung daran Ursula Ratz, Georg Ledebour, S. 180.

271 Zusammenfassend siehe Heinz Wohlgemuth, Karl Liebknecht, S. 415 f.

272 Siehe Annelies Laschitz/Günter Radczun, Rosa Luxemburg, S. 446 f. Peter Nettl (Rosa Luxemburg, S. 678) gibt fälschlicherweise den 9. 11. 1918 als Rückkehrdatum an.

273 Vgl. die Darstellung bei David W. Morgan, The Socialist Left, S. 126.

274 Siehe das von Hugo Haase unterzeichnete Antwortschreiben an die MSPD vom 10. 11. 1918; abgedruckt bei Miller/Ritter, Die deutsche Revolution, S. 83. Zu Haases Motiven siehe sein Schreiben v. 26. 11. 1918 an seinen Sohn in: Hugo Haase, *Sein Leben und Wirken. Mit einer Auswahl von Briefen, Reden und Aufsätzen,* Berlin 1929, S. 173.

275 Rede v. 27. 11. 1918 vor dem 53er Ausschuß der Marine; zitiert n. GRS 9, S. 619. Bei dem 53er Ausschuß handelt es sich um das »Plenum« der Soldatenräte; er setzte sich zusammen aus 24 Delegierten der Nordseestation, 20 der Ostseestation, 5 der Niederelbe und 4 aus Berlin. Siehe Ulrich Kluge, *Soldatenräte und Revolution. Studien zur Militärpolitik in Deutschland 1918/19,* Göttingen 1975, S. 158.

276 Im einzelnen hierzu Die Regierung der Volksbeauftragten, S. XX ff. und Miller/Ritter, Die deutsche Revolution, S. 78 ff.

277 Siehe den Abschnitt »Er lernte vom Roten Oktober« bei Heinz Wohlgemuth (Karl Liebknecht, S. 375 ff.).

278 Als Beispiel siehe Peter Lösche, Der Bolschewismus, S. 195 ff. und Hermann Weber, *Der Gründungsparteitag der KPD. Protokoll und Materialien,* Frankfurt/M. 1969, S. 38.

279 Zu einer den heutigen Forschungsstand resümierenden Darstellung siehe Alexander Decker, »Die Novemberrevolution und die Geschichtswissenschaft«, IWK 3 (1974), S. 269 ff.

280 Zitiert n. GRS 9, S. 604.

281 Brief v. 11. 12. 1913; zuerst veröffentlicht in: Karl Liebknecht, *Reden und Aufsätze,* hrsg. v. Julian Gumperz, Hamburg 1921, S. 224 f. Hier zitiert n. GRS 6, S. 410.

282 Zitiert n. GRS 9, S. 545.

283 Ebda, S. 562.

284 Ebda, S. 623 f.

285 Ebda, S. 624.

286 Ebda, S. 623.

287 Ebda, S. 631.

288 Ebda, S. 599.

289 Zur Politik der Volksbeauftragten siehe *Die Regierung der Volksbeauftragten*

1918/19; eingel. v. Erich Mathias, bearb. v. Susanne Miller u. Heinrich Potthoff, Düsseldorf 1969, S. XX.

290 Siehe Ulrich Kluge, Soldatenräte, S. 136 ff. und David M. Morgan, The Socialist Left, S. 151 f.

291 Siehe Miller/Ritter, Die deutsche Revolution, S. 93.

292 Zitiert n. GRS 9, S. 606.

293 Zum Abbruch der deutsch-russischen Beziehungen siehe Illustrierte Geschichte der deutschen Revolution, S. 197 und Die Regierung des Prinzen Max v. Baden, S. 397 ff., 412 ff. und 524 ff.

294 Zum Verhältnis der deutschen und russischen Revolutionsregierung siehe Die Regierung der Volksbeauftragten, S. 33, 40 ff. und 98 ff. sowie Miller/Ritter, Die deutsche Revolution, S. 265 f.

295 Vgl. Peter Nettl, Rosa Luxemburg, S. 683 ff. und David M. Morgan, The Socialist Left, S. 131 f. Allgemein zur Entstehung und Entwicklung der Spartakusgruppe siehe Heinz Wohlgemuth, *Die Entstehung der Kommunistischen Partei Deutschlands 1914 bis 1918. Überblick*, Berlin – DDR 1968, S. 91 ff.

296 Wilhelm Pieck, Gesammelte Reden und Schriften, Bd. 1, S. 437 f.

297 Zitiert n. Annelies Laschitza/Günter Radczun, Rosa Luxemburg, S. 451 f.

298 Zitiert n. Heinz Wohlgemuth, Karl Liebknecht, S. 447.

299 Zu Ablauf und Hintergründe der Aktion siehe Ulrich Kluge, Soldatenräte, S. 76 ff. und J. S. Drabkin, Die Novemberrevolution, S. 334 ff.

300 Zitiert n. Wolfgang Malanowski, Novemberrevolution, S. 77.

301 Siehe David W. Morgan, The Socialist Left, S. 198 ff.

302 Siehe den bei Wilhelm Dittmann (Erinnerungen, MS., IISG, S. 895 f.) gegebenen Bericht über eine Sitzung v. 6. 12. 1918.

303 Siehe David W. Morgan, The Socialist Left, S. 203 f.

304 Zum Wortlaut des Protestes siehe Miller/Ritter, Die deutsche Revolution, S. 151.

305 Siehe Ulrich Kluge, Soldatenräte, S. 262 ff. und Miller/Ritter, Die deutsche Revolution, S. 149 ff.

306 Siehe David W. Morgan, The Socialist Left, S. 192 ff. Der Wortlaut der Austrittserklärungen findet sich bei Miller/Ritter, Die deutsche Revolution, S. 157. Speziell zum Austritt der USPD-Vertreter aus der preußischen Landesregierung siehe auch Paul Hirsch, Der Weg der Sozialdemokratie, S. 117 ff.

307 Siehe David W. Morgan, The Socialist Left, S. 207. Allgemein zur Entstehung der KPD siehe neben der schon in Anm. 297 zitierten Arbeit von Wohlgemuth Leo Stern, »Zur Vorgeschichte der Gründung der KPD«, *Wissenschaftliche Zeitschrift der Martin Luther-Universität Halle-Wittenberg*, 4 (1954/55); Günter Hortschansky/Horst Neumann in ihrer Einleitung zu *Protokoll des Gründungsparteitages der Kommunistischen Partei Deutschlands (30. Dezember 1918–1. Januar 1919)* (im folgenden: Protokoll), Berlin – DDR 1972 und Hermann Weber in seiner Einleitung zu Der Gründungsparteitag, S. 9 ff.

308 Ein Protokoll dieser Sitzung existiert nicht. Die drei oppositionellen Stimmen kamen von Werner Hirsch (Cuxhaven), Leo Jogiches und Karl Minster (Duisburg). Siehe Protokoll, S. 327, Anm. 51 und Der Gründungsparteitag, S. 33 ff. Zur Bio-

graphie von Karl Minster siehe Kurt Koszyk, »Das abenteuerliche Leben des sozialrevolutionären Agitators Karl Minster«, AfS 5 (1965), S. 193 ff.

309 Siehe Protokoll, S. 94 ff., 114 ff. und 195 ff.; Der Gründungsparteitag, S. 67 ff., 88 ff. und 172 ff.

310 Siehe Hans Manfred Bock, *Syndikalismus und Linkskommunismus von 1918–1923. Zur Geschichte und Soziologie der Freien Arbeiter-Union Deutschlands (Syndikalisten), der Allgemeinen Arbeiter-Union Deutschlands und der Kommunistischen Arbeiter-Partei Deutschlands*, Meisenheim a. Glan 1969, S. 87 ff.

311 Hierzu siehe Liebknechts eigenen Bericht an den Parteitag. Protokoll, S. 283 und 291 ff.; Der Gründungsparteitag, S. 262 u. 270 ff.

312 Protokoll, S. 80 ff. und Der Gründungsparteitag, S. 52 ff.

313 Zum Wortlaut der Rede siehe meinen Aufsatz »Karl Liebknecht und die russische Revolution. Ein unveröffentlichter Diskussionsbeitrag Karl Liebknechts zu Karl Radeks Rede auf dem Gründungsparteitag der KPD 1918/19«, AfS 13 (1973), S. 379 ff.

314 Zitiert n. der Wiedergabe in: GRS 9, S. 681.

315 Ebda, S. 674.

316 Siehe Heinz Wohlgemuth, Karl Liebknecht, S. 464 ff.

317 Protokoll, S. 297; Der Gründungsparteitag, S. 276.

318 Siehe Peter Nettl, Rosa Luxemburg, S. 647 ff.

319 Karl Liebknecht, *Politische Aufzeichnungen aus seinem Nachlaß. Geschrieben in den Jahren 1917/8.* Unter Mitarbeit v. Sophie Liebknecht, hrsg. v. Franz Pfemfert, Berlin-Wilmersdorf 1927, S. 34.

320 Siehe Spartakusbriefe, Neudruck 1958, S. 453 ff.

321 Karl Liebknecht, »Die Frage des Tages«, zuerst veröffentlicht in: *Die Republik* Nr. 121 (19. 6. 1919); zitiert n. GRS 9, S. 560 ff.

322 Siehe Heinz Kimmerle, »Der Begriff der Gewalt in Lenins politischer Theorie und Praxis bis 1917«; *Frieden, Gewalt, Sozialismus, Studien zur Geschichte der sozialistischen Arbeiterbewegung*; hrsg. v. Wolfgang Huber u. Johannes Schwerdtfeger, Stuttgart 1976, S. 88 ff.

323 Karl Liebknecht, Briefe, S. 109. Das folgende Zitat ebda.

324 Zitiert n. GRS 9, S. 385 f.

325 Karl Liebknecht, Politische Aufzeichnungen, S. 86.

326 Siehe Anm. 313.

327 Siehe Marie Luise Goldbach, Karl Radek, S. 24 ff.

328 Siehe Anm. 313. Das folgende Zitat ebda.

329 Zum Ablauf und zu den Hintergründen des sogenannten Januaraufstandes siehe Eric Waldman, *The Spartacist Uprising of 1919*, Milwaukee 1958, S. 162 ff.; Eberhard Kolb, Die Arbeiterräte, S. 223 ff.; J. S. Drabkin, Die Novemberrevolution, S. 479 ff. und Heiner Rasmuss, *Die Januarkämpfe 1919 in Berlin*, Berlin – DDR 1956.

330 Vgl. Ulrich Kluge, Soldatenräte, S. 269.

331 Der Wortlaut des Aufrufes erschien am 5. 1. 1919 in der *Freiheit.* Allgemein dazu siehe Richard Müller, *Der Bürgerkrieg in Deutschland*, Berlin 1925, S. 30 und Georg Ledebours Aussagen in: *Der Ledebour-Prozeß. Gesamtdarstellung des Pro-*

zesses gegen Ledebour wegen Aufruhr etc. vor dem Geschworenengericht Berlin-Mitte vom 19. 5. bis 23. 6. 1919, Berlin 1919, S. 44 f.

332 Der Bürgerkrieg, S. 31.

333 Siehe ebda und Harry Graf Kessler, *Tagebücher 1918–1937*, hrsg. v. Wolfgang Pfeiffer-Belli, Frankfurt/M. 1961, S. 92 f.

334 Zum Verlauf des Treffens siehe Richard Müller, Der Bürgerkrieg, S. 32 ff.; Georg Ledebours Aussage in: Der Ledebour-Prozeß, S. 50 ff.; Emil Eichhorn, *Eichhorn und die Januarkämpfe*, Berlin 1919, S. 71 f.; Wilhelm Pieck, Gesammelte Reden und Schriften, Bd. 1, S. 466 f. und Paul Hirsch, Der Weg der Sozialdemokratie, S. 131 ff.

335 Zitiert n. Der Bürgerkrieg, S. 33; das folgende Zitat ebda.

336 Zitiert n. dem Abdruck in: GRS 9, S. 707.

337 Siehe die recht anschauliche Darstellung bei Wolfgang Malanowski, Die Novemberrevolution, S. 98 ff.

338 Die von dem ungenannten Begleiter – vermutlich Otto Franke – zusammengestellten »Tagebuchnotizen« über die »Letzten Tage« Liebknechts sind als Anhang erschienen zu *Karl Liebknecht zum Gedächtnis. Rede Heinrich Laufenbergs am 26. 1. 1919 im Gewerkschaftshause zu Hamburg*, Hamburg o. J. [1919].

339 Erinnerungen, Ms, IISG, S. 986 f.

340 Siehe hierzu die ausgezeichnete Darstellung bei Peter Nettl, Rosa Luxemburg, S. 730 ff.

341 Siehe sein Interview mit dem Zeitschriftenmagazin *Der Spiegel*, Hamburg, Nr. 16, 1962, S. 38 ff.

342 Der Mord an Rosa Luxemburg führte übrigens Ende der 60iger Jahre zu einer gerichtlichen Kontroverse in der Bundesrepublik. Ausgelöst wurde die Kontroverse durch eine Fernsehsendung des Süddeutschen Rundfunks im Januar 1969, in der anläßlich einer Dokumentation zur Ermordung der beiden KPD-Führer die These aufgestellt wurde, daß der damalige Leutnant Souchon und nicht der Jäger Runge Rosa Luxemburg erschossen habe. Auf Antrag des damals noch lebenden Hermann Wilhelm Souchon untersagte das Oberlandesgericht in Stuttgart dem Süddeutschen Rundfunk, diese These weiterhin aufrechtzuerhalten. Der Wortlaut des Urteils ist unter dem Aktenzeichen 4 U 71/70/17 081/69 LG Stgt beim Oberlandesgericht in Stuttgart zu finden. Vgl. außerdem auch *Der Spiegel*, Nr. 5, 1967, S. 40 ff.

343 Zum Mord an Liebknecht siehe die Aussagen von Kapitänleutnant Horst v. Pflugk-Harttung und Leutnant der Reserve Rudolf Liepmann im späteren Feldkriegsgericht im Mai 1919; abgedruckt in: *Der Mord an Rosa Luxemburg und Karl Liebknecht. Dokumentation eines politischen Verbrechens*, hrsg. v. Elisabeth Hannover-Brück u. Heinrich Hannover, Frankfurt/M. 1967, S. 61 f. und 64 f.

344 Zitiert n. Wolfgang Malanowski, Die Novemberrevolution, S. 98.

345 Paul Levi, »Rosa Luxemburg und Karl Liebknecht zum Gedächtnis«, *Leipziger Volkszeitung* v. 15. 1. 1929. Rosa Luxemburgs Worte sind schon kurz nach ihrem und Liebknechts Tod zur Parteilegende geworden. Siehe Peter Nettl, Rosa Luxemburg, S. 728, Anm. 75. Allerdings hatte Nettl keine konkrete Fundstelle angeben können.

346 Der Wortlaut des Schreibens ist abgedruckt in: Dokumente und Materialien, Bd. 3, S. 41 f.

347 Vgl. Peter Nettl, Rosa Luxemburg. S. 727.

348 Siehe Heinz Wohlgemuth, Karl Liebknecht, S. 464 ff.

349 Zitiert n. Otto-Ernst Schüddekopf, »Karl Radek in Berlin«, AfS 2 (1962), S. 136 ff.

350 Als Beispiele siehe Peter Lösche, Der Bolschewismus, S. 196 und Hermann Weber in: Der Gründungsparteitag, S. 45.

351 Siehe Ursula Ratz, Georg Ledebour, S. 195.

352 *Von Kiel bis Kapp. Zur Geschichte der deutschen Revolution,* Berlin 1920, S. 69.

353 Zitiert n. GRS 9, S. 654.

354 In seinen Briefen von der Front hat Liebknecht verschiedentlich betont, daß er auf keinen Fall »mitmorden« würde. Siehe beispielsweise seinen Brief v. 4. 10. 1915 an seine Frau; Briefe, S. 26 f.

355 Protokoll, S. 244 und Der Gründungsparteitag, S. 222.

356 Siehe Ossip K. Flechtheim in seiner Einleitung zu Karl Liebknecht, Gedanke und Tat, S. 22.

357 Vgl. die Beschreibungen von Karl Radek in seiner biographischen Skizze Rosa Luxemburg, Karl Liebknecht, Leo Jogiches und Arthur Holitscher in: Arnold Reisberg, »Liebknechts Rede in der Sowjetbotschaft«, BzG 6 (1973). Radek traf Liebknecht beim Gründungsparteitag zum erstenmal nach Kriegsausbruch wieder.

358 Siehe Anm. 313.

359 Karl Liebknecht, »Trotz alledem!«, *Die Rote Fahne,* 15. 1. 1919; hier zitiert n. GRS 9, S. 709 ff. Das folgende Zitat ebda.

360 Zum Problem der Gewalt in der Novemberrevolution siehe Wolfram Wette, »Frieden durch Revolution? Das Scheitern der Friedenskonzeption der radikalen Linken in der deutschen Revolution von 1918/19«, Frieden, Gewalt, Sozialismus, S. 282 ff., insbesondere S. 323 ff.

361 Gustav Noske, Von Kiel bis Kapp, S. 67 f.

362 GRS 9, S. 711.

V. Karl Liebknecht und die Studien über die Bewegungsgesetze der gesellschaftlichen Entwicklung

1 Zitiert n. GRS 5, S. 403.

2 Im folgenden wird nach der Originalausgabe von 1922 zitiert.

Die Entstehung

3 Ebda, S. 249.

4 Zitiert n. GRS 2, S. 224.

5 Karl-Kautsky-Nachlaß, IISG, DXV/Nr. 491.

6 Ebda, Nr. 492.

7 Brief v. 29. 5. 1908; ebda, Nr. 485. Das folgende Zitat ebda.

8 Zu Joseph Dietzgen und seinem Werk siehe Adolf Hepner, *Joseph Dietzgens Philosophische Lehren,* Stuttgart, Berlin 1922.

9 Zitiert n. Annelies Laschitza, Die deutschen Linken, S. 186 ff.

10 Minna-Kautsky-Nachlaß, IISG.

11 Ebda.

12 Zu Böhm-Bawerk und seinem Werk siehe *Handwörterbuch der Sozialwissenschaften*, Bd. 2, Stuttgart, Tübingen, Göttingen 1959, S. 357 ff. u. *Die Marx-Kritik der Österreichischen Schule der Nationalökonomie*, hrsg. v. Horst Meixner u. Manfred Turban, Gießen 1974, S. 47 ff.

13 Brief v. 11. 4. 1908; Minna-Kautsky-Nachlaß, IISG.

14 Theodor-Liebknecht-Kollektion, IISG.

15 Karl-Kautsky-Nachlaß, IISG, DXV/Nr. 498.

16 Im einzelnen hierzu siehe die Angaben in seinen Briefen; Karl Liebknecht, Briefe, S. 49 ff.

17 Ebda, S. 75.

18 Siehe Liebknechts Angaben in seiner Vorbemerkung zu den gedruckten Studien; S. 16.

19 Karl Liebknecht, Briefe, S. 83.

20 Mitteilung von Robert Liebknecht, zweiter Sohn Karl Liebknechts, vom 5. 8. 1972 an den Verfasser.

21 Karl Liebknecht, Studien, S. 8.

22 Karl Liebknecht, »Grundzüge einer Marxkritik«, hrsg. v. Rudolf Manasse, *Archiv für Sozialwissenschaft und Sozialpolitik*, Berlin, 46 (1918/19), S. 605 ff.

23 Karl Liebknecht, Studien, S. 11.

24 Soweit mir bekannt, enthält lediglich die von Walter Bartel (*Karl Liebknecht*, Leipzig 1961) herausgegebene biographische Skizze einen bibliographischen Hinweis auf die gedruckte Fassung der Studien. Weder bei Heinz Wohlgemuth (Karl Liebknecht) noch bei Annelies Laschitza (Die deutschen Linken) sind entsprechende Angaben zu finden, obwohl beide erwähnen, daß Liebknecht während seiner Festungshaft »Studien« betrieben habe.

Zum Inhalt

25 Karl Liebknecht, Studien, S. 14 f.

26 Ebda, S. 117.

27 Ebda, S. 247.

28 Ebda, S. 249 f.

29 Ebda, S. 260.

30 Ebda, S. 60.

31 Ebda, S. 55.

32 Ebda, S. 299 f.

33 Ebda, S. 209.

34 Ebda, S. 210.

35 Ebda, S. 301.

36 Ebda, S. 172.

37 Ebda, S. 235.

38 Ebda, S. 357.

39 Ebda.

40 Ebda, S. 358.
41 Ebda, S. 15.
42 Im einzelnen hierzu vgl. Dieter Groh, Negative Integration, S. 393 ff.
43 Ebda, S. 348.
44 Karl Liebknecht, Briefe, S. 68 f.

Anhang

Zur Rezeptionsgeschichte von Karl Liebknecht

1 Einen ungefähren Eindruck von der offiziellen Liebknecht-Rezeption in der DDR liefert der Jubiläumsband *Karl Liebknecht – Rosa Luxemburg. Zum 100. Geburtstag*, Berlin – DDR 1971 sowie Otto Rückert, »Alles lernen, nichts vergessen« in: *Jugend. Magazin aus der DDR*, Berlin – DDR, 8 (1971), S. 12 ff.

2 *Bulletin des Presse- und Informationsamtes der Bundesregierung*, Bonn, Nr. 27 (8. 2. 1962), S. 223.

3 So beispielsweise Ossip K. Flechtheim in einem Artikel anläßlich Liebknechts 100. Geburtstag; »Revolutionär und Romantiker«, *Die Zeit*, Hamburg, 13. 8. 1971. Eine Zusammenstellung der westdeutschen Liebknecht-Rezeption aus der Sicht der DDR gibt Dieter Fricke, »Karl Liebknecht heute. Sein 100. Geburtstag in der Presse der BRD«, *Wissenschaftliche Zeitschrift, Friedrich-Schiller-Universität Jena (Gesellschafts- und Sprachwissenschaftliche Reihe)*, 2 (1972), S. 351 ff.

4 Ein ziemlich vollständiges Verzeichnis der Arbeiten bis zum Jahre 1970 findet sich in: *Historische Forschung in der DDR 1960–1970. Analysen und Berichte. Zum XIII. Internationalen Historikerkongreß in Moskau.* Hrsg. v. einem Redaktionskollegium unter Leitung v. A. Anderle, W. Bartel u. a. ZfG, Sonderband 13, Berlin – DDR 1970.

5 Siehe beispielsweise Peter-Christian Witt, »Friedrich Ebert. Parteiführer – Reichskanzler – Volksbeauftragter – Reichspräsident«, *Schriften der Bundeszentrale für politische Bildung*, Bonn 1971.

6 GRS 1, S. 15.

7 Peter Lösche, Der Bolschewismus, S. 203.

8 Brief v. 27. 11. 1814; GRS 8, S. 173.

9 Heinz Wohlgemuth, Karl Liebknecht, S. 58.

10 So Peter Lösche, Der Bolschewismus, S. 195 ff.

11 Karl Liebknecht, Studien, S. 346 f.

12 Karl Liebknecht, »Die neue Methode«, NZ 1 (1901/2), S. 713 ff. Ein vollständiger Neudruck des Aufsatzes findet sich bei Karl Liebknecht, Gedanke und Tat, S. 133 ff.

13 Karl Liebknecht, *Militarismus und Antimilitarismus unter besonderer Berücksichtigung der internationalen Jugendbewegung*, Leipzig 1907; Neudruck in: GRS 1, S. 249 ff.

14 Karl Liebknecht, »Zur Verwaltungsreform in Preußen«, Parteitag – pr. SPD, S. 127 ff., 230 ff. und 137; hier zitiert n. GRS 2, S. 342 ff.

15 Karl Liebknecht, »Was nun in Preußen«, *Vorwärts* v. 25. und 26. 7. 1913; zitiert n. GRS 6, S. 350 ff.

16 So Philipp Scheidemann in einer Rede am 16. 1. 1919 aus Anlaß der Ermordung von Karl Liebknecht und Rosa Luxemburg; *Vorwärts* v. 17. 1. 1919.

17 Siehe hierzu u. a. Siegfried Bahne, »Zwischen ›Luxemburgismus‹ und ›Stalinismus‹«, *Vierteljahreshefte für Zeitgeschichte*, München, 4 (1961), S. 359 ff. und Peter Nettl, Rosa Luxemburg, S. 748 ff. Vgl. außerdem auch Paul Levi, *Zwischen Spartakus und Sozialdemokratie. Schriften, Reden, Aufsätze und Briefe*, hrsg. und eingel. v. Charlotte Beradt, Frankfurt/M., Wien 1969.

18 Zur Biographie von Franz Pfemfert siehe Lothar Peter, *Literarische Intelligenz und Klassenkampf. »Die Aktion« 1911–1932*, Köln 1972, S. 128 ff. und 212.

19 Karl Liebknecht, *Briefe aus dem Felde, aus der Untersuchungshaft und aus dem Zuchthaus* (im folgenden: Briefe), Berlin 1920.

20 Karl Liebknecht, *Politische Aufzeichnungen aus seinem Nachlaß. Geschrieben in den Jahren 1917/18*. Unter Mitarbeit v. Sophie Liebknecht, hrsg. v. Franz Pfemfert, Berlin-Wilmersdorf 1921.

21 Zu Harry Schumanns Werdegang siehe dessen eigene Angaben in seinem Vorwort zu ders., *Karl Liebknecht. Ein unpolitisches Bild seiner Persönlichkeit*, Dresden 1919, S. 5 f. Schumanns Biographie wurde vier Jahre später in leicht erweiterter Form neu aufgelegt; siehe *Karl Liebknecht. Ein Stück unpolitischer Weltanschauung*, Dresden 1923.

22 Die Angaben zu Rudolf Manasse erhielt ich am 18. 11. 1972 in einer schriftlichen Mitteilung v. Robert Liebknecht, dem zweiten Sohn von Karl Liebknecht.

23 Harry Schumann, Karl Liebknecht, Ausgabe v. 1923, S. 171.

24 Willi Münzenberg, *Reden von Karl Liebknecht. (Redner der Revolution*, Bd. 9), Berlin 1926. Ähnlich auch in dem Aufsatz »Karl Liebknechts Verdienst um die proletarische Jugendbewegung« in: *Internationale Presse – Korrespondenz*, Nr. 6 (9. 1. 1923), S. 43 f. Zum erstenmal wurde dieses Schlagwort anscheinend von Sinowjew gebraucht und zwar am 18. 1. 1919 in einer Rede vor dem Petrograder Sowjet. Siehe den Abdruck der Rede in: *Karl Liebknecht und Rosa Luxemburg*, Verlag der Kommunistischen Internationale, Petrograd 1920.

25 Kurt Sauerland, *Der dialektische Materialismus*, Berlin 1932.

26 Ebda, S. 177.

27 A. Martynow, »Lenin, Liebknecht, Luxemburg«, *Die Kommunistische Internationale*, Berlin, Hamburg 2 (1933), S. 107 ff.; das folgende Zitat ebda, S. 120.

28 Siehe das Vorwort v. Annelies Laschitza zu Willy Kerff, *Karl Liebknecht. 1914 bis 1916. Fragment einer Biographie*, Berlin – DDR 1967, S. 5 ff.

29 Siehe Clara Zetkin, »Vorwort zu einer Karl-Liebknecht-Biographie« in: dies., *Rosa Luxemburg, Karl Liebknecht. Den Führern des Spartakusbundes und Gründern der Kommunistischen Partei Deutschlands*, hrsg. von Wilhelm Pieck u. Fritz Heckert, Moskau, Leningrad 1934, S. 148 ff.

30 Zu den bibliographischen Angaben siehe Anm. 28.

31 Zitiert n. Peter Nettl, Rosa Luxemburg, S. 789, Anm. 99.

32 Annelies Laschitza/Günter Radczun, *Rosa Luxemburg. Ihr Wirken in der deutschen Arbeiterbewegung*, Berlin – DDR 1971.

33 *Frankfurter Allgemeine Zeitung*, Frankfurt, 10. 2. 1972.

34 Von Heinz Wohlgemuth erschienen u. a. folgende Arbeiten: *Burgkrieg, nicht Burgfriede! Der Kampf Karl Liebknechts, Rosa Luxemburgs und ihrer Anhänger um die Rettung der deutschen Nation in den Jahren 1914–1916*, Berlin – DDR 1963 u. *Die Entstehung der Kommunistischen Partei Deutschlands 1914 bis 1918. Überblick*, Berlin – DDR 1968.

35 Siehe BzG 1 (1974), S. 151 ff.

36 Peter Nettl, Rosa Luxemburg, S. 590.

37 Siehe beispielsweise Gilbert Badia, *Rosa Luxemburg. Journaliste, Polemiste, Revolutionaire*, Paris 1975 und Georg W. Strobel, *Die Partei Rosa Luxemburgs, Lenin und die SPD. Der polnische europäische Internationalismus in der russischen Sozialdemokratie*, Wiesbaden 1974.

38 Zitiert n. Giselher Schmidt, *Spartakus – Rosa Luxemburg und Karl Liebknecht*, Frankfurt/M. 1971, S. 95.

39 Nachlaß SOPADE, AdsD Mappe 121, Allgemeine Korrespondenz, N. 46.

40 Vgl. hierzu Hans-Josef Steinberg, *Sozialismus und deutsche Sozialdemokratie. Zur Ideologie der Partei vor dem 1. Weltkrieg*, Bonn-Bad Godesberg 1972, S. 112.

41 Helga Grebing, *Geschichte der deutschen Arbeiterbewegung. Ein Überblick*, München 1970, S. 139 ff.

42 Dieter Groh, Negative Integration, S. 209, Anm. 35.

43 Susanne Leonhard, *Ärger mit Zitaten. Karl Liebknechts Nachlaß*, o. O. und o. J. Alle weiteren Zitate ebda.

44 Vor allem in den Bänden 8 u. 9 der GRS.

45 Siehe »Peitschen – bis Feige aufstehn . . .«, Die Zeit, 12. 1. 1973; »Karl Liebknecht und die russische Revolution. Ein unveröffentlichter Diskussionsbeitrag Karl Liebknechts zu Karl Radeks Rede auf dem Gründungsparteitag der KPD 1918/19«, AfS, 13 (1973), S. 379 ff.; »The misunderstood Karl Liebknecht«, *European Studies Review*, Lancaster, 2 (1975), S. 171 ff. und »Karl Liebknecht und der ›Deutsche Hilfsverein für die politischen Gefangenen und Verbannten Rußlands‹«, 3 (1976), S. 353 ff.

46 Karl Liebknecht, Studien, S. 242.

47 Zu einem typischen, zeitgenössischen Beispiel für diese Überbetonung siehe Max Adler, »Karl Liebknecht und Rosa Luxemburg«, *Der Kampf. Sozialdemokratische Monatsschrift*, Wien, 12 (1919), S. 74 ff.

Personenregister

Bildnachweis

Seite 29: Internationales Institut für Sozialgeschichte, Amsterdam; alle übrigen Bilder: Archiv der sozialen Demokratie, Friedrich-Ebert-Stiftung, Bonn-Bad Godesberg.

Politik und Zeitgeschichte

ard Eppler:
Ende oder Wende
/on der Machbarkeit
les Notwendigen
ltv 1221

lfred Grosser:
Geschichte Deutschlands
eit 1945
Eine Bilanz
ltv 1007
Das Bündnis
Die westeuropäischen Länder
nd die USA seit dem Krieg
ltv 1760 (März '82)

Bruno Kreisky
Die Zeit in der wir leben
ltv 1618

Georg Leber:
Vom Frieden
ltv 1576

obert Leicht (Hrsg.):
n Lauf des Jahres
Deutsche Dokumente 1981
tv 1754 (Februar '82)

ohn Lukacs:
Der letzte europäische Krieg
939 – 1941
Die Entmachtung Europas
tv 1558

Jean Monnet:
Erinnerungen eines Europäers
Vorwort von
Bundeskanzler Helmut Schmidt
dtv 1565

Johannes Steinhoff:
Wohin treibt die NATO?
Probleme der Verteidigung
Westeuropas
dtv 1413

J. P. Stern:
Hitler
Der Führer und das Volk
dtv 1629

Carl Friedrich von Weizsäcker:
Wege in der Gefahr
Eine Studie über Wirtschaft
Gesellschaft und
Kriegsverhütung
dtv 1452
Deutlichkeit
Beiträge zu politischen und
religiösen Gegenwartsfragen
dtv 1687

Alfred M. de Zayas:
Die Anglo-Amerikaner und die
Vertreibung der Deutschen
dtv 1599